广视角 · 全方位 · 多品种

权威 · 前沿 · 原创

皮书系列为

“十二五”国家重点图书出版规划项目

中国文化消费需求景气评价报告（2013）

ANNUAL EVALUATION REPORT OF CHINA'S CULTURAL CONSUMPTION DEMAND (2013)

主　　编／王亚南　高书生

联合主编／张晓明　祁述裕　郝朴宁

副 主 编／刘　婷　赵　娟

图书在版编目(CIP)数据

中国文化消费需求景气评价报告.2013/王亚南，高书生主编.
—北京：社会科学文献出版社，2013.5
（文化蓝皮书）
ISBN 978-7-5097-4346-1

Ⅰ.①中… Ⅱ.①王… ②高… Ⅲ.①文化生活-消费-顾客
需求-研究报告-中国-2013 Ⅳ.①G124

中国版本图书馆CIP数据核字（2013）第041022号

文化蓝皮书
中国文化消费需求景气评价报告（2013）

主　　编／王亚南　高书生
联合主编／张晓明　祁述裕　郝朴宁
副 主 编／刘　婷　赵　娟

出 版 人／谢寿光
出 版 者／社会科学文献出版社
地　　址／北京市西城区北三环中路甲29号院3号楼华龙大厦
邮政编码／100029

责任部门／皮书出版中心（010）59367127　　责任编辑／高　启　郭　峰
电子信箱／pishubu@ssap.cn　　责任校对／白秀君　白桂和
项目统筹／邓泳红　郭　峰　　责任印制／岳　阳
经　　销／社会科学文献出版社市场营销中心（010）59367081　59367089
读者服务／读者服务中心（010）59367028

印　　装／北京季蜂印刷有限公司
开　　本／787mm×1092mm　1/16　　印　　张／24.5
版　　次／2013年5月第1版　　字　　数／396千字
印　　次／2013年5月第1次印刷
书　　号／ISBN 978-7-5097-4346-1
定　　价／79.00元

本研究获得以下机构及其项目支持

中共云南省委宣传部“云南省哲学社会科学创新工程”
云南省社会科学院“中国文化发展研究与评价重点实验室”
云南师范大学“人文社会科学重点研究项目”

发布机制 中国文化消费需求景气评价中心

合作单位 云南省社会科学院文化开发研究中心
中国社会科学院文化研究中心
国家行政学院社会和文化教研部
云南师范大学公共文化服务与文化产业发展研究所
社会科学文献出版社
光明日报文化产业研究中心

联盟单位 上海交通大学国家文化产业创新与发展研究基地
中国传媒大学文化产业研究院
武汉大学国家文化创新研究中心

主　　编　王亚南　高书生

联合主编　张晓明　祁述裕　郝朴宁

副 主 编　刘　婷　赵　娟

编　　委　（以姓氏笔画为序）

方　彧（执行）　邓云斐（执行）　曲晓燕
朱　岚　李　坚　肖　青　汪　洋（执行）
沈宗涛（执行）　宋锡辉　邹建达　张丽丽
张雍德　陆双梅　纳文汇　郑　海　郑晓云
姚天祥　饶　远　袁春生（执行）　高　启
郭　峰　黄　淳　黄小军　董　棣　惠　鸣
温　源　谢青松　意　娜　窦志萍

撰著者

总报告和综合报告　王亚南　刘　婷　赵　娟　方　彧　郝朴宁

子　报　告　（以文序排列）

肖云鑫　刘　颖　蒋坤洋　刘　婷　方　彧
宫　珏　汪　洋　孔志坚　赵　娟　代　丽
杨绍军　王　玉　宁发金　沈宗涛　邓云斐
袁春生　王国爱　朱建平　平金良　孟玲美
王晨曦　李汶娟　张　戈　郭　娜　秦瑞婧
田　娟　李　雪　马建宇　范路山　张　林
赵晗君

主要编撰者简介

王亚南（1956～），男，汉族，云南昆明人，云南省社会科学院研究员，文化开发研究中心主任，云南师范大学公共文化服务与文化产业发展研究所所长。主要学术方向为民俗学、民族学及文化理论、文化战略和文化产业研究，得到国内相关学术界公认的主要学术贡献：（1）1985 年首次界定“口承文化”概念随后完成系统研究，提出口承文化传统为人类社会的文明渊薮；（2）1988年解析人生仪礼中“亲长身份晋升仪式”，指出中国传统“政亲合一”社会结构体制和“天赋亲权”社会权力观念；（3）1996 年开始从事文化战略和文化产业研究，提出“高文化含量”的“人文经济”论述，概括出文化产业发展的“云南模式”；（4）1999 年提出“现代中华民族是 56 个国内民族平等组成的国民共同体”和“中国是国内多民族的统一国家”论点；（5）近几年研创出“全国文化消费需求景气评价体系”，从 2011 年起主持撰著发布《中国文化消费需求景气评价报告》（系列）。

郝朴宁（1957～），男，汉族，上海人，云南师范大学中国西南对外开放与边疆安全研究中心教授，公共文化服务与文化产业发展研究所副所长，硕士生导师，“云南舆情研究基地”首席专家召集人（排名第一），中国电视艺术家协会会员，中国影视学会理事，教育部中国高校影视教育学会理事，国家广播电影电视总局中国广播电视协会西部学术基地学术委员，云南省中国特色社会主义理论体系研究中心特聘研究员。主要学术方向为影视艺术、文化产业、新闻传播学研究。主持完成国家社科基金项目“民族文化原传介质研究”，主持完成省院省校合作项目“云南民族文化遗存形态产业社会化与文化生态建设”。专著《民族文化传播理论描述》为国内第一部系统研究民族文化传播的理论成果。参与多部电视连续剧的拍摄，担任大型电视纪录片《跨越》（六集）的策划和总撰稿。

刘婷（1978～），女，汉族，云南澄江人，云南省社会科学院文化开发研究中心副研究员，云南大学艺术人类学在读博士生，《云南文化发展蓝皮书》副主编，云南省中青年社会科学工作者协会秘书长。主要学术方向为民俗学及休闲文化、休闲产业和文化产业研究，代表作《民俗休闲文化论》，独立承担国家社会科学基金西部项目《云南少数民族民俗文化保护的新思路》。全程参与研创“全国文化消费需求景气评价体系”，合作发表《面向协调增长的中国文化消费需求——“十五”以来分析与“十二五”测算》等论文和研究报告，参加组织撰著《中国文化消费需求景气评价报告》（系列），负责人员组织和撰稿统筹。

赵娟（1981～），女，汉族，湖南邵阳人，云南省社会科学院文化开发研究中心助理研究员，《云南文化发展蓝皮书》副主编，云南省中青年社会科学工作者协会秘书处主任。主要学术方向为比较文学、民族文化和文化产业研究。全程参与研创“全国文化消费需求景气评价体系”，合作发表《以国家统计标准分析各地文化产业发展成效》等论文和研究报告，参加组织撰著《中国文化消费需求景气评价报告》（系列），负责文稿统改。

方彧（1984～），女，汉族，江西赣州人，国家民政部老龄科学研究中心助理研究员，《中国老龄事业发展报告》执行编委，中国社会科学院博士，获教育部博士研究生学术新人奖。主要学术方向为口头传统、民俗文化和文化产业研究。全程参与研创“全国文化消费需求景气评价体系”，合作发表《中国文化产业新十年路向——基于文化需求和共享的考量》等论文和研究报告，参加组织撰著《中国文化消费需求景气评价报告》（系列），负责文稿统改及其英译审校。

摘　要

2011 年，中国城乡文化消费需求继续保持高增长：总量增长 15.36%，达到 10126.19 亿元；人均值增长 14.81%，达到 753.36 元。以人均值衡量，城乡文化消费年度增长明显低于产值增长、城乡居民收入增长和总消费增长，更显著低于积蓄增长。文化消费城乡差距比上年扩增 5.49%，城乡文化消费地区差距比上年扩增 0.16%。

有 26 个省域城乡文化消费总量增长超过 10%，其中 17 个省域增长超过 15%，7 个省域增长超过 20%；有 25 个省域城乡文化消费人均值增长超过 10%，其中 13 个省域增长超过 15%，5 个省域增长超过 20%。正是绝大部分省域城乡文化消费需求高增长，带来了全国总体城乡文化消费需求的高增长。

2011 年各省域城乡文化消费需求景气评价排行：江苏、上海、北京为"2011 年度城乡景气领先"全国前 3 位；江苏、山西、陕西为"1991 ~ 2011 年城乡景气提升"全国前 3 位；青海、江苏、上海为"1995 ~ 2011 年城乡景气提升"全国前 3 位；江苏、西藏、青海为"2000 ~ 2011 年城乡景气提升"全国前 3 位；青海、江苏、天津为"2005 ~ 2011 年城乡景气提升"全国前 3 位；青海、新疆、内蒙古为"2011 年度城乡景气提升"全国前 3 位。

关键词： 中国城乡　文化消费　需求与共享　景气评价　分析与预测

Abstract

In 2011, the national cultural consumption demand in urban-rural areas continued to maintain high growth: the total cultural consumption went up by 15. 36% reaching 10126. 19 hundred million yuan; the per capita value went up by 14. 81% reaching 753. 36 yuan. As measured by per capita value, the annual growth of the cultural consumption in urban-rural areas was evidently lower than the output growth, the residents' income growth and the total consumption growth, also remarkably lower than the savings growth. The disparity of cultural consumption between urban and rural areas widened by 5. 49%; the gap of cultural consumption in urban-rural areas among different regions widened by 0. 16% over the previous year.

The total cultural consumption of urban-rural areas increased over 10% in 26 provinces, 17 of which was over 15% and 7 of which over 20%; the per capita value of cultural consumption in urban-rural areas increased over 10% in 25 provinces, 13 of which achieved over 15% and 5 of which over 20%. It was just the high growth of urban-rural consumption demand in most provinces that resulted in the high growth of national overall cultural consumption demand in the urban-rural areas.

The ranking of the boom evaluation of the cultural consumption demand of urban-rural areas across the provinces in 2011 are as follows: Jiangsu, Shanghai, Beijing ranked the top three in the "2011 annual urban-rural boom-leading"; Jiangsu, Shanxi, Shaanxi ranked the top three in the "1991 – 2011 urban-rural boom-rising"; Qinghai, Jiangsu, Shanghai ranked the top three in the "1995 – 2011 urban-rural boom-rising"; Jiangsu, Tibet, Qinghai ranked the top three in the "2000 – 2011 urban-rural boom-rising"; Qinghai, Jiangsu, Tianjin ranked the top three in the "2005 – 2011 urban-rural boom-rising"; Qinghai, Xinjiang, Inner Mongolia ranked the top three in the "2011 annual urban-rural boom-rising".

Key Words: National Urban-rural Areas; Cultural Consumption; Demands and Sharing; Boom Evaluation; Analysis and Forecast

目录

𝔹 Ⅰ 总报告

𝔹 Ⅱ 综合分析与评价

𝔹 Ⅲ 东北地区

BⅣ 东部地区

BⅤ 中部地区

BⅥ 西部地区

皮书数据库阅读使用指南

CONTENTS

ⅠB Ⅰ General Report

B Ⅱ Comprehensive Analysis and Evaluation

ⅭⅢ The Northeast Regions

BⅣ The East Regions

B.V The Central Regions

B.VI The West Regions

总 报 告

General Report

B.1

中国城乡文化消费需求景气评价总报告

——20 年以来分析与 2011 年度测评

摘　要：

2011 年，中国城乡文化消费需求总量增长 15.36%，达到 10126.19 亿元；人均值增长 14.81%，达到 753.36 元。城乡人均文化消费年度增长明显低于人均产值增长、城乡人均收入增长和总消费增长，显著低于积蓄增长。文化消费城乡差距比上年扩增 5.49%，城乡文化消费地区差距比上年扩增 0.16%。2011 年全国总体城乡综合景气指数测算："九五"以来纵向测评显著高于起点年度基数值，"十五"以来纵向测评略微低于基数值，"十一五"以来纵向测评明显低于基数值，一年来纵向测评略微低于基数值；城乡、地区无差距年度横向测评显著低于理想值，原因在于城乡差距、地区差距的持续存在及其继续扩大。

关键词：

中国城乡　文化消费　景气评价　综合测评

十八大明确科学发展观是党必须长期坚持的指导思想，强调全面建成小康社会目标，注重着力保障和改善民生，促进社会公平正义。本项研究评价推出数年，关注文化民生需求与共享，关注文化与经济、社会的协调发展，关注城乡、地区之间文化消费需求的均衡增长，思路指针和方法原则正是“科学发展”、“全面小康”和“民生为本”。

2012 年，《国家“十二五”时期文化改革发展规划纲要》出台，《国家基本公共服务体系“十二五”规划》专设第十章“公共文化体育”，《文化及相关产业分类（2012）》国家标准发布，秉承中共中央十七届六中全会精神，形成强大的政策推动力和技术聚合力，切实推进公共文化服务，深化文化体制改革，扩大文化消费需求，加快文化产业发展。在这样的形势背景下，“十二五”开年的 2011 年全国城乡文化消费需求实际增长就显得极为关键，从中有可能透视“十二五”期间以至“今后十年”的发展态势。

本文对 1991 年以来全国总体城乡居民文化消费需求增长态势展开分析，并对 2011 年度全国总体城乡文化消费需求景气状况进行测评。这既是全国总体城乡文化消费需求景气评价总报告，又为省域城乡文化消费需求景气评价排行提供演算基准。囿于制图篇幅限制，图中各五年规划期头年与末年直接对接。文中分析历年增长态势时，则运用测评数据库后台演算功能，测算筛选出的最高与最低年度值包含图中省略年度。

一 中国 20 年间城乡文化消费需求增长态势

本项评价体系从 2011 年度评价正式启用新增指标——各地文化消费需求总量占全国份额增减变化测试。城乡文化消费需求总量是文化产业生产总量实际进入城乡居民日常生活消费的具体表现，也是文化建设和文化生产的发展成果实际转化为我国城乡人民群众文化消费需求的具体体现。城乡文化消费需求总量增长状况可以提供一种宏观视角，有利于把握全国城乡总体态势，本文分析测算由全国城乡文化消费总量增长开始。

（一）城乡文化消费总量增长态势

1991 ~2011 年全国城乡文化消费需求总量增长态势见图 1，其中包含城乡

综合、城镇与乡村单行三个层面的文化消费需求总量增长态势。城镇与乡村之和即为城乡综合总量，二者相互对应共同构成全国总体格局，有必要放在一起进行对比分析。

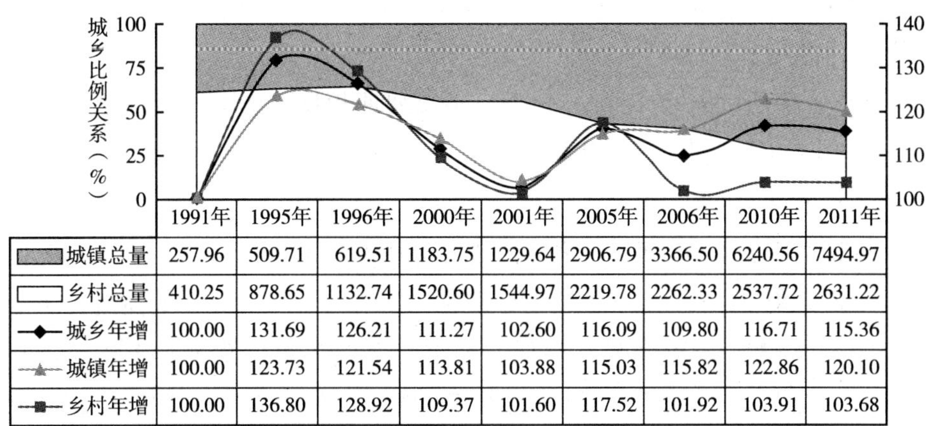

	1991年	1995年	1996年	2000年	2001年	2005年	2006年	2010年	2011年
城镇总量	257.96	509.71	619.51	1183.75	1229.64	2906.79	3366.50	6240.56	7494.97
乡村总量	410.25	878.65	1132.74	1520.60	1544.97	2219.78	2262.33	2537.72	2631.22
城乡年增	100.00	131.69	126.21	111.27	102.60	116.09	109.80	116.71	115.36
城镇年增	100.00	123.73	121.54	113.81	103.88	115.03	115.82	122.86	120.10
乡村年增	100.00	136.80	128.92	109.37	101.60	117.52	101.92	103.91	103.68

图 1　全国城乡文化消费需求总量增长态势

注：左轴面积为城镇与乡村文化消费总量（亿元转换为%），二者之和为城乡总量，城乡间年度变动形成直观比例；右轴曲线为城乡、城镇与乡村总量年度增长指数（上年 = 100）。数据演算依据：国家统计局《中国统计年鉴》1992 ~ 2012 年卷，其中 1997 年以前重庆尚未作为省域单列统计而计入四川，西藏缺 1993 年、1995 年和 1997 ~ 1998 年城镇数据，相应年度全国城乡、城镇总量及反推人均值不包含此二地，即计算总量的人口基数减除，后同。

图 1 将全国城镇与乡村文化消费总量绝对值转换为图形面积直观比例，同时展示出 1991 年以来城乡之间的增长互动关系，二者增长指数曲线之间的第三条曲线即为城乡综合增长指数。

1991 ~ 2011 年，全国城乡文化消费总量从 668. 21 亿元增长至 10126. 19 亿元，增加 9457. 98 亿元，总增长 1415. 42%，年均增长 14. 56%。最高增长年度为 2002 年，增长率 31. 89%；最低增长年度为 2001 年，增长率 2. 60%。其中，城乡总量在“九五”期间总增长 94. 79%，年均增长 14. 26%；在“十五”期间总增长 89. 57%，年均增长 13. 65%；在“十一五”期间总增长 71. 23%，年均增长 11. 36%。三个五年规划期相比，全国城乡总量“十一五”年均增幅低于“十五”年均增幅 2. 29 个百分点，低于“九五”年均增幅 2. 90 个百分点。

同期城镇方面。全国城镇文化消费总量从257.96亿元增长至7494.97亿元，增加7237.01亿元，总增长2805.48%，年均增长18.35%。最高增长年度为2002年，增长率62.66%；最低增长年度为1992年，增长率2.92%。其中，城镇总量在“九五”期间总增长132.24%，年均增长18.36%；在“十五”期间总增长145.56%，年均增长19.68%；在“十一五”期间总增长114.69%，年均增长16.51%。三个五年规划期相比，全国城镇总量“十一五”年均增幅低于“十五”年均增幅3.17个百分点，低于“九五”年均增幅1.85个百分点。

同期乡村方面。全国乡村文化消费总量从410.25亿元增长至2631.22亿元，增加2220.97亿元，总增长541.37%，年均增长9.74%。最高增长年度为1995年，增长率36.80%；最低增长年度为2007年，负增长1.04%。其中，乡村总量在“九五”期间总增长73.06%，年均增长11.59%；在“十五”期间总增长45.98%，年均增长7.86%；在“十一五”期间总增长14.32%，年均增长2.71%。三个五年规划期相比，全国乡村总量“十一五”年均增幅低于“十五”年均增幅5.15个百分点，低于“九五”年均增幅8.88个百分点。

全国城乡之间文化消费总量增长比较，“九五”期间，城镇总量总增长高达乡村总量增长的1.81倍，城镇年均增幅高出乡村年均增幅6.76个百分点；“十五”期间，城镇总量总增长高达乡村总量增长的3.17倍，城镇年均增幅高出乡村年均增幅11.82个百分点；“十一五”期间，城镇总量总增长高达乡村总量增长的8.01倍，城镇年均增幅高出乡村年均增幅13.80个百分点。20年以来，全国城镇总量总增长高达乡村总量增长的5.18倍，城镇年均增幅高出乡村年均增幅8.61个百分点。这足以表明，全国乡村文化消费需求总量增长乏力。不过，全国城镇与乡村之间增长不平衡程度究竟如何，还需要排除其间城市（镇）化进程带来人口分布变化的因素，以全国城镇与乡村人均值增长态势加以精确衡量。

无论是单独看“九五”、“十五”和“十一五”期间，还是前后20年贯通起来看，全国城镇文化消费总量年均增长都远远高于乡村增长。可以推想，全国城镇与乡村文化消费总量及其年均增长应当受到我国城市（镇）化进程带

来城乡人口比例变化的影响，这或许能够解释为何乡村增长在各个时段都大大低于城镇水平和城乡综合水平。但是，另一个方面的事实却不容忽视，不论是单独看城镇或乡村，还是城乡综合来看，与“九五”、“十五”期间相比，“十一五”期间全国文化消费总量年均增长幅度都明显下降。

2011 年，全国城乡文化消费需求总量增长 15.36%，高于“九五”年均增幅 1.09 个百分点，亦高于“十五”年均增幅 1.71 个百分点，也高于“十一五”年均增幅 4.00 个百分点；城镇总量增长 20.10%，乡村总量增长 3.68%，城镇总量年度增幅仍高达乡村年度增幅的 5.46 倍，全国城乡之间文化消费需求总量增长差距继续显著扩大。

（二）城乡人均文化消费增长态势

全国人均数值无疑不会受到城市（镇）化进程带来城乡人口分布变化的影响，有利于在前后时间阶段、在城镇与乡村之间进行比较。1991～2011 年全国城乡人均文化消费需求增长态势见图 2。

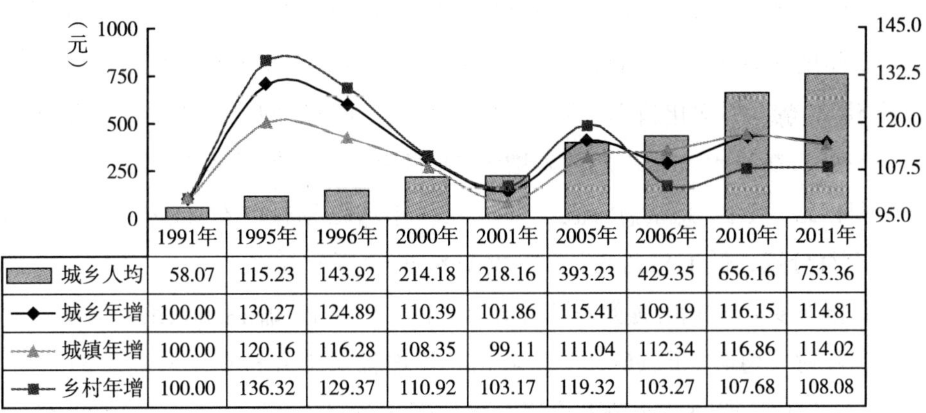

	1991年	1995年	1996年	2000年	2001年	2005年	2006年	2010年	2011年
城乡人均	58.07	115.23	143.92	214.18	218.16	393.23	429.35	656.16	753.36
城乡年增	100.00	130.27	124.89	110.39	101.86	115.41	109.19	116.15	114.81
城镇年增	100.00	120.16	116.28	108.35	99.11	111.04	112.34	116.86	114.02
乡村年增	100.00	136.32	129.37	110.92	103.17	119.32	103.27	107.68	108.08

图 2　全国城乡人均文化消费需求增长态势

注：左轴柱形为城乡人均文化消费（元）；右轴曲线为城乡、城镇与乡村年度增长指数（上年 = 100），指数小于 100 为负增长。

图 2 展示出 1991 年以来全国城乡人均文化消费历年绝对值变化态势，同时展示出城乡综合、城镇与乡村单行三个层面的人均文化消费增长指数。1991～2011 年，全国城乡人均文化消费从 58.07 元增长至 753.36 元，增加

695.29元，总增长1197.33%，年均增长13.67%。最高增长年度为2002年，增长率31.01%；最低增长年度为2001年，增长率1.86%。其中，城乡人均值在“九五”期间总增长85.87%，年均增长13.20%；在“十五”期间总增长83.60%，年均增长12.92%；在“十一五”期间总增长66.87%，年均增长10.78%。三个五年规划期相比，全国城乡人均值“十一五”年均增幅低于“十五”年均增幅2.14个百分点，低于“九五”年均增幅2.42个百分点。

同期城镇方面。全国城镇人均文化消费（历年绝对值见图5）总增长1211.13%，年均增长13.73%。最高增长年度为2002年，增长率55.53%；最低增长年度为2001年，负增长0.89%。其中，城镇人均值在“九五”期间总增长79.63%，年均增长12.43%；在“十五”期间总增长99.24%，年均增长14.78%；在“十一五”期间总增长83.66%，年均增长12.93%。三个五年规划期相比，全国城镇人均值“十一五”年均增幅低于“十五”年均增幅1.85个百分点，高于“九五”年均增幅0.50个百分点。

同期乡村方面。全国乡村人均文化消费（历年绝对值见后图5）总增长715.22%，年均增长11.06%。最高增长年度为1995年，增长率36.32%；最低增长年度为2007年，增长率0.17%。其中，乡村人均值在“九五”期间总增长82.36%，年均增长12.77%；在“十五”期间总增长58.25%，年均增长9.61%；在“十一五”期间总增长24.11%，年均增长4.41%。三个五年规划期相比，全国乡村人均值“十一五”年均增幅低于“十五”年均增幅5.20个百分点，低于“九五”年均增幅8.36个百分点。

全国城乡之间文化消费人均值增长比较，“九五”期间，城镇人均值总增长仅为乡村人均增长的96.68%，城镇年均增幅低于乡村年均增幅0.34个百分点；“十五”期间，城镇人均值总增长高达乡村人均增长的1.70倍，城镇年均增幅高出乡村年均增幅5.17个百分点；“十一五”期间，城镇人均值总增长高达乡村人均增长的3.47倍，城镇年均增幅高出乡村年均增幅8.51个百分点。

20年以来，城镇人均值总增长高达乡村人均增长的1.69倍，城镇年均增幅高出乡村年均增幅2.67个百分点。全国文化消费需求增长的城乡差距赫然在目，这无疑表明，城镇与乡村之间增长严重失衡，原因确实在于乡村增长明

显乏力。不过，城镇与乡村人均值增长差距没有总量增长差距那样巨大，说明城市（镇）化进程在城乡总量增长差距上发生了显著影响。

归结起来，20 年间，全国文化消费需求增长态势暴露出必须引起高度重视的两个问题：(1）与“九五”和“十五”期间相比，“十一五”期间年均增长幅度明显下降；(2）文化消费需求的城乡差距显著扩大，尤其是“十一五”以来继续加速扩大。

2011 年，全国城乡文化消费人均值增长 14.81%，高于“九五”年均增幅 1.61 个百分点，亦高于“十五”年均增幅 1.89 个百分点，也高于“十一五”年均增幅 4.03 个百分点；城镇人均值增长 14.02%，高于“九五”年均增幅 1.59 个百分点，但低于“十五”年均增幅 0.77 个百分点，而高于“十一五”年均增幅 1.09 个百分点；乡村人均值增长 8.08%，低于“九五”年均增幅 4.69 个百分点，亦低于“十五”年均增幅 1.53 个百分点，而高于“十一五”年均增幅 3.67 个百分点。城镇人均值年度增幅仍高达乡村年度增幅的 1.73 倍，全国城乡之间文化消费人均值增长差距继续显著扩大。

前后时段之间、城镇与乡村之间人均绝对值及其增长比较只是一种初级的比较，还需要把全国城乡人均文化消费需求增长放到经济增长（取人均产值来体现）、民生增进（取人均收入、总消费和积蓄来体现）背景当中，这样才能得到更加令人信服的可比性。这就是本项评价体系构思并设置其他各项测评指标的事实根据和数理依据所在。

二　中国 20 年间城乡文化消费相关背景情况

全国城乡总体分析是全面展开各地城乡文化消费需求景气评价排行的基础，相关经济、社会背景因素透析理应从全国开始。1991 ~ 2011 年全国人均产值、城乡，人均收入即（1）、（2）、（3）之和，人均总消费即（2）、（3）之和，人均非文消费（本项评价体系设定非文消费为“必需消费”），人均文化消费与人均积蓄（本项评价体系设定文化消费与积蓄之和为“必需消费剩余”）的关系态势见图 3。

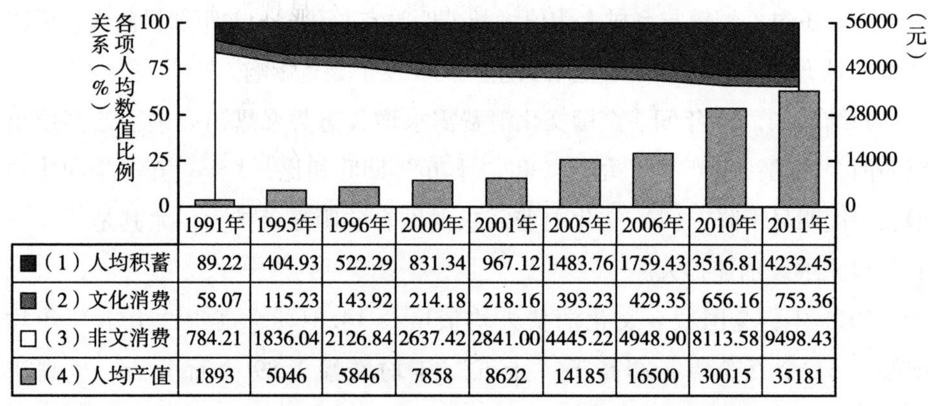

	1991年	1995年	1996年	2000年	2001年	2005年	2006年	2010年	2011年
■（1）人均积蓄	89.22	404.93	522.29	831.34	967.12	1483.76	1759.43	3516.81	4232.45
■（2）文化消费	58.07	115.23	143.92	214.18	218.16	393.23	429.35	656.16	753.36
□（3）非文消费	784.21	1836.04	2126.84	2637.42	2841.00	4445.22	4948.90	8113.58	9498.43
■（4）人均产值	1893	5046	5846	7858	8622	14185	16500	30015	35181

图3　全国人均产值与城乡人均收入、消费、积蓄关系态势

注：左轴面积为城乡人均积蓄、人均文化消费、人均非文消费（元转换为%），（1）＋（2）＋（3）＝人均收入，（2）＋（3）＝人均总消费，（1）＋（2）＝人均非文消费剩余，各项数值年度变动形成直观比例；右轴柱形为人均产值（元），2010 年产值数据按历年惯例据《中国统计年鉴》2012 年卷校订。

图 3 将 1991 年以来全国人均产值、城乡人均收入、消费与积蓄各项绝对值转换为图形面积比例，直观地表现出全国城乡文化消费需求与其经济、社会背景因素协同增长的相互关系态势。通过图 3 里各类数值演算，可以清楚地看出：

“九五”期间，全国人均产值年均增长 9. 26%，城乡人均收入年均增长 9. 34%，人均总消费年均增长 7. 88%，人均积蓄年均增长 15. 47%，人均文化消费年均增长 13. 20%。城乡人均文化消费年均增长幅度高于同期人均产值年均增幅 3. 94 个百分点，高于城乡人均收入年均增幅 3. 86 个百分点，高于人均总消费年均增幅 5. 32 个百分点，低于人均积蓄年均增幅 2. 27 个百分点。全国城乡文化消费需求“九五”期间出现明显提升态势，这恰好体现了中国逐步实现小康建设目标、民众精神文化需求上升的社会背景。

“十五”期间，全国人均产值年均增长 12. 54%，城乡人均收入年均增长 11. 41%，人均总消费年均增长 11. 15%，人均积蓄年均增长 12. 28%，人均文化消费年均增长 12. 92%。城乡人均文化消费年均增长幅度高于同期人均产值年均增幅 0. 38 个百分点，高于城乡人均收入年均增幅 1. 51 个百分点，高于人均总消费年均增幅 1. 77 个百分点，高于人均积蓄年均增幅 0. 64 个百分点。全

国城乡文化消费需求高涨在“十五”期间得以充分显现，这其实正是此间中国文化产业蓬勃发展、文化建设掀起高潮的社会需求背景。

“十一五”期间，全国人均产值年均增长16.17%，高出“十五”年均增幅3.63个百分点，高出“九五”年均增幅6.91个百分点；城乡人均收入年均增长14.21%，高出“十五”年均增幅2.80个百分点，高出“九五”年均增幅4.87个百分点；人均总消费年均增长12.63%，高出“十五”年均增幅1.48个百分点，高出“九五”年均增幅4.75个百分点；人均积蓄年均增长18.84%，高出“十五”年均增幅6.56个百分点，高出“九五”年均增幅3.37个百分点；人均文化消费年均增长10.78%，低于“十五”年均增幅2.14个百分点，低于“九五”年均增幅2.42个百分点。城乡人均文化消费年均增长幅度低于同期人均产值年均增幅5.39个百分点，低于城乡人均收入年均增幅3.43个百分点，低于人均总消费年均增幅1.85个百分点，尤其是极大地低于人均积蓄年均增幅8.06个百分点。此时，在人均产值、收入和总消费年均增幅均有所提高，而人均积蓄年均增幅更显著提高的情况下，人均文化消费年均增幅却明显降低。其社会背景在于，“十一五”前三年国内物价上涨产生影响，后两年国际金融危机风波又至。由于我国社会保障体系建设滞后，广大民众为求“自我保障”纷纷抑制消费加大积蓄，首当其冲受到挤压的就是“非必需”的精神文化消费。

2011年，全国人均产值年度增长17.21%，城乡人均收入年度增长17.89%，人均总消费年度增长16.90%，人均积蓄年度增长20.35%，人均文化消费年度增长14.81%。城乡人均文化消费年度增长幅度低于同年全国人均产值年度增幅2.40个百分点，低于城乡人均收入年度增幅3.08个百分点，低于人均总消费年度增幅2.09个百分点，低于人均积蓄年度增幅5.54个百分点。

1991~2011年贯通起来，全国人均产值年均增长15.73%，城乡人均收入年均增长14.71%，人均总消费年均增长13.31%，人均积蓄年均增长21.28%，人均文化消费年均增长13.67%。城乡人均文化消费年均增长幅度明显低于同期人均产值年均增幅2.06个百分点，较明显低于城乡人均收入年均增幅1.04个百分点，略微高于人均总消费年均增幅0.36个百分点，极显著低于人均积蓄年均增幅 7.61 个百分点。20 年以来考察，全国城乡文化消费需求增长滞后于全国经济发展，大体滞后于城乡一般民生增进，尤其是受到城乡积蓄增长的严重挤压，“增长协调性”略显欠佳。其间，“十一五”时期的“增长协调性”状况明显不及“十五”时期，也明显不及“九五”时期。

在全国城乡人均文化消费需求与其相关背景因素增长关系综合分析的基础之上，至此就可以按照本项评价体系设定的指标系统，进一步展开城乡文化消费相关各项比例值测算。1991～2011 年全国城乡文化消费比例变动态势见图 4。

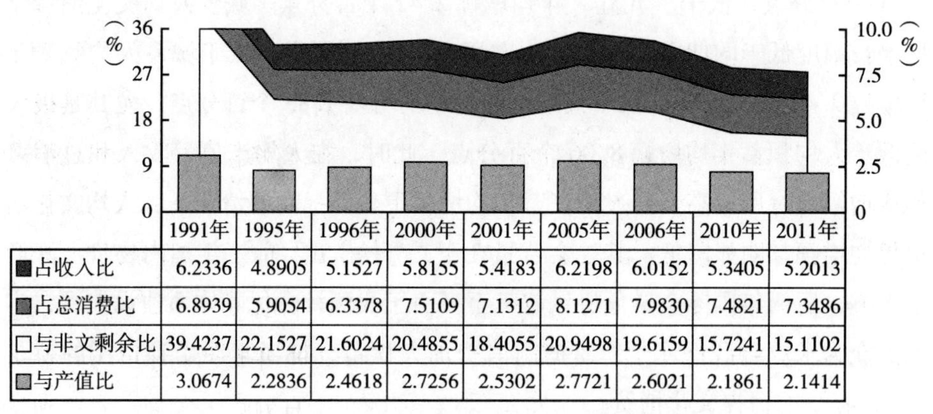

	1991年	1995年	1996年	2000年	2001年	2005年	2006年	2010年	2011年
■占收入比	6.2336	4.8905	5.1527	5.8155	5.4183	6.2198	6.0152	5.3405	5.2013
■占总消费比	6.8939	5.9054	6.3378	7.5109	7.1312	8.1271	7.9830	7.4821	7.3486
□与非文剩余比	39.4237	22.1527	21.6024	20.4855	18.4055	20.9498	19.6159	15.7241	15.1102
■与产值比	3.0674	2.2836	2.4618	2.7256	2.5302	2.7721	2.6021	2.1861	2.1414

图 4　全国城乡人均文化消费相关比例关系变动态势

注：左轴面积为城乡人均文化消费占人均收入比、占人均总消费比、与人均非文消费剩余（图例简称“非文剩余”）比（%），各项比值年度变动形成直观比例叠加；右轴柱形为城乡人均文化消费与人均产值比（%）。

（一）文化消费与产值关系变化状况

1991～2011 年，全国城乡人均文化消费与人均产值的比例由 3.07% 下降至 2.14%，降低 0.93 个百分点。在 2002 年和 2005 年，全国城乡此项比值两次明显上升，正好与城乡文化消费绝对值增长的两次高峰相对应。全国城乡此项比值最高值为 1991 年 3.07%，最低值为 2008 年 2.13%，总体上呈现下降态势。

分阶段考察，全国城乡此项比值“九五”前后对比，即1995~2000年提高0.44个百分点；“十五”前后对比，即2000~2005年提高0.05个百分点；“十一五”前后对比，即2005~2010年降低0.59个百分点。全国城乡此项比值发生升降变动，“十五”期间较明显逊于“九五”期间，“十一五”期间明显逊于“十五”期间。

2011年，全国城乡人均文化消费与人均产值的比例降低0.04个百分点，与此前“十一五”期间相比，城乡文化消费需求增长与全国经济发展的协调性继续略有下降。

（二）文化消费占收入比重变化状况

1991~2011年，全国城乡人均文化消费占人均收入的比重由6.23%下降至5.20%，降低1.03个百分点。在2002年和2005年，全国城乡此项比值两次明显上升，正好与城乡文化消费绝对值增长的两次高峰相对应。全国城乡此项比值最高值为2002年6.38%，最低值为1994年4.75%，总体上呈现下降态势。

分阶段考察，全国城乡此项比值“九五”前后对比，即1995~2000年提高0.92个百分点；“十五”前后对比，即2000~2005年提高0.40个百分点；“十一五”前后对比，即2005~2010年降低0.88个百分点。全国城乡此项比值发生升降变动，“十五”期间明显逊于“九五”期间，“十一五”期间显著逊于“十五”期间。

2011年，全国城乡人均文化消费占人均收入的比重降低0.14个百分点，与此前“十一五”期间相比，城乡文化消费需求增长与城乡民众收入增高的协调性继续明显下降。

（三）文化消费占总消费比重变化状况

1991~2011年，全国城乡人均文化消费占人均总消费的比重由6.89%上升至7.35%，升高0.46个百分点。在2002年和2005年，全国城乡此项比值两次明显上升，正好与城乡文化消费绝对值增长的两次高峰相对应。全国城乡此项比值最高值为2002年8.30%，最低值为1994年5.76%，总体上呈现上升态势。

分阶段考察，全国城乡此项比值“九五”前后对比，即 1995 ~ 2000 年提高 1.61 个百分点；“十五”前后对比，即 2000 ~ 2005 年提高 0.62 个百分点；“十一五”前后对比，即 2005 ~ 2010 年降低 0.65 个百分点。全国城乡此项比值发生升降变动，“十五”期间显著逊于“九五”期间，“十一五”期间显著逊于“十五”期间。

2011 年，全国城乡人均文化消费占人均总消费的比重降低 0.13 个百分点，与此前“十一五”期间相比，城乡文化消费需求增长与城乡民众总消费增加的协调性继续明显下降。

（四）文化消费与非文消费剩余关系变化状况

1991 ~ 2011 年，全国城乡人均文化消费与人均非文消费剩余的比例由 39.42% 下降至 15.11%，降低 24.31 个百分点。在 2002 年和 2005 年，全国城乡此项比值两次明显上升，正好与城乡文化消费绝对值增长的两次高峰相对应。全国城乡此项比值最高值为 1991 年 39.42%，最低值为 2011 年 15.11%，总体上呈现下降态势。

分阶段考察，全国城乡此项比值“九五”前后对比，即 1995 ~ 2000 年降低 1.67 个百分点；“十五”前后对比，即 2000 ~ 2005 年提高 0.46 个百分点；“十一五”前后对比，即 2005 ~ 2010 年降低 5.23 个百分点。全国城乡此项比值发生升降变动，“十五”期间明显好于“九五”期间，“十一五”期间显著逊于“十五”期间。

2011 年，全国城乡人均文化消费与人均非文消费剩余的比例降低 0.61 个百分点，与此前“十一五”期间相比，城乡文化消费需求增长与城乡民众必需消费之外余钱增多的协调性继续明显下降。

全国城乡文化消费需求背景的相关比例分析表明，在城乡文化消费需求增长与全国经济发展、城乡民生进步的协调性关系中，1991 ~ 2011 年文化消费占总消费比呈上升态势，其余比例呈下降态势。其中，“九五”期间文化消费与产值比、占收入比、占总消费比呈上升态势，与非文消费剩余比呈下降态势；“十五”期间文化消费各项比例值全面呈现轻微的提升态势；“十一五”

期间文化消费各项比例值全面呈现明显的下降态势。2011 年，全国城乡文化消费增长明显低于产值增长、收入增长和总消费增长，尤其是显著低于积蓄增长，文化消费各项比例值全面呈现明显的下降态势。

三 中国20年间文化消费城乡、区域协调状况

检测城镇与乡村之间文化消费需求的协调增长，同时也检测地区之间城乡文化消费需求的协调增长，这是本项研究评价的独到设计。至此再把全国城乡文化消费需求增长放到城乡之间、地区之间协调增长背景当中，同样可以看出具有可比性的状况和具有警示性的动向，有利于进一步展开分析评价。1991～2011 年全国人均文化消费城乡比、地区差变动态势见图 5。

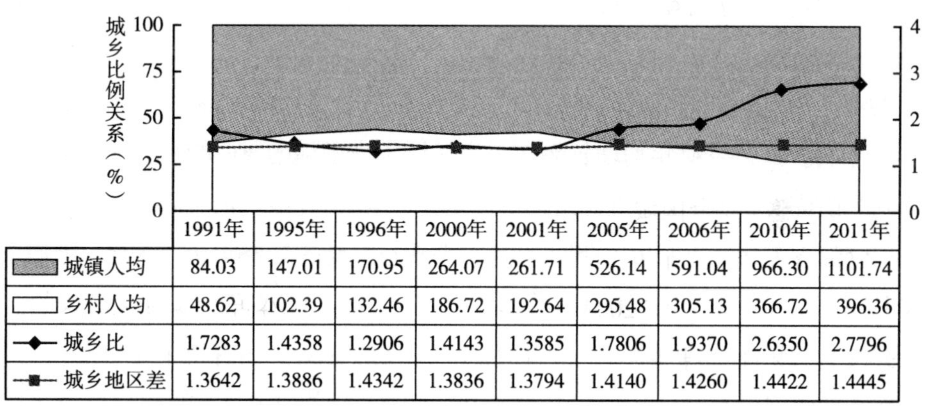

	1991年	1995年	1996年	2000年	2001年	2005年	2006年	2010年	2011年
城镇人均	84.03	147.01	170.95	264.07	261.71	526.14	591.04	966.30	1101.74
乡村人均	48.62	102.39	132.46	186.72	192.64	295.48	305.13	366.72	396.36
城乡比	1.7283	1.4358	1.2906	1.4143	1.3585	1.7806	1.9370	2.6350	2.7796
城乡地区差	1.3642	1.3886	1.4342	1.3836	1.3794	1.4140	1.4260	1.4422	1.4445

图 5 全国人均文化消费城乡比、地区差变动态势

注：左轴面积为城镇、乡村人均文化消费（元转换为%），城乡间年度变动形成直观比例；右轴曲线为人均文化消费城乡比（乡村=1），城乡人均文化消费地区差（无差距=1）。

（一）文化消费城乡比扩减态势

1991～2011 年全国人均文化消费城乡比由 1.7283 扩大至 2.7796，扩大 60.83%。全国人均文化消费城乡比最小值为 1996 年 1.2906，最大值为 2011 年 2.7796，总体上呈现持续明显扩大态势。在近十年国家将解决“三

农”问题列为全国工作重中之重，以至免除数千年来的农业税，保证各地乡村加快发展的时期，恰恰发生如此情形并多年持续，不能不让人感到震惊。

分阶段考察，全国人均文化消费城乡比“九五”前后对比，即1995~2000年缩小1.50%；“十五”前后对比，即2000~2005年扩大25.90%；“十一五”前后对比，即2005~2010年扩大47.98%。全国人均文化消费城乡比扩增变动，“十五”期间开始明显扩大，“十一五”期间扩大程度比“十五”更为严重，人均文化消费需求的城乡差距正在迅速加剧扩大。

全国文化消费城乡比的演算基础是城镇与乡村之间不同的人均文化消费绝对值及其增长变化。全国文化消费城乡比发生变动，同时受到全国城镇与乡村两个方面的历年文化消费需求动态影响。

1991~2011年，全国城镇人均文化消费从84.03元增长至1101.74元，增加1017.71元，总增长1211.13%，年均增长13.73%；乡村人均文化消费从48.62元增长至396.36元，增加347.74元，总增长715.22%，年均增长11.06%。20年以来，全国城镇人均文化消费需求年均增长高于乡村年均增长2.67个百分点，乡村年均增长幅度仅为城镇年均增幅的80.55%，导致文化消费城乡比持续显著扩大。

分阶段考察，“九五”期间，全国城镇人均消费总增长79.63%，年均增长12.43%；乡村人均消费总增长82.36%，年均增长12.77%。乡村年均增长幅度高于城镇年均增幅0.34个百分点，文化消费城乡比有所缩小。“十五”期间，全国城镇人均文化消费总增长99.24%，年均增长14.78%；乡村人均文化消费总增长58.25%，年均增长9.61%。乡村年均增长幅度低于城镇年均增幅5.17个百分点，文化消费城乡比明显扩大。“十一五”期间，全国城镇人均文化消费总增长83.66%，年均增长12.93%；乡村人均文化消费总增长24.11%，年均增长4.41%。乡村年均增长幅度低于城镇年均增幅8.52个百分点，文化消费城乡比显著扩大。

2011年，全国城镇人均文化消费增长14.02%，乡村人均文化消费增长8.08%。乡村年度增长幅度低于城镇年度增幅5.94个百分点，全国文化消费城乡比比上一年扩大5.49%。

（二）城乡文化消费地区差扩减态势

1991～2011 年全国城乡人均文化消费地区差由 1.3642 扩大至 1.4445，扩大 5.89%。全国城乡人均文化消费地区差最小值为 1992 年 1.3490，最大值为 2008 年 1.4593，总体上呈现持续逐渐扩大态势。在十余年来国家相继实施西部大开发、中部崛起、东北老工业基地振兴几大战略，促进这些地区的发展跟上全国步伐的时期，恰恰发生如此情形并多年持续，不能不令人感到意外。

分阶段考察，全国城乡人均文化消费地区差"九五"前后对比，即 1995～2000 年缩小 0.36%；"十五"前后对比，即 2000～2005 年扩大 2.20%；"十一五"前后对比，即 2005～2010 年扩大 1.99%。全国城乡人均文化消费地区差扩增变动，"十一五"期间比"十五"期间略有减轻，但城乡人均文化消费需求的地区差距保持持续逐渐扩大之势。

全国城乡文化消费地区差的演算基础是各省域之间不同的城乡人均文化消费绝对值及其增长变化。全国城乡文化消费地区差发生变动，同时受到全国 31 个省域城乡文化消费需求历年增长动态影响。全国城乡人均文化消费地区差扩大，意味着较多省域城乡人均文化消费需求与全国城乡总体平均水平相比，分别趋于偏高或偏低的两极分化。

2011 年，全国城乡人均文化消费地区差比上一年扩大 0.16%。城乡文化消费地区差的扩大尽管不如城乡比的扩大那样迅猛，但同样值得注意。

四　中国 20 年间城乡文化消费需求景气测评

综合以上分析，20 年以来，全国城乡文化消费需求总量年均增长 14.56%，人均需求年均增长 13.67%；城乡文化消费增长明显低于产值增长，较明显低于城乡收入增长，略微高于总消费增长，极显著低于积蓄增长；人均文化消费城乡差距扩大 60.83%，地区差距扩大 5.89%。这些都集中体现在全国城乡文化消费需求景气指数的综合测评演算中。

1991～2011 年城乡文化消费需求景气指数变动态势见图 6。全国城乡文化消费需求景气指数基于不同时间段、不同基准值的各类测评结果均落实在

2011年之上。景气指数取百分制，以便横向衡量百分点高低，纵向衡量百分比升降。

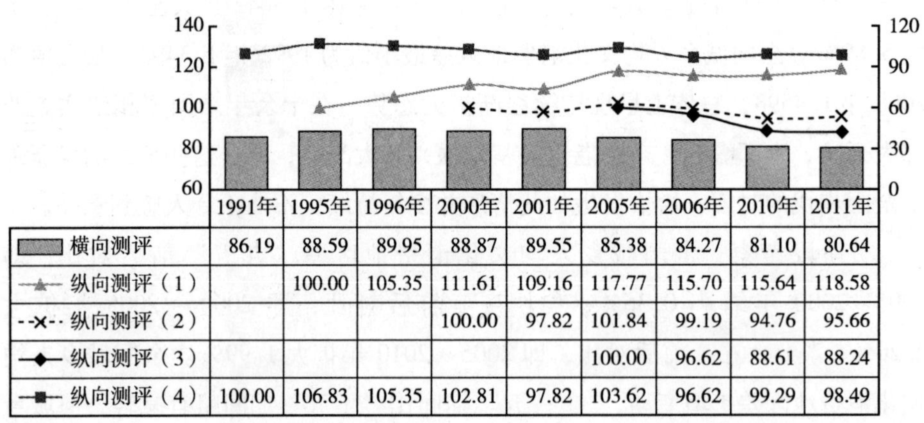

	1991年	1995年	1996年	2000年	2001年	2005年	2006年	2010年	2011年
横向测评	86.19	88.59	89.95	88.87	89.55	85.38	84.27	81.10	80.64
纵向测评（1）		100.00	105.35	111.61	109.16	117.77	115.70	115.64	118.58
纵向测评（2）				100.00	97.82	101.84	99.19	94.76	95.66
纵向测评（3）						100.00	96.62	88.61	88.24
纵向测评（4）	100.00	106.83	105.35	102.81	97.82	103.62	96.62	99.29	98.49

图6　全国城乡人均文化消费需求景气指数变动态势

注：左轴柱形为横向测评（城乡地区无差距理想值 = 100）；左轴曲线为纵向测评（起点年度基数值 = 100），（1）1995年起点、（2）2000年起点、（3）2005年起点；右轴曲线为纵向测评（4），上年起点。

（一）各年度横向测评景气指数

在各年度理想值横向测评中，城乡文化消费总量份额值以全国城乡总量基准值（全国份额为100%基准）来衡量，人均绝对值、各项比值以全国城乡平均值来衡量，份额上升或高于全国平均值“加分”，份额下降或低于全国平均值“减分”；文化消费城乡比、地区差以无差距理想状态加以衡量，无论是全国总体还是各地，只要存在城乡比和地区差，一律实行“扣分”。

以全国文化消费需求城乡之间、地区之间实现无差距状态为“理想值”100，2011年全国城乡此项景气指数为80.64，低于城乡、地区无差距理想值19.36，也低于上年2010年0.46。

各年度此项景气指数对比，图中所列全部9个年度均低于无差距理想值100。其中，最高值为1996年89.95，最低值为2011年80.64。这是由于，全国城乡总体人均文化消费绝对值、各项比值作为各地基准，同样也自为基准，文化消费城乡比、地区差就成了全国总体的主要衡量指标，而城乡比和地区差

大体上一直在扩大。

在此项测评中，全国城乡总体“失分”全部来自人均文化消费城乡比、城乡人均文化消费地区差的存在及其扩大。只要城乡比和地区差缩小，全国城乡总体景气指数就能够上升；只有彻底消除城乡比和地区差，全国城乡总体景气指数才能够达到“理想值”100。

（二）“九五”以来纵向测评景气指数

在“九五”以来基数值纵向测评中，全国城乡文化消费总量份额值、人均绝对值、各项比值、城乡比和地区差一概以自身1995年相应数值为起点年度基数值加以衡量，无论是全国总体还是各地，各项指标数值优于1995年“加分”，逊于1995年“减分”，最终平衡各项指标间升降得失。以下各类纵向测评同理，区别仅在于起始年度不同。

以“八五”末年1995年为起点基数值100，2011年全国城乡此项景气指数为118.58，高于1995年起点基数18.58，也高于上年2010年2.94。“九五”以来各年度此项景气指数对比，图中所列全部7个年度均高于起点年基数值100。其中，最高值为2011年118.58，最低值为1996年105.35。进入“十一五”，全国城乡此项景气指数略有下降，2011年有所回升。

（三）“十五”以来纵向测评景气指数

以“九五”末年2000年为起点基数值100，2011年全国城乡此项景气指数为95.66，低于2000年起点基数4.34，但高于上年2010年0.90。“十五”以来各年度此项景气指数对比，图中所列2005年高于起点年基数值100，其余年度低于基数值。其中，最高值为2005年101.84，最低值为2010年94.76。进入“十一五”，全国城乡此项景气指数有所下降，2011年略有回升。

（四）“十一五”以来纵向测评景气指数

以“十五”末年2005年为起点基数值100，2011年全国城乡此项景气指数为88.24，低于2005年起点基数11.76，也低于上年2010年0.37。“十一五”以来各年度此项景气指数对比，图中所列全部3个年度均低于起点年基数值100。其中，最高值为2006年96.62，最低值为2011年88.24。“十一五”一开始，全国城乡此项景气指数明显下降，2011年基本止跌。这表明，近几年来国家持续实施“拉动内需、扩大消费、改善民生”策略，对于提升全国城乡文化消费需求所产生的实际成效有所显现。

（五）逐年度纵向测评景气指数

以上一年2010年为起点基数值100，2011年全国城乡此项景气指数为98.49，低于上年2010年基数值1.51。各年度此项景气指数对比，图中所列1995~1996年、2000年和2005年高于上一年基数值100，其余年度低于基数值。其中，最高值为1995年106.83，最低值为2006年96.62。

在各类纵向测评中，“失分”来自城乡文化消费总量份额值下降（全国份额基准不发生作用），人均绝对值负增长（全国层面2007年乡村总量、2001年城镇人均值曾经出现负增长），各项比值降低，城乡比和地区差扩大；反过来，“得分”则来自城乡文化消费总量份额值上升，人均绝对值增长，各项比值提高，城乡比和地区差缩小。

纵向测评（1）~（3）分别检测了“九五”、“十五”、“十一五”以来全国城乡文化消费景气动态，把这三者加以对比，可以看出一个颇有意味的现象：以1995年为起点，历年景气提升显著；以2000年为起点，历年景气出现起伏；以2005年为起点，历年景气呈现下降。这或许反映出一种“增长的递减效应”，即所谓“起点低，进步大”，反过来看则是“基数大，增长难”。

如何长期维持发展的持续性，以至于再度激发出增长的爆发性，无疑是下一步的重要课题。其中最为关键的一点在于，国家及各地下决心真正实施强有力措施，立即扼制城乡差距、地区差距多年来“不合时宜”的“逆动”扩大之势，继而尽快缩小直至消除城乡差距和地区差距，已经成为实现“全面协调可持续发展”的主要着力点。

五　扩大文化消费需求与共享的思路及政策

遵循科学发展的基本理念，贯彻中共十八大和十七届六中全会精神，面向

国家“十二五”规划目标，落实“十二五”文化改革发展规划，依据社会主义文化建设的根本宗旨，按照社会主义市场经济规律行事，继续深化文化体制改革和机制创新，促进和满足人民群众文化消费需求与共享，以此检验文化发展的实际成效，应当成为今后十年推进社会主义文化大发展、大繁荣，推动中国文化产业成为国民经济支柱性产业的新的理念。

为了清楚地看到当前扩大文化消费需求的必要性和迫切性，特地对比全国文化产值总量与城乡文化消费总量关系变动态势（见图7）。

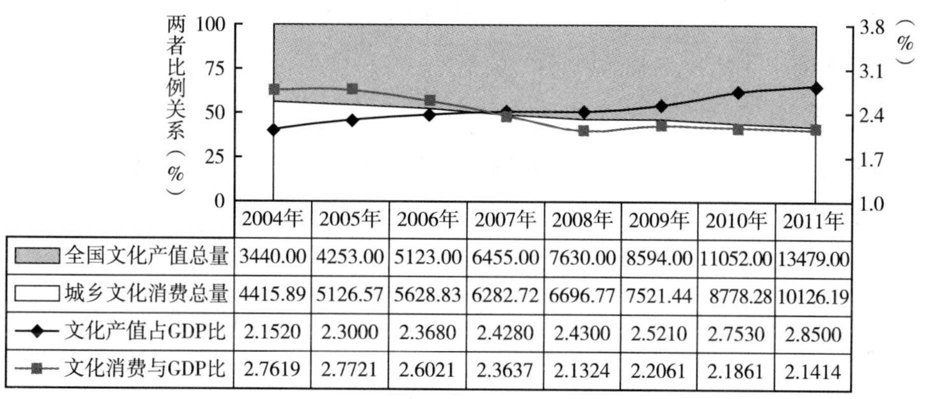

	2004年	2005年	2006年	2007年	2008年	2009年	2010年	2011年
全国文化产值总量	3440.00	4253.00	5123.00	6455.00	7630.00	8594.00	11052.00	13479.00
城乡文化消费总量	4415.89	5126.57	5628.83	6282.72	6696.77	7521.44	8778.28	10126.19
文化产值占GDP比	2.1520	2.3000	2.3680	2.4280	2.4300	2.5210	2.7530	2.8500
文化消费与GDP比	2.7619	2.7721	2.6021	2.3637	2.1324	2.2061	2.1861	2.1414

图7　全国文化产值总量与城乡文化消费总量关系变动态势

注：左轴面积为全国文化产值、城乡文化消费总量（亿元转换为%），两者间年度变动形成直观比例；右轴曲线为文化产值占GDP的比重值、文化消费与GDP的比例值（%），两项比值年度变化相关系数为-0.7990。

对照2004年《文化及相关产业分类》国家标准实施以来历年全国文化产值总量数据与城乡文化消费总量数据，可以清楚地看出：一方面文化产值总量占GDP的比重值呈现逐年上升趋势；另一方面城乡文化消费总量与GDP的比例却大体呈现逐年下降趋势，只有2005年和2009年例外。两者之间历年增减变化态势的相关系数为负值0.7990，即在80%的程度上呈反比关系。全国城乡文化消费需求增长尚不足以支撑中国文化产业在短期之内成长为国民经济支柱性产业，这恐怕已是不争的事实。推动中国文化产业成为国民经济支柱性产业，首先应当尽快提升全国城乡文化消费成为国民消费“支柱性需求”。

（一）扩大文化消费需求与共享的基本思路

1. 举办公益性文化事业纳入市场经济轨道

回顾中国改革开放30余年的历史进程，广及全社会的最深刻制度变革莫过于确立社会主义市场经济体制。在这个意义上可以说，社会主义市场经济体制的建立和完善是改革开放成就的最集中体现。中共中央十六届三中全会明确“坚持社会主义市场经济的改革方向”，十八大进一步强调“加快完善社会主义市场经济体制”。十七届六中全会部署深化文化体制改革，强调以满足人民精神文化需求为出发点和落脚点，实现文化发展成果由人民共享。在社会主义市场经济条件下，所谓“需求”主要表现为消费需求，所谓“满足基本需求”主要通过满足消费需求来体现，包括最基本的衣食温饱需求也是通过消费得以满足，离开民生消费讲“基本需求”无异于刻舟求剑。

社会主义市场经济体制的完善首先在于，这必须是一个完整统一的基本经济体制，全社会的一切生产活动和消费活动都必须纳入其间，文化生产活动和文化消费活动也不能例外。我国目前公益性文化事业的运行依旧实行计划经济的原有模式，这就是“文化供给制”的体制原因，必然导致现行量化标准、集中采购、政府补贴、统一配送的服务模式与群众多方面、多样化、多层次文化需求之间的矛盾难以克服。深化文化体制改革下一步的要务应当在于，必须将公共文化服务完全纳入社会主义市场经济体制，国家和各级政府遵循市场经济规律举办公共文化服务。

2. 公共文化服务应进入民众日常生活消费

在我国现行统计制度下，文化事业和文化产业的可量化部分一并进入国民经济行业统计，体现为社会主义市场经济体制下的全部文化生产成果，而能够统计得到的文化消费仅仅限于城乡居家文化消费，看不到公共文化服务满足文化民生基本需求的成效。全国文化生产总量和城乡居民文化消费总量2009年分别为8594亿元和7521.44亿元；2010年分别为11052亿元和8778.28亿元；2011年分别为13479亿元和10126.19亿元。其间的差额2009年为1072.56亿元，2010年为2273.72亿元，2011年为3352.81亿元，其中包括文化产品和服务未进入居民日常生活部分，譬如公费书报刊订购等，更

多的则是公共文化服务投入部分。这就是说，公共文化服务投入确实越来越多，但却游离在市场经济体制之外，并没有真正进入城乡居民的日常生活消费，也没有充分转化为满足人民群众的文化民生需求，其间的差距自然也越来越大。

计划经济模式下统一的“文化供给制”自然不能满足精神多样化的基本文化需求。解决问题的基本路向实际上很简单：向社保、医保学习。基本养老保险、基本医疗保险、基本住房保障等均属于“保基本”，皆按照市场经济规律来运行，通过个人账户或政府补贴，由“受保人”自主消费。食品无疑是涉及生命健康的最紧要环节，而低保补助并非发放某一种食品和副食品，政府的职责在于把好食品质量关，其余一切交给消费者自便。为什么最具丰富性的精神生活需求却实行“配给制”？政府的职责同样在于把好文化产品和服务的质量关，其余一切交给消费者自便。鉴于文艺演出、电影放映等不能直接对单个人，至少可以通过“社区集体账户”账面（而非现金）分配到每一个居民。这样还能变“暗补”为“明补”，使公共文化服务直接进入城乡居民日常生活消费，在统计数据上把“扩大文化消费”真正落实到每一个公民。

3. 文化生产活动由供给定位转为需求定位

文化生产的最终动力只能来自于人民群众的文化消费需求，文化生产发展必须依靠文化消费增长来拉动。长期计划经济时期形成的文化事业体制其实是一种“供给制”方式，投向文化事业单位“养人养机构”简单维持。仅仅得到“供养人头费”的文化事业单位无力从事生产活动，比如艺术院团“演得越多亏得越多”。即便实行诸如送戏下乡、农家书屋配送等“政府买单”，亦属类似于“配给制”文化供给，与基层人民群众内生性的文化消费需求没有直接联系。

改变公共文化服务投入方式，仅仅由“养人发工资”转变为“办事出产品”远远不够，还需要真正体现满足人民群众文化需求的宗旨，由针对公共文化生产机构拨付“生产性投入”，改变为直接面向基本文化民生提供“消费性投入”。以此引导公共文化生产机构面向城乡文化消费市场，为广大人民群众直接提供公共文化产品和服务（先计入城乡居民文化消费），“挣”回国家

“买单”的公共文化服务投入，用以促进文化生产发展（再计入公共文化生产收入）。这样，国家在公共文化服务上投入一份资金，既保障文化民生基本消费，又推动文化生产良性发展，无疑具有一举多得之效：（1）保障基本文化需求进入人民群众日常消费生活，（2）公共文化服务纳入市场经济运行轨迹，（3）培育和拓展城乡文化消费市场，（4）培养公共文化生产市场主体促进体制机制创新。

4. 加大支持欠发达地区文化建设转移支付

从宪政法理上来说，全中国同为一个国民经济体，全国各地同属一个单一制共和国实体，全体公民同属一个国民共同体。因此，例如北京或上海市民能够享受到的公共服务、社会保障和工资福利，包括基本文化权利和文化民生需求的满足，应当自然推及全国各地全体城乡居民。尽快消除中国经济、社会、民生发展各方面的城乡差距和地区差距，实现“城乡一体化”和“区域均衡发展”。

在人文发展领域要民生至上，均衡优先，这必须成为文化建设与发展的基本原则，大力推进文化发展成果的城乡、区域均等共享，促成保障社会公平的必要体制和可行机制。中央政府有责任进行“取长补短”重大调节，中央财政的基本任务首先应是保证“城乡、区域协调发展”。国家应当通过加大转移支付的方式，支持中西部欠发达地区文化建设，保障中西部人民群众的基本文化权益和文化消费需求，保证硬件设施和软件保障不低于东部发达地区平均水平。

（二）社会体制、政策配套改革思考和建议

1. 接纳新兴产业工人，推进城镇化关键环节

新时期的中国工人阶级的构成发生了巨大变化，就工人阶级的主体而言已经形成了四路大军：一是生长和工作在城市里的传统工人阶级队伍；二是生长在农村却工作在城市，离土离乡的所谓“外来农民工”工人阶级队伍；三是生长在农村也工作在乡村，离土不离乡的乡镇企业工人阶级队伍；四是生长在农村仍工作在田间，不离土不离乡却早已从事社会化生产的新型农业工人队伍。就全国范围而言，中国工人阶级的后三路新兴大军远远超过了城市（镇）

传统工人阶级队伍数倍。

各级地方政府应当真正地、完全地代表中国工人阶级的利益，接纳中国工人阶级的三路新兴大军，尤其是接纳“进城务工人员”真正进入城市。这实际上正是中国城市化进程中最关键的环节，城市一切方面的发展，包括城市文化消费需求的提升，将以此作为新的起点。

2. 平稳实施户籍制度改革，扩大城市消费规模

他们为城市建设做出了贡献，已经成为城市的主人。各地政府积极主动地尽早实施对“城乡二元”社会体制的平和改革，可以有效推进城市化实质性进展，扩大城市消费人群规模。

3. 建立健全城乡一体化的社会保障体系

完善市场经济体制必须以健全社会保障体系相配套。破解拉动内需、扩大消费的题目，最有效的途径应该是把广大群众过多的积蓄有效释放出来，而刚性的基本生活消费毕竟增长有限，明显受到挤压的文化消费需求必将首先得以解放。为此，社会保障体系建设是一个具有突破瓶颈意义的紧要环节。全国“新医改”方案和“新农保”政策相继出台付诸实施，向健全社会保障体系迈出新的一步，随后的步骤应该是逐渐完成养老保险、失业保险、最低生活保障、最低工资制度等的全国覆盖和城乡一体化、全民均等化。完善公共服务，健全社会保障，不仅对于构建社会主义和谐社会具有重要意义，也不仅对于发展社会主义市场经济具有重要意义，而且对于提高广大城乡居民文化消费水平、推动文化大发展大繁荣同样具有重要意义。

4. 对低收入人群实行“文化消费直补”和“文化低保”

改进文化民生状况，提高低收入人群文化消费需求，不仅需要考虑国内物价上涨的影响和国际金融危机的冲击，还有必要反思历来的文化服务投入机制及其实际成效。除了必要的文化基础设施建设以外，凡是提供可移动产品和可选择服务类型的文化工作，比如各级文艺团队下基层、进社区、乡村电影放映等，乃至包括广播电视村村通、万村书库建设等，不妨采用类似“家电下乡”的“文化消费直补”方式，直至对低收入人群实行“文化低保”，针对不同文化产品和服务类别，按不同补贴比例账面核算（以防现金挪用）至社区群众头上，结合基层自治制度，由社区居民集体自行计划、自主消费和自我管理，变“国家计划配给”（目前仅纳入生产统计）为“群众自为消费”（同时也纳入消费统计），也许还能够起到“以一当十”之效，撬动底层民众自行生发出来的更多文化消费，更有效地满足乃至提升低收入人群的文化需求。

General Report on Boom Evaluation of National Cultural Consumption Demand in Urban-Rural Areas

—The Analysis of the Past 20 Years and the Annual Evaluation of 2011

Abstract: In 2011, the total growth of the national cultural consumption demand in urban-rural areas went up by 15. 36% reaching 10126. 19 hundred million yuan; the per capita value went up by 14. 81% reaching 753. 36 yuan. As measured by per capita value, the annual growth of the cultural consumption in urban-rural areas was evidently lower than the output growth, the residents' income growth and the total consumption growth, also remarkably lower than the savings growth. the disparity of cultural consumption between urban and rural areas widened by 5. 49% ; the gap of cultural consumption in urban-rural areas among different regions widened by 0. 16% over the previous year. The boom evaluation of national overall cultural consumption demand of urban-rural areas in 2011 are as follows: the value of vertical evaluation is remarkably higher than that of the starting year since the "Ninth Five-Year Plan" period; it is slightly lower than the base value since the "Tenth Five-Year Plan" period; it is evidently lower than the base value since the "Eleventh Five-Year Plan" period and it is slightly lower than the base value of the previous year; the annual lateral evaluation without gap between urban and rural areas and among different regions is remarkably lower than the ideal value, because of the continuous widening disparity of the urban-rural and the regional gap.

Key Words: National Urban-rural Areas; Cultural Consumption; Boom Evaluation; Integrative Appraisement

综合分析与评价

Comprehensive Analysis and Evaluation

中国文化消费需求景气评价体系技术报告

——兼1991～2011年基本态势分析

摘　要：

本文系“全国文化消费需求景气评价体系”总卷技术报告，基于全国城乡综合演算数据，对基础数据来源、数据推演方法、相关数值关系、具体指标测算加以说明，并分析各类数据事实所反映出来的全国城乡文化消费需求基本态势。本项评价体系通用于省域城乡综合测评、城镇与乡村单行测评、中心城市测评，城镇、乡村和中心城市评价指标同构，演算方法同理，某些特殊的技术性细节在此一并交代，各卷不再重复技术报告阐释。

关键词：

文化消费　景气评价　城乡综合测评　指标与方法

本文系“全国文化消费需求景气评价体系”总卷技术报告，对评价指标系统和测评演算方法进行阐述。同时，文中基于全国城乡综合演算数据，对基础数据来源、数据推演方法、相关数值关系、具体指标测算加以说明，并分析各类数据事实所反映出来的全国城乡文化消费需求基本态势。其中，总报告已详细分析的文化消费总量和人均值增长、城镇与乡村增长差距从简，而文化消费与产值、收入、总消费、积蓄之间、地区之间增长差距适度展开考察。

本评价系列其余三卷专项测评——《中国城镇文化消费需求景气评价报告》、《中国乡村文化消费需求景气评价报告》、《中国中心城市文化消费需求景气评价报告》评价指标同构，演算方法同理，某些特殊的技术性细节在此一并交待，各卷不再重复技术报告阐释。

一　基础数据来源及其演算方法

本项评价体系通用于省域城乡综合测评、城镇与乡村单行测评、中心城市测评，所使用的基础数据出自每年正式出版的国家统计局《中国统计年鉴》、国家统计局城市社会经济调查司《中国城市统计年鉴》和《中国城市（镇）生活与价格年鉴》，各地相关统计年鉴数据可以作为辅助校验参考。同一来源的数据具有同一统计制度之下的口径同一性和标准同一性，能够确保全国及各省域、各城市之间数据演算的通约性及其测评结果的可比性。以上三种年鉴历年卷一般在每年年底（也有延至下年年初）出版，正式公布前一个年度统计数据。2011 年统计数据为以上各种年鉴 2012 年卷新近出版公布的最新数据。

（一）文化消费总量数值的演算处理

本项评价体系采用的基本数据包括：全国及各地产值，全国及各地居民收入、总消费（从中又区分出非文消费与文化消费）、积蓄（消费剩余，即收入与总消费之差）。全国和省域（除了台港澳以外省级行政区划设置，包括行省、自治区和直辖市）历年产值总量和人均值数据可直接见于《中国统计年鉴》各年卷，中心城市（4 个直辖市、22 个行省省会、5 个自治区首府、5 个非省会副省级城市）历年产值总量数据（取其市辖区产值总量数据）可直接见于《中国城市统计年鉴》各年卷。文化消费总量数据需要通过多重演算衍

生得出。

在现行统计制度下，全国及各地居民收入、总消费（其中包含文化消费）分为城镇与乡村两个方面分别统计，因而城乡综合数据需要结合相应范围城乡人口分布数据，推算得出城乡综合总量和人均数值。东部、中部、西部和东北四大区域的各类数据在《中国统计年鉴》里多年阙如，需要根据相关省域数据再推算得出。其间数据关系及演算方法见表1。还应当说明，《中国统计年鉴》2005年卷开始提供东部、中部、西部和东北城镇、乡村居民收入、总消费及文化教育综合人均值等数据，但由于无法前溯以往年度，本项研究评价仍然通过自己的演算方法得出相应数据，以保持历年的一致性。

表1　城乡综合数值演算方法及城镇与乡村统计数据关系处理

<table>
<tr><td>范围和内容</td><td>基础数据</td><td>引入人口参数</td><td>城镇乡村之和</td><td>引入人口参数</td><td>范围和内容</td></tr>
<tr><td>全国城镇
文化消费</td><td>城镇人均</td><td>→城镇总量</td><td rowspan="2">→城乡总量</td><td rowspan="2">→城乡人均</td><td rowspan="2">全国城乡综合
文化消费</td></tr>
<tr><td>全国乡村
文化消费</td><td>乡村人均</td><td>→乡村总量</td></tr>
<tr><td>范围和内容</td><td>演算人口参数</td><td>相关省域之和</td><td>城镇乡村之和</td><td>演算人口参数</td><td>范围和内容</td></tr>
<tr><td>四大区域城镇
文化消费</td><td>城镇人均←</td><td>城镇总量</td><td rowspan="2">→城乡总量</td><td rowspan="2">→城乡人均</td><td rowspan="2">东中西部
和东北
城乡综合
文化消费</td></tr>
<tr><td>四大区域乡村
文化消费</td><td>乡村人均←</td><td>乡村总量</td></tr>
<tr><td>范围和内容</td><td>基础数据</td><td>引入人口参数</td><td>城镇乡村之和</td><td>引入人口参数</td><td>范围和内容</td></tr>
<tr><td>省域城镇
文化消费</td><td>城镇人均</td><td>→城镇总量</td><td rowspan="2">→城乡总量</td><td rowspan="2">→城乡人均</td><td rowspan="2">省域城乡综合
文化消费</td></tr>
<tr><td>省域乡村
文化消费</td><td>乡村人均</td><td>→乡村总量</td></tr>
<tr><td>范围和内容</td><td>基础数据</td><td>引入人口参数</td><td colspan="3" rowspan="3">注:1. 总量演算主要用于全国及各省域、各中心城市文化(教育)消费;2. 各类测评演算取人均值进行,各地总量数值不具可比性;3. 中心城市市辖区人均产值据市辖区人口与产值总量推算。</td></tr>
<tr><td>中心城市
文化教育消费</td><td>市辖区人均</td><td>→市辖区总量</td></tr>
<tr><td>中心城市
产值</td><td>市辖区总量</td><td>→市辖区人均</td></tr>
</table>

人口数据对于演算各类总量数值和人均数值具有基础意义，有必要首先予以说明。

（1）国家统计局“国家统计数据库”曾经校订《中国统计年鉴》历年卷公布的全国城乡人口数据，包括省域人口数据，本项评价体系演算数据库及时跟进采用；同时按照统计规范，转换为年平均人口数据进行演算，相应演算数值与本项研究早期成果（使用年末人口数据）会有微小出入。

（2）《中国统计年鉴》历年卷公布的全国城乡总人口包括军队等特殊群体（计入城镇人口），分地区人口不涉及，加之演算全国及各地人口最终需转换为年平均人口，全国年平均总人口不严格等于各省域年平均人口之和，由此演算的全国总量数值与各省域总量之和有出入，未予平衡，原样保留。

（3）《中国统计年鉴》未逐年提供分地区城乡人口分布数据。本项研究出于逐年开展演算测评的需要，依据2000～2005年省域城镇与乡村人口各自年均增长率，推算2001～2004年省域城镇与乡村人口年均增长值；又依据2005～2009年省域城镇与乡村人口各自年均增长率，推算2010年省域城镇与乡村人口增长值。最后按省域城乡总人口进行平衡处理，得出相应年度城乡人口分布数值，再分别转化为城镇与乡村年平均人口，据此进行相关演算。

（4）近两年，《中国城市统计年鉴》改变统计口径，不提供中心城市的城镇人口数据，而提供市辖区人口数据。本项评价体系随之改变人口取值口径（同样转化为年平均人口），依此推算市辖区总量数值。以作为城市主体的市辖区代表整个城市，以市辖区居民代表城市的市民群体，应该是合适的。

此外，1997年以前重庆尚未作为省域单列，西藏缺1993年、1995年和1997～1998年数据，相应年度全国总量演算不包含此二地，其计算总量的人口基数对应减除。

（二）各项人均值基础数据具体出处

1. 人均产值

（1）全国人均产值。2009年及其以前各年全国人均产值数据通见《中国统计年鉴》2010年卷《2－1 国内生产总值》，该表加注说明：“2009年为初步核实数据，2005～2008年数据在第二次经济普查后作了修订。”以后各年全国人均产值数据同理，现2011年数据亦为《中国统计年鉴》2012年卷提供的初步核实数据，到下一年度仍有必要按照《中国统计年鉴》2013年卷再予修订。

（2）省域人均产值。历年各省域人均产值数据见于《中国统计年鉴》历年卷《地区生产总值》（各年卷表号不一，不标表号，后同）。此外，国家统计局"国家统计数据库"曾经校订历年各省域人均产值数据，本项评价体系及时跟进采用，于是省域人均产值相关演算数值与本项研究此前推出的相应成果可能会有细微出入。

（3）中心城市人均产值。本项评价体系未采用《中国城市统计年鉴》提供的各中心城市人均产值数据，原因在于，少数城市人均产值按常驻人口（却无数据）演算，其余城市按户籍人口演算，口径不一不宜采用。本项评价体系依据同一种年鉴中表《2－1 人口》提供的各城市市辖区人口数据（转化为年平均人口），表《2－13 综合经济（一）》提供的各城市市辖区产值总量数据，在同一口径下自行演算人均产值。这样演算正符合本项评价体系的指标设计思路，可以检验出中国自古以来城乡间鸿沟、地区间鸿沟延续至今并共筑当今第三种社会鸿沟——数亿工人阶级大军中体制内（城镇户籍工人）外（所谓"外来农民工"）身份间"国民待遇"的非均等性。

当今中国，越发达的大城市这一问题越严重，其他城市也普遍如此。一方面产值增长代表社会财富增长，这是数以亿计"外来农民工"参与创造的，但产值成效按属地统计，与劳动力输出地甚至付出者无关，劳动力输入地拒不接纳"新兴产业工人"群体；另一方面各城市"人民共享发展成果"主要惠及当地城市户籍居民，受排斥的"外来农民工"被迫每年奔忙"春运"回乡，难以见到普惠而非奖励举家落地入籍，以"倒春运"方式接待父老前来共享城市发展成果。

在本项评价体系里，由此产生的各中心城市较高的人均产值反衬出偏低的文化消费与产值比，就是对于这样一种"发展缺陷"的"折扣"演算。在这个意义上，此项测评指标也可算是本项评价体系暗含的第三项校正指标（详后）。实际上，在省域分析评价中，虽然直接采用《中国统计年鉴》经平衡处理过的各地区人均产值数据，但发达省域较高的人均产值反衬出偏低的文化消费与产值比，同样在一定程度上体现了这一层意义。

2. 人均收入

全国及省域城镇居民历年人均可支配收入数据见《中国统计年鉴》历年

卷中《各地区城镇居民平均每人全年家庭收入来源》；乡村居民历年人均纯收入数据见《各地区按来源分农村居民家庭人均纯收入》。结合相应年度全国及省域城乡人口分布数据演算，即可得到全国及省域城乡综合人均收入数值。中心城市居民历年人均可支配收入见《中国城市（镇）生活与价格年鉴》历年卷中《1－5 大中城市居民家庭基本情况》。

3. 人均总消费

全国及省域城镇居民历年人均总消费数据见《中国统计年鉴》历年卷中《各地区城镇居民家庭平均每人全年消费性支出》；乡村居民历年人均总消费数据见《各地区农村居民家庭平均每人生活消费支出》。结合相应年度全国及省域城乡人口分布数据演算，即可得到全国及省域城乡综合人均总消费数值。《中国统计年鉴》2012 年卷首次统一了城镇与乡村两个方面消费统计之下 8 项分类的名称。中心城市居民历年人均消费性支出见《中国城市（镇）生活与价格年鉴》历年卷中《1－5 大中城市居民家庭基本情况》。本项研究评价出于特定需要，又将人均总消费数值区分为人均非文消费数值与文化消费数值。

4. 人均文化消费

全国及省域城镇居民历年人均文化消费数据见《中国统计年鉴》历年卷中《各地区城镇居民家庭平均每人全年消费性支出》之《教育文化娱乐服务》统计项中除“教育”之外的“文化娱乐用品”和“文化娱乐服务”两个小项之和；乡村居民历年人均文化消费数据见《各地区农村居民家庭平均每人生活消费支出》之《文教、娱乐用品及服务》整个统计项。结合相应年度全国及省域城乡人口分布数据演算，即可得到全国及省域城乡综合人均文化消费数值。《中国统计年鉴》2012 年卷首次统一了城镇与乡村“文化教育消费”统计项名称，统一为《文教娱乐》统计项，但仍未对乡村“文化教育消费”展开细分。

由此可以看到，城镇居民的“文化消费”与“教育消费”已加区分，而乡村居民的“文化消费”与“教育消费”却未区分。这就是乡村“文化消费”占收入比重显得高于城镇的原因所在。在较早年度的统计年鉴里，《各地区农村居民家庭平均每人生活消费支出》统计表里《非商品支出》统计项曾经列出若干细目，倘若依此排除其中的“教育消费”部分，则乡村

“文化消费”所剩无几。这或许就是乡村居民“文化教育消费”不予区分的原因所在。

中心城市居民历年人均教育文化娱乐服务消费见《中国城市（镇）生活与价格年鉴》历年卷中《1－5 大中城市居民家庭基本情况》。中心城市“教育文化娱乐服务”消费统计项下未再细分“文化消费”与“教育消费”，其相关数据为“文化教育消费”综合统计。

5. 人均积蓄

收入数据与总消费数据之差即为积蓄数值。

本项研究一向使用“积蓄”概念，以区别于民众已经存入银行的“储蓄”，“积蓄”包括放在任何地方的“余钱”，理应远远高于“储蓄”；同时也代替经济学里惯用的“消费剩余”概念。源于西方经济学的所谓“消费剩余”强调的是主动消费，“剩余”不过是消费后的被动结果。完善的市场经济体制必须有健全的社会保障体系与之相套，只有“福利国家”才有可能产生低储蓄的“消费主义”。

中国民众历来注重积蓄的传统反而是主动抑制消费，社会保障体系建设滞后更促使广大民众加大积蓄以求“自我保障”，积蓄由此成为当今中国社会的一种“必需”。这意味着，中国民众在“必需消费”（本项评价体系假设为全部非文消费）之外，还有“必需积蓄”——诸如家庭购房“基金”、子女教育“基金”、个人病老“基金”等，于是“非必需”的精神文化消费反而成了“必需积蓄”之外的“积蓄剩余”。中国经济发展长期面临国内消费需求不足的困扰，“十一五”前几年全国城乡文化消费需求增长下滑，而城乡居民积蓄普遍猛增，根本原因就在于缺乏健全的社会保障体系。

二　各项测评指标及其设计思路

本项评价体系设计并使用的测评指标一共分为 3 类 8 项。由于难寻可供借鉴的国内外现成经验数据及其测算方法，这些指标多为本评价体系从实际出发，从我国现行统计制度及其既有统计数据项目出发，精心构思甚至是独创而来。

（一）基础指标：文化消费绝对值

文化消费绝对值分为总量绝对值和人均绝对值两类数值。各地总量需转换为占全国份额值。

1. 文化消费总量份额值

城乡文化消费需求总量是文化产业生产总量实际进入日常生活消费的具体表现，也是文化建设和文化生产的发展成果实际转化为广大人民群众文化消费需求的具体体现。然而，无论是各地生产总量还是消费总量数值背后，都存在省域大小、人口多少的差异，地区经济规模、产业基础等也都存在巨大差异，总量数值在各地之间不具备可比性。本项研究主要在全国层面直接考察城乡文化消费需求总量增长态势。

各地城乡文化消费需求总量绝对值本身不具可比性，但各地城乡总量增长幅度和占全国份额变化却可以进行比较。实际上，总量年均增长与份额增减变化是联系在一起的，总量年均增长排序与份额增减变化排序也是一致的。本项评价体系新增一项指标——各地文化消费需求总量占全国份额年度增减变化，在“十二五”开年的2011年测评（即本年度卷）中正式启用。

1991~2011年全国城乡文化消费需求总量增长态势见图1。囿于制图篇幅限制，图中各五年规划期头年与末年直接对接。文中分析历年增长态势时，则运用测评数据库后台演算功能，筛测出的最高与最低年度值包含图中省略年度（后同）。

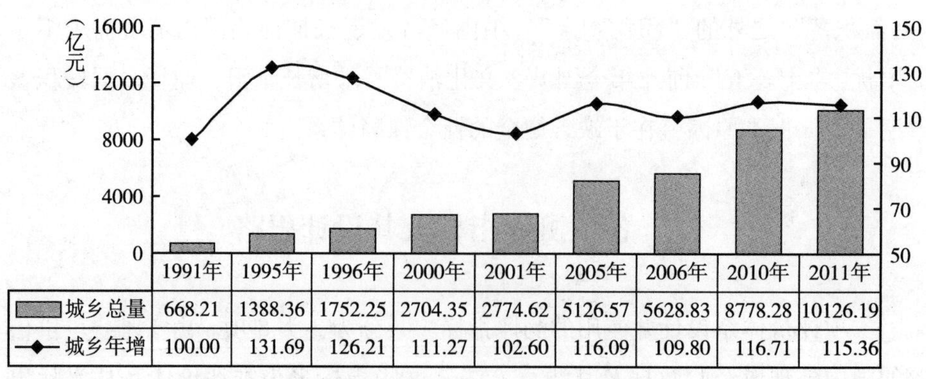

	1991年	1995年	1996年	2000年	2001年	2005年	2006年	2010年	2011年
城乡总量	668.21	1388.36	1752.25	2704.35	2774.62	5126.57	5628.83	8778.28	10126.19
城乡年增	100.00	131.69	126.21	111.27	102.60	116.09	109.80	116.71	115.36

图1　1991~2011年全国城乡文化消费总量增长态势

注：左轴柱形为全国城乡文化消费总量；右轴曲线为年度增长指数（上年=100）。

各地城乡文化消费总量占全国份额升降变化，取决于全国与当地两个方面的增长差异。1991～2011 年，全国城乡文化消费总量总增长 1415.41%，年均增长 14.56%。其中，“九五”期间，全国总量总增长 94.79%，年均增长 14.26%；“十五”期间，全国总量总增长 89.57%，年均增长 13.65%；“十一五”期间，全国总量总增长 71.23%，年均增长 11.36%；“十二五”头年，全国总量年度增长 15.36%。

全国城乡文化消费总量最高增长年度为 2002 年，增长率 31.89%；次高增长年度为 1995 年，增长率 31.69%；最低增长年度为 2001 年，增长率 2.60%；次低增长年度为 2008 年，增长率 6.59%。

此项指标测算中，全国城乡总量自为基准，各地以自身总量占全国份额年度增减变化来衡量。在各年度横向测评里，各地以上一年自身总量占全国份额为基数，譬如设 2010 年各自占全国份额为 100（取百分制为正文按惯例保留 2 位小数表达），则 2011 年东部整体测算值为 102.96，东北整体测算值为 96.38，中部整体测算值为 98.71，西部整体测算值为 100.72。这意味着，用此项指标检测 1 年以来，份额有所上升者获“加分”，而份额有所下降者遭“减分”。在历年度纵向测评里，各地以起始年度自身总量占全国份额为基数，譬如“十五”以来测评，设 2000 年各自占全国份额为 100，则 2011 年东部整体测算值为 117.07，东北整体测算值为 105.34，中部整体测算值为 83.75，西部整体测算值为 80.41。这意味着，用此项指标检测 11 年以来，份额有所上升者获“加分”而份额有所下降者遭“减分”。

通过上年测试过程和本年实用结果都可以看出，增补各地文化消费总量占全国份额年度增减变化指标，对于各地景气评价排行没有实质性影响，其作用主要在于两个方面：（1）由于增加了一项指标，其余各项指标的权重相应降低，特别体现在各年度各地之间的横向测评中，基本上作为“减分”因素的城乡比和地区差指标权重相应降低，全国及各地“得分”普遍以一定比例小幅增高；（2）原有各项指标设计重在突出各地差异，产生了“锐化”效果，而此项指标加入后，则产生了“柔化”效果，特别体现在各地自身前后年度之间的纵向测评中，各地“分值”差距以一定比例小幅缩减。

实际说来，这两点作用都符合本项评价的要义。测评及其排行的意图在于使“软”的甚至是“虚”的文化发展研究和评价有一套“过硬”的指标系统。全国及各地“分值”过低或其间差距过大并无必要，只需保证演算过程能够通约，测评结果可以比较。

2. 人均文化消费绝对值

文化消费的各项比值指标和比差指标，均需要依据人均文化消费绝对值来加以演算。所以，人均文化消费绝对值是一项基础性指标。《中国统计年鉴》历年卷直接提供了全国和省域城镇与乡村两方面的人均文化消费统计数据，但城乡综合测评还需演算得出全国及各地城乡综合人均数值。1991～2011 年全国城乡人均文化消费需求增长态势见图 2。

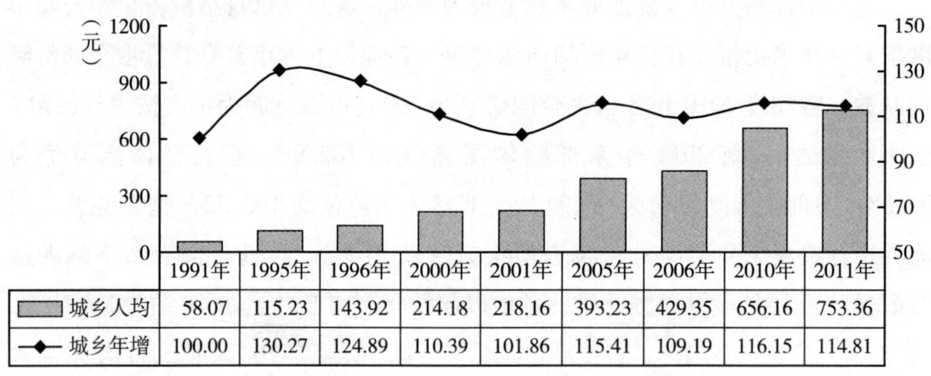

	1991年	1995年	1996年	2000年	2001年	2005年	2006年	2010年	2011年
城乡人均	58.07	115.23	143.92	214.18	218.16	393.23	429.35	656.16	753.36
城乡年增	100.00	130.27	124.89	110.39	101.86	115.41	109.19	116.15	114.81

图 2　1991～2011 年全国城乡人均文化消费增长态势

注：左轴柱形为全国城乡人均文化消费；右轴曲线为年度增长指数（上年 =100）。

由图 2 并结合下面图 3 可以看出，在“十一五”全国人均产值接近和超越 3000 美元的背景下，全国城乡文化消费需求增长反而不如“十五”全国人均产值接近和超越 1000 美元期间。显然，影响广大人民群众文化消费需求，不仅仅是单纯的人均产值增长因素，还有深刻的社会发展背景因素。分析影响中国城乡文化消费需求的相关因素，特别是理清文化消费需求增长与经济社会发展基本格局的相关关系，对于扩大城乡文化消费需求，增加城乡文化消费总量，强化文化产业发展的内生动力，促进文化与经济、社会的协调发展至关重要。

1991～2011 年，全国城乡人均文化消费总增长 1197.42%，年均增长

13.67%。其中，“九五”期间，全国人均值总增长85.87%，年均增长13.20%；“十五”期间，全国人均值总增长83.60%，年均增长12.92%；“十一五”期间，全国人均值总增长66.87%，年均增长10.78%；“十二五”头一年，全国人均值年度增长14.81%。

全国城乡人均文化消费最高增长年度为2002年，增长率31.01%；次高增长年度为1995年，增长率30.27%；最低增长年度为2001年，增长率1.86%；次低增长年度为2008年，增长率6.05%。

在此项指标的各年度横向测评里，全国城乡总体人均值自为基准，各地以自身人均值与全国人均值之间的差距指数衡量。譬如，设2011年全国城乡人均值为100，对照本文图8进行比较演算（后同），东部城乡整体测算值为145.56，东北城乡整体测算值为84.27，中部城乡整体测算值为73.70，西部城乡整体测算值为70.80。这意味着，在本年度，东部人均值明显高于全国城乡人均值，此项指标检测获“加分”；而东北、中部和西部人均值明显低于全国城乡人均值，此项指标检测遭“减分”。

在此项指标的历年度纵向测评里，全国及各地城乡均以自身起始年度相应数值为基数衡量。譬如，分别设全国城乡总体1995年、2000年、2005年和2010年人均值为100，则2011年测算值分别为653.79、351.74、191.59和114.81。这意味着，考察过去16年间、11年间、6年间、1年间，全国城乡总体人均值皆为明显提升，此项指标检测获明显“加分”。各地城乡依此类推。

一般而言，全国及各地人均文化消费绝对值总是处于持续增高之中，此项指标在纵向测评中实为最为强劲的“加分”因素。但是，一旦出现年度负增长，或整个五年规划期内时段负增长，甚至是两个五年规划期连续十年累计负增长（少数省域乡村层面即是如此），此项指标即成为“减分”因素。“十一五”期间各年里，人均文化消费绝对值负增长导致“减分”的情况在各省域乡村间屡见不鲜，甚至在各省域城镇间也时有可见。

（二）平衡指标：文化消费比例值

尽可能利用现行统计制度下的各类国颁统计数据项，构成并衡量由此产生

的各种比例关系，正是本项评价体系从实际出发建立测评指标系统的基本方法。人均文化消费数值与人均产值、收入、总消费、积蓄数值之间的关系分析，尤其是从中折射出来的经济、社会发展的背景因素，是本项评价体系确立人均文化消费比例值指标的依据。

1. 人均文化消费与人均产值比例关系

居民总消费与GDP的比例关系可以衡量国内民生消费拉动GDP的效应，文化消费与GDP的比例关系同样可以衡量文化消费拉动GDP的效应，反过来看，则是我国经济增长带动民生和文化民生消费需求增长的实际效应。假设一个地区的城乡居民消费和文化消费的民生需求长期得不到有力提升，那么生产增长和文化生产增长也就背离了自身依存的基本目的，恐怕只能视为某种“把手段当成目的”的无效生产。

在此项指标的测算中，如果一个地区人均产值增长持续高涨，而城乡居民人均文化消费需求增长连年低落，那么测评分值无疑将会降低。对于各地文化产业增加值，尤其需要进行如此衡量，以破解近几年来各地之间愈演愈烈的“文化产业增加值追逐”现象，发展文化生产就是为了满足文化消费需求，遗憾的是缺乏统一标准的逐年分地区文化产业增加值统计数据。

1991～2011年全国城乡人均文化消费与人均产值增长关系态势分析见图3。

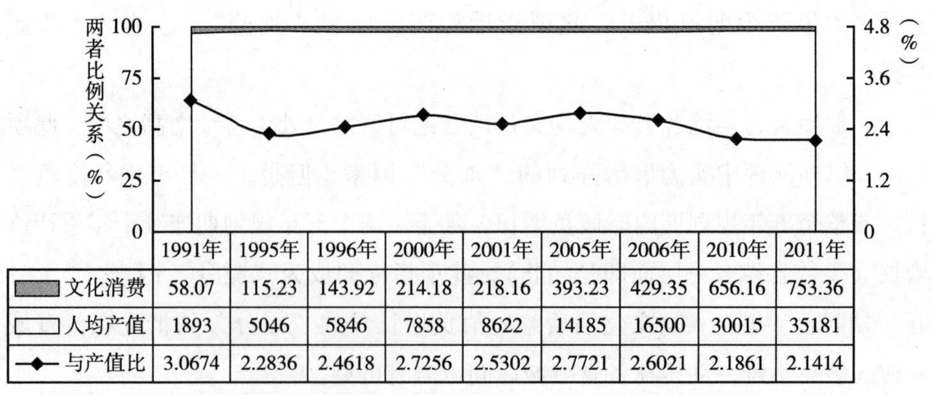

	1991年	1995年	1996年	2000年	2001年	2005年	2006年	2010年	2011年
文化消费	58.07	115.23	143.92	214.18	218.16	393.23	429.35	656.16	753.36
人均产值	1893	5046	5846	7858	8622	14185	16500	30015	35181
与产值比	3.0674	2.2836	2.4618	2.7256	2.5302	2.7721	2.6021	2.1861	2.1414

图3 全国人均产值、城乡人均文化消费及其间比例关系态势

注：左轴面积为全国人均产值、城乡人均文化消费（元转换为%），两者年度变动形成直观比例；右轴曲线为全国城乡人均文化消费与人均产值比。

图3将全国人均产值、城乡人均文化消费绝对值转换为图形面积直观比例，并设置动态曲线标明人均文化消费与人均产值的比例变动态势。从中直观清楚可见，1991～2011年，全国城乡人均文化消费与人均产值的比例呈现波动下降走势，最高值为1991年3.07%，最低值为2008年2.13%。尤其是进入“十一五”以来，全国人均产值接近并超越3000美元期间，城乡文化消费与产值的比例值却持续下降，2011年仍然接近于最低位。这就说明，人均产值数值达到特定高度，必将带来文化消费需求高涨的所谓“国际经验”，并不适用于“中国现实”。

全国城乡人均文化消费与人均产值的比例升降变化，取决于人均产值与人均文化消费两个方面的增长差异。1991～2011年，全国人均产值总增长1758.48%，年均增长15.73%。人均产值总增长幅度为人均文化消费总增幅的1.47倍，人均文化消费年均增长幅度低于人均产值年均增幅2.06个百分点。

其中，“九五”期间，全国人均产值总增长55.73%，年均增长9.26%。人均产值总增长幅度为人均文化消费总增幅的64.90%，人均文化消费年均增长幅度高于人均产值年均增幅3.94个百分点。“十五”期间，全国人均产值总增长80.52%，年均增长12.54%。人均产值总增长幅度为人均文化消费总增幅的96.32%，人均文化消费年均增长幅度高于人均产值年均增幅0.38个百分点。“十一五”期间，全国人均产值总增长111.60%，年均增长16.17%。人均产值总增长幅度为人均文化消费总增幅的1.67倍，人均文化消费年均增长幅度低于人均产值年均增幅5.39个百分点。2011年，全国人均产值增长17.21%。人均产值年度增长幅度为人均文化消费年度增幅的1.16倍，人均文化消费增幅低于人均产值增幅2.40个百分点。

由于不同时期产值与文化消费增长出现差异，全国城乡人均文化消费与人均产值的比例在“九五”期间提高0.4421个百分点，在“十五”期间提高0.0465个百分点，在“十一五”期间降低0.5860个百分点，在“十二五”头年降低0.0447个百分点，1991～2011年累计降低0.9260个百分点。为了准确表达细微差异变化，此处破例采用4位小数（后同）。

在此项指标的各年度横向测评里，全国城乡总体比例值自为基准，各地以自身比值与全国比值之间的差距指数衡量。譬如，设 2011 年全国城乡此项比值为100，对照本书排行报告表3，东部城乡整体测算值为95.99，东北城乡整体测算值为 71.61，中部城乡整体测算值为 88.70，西部城乡整体测算值为 89.83。这意味着，在本年度，东部、中部、西部和东北此项比值全都低于全国城乡平均比值（全国平均值一般应在各区域数值之间。本项评价体系依据《中国统计年鉴》公布的基础数据进行演算，保证演算方法的合理性和演算过程的准确性，基础数据的发布权和解释权属于国家统计局。原因可能在于，年鉴不提供四大区域统计数据，此处只能依据相关省域各类人均基础数据推算四大区域相应总量数值，再分别反推算出相应人均数值，其间带入总量演算误差（各地总量之和不等于全国总量）而难以进行平衡处理。此项指标检测遭较明显“减分”，其间东部略好于中部和西部，明显好于东北。

在此项指标的历年度纵向测评里，全国及各地城乡均以自身起始年度此项比值为基数衡量。譬如，分别设全国城乡总体 1995 年、2000 年、2005 年和 2010 年此项比值为 100，则 2011 年测算值分别为 93.77、78.56、77.25 和 97.95。这意味着，考察过去 16 年间、11 年间、6 年间、1 年间，全国城乡总体此项比值皆为降低，此项指标检测皆遭“减分”。各地城乡依此类推。

显然，由于 20 年以来全国城乡人均文化消费与人均产值的比例值处于持续波动降低之中，此项指标在纵向测评中成为分量较重的“减分”因素，仅在很少几个年度成为与上一年相比的微弱“加分”因素。

2. 人均文化消费占人均收入比重

诚然，在各地人均文化消费绝对值背后，还存在人们收入水平的差异，人均文化消费占当地人均收入的比重值显然更具有可比性。人均文化消费占当地人均收入的比重可以类比于一定收入水平下人均食物消费比重变化的“恩格尔定律”，体现出一定收入水平下的文化消费需求，不妨作为某种“文化民生系数”的演算基础。

倘若一个地区的城乡居民人均文化消费在当地人均收入中占有较高比例，那么当地城乡文化消费需求相对旺盛的事实就是毫无疑义的。反之，倘若一个地区的城乡人均文化消费绝对值也许不算低，但在当地人均收入中所占比重却偏低，那么也不能表明当地城乡文化消费需求旺盛。这就是比值比绝对值更能

说明问题的原因所在。

1991～2011年全国城乡人均文化消费与人均收入增长关系态势分析见图4。

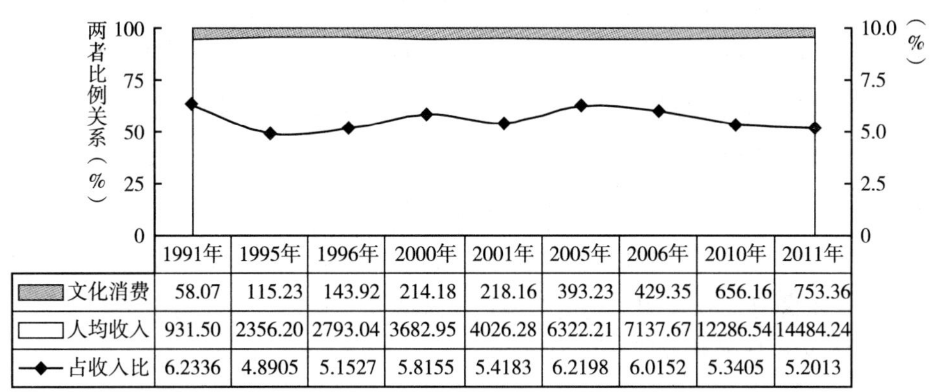

	1991年	1995年	1996年	2000年	2001年	2005年	2006年	2010年	2011年
文化消费	58.07	115.23	143.92	214.18	218.16	393.23	429.35	656.16	753.36
人均收入	931.50	2356.20	2793.04	3682.95	4026.28	6322.21	7137.67	12286.54	14484.24
占收入比	6.2336	4.8905	5.1527	5.8155	5.4183	6.2198	6.0152	5.3405	5.2013

图4　全国城乡人均收入、人均文化消费及其间比例关系态势

注：左轴面积为全国城乡人均收入、人均文化消费（元转换为%），两者年度变动形成直观比例；右轴曲线为全国城乡人均文化消费占人均收入比。

图4将全国城乡人均收入、人均文化消费绝对值转换为图形面积直观比例，并设置动态曲线标明人均文化消费占人均收入的比重值变动态势。从中直观清楚可见，1991～2011年，全国城乡人均文化消费消费占人均收入的比重呈现波动下降走势，最高值为2002年6.38%，最低值为1994年4.75%。尤其是进入“十一五”以来，全国城乡人均收入持续增长期间，城乡文化消费占收入的比重却持续下降，2011年仍然处于较低位。这就说明，人均收入增长导致恩格尔系数下降，必然带来文化消费需求高涨的“合理推论”，也不适用于“中国现实”。

全国城乡人均文化消费占人均收入的比重升降变化，取决于人均收入与人均文化消费两个方面的增长差异。1991～2011年，全国城乡人均收入总增长1454.94%，年均增长14.71%。人均收入总增长幅度为人均文化消费总增幅的1.22倍，人均文化消费年均增长幅度低于人均收入年均增幅1.03个百分点。

其中，“九五”期间，全国城乡人均收入总增长56.31%，年均增长

9.34%。人均收入总增长幅度为人均文化消费总增幅的65.57%，人均文化消费年均增长幅度高于人均收入年均增幅3.85个百分点。“十五”期间，全国城乡人均收入总增长71.66%，年均增长11.41%。人均收入总增长幅度为人均文化消费总增幅的85.72%，人均文化消费年均增长幅度高于人均收入年均增幅1.51个百分点。“十一五”期间，全国城乡人均收入总增长94.34%，年均增长14.21%。人均收入总增长幅度为人均文化消费总增幅的1.41倍，人均文化消费年均增长幅度低于人均收入年均增幅3.43个百分点。2011年，全国城乡人均收入增长17.89%。人均收入年度增长幅度为人均文化消费年度增幅的1.21倍，人均文化消费增幅低于人均收入增幅3.07个百分点。

由于不同时期收入与文化消费增长出现差异，全国城乡人均文化消费占人均收入的比重在“九五”期间提高0.9250个百分点，在“十五”期间提高0.4043个百分点，在“十一五”期间降低0.8793个百分点，在“十二五”头年降低0.1392个百分点，1991~2011年累计降低1.0324个百分点。

在此项指标的各年度横向测评里，全国城乡总体比重值自为基准，各地以自身比重与全国比重之间的差距指数衡量。譬如，设2011年全国城乡此项比值为100，对照本书排行报告表4，东部城乡整体测算值为108.20，东北城乡整体测算值为88.05，中部城乡整体测算值为90.57，西部城乡整体测算值为96.22。这意味着，在本年度，东部此项比值较明显高于全国城乡平均比值，此项指标检测获较明显“加分”；西部、中部和东北此项比值较明显低于全国城乡平均比值，此项指标检测遭较明显“减分”，其间西部和中部又略高于东北。

在此项指标的历年度纵向测评里，全国及各地城乡均以自身起始年度此项比值为基数衡量。譬如，分别设全国城乡总体1995年、2000年、2005年和2010年此项比值为100，则2011年测算值分别为106.35、89.44、83.62和97.39。这意味着，考察过去16年间、11年间、6年间、1年间，全国城乡总体此项比值多为降低，此项指标检测多遭“减分”。各地城乡依此类推。

由于20年以来全国城乡人均文化消费占人均收入的比重值大体上处于持续降低之中，此项指标在纵向测评中主要成为“减分”因素，仅在很少几个年度成为与上一年相比的微弱“加分”因素。

3. 人均文化消费占人均总消费比重

同样，在各地人均文化消费绝对值背后，也存在人们消费水平的差异，人均文化消费占当地人均总消费的比重更具有可比性。人均文化消费占当地人均总消费的比重可以类比于人均食物消费占总消费支出比重的“恩格尔系数”，体现出一定消费结构中的文化消费需求，不妨直接视为一种“文化民生系数”。把总消费分解为“非文消费”与文化消费，文化消费与非文消费的关系也就表现为文化消费占总消费的比重值。

倘若一个地区的城乡人均文化消费在当地人均总消费中占有较高比例，那么当地城乡文化消费需求相对旺盛的事实也是确定无疑的。反之，倘若一个地区的城乡人均文化消费绝对值也许不算低，但在当地人均总消费中所占比重却偏低，那么也不能表明当地城乡文化消费需求旺盛。在此，同样是比值比绝对值更能说明问题。

1991～2011 年全国城乡人均文化消费与人均总消费增长关系态势分析见图 5。

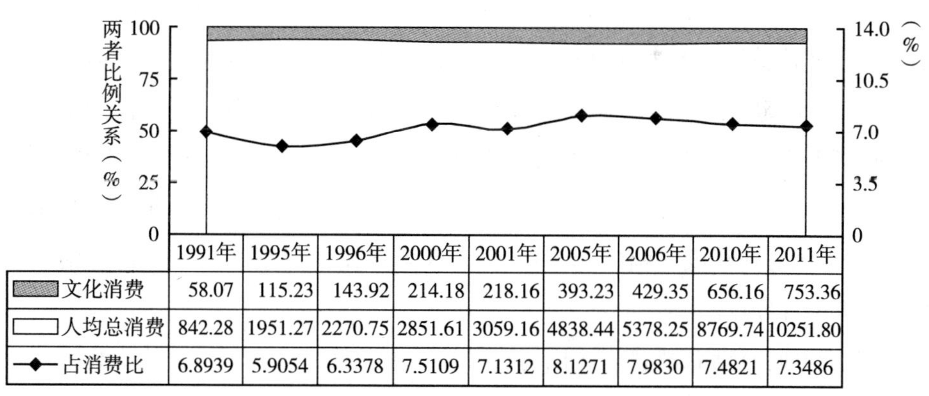

	1991年	1995年	1996年	2000年	2001年	2005年	2006年	2010年	2011年
文化消费	58.07	115.23	143.92	214.18	218.16	393.23	429.35	656.16	753.36
人均总消费	842.28	1951.27	2270.75	2851.61	3059.16	4838.44	5378.25	8769.74	10251.80
占消费比	6.8939	5.9054	6.3378	7.5109	7.1312	8.1271	7.9830	7.4821	7.3486

图 5　全国城乡人均总消费、人均文化消费及其间比例关系态势

注：左轴面积为全国城乡人均总消费、人均文化消费（元转换为%），两者年度变动形成直观比例；右轴曲线为全国城乡人均文化消费占人均总消费比。

图 5 将全国城乡消人均总消费、人均文化消费绝对值转换为图形面积直观比例，并设置动态曲线标明人均文化消费占人均总消费的比重值变动态势。从中直观清楚可见，1991～2011 年，全国城乡人均文化消费占人均总消费的比

重值总体上呈现波动上升走势，最高值为 2002 年 8.30%，最低值为 1994 年 5.76%。然而，进入“十一五”以来，全国城乡人均总消费持续增多期间，城乡文化消费占总消费的比重值却逐步下降，2011 年仍然处于较低位。这就说明，人均总消费增长引起消费结构发生变化，必定带来文化消费需求高涨的“常识判断”，同样不适用于“中国现实”。

全国城乡人均文化消费占人均总消费的比重升降变化，取决于人均总消费与人均文化消费两个方面的增长差异。1991 ~ 2011 年，全国城乡人均总消费总增长 1117.15%，年均增长 13.31%。人均总消费总增长幅度为人均文化消费总增幅的 93.30%，人均文化消费年均增长幅度高于人均总消费年均增幅 0.36 个百分点。

其中，“九五”期间，全国城乡人均总消费总增长 46.14%，年均增长 7.88%。人均总消费总增长幅度为人均文化消费总增幅的 53.73%，人均文化消费年均增长幅度高于人均总消费年均增幅 5.32 个百分点。“十五”期间，全国城乡人均总消费总增长 69.67%，年均增长 11.15%。人均总消费总增长幅度为人均文化消费总增幅的 83.35%，人均文化消费年均增长幅度高于人均总消费年均增幅 1.77 个百分点。“十一五”期间，全国城乡人均总消费总增长 81.25%，年均增长 12.63%。人均总消费总增长幅度为人均文化消费总增幅的 1.22 倍，人均文化消费年均增长幅度低于人均总消费年均增幅 1.85 个百分点。2011 年，全国城乡人均总消费增长 16.90%。人均总消费年度增长幅度为人均文化消费年度增幅的 1.1408 倍，人均文化消费增幅低于人均总消费增幅 2.09 个百分点。

由于不同时期总消费与文化消费增长出现差异，全国城乡人均文化消费占人均总消费的比重在“九五”期间提高 1.6055 个百分点，在“十五”期间提高 0.6162 个百分点，在“十一五”期间降低 0.6450 个百分点，在“十二五”头年降低 0.1335 个百分点，1991 ~ 2011 年累计提高 0.4547 个百分点。

在此项指标的各年度横向测评里，全国城乡总体比值自为基准，各地以自身比值与全国比值之间的差距指数衡量。譬如，设 2011 年全国城乡此项比值为 100，对照本书排行报告表 5，东部城乡整体测算值为 111.61，东北城乡整体测算值为 85.95，中部城乡整体测算值为 91.33，西部城乡整体测算值为

90.28。这意味着，在本年度，东部此项比值明显高于全国城乡平均比值，此项指标检测获较明显“加分”；中部、东北和西部此项比值明显低于全国城乡平均比值，此项指标检测遭明显“减分”，其间中部又略高于东北和西部。

在此项指标的历年度纵向测评里，全国及各地城乡均以自身起始年度此项比值为基数衡量。譬如，分别设全国城乡总体1995年、2000年、2005年和2010年此项比值为100，则2011年测算值分别为124.44、97.84、90.42和98.22。这意味着，考察过去16年间、11年间、6年间、1年间，全国城乡总体此项比值多为降低，此项指标检测多遭“减分”。各地城乡依此类推。

由于20年以来全国城乡人均文化消费占人均收入的比重值大体上处于持续降低之中，此项指标在纵向测评中也主要成为“减分”因素，仅在很少几个年度成为与上一年相比的微弱“加分”因素。

4. 人均文化消费与人均非文消费剩余比例

对应于“非文消费”，便有“非文消费剩余”，文化消费与积蓄之和即为“非文消费剩余”，亦即人均收入与非文消费之差。这是本项评价体系独创的一种特殊思考和变通设计，目的在于关注并测评文化消费与积蓄之间的特定关系值。如果把“非文消费”假定为物质生活和社会生活的“必需消费”，那么文化消费作为“非必需”消费自然与积蓄一起归入“非文消费剩余”。这样一来，对应于“非必需”文化消费与“必需”非文消费的关系处理为文化消费占总消费的比重，文化消费与积蓄的关系也就处理为文化消费与非文消费剩余的比例关系。

倘若一个地区的城乡居民人均积蓄增长极度攀升，势必首当其冲直接挤压作为“积蓄剩余”的“非必需”文化消费，那么当地城乡文化消费需求萎缩的事实也就显而易见。这就是中国民众文化消费需求的“积蓄增长负相关效应”。

之所以把文化消费与积蓄的关系分析处理为文化消费与非文消费剩余比例值，还有一个技术原因：本项评价体系的指标设计需要同样可以分别适用于城乡综合、城镇和乡村单独测评。乡村居民消费支出包括实物消费，而收入却是指“纯收入”；少数地方在少数年度乡村居民人均总消费略大于人均收入，人均积蓄便成为负值，于是在测评演算中也会出现不合理的负值指数。变通设计为文化消费与非文消费剩余的比例值，也就避开了这一技术难题。

1991～2011 年全国城乡人均文化消费与人均积蓄增长关系态势分析见图 6。

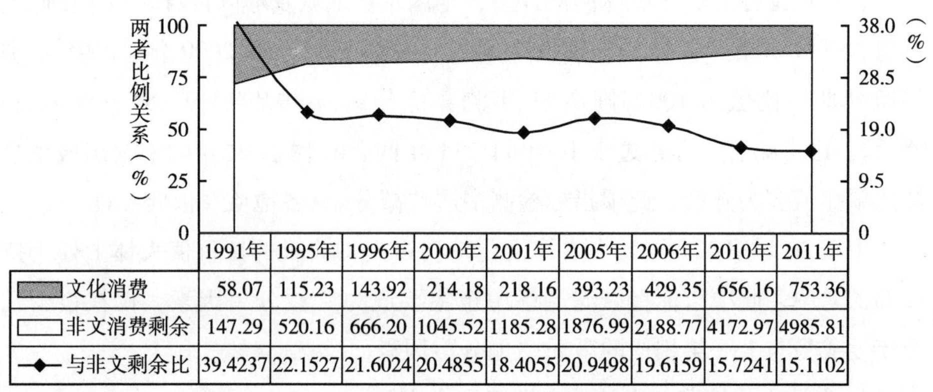

	1991年	1995年	1996年	2000年	2001年	2005年	2006年	2010年	2011年
文化消费	58.07	115.23	143.92	214.18	218.16	393.23	429.35	656.16	753.36
非文消费剩余	147.29	520.16	666.20	1045.52	1185.28	1876.99	2188.77	4172.97	4985.81
与非文剩余比	39.4237	22.1527	21.6024	20.4855	18.4055	20.9498	19.6159	15.7241	15.1102

图 6　全国城乡人均非文消费剩余、人均文化消费及其间比例关系态势

注：左轴面积为全国城乡人均非文消费剩余、人均文化消费（元转换为%），两者年度变动形成直观比例；右轴曲线为全国城乡人均文化消费与人均非文消费剩余比。

图 6 将全国城乡人均非文消费剩余、人均文化消费绝对值转换为图形面积直观比例，并设置动态曲线标明人均文化消费与人均非文消费剩余的比例值变动态势。从中直观清楚可见，1991～2011 年，全国城乡人均文化消费与人均非文消费剩余的比例值呈现略有波动的持续下降走势，最高值为 1991 年 39.42%，最低值为 2011 年 15.11%。尤其是进入“十一五”以来，全国城乡人均积蓄持续增大期间，城乡文化消费与非文消费剩余的比例却显著下降，2011 年虽显止跌之势，但仍处于最低位。这就说明，人均积蓄增长造成人们“必需”消费之外余钱增多，势必带来文化消费需求高涨的“臆想假说”，还是不适用于“中国现实”。

全国城乡人均文化消费与人均非文消费剩余的比例升降变化，取决于人均非文消费剩余与人均文化消费两个方面的增长差异。1991～2011 年，全国城乡人均非文消费剩余总增长 3285.08%，年均增长 19.26%。人均非文消费剩余总增长幅度为人均文化消费总增幅的 2.74 倍，人均文化消费年均增长幅度低于人均非文消费剩余年均增幅 5.58 个百分点。

其中，“九五”期间，全国城乡人均非文消费剩余总增长101.00%，年均增长14.98%。人均非文消费剩余总增长幅度为人均文化消费总增幅的1.18倍，人均文化消费年均增长幅度低于人均非文消费剩余年均增幅1.79个百分点。“十五”期间，全国城乡人均非文消费剩余总增长79.53%，年均增长12.42%。人均非文消费剩余总增长幅度为人均文化消费总增幅的95.13%，人均文化消费年均增长幅度高于人均非文消费剩余年均增幅0.51个百分点。“十一五”期间，全国城乡人均非文消费剩余总增长122.32%，年均增长17.33%。人均非文消费剩余总增长幅度为人均文化消费总增幅的1.83倍，人均文化消费年均增长幅度低于人均非文消费剩余年均增幅6.54个百分点。2011年，全国城乡人均非文消费剩余增长19.48%。人均非文消费剩余年度增长幅度为人均文化消费年度增幅的1.31倍，人均文化消费增幅低于人均非文消费剩余增幅4.66个百分点。

由于不同时期非文消费剩余与文化消费增长出现差异，全国城乡人均文化消费与人均非文消费剩余的比值在“九五”期间降低1.6672个百分点，在“十五”期间提高0.4643个百分点，在“十一五”期间降低5.2258个百分点，在“十二五”头年降低0.6139个百分点，1991～2011年累计降低24.3135个百分点。

在此项指标的各年度横向测评里，全国城乡总体比重自为基准，各地以自身比值与全国比值之间的差距指数衡量。设2011年全国城乡此项比值为100，对照本书排行报告表6，东部城乡整体测算值为100.63，东北城乡整体测算值为94.51，中部城乡整体测算值为90.32，西部城乡整体测算值为112.01。这意味着，在本年度，西部此项比值明显高于全国城乡平均比值，此项指标检测获明显“加分”；东部此项比值略微高于全国城乡平均比值，此项指标检测获微小“加分”；东北和中部此项比值明显低于全国城乡平均比值，此项指标检测遭明显“减分”。

在此项指标的历年度纵向测评里，全国及各地城乡均以自身起始年度此项比值为基数衡量。譬如，分别设全国城乡总体1995年、2000年、2005年和2010年此项比值为100，则2011年测算值分别为68.21、73.76、72.13和96.10。这意味着，考察过去16年间、11年间、6年间、1年间，全国城乡总体此项比值皆为显著降低，此项指标检测皆遭显著“减分”。各地城乡依此类推。

由于20年以来全国城乡人均文化消费与人均非文消费剩余的比例大体上处于持续显著降低之中，此项指标在纵向测评中显然成为分量很重的“减分”因素，仅在很少几个年度成为与上一年相比的微弱“加分”因素。

以上从四个方面考察全国城乡文化消费相关比例关系变化，全都呈现出颇为一致的变动走向，本身就可以形成一种相互验证的内在联系。这足以表明，本项评价体系精心设计选取这样一些指标，来检验城乡文化消费需求增长与全国经济发展、城乡民生增进之间的整体协调关系，无疑是确实可行的。

（三）校正指标：文化消费比差

尽快消除中国经济、社会、民生发展各方面的城乡差距和地区差距，实现“城乡一体化”和“区域均衡发展”，保障全国各地城乡居民的同等“国民待遇”，应当成为国家和地方实绩及各级政府政绩考核的主要指标，这也是当前国家建设、社会管理中最大的“维稳”要务。民生的要义首先在于社会公平，在人文发展领域尤其如此，民生至上，均衡优先，必须成为文化建设与发展的基本原则。

本项评价体系首创将衡量城乡差距的“城乡比”统计指数之倒数用于通约演算，使“城乡比”成为测评指标；同时独创用以衡量地区差距的“地区差”测评指标，并完成全国、各大区域、省域和中心城市间的通约演算。在“科学发展、统筹协调”的背景下，这两项指标可以作为检验文化消费需求均等性的重要标准。文化消费的城乡差距、地区差距体现出文化需求城乡、区域之间增长不均衡的严重缺陷，“增长的缺陷”实质上就是对于增长成效的自然扣除。这两项校正指标类似于“绿色 GDP”的“节能减排”折算扣除，意在推进文化发展成果的城乡、区域均等共享，促成保障社会公平的必要体制和可行机制。

1. 人均文化消费城乡比

在当今中国，“像欧洲”一样的城市与“像非洲”一样的乡村形成鲜明对照，事实上强化了上古以来根深蒂固的“国野之分”传统社会分层格局。近

几年来，国家大力推进解决“重中之重”的“三农”问题，倡导“城市反哺乡村”，已经取得显著进步。但是，各地城市发展拥有更大的加速度，城乡差距并未改观，反而迅速拉大。

文化消费城乡比表达为以乡村人均数值为1来衡量的城镇人均数值倍数比。城乡比的理想值必定是1，即城乡之间无差距，城镇与乡村人均数值之比呈现为1∶1。以各地城乡比的倒数作为权衡指数，在理想状况下1的倒数仍为1，以1衡量任何数值仍为原数值本身。只要城乡比大于1，作为其倒数的指数值便小于1，权衡折扣便发生作用；反之，若城乡比小于1出现“倒挂”，即乡村人均文化消费反而高于城镇，权衡方式奉行“矫枉必须过正”原则，自然予以“加分”。

1991～2011年全国人均文化消费城乡比变动态势分析见图7。

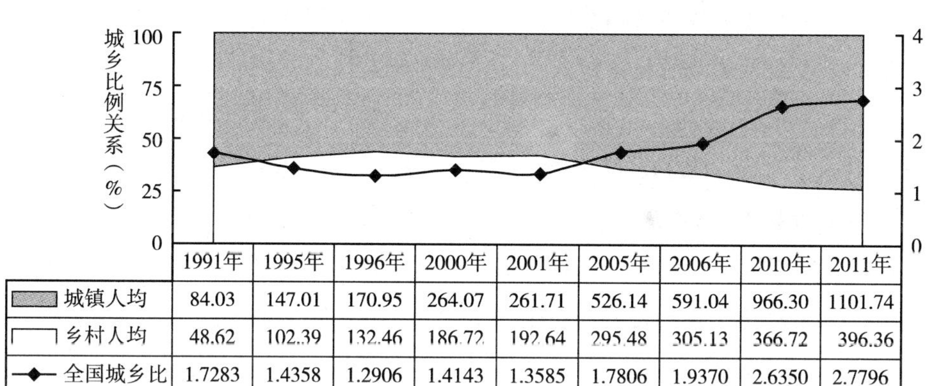

	1991年	1995年	1996年	2000年	2001年	2005年	2006年	2010年	2011年
城镇人均	84.03	147.01	170.95	264.07	261.71	526.14	591.04	966.30	1101.74
乡村人均	48.62	102.39	132.46	186.72	192.64	295.48	305.13	366.72	396.36
全国城乡比	1.7283	1.4358	1.2906	1.4143	1.3585	1.7806	1.9370	2.6350	2.7796

图7　1991～2011年全国人均文化消费城乡比变动态势

注：左轴面积为全国城镇、乡村人均文化消费（元转换为%），城乡间年度变动形成直观比例；右轴曲线为全国人均文化消费城乡比（乡村=1）。

图7将全国城镇与乡村人均文化消费绝对值转换为图形面积直观比例，并设置动态曲线标明人均文化消费城乡比变动态势。从中直观清楚可见，1991～2011年，全国人均文化消费城乡比大体上呈现极为显著的逐步扩大走势。尤其是进入“十一五”以来，全国人均文化消费城乡比一改以往多年增减起伏的波动，持续加剧扩大，最近两年达到历史最高位。

全国文化消费城乡比大小及其扩减变化，取决于全国城镇与乡村两个方面人均文化消费绝对值及其增长差异。1991～2011年，全国城镇人均文化消费总增长幅度为乡村人均文化消费总增幅的1.69倍，乡村人均文化消费年均增长幅度低于城镇人均文化消费年均增幅2.67个百分点。

其中，"九五"期间，全国城镇人均文化消费总增长幅度为乡村人均文化消费总增幅的96.68%，乡村人均文化消费年均增长幅度高于城镇人均文化消费年均增幅0.34个百分点。"十五"期间，全国城镇人均文化消费总增长幅度为乡村人均文化消费总增幅的1.70倍，乡村人均文化消费年均增长幅度低于城镇人均文化消费年均增幅5.17个百分点。"十一五"期间，全国城镇人均文化消费总增长幅度为乡村人均文化消费总增幅的3.47倍，乡村人均文化消费年均增长幅度低于城镇人均文化消费年均增幅8.51个百分点。2011年，全国城镇人均文化消费总增长幅度为乡村人均文化消费总增幅的1.73倍，乡村人均文化消费年均增长幅度低于城镇人均文化消费年均增幅5.93个百分点。

由于不同时期城镇与乡村人均文化消费绝对值及其增长差异显著，全国文化消费城乡比在"九五"期间缩小1.50%，在"十五"期间扩大25.91%，在"十一五"期间扩大47.98%，在"十二五"头年扩大5.49%，1991～2011年累计扩大60.83%。

在此项指标的各年度横向测评里，以城乡比无差距理想值衡量，无论全国还是各地，只要城乡比大于1一律"减分"，城乡比"倒挂"（小于1）反获"加分"。譬如，设无差距理想值为100，则2011年全国总体测算值仅为35.98，即此项指标检测"失分"达到64.02%。对照本书排行报告表7，东部整体测算值为39.25，东北整体测算值为66.85，中部整体测算值为40.90，西部整体测算值为31.51。这意味着，在本年度，东北"失分"明显较少；东部和中部"失分"也小于全国总体"失分"；西部"失分"则大于全国总体"失分"。

在此项指标的历年度纵向测评里，全国及各地均以自身起始年度城乡比为基数衡量。譬如，分别设全国总体1995年、2000年、2005年和2010年城乡比数值为100，则2011年测算值分别仅为51.65、50.88、64.06和94.80。这意味着，考察过去16年间、11年间、6年间、1年间，全国总体城乡比皆为显著扩大，此项指标检测皆遭显著"减分"。各地依此类推。

由于20年以来全国及各省域人均文化消费城乡比大体上处于持续显著扩大之中，此项指标在横向测评和纵向测评中主要成为分量很重的“减分”因素。不过，在“城乡倒挂”的局部地区则成为横向测评的“加分”因素，在若干年度也成为全国及各地与上一年相比纵向测评的“加分”因素。

必须说明，乡村人均“文化消费”与“教育消费”未予区分，国家统计局在相关统计中笼统视为“文化消费”；其实视为“教育消费”亦可，甚至更为合适。如果城镇方面也取“文化教育消费”来衡量，实际上的城乡差距将会更大——2011 年全国总体文化教育消费城乡比高达 4.6719（城乡比、地区差数值差异细微，破例一律使用 4 位小数表达）。即便把乡村“文化教育消费”笼统作为“文化消费”来看待，文化消费城乡比的扩大也已经到了必须引起极度重视的程度。

2. 人均文化消费地区差

在当今中国，西部发展的滞后与东部发展的“率先”也形成鲜明对照，全国经济、社会、民生发展的这种局面极不利于国家建设的健康发展。十余年来，国家相继实施“西部大开发”、“中部崛起”、“东北老工业基地振兴”战略，但东部各地已经争相宣言“率先实现现代化”，区域发展差距还在继续扩大。

衡量地区差需要确定一个基准值，那就是人均文化消费全国平均值，这样才能在全国及各地之间形成可比性。以人均文化消费全国平均值为 1 来衡量各地的文化消费人均值，得到各自距离全国平均值的离散绝对值，不论高于还是低于皆为偏离。东中西部和东北四大区域取相应范围内各省域离散绝对值的平均值，全国则取 31 个省域离散绝对值的平均值。基准指数 1 加上各地离散绝对值或其平均值，分别作为各省域、四大区域和全国文化消费地区差。地区差的理想值同样为 1，即地区之间无差距，各地人均数值之比呈现为1∶1∶1……。同样以地区差的倒数作为权衡指数，与城乡比倒演算的不同之处在于，这里没有“倒挂”，任何地方高于全国平均值的偏离须扣除“未能带动均衡增长”的折扣，低于全国平均值的偏离须扣除“拖了均衡增长后腿”的折扣。这就是说，“率先”增长与“滞后”增长一样，同为“均衡增长”之偏差，都会“失分”。

1991～2011年全国城乡人均文化消费地区差变动态势分析见图8。必须说明，全国文化消费地区差必须基于全部31个省域数值进行演算，这里不过是出于制图的方便考虑，姑且用东部、中部、西部和东北四大区域代替31个省域作为示意。

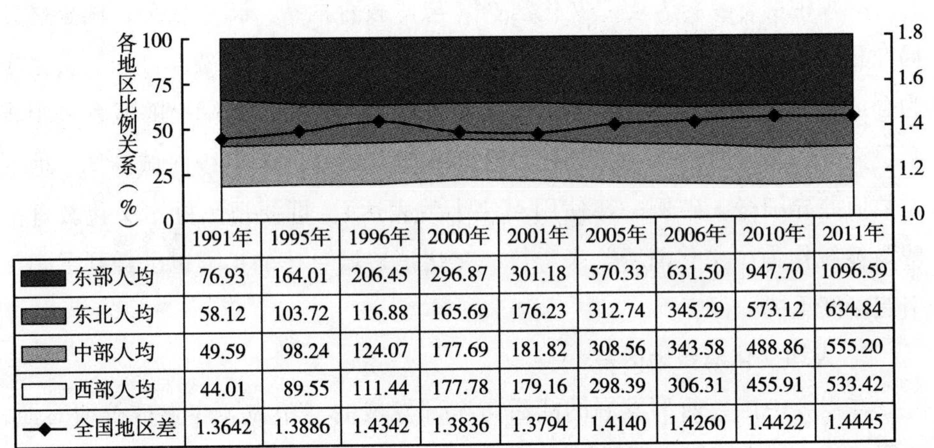

	1991年	1995年	1996年	2000年	2001年	2005年	2006年	2010年	2011年
东部人均	76.93	164.01	206.45	296.87	301.18	570.33	631.50	947.70	1096.59
东北人均	58.12	103.72	116.88	165.69	176.23	312.74	345.29	573.12	634.84
中部人均	49.59	98.24	124.07	177.69	181.82	308.56	343.58	488.86	555.20
西部人均	44.01	89.55	111.44	177.78	179.16	298.39	306.31	455.91	533.42
全国地区差	1.3642	1.3886	1.4342	1.3836	1.3794	1.4140	1.4260	1.4422	1.4445

图8　1991～2011年全国城乡人均文化消费地区差变动态势

注：左轴面积为各地城乡人均文化消费（元转换为%），地区间年度变动形成直观比例；右轴曲线为全国城乡人均文化消费地区差（无差距=1）。

图8将东中西部和东北四大区域城乡人均文化消费绝对值转换为图形面积直观比例，并设置动态曲线标明城乡人均文化消费地区差变动态势。从中直观清楚可见，1991～2011年，全国城乡人均文化消费地区差大体上呈现较为明显的逐步扩大走势。尤其是进入“十一五”以来，全国城乡人均文化消费地区差一改以往多年增减起伏的波动，持续明显扩大，最近两年虽然略有回降，但仍然接近于历史最高位。鉴于总报告里已有详尽的地区差扩增分析，此处从简。

全国城乡文化消费地区差大小及其扩减变化，取决于全国及31省域城乡人均文化消费绝对值及其增长差异。鉴于直接使用31个省域数据无法融入一图，此处权变使用东部、中部、西部和东北四大区域数据举例说明。对照图2，2011年，东部城乡整体人均文化消费绝对值高于全国城乡人均值45.56%，亦即东部城乡整体与全国总体基准值1的偏差值为0.4556，假设这是某一省

域，则该省域地区差为 1.4556。对照本书排行报告表 8，以东部 10 省域城乡人均值进行同样演算，取 10 省域偏差值的平均值，东部城乡文化消费地区差为 1.7565。

进一步解释，东部、中部、西部四大区域地区差取相关全部省域偏差值的平均值，而非区域整体偏差值。东部 10 个省域各自的偏差值远离东部整体偏差，更加偏高或偏低，因而东部城乡文化消费地区差大于东部整体偏差。全国及东北和中西部演算依此类推。同年，东北城乡整体人均文化消费绝对值低于全国城乡人均值 15.73%，东北城乡文化消费地区差为 1.1681；中部城乡整体人均文化消费绝对值低于全国城乡人均值 26.30%，中部城乡文化消费地区差为 1.2561；西部城乡整体人均文化消费绝对值低于全国城乡人均值 29.20%，西部城乡文化消费地区差为 1.3478。

再以东部、中部、西部和东北为例考察地区差距动态变化。“八五”末年 1995 年，东部城乡人均文化消费绝对值为全国城乡人均值的 1.42 倍，东北城乡人均文化消费绝对值为全国城乡人均值的 90.01%，中部城乡人均文化消费绝对值为全国城乡人均值的 85.26%，西部城乡人均文化消费绝对值为全国城乡人均值的 77.71%。东部“率先”而东北和中西部“滞后”的地区差距明显。

“九五”末年 2000 年，东部城乡人均文化消费绝对值为全国城乡人均值的 1.39 倍，东北城乡人均文化消费绝对值为全国城乡人均值的 77.36%，中部城乡人均文化消费绝对值为全国城乡人均值的 82.96%，西部城乡人均文化消费绝对值为全国城乡人均值的 83.01%。东部“率先”而中部和西部“滞后”的地区差距明显，东北已落后于中部和西部。

“十五”末年 2005 年，东部城乡人均文化消费绝对值为全国城乡人均值的 1.45 倍，东北城乡人均文化消费绝对值为全国城乡人均值的 79.53%，中部城乡人均文化消费绝对值为全国城乡人均值的 78.47%，西部城乡人均文化消费绝对值为全国城乡人均值的 75.88%。东部“率先”而中部和西部“滞后”的地区差距比 5 年前又有扩大，东北又反超中部和西部。

“十一五”末年 2010 年，东部城乡人均文化消费绝对值为全国城乡人均值的 1.44 倍，东北城乡人均文化消费绝对值为全国城乡人均值的 87.34%，中部城乡人均文化消费绝对值为全国城乡人均值的74.50%，西部城乡人均文化消费绝对值为全国城乡人均值的69.48%。东部“率先”而中部和西部“滞后”的地区差距比5年前继续扩大，东北则继续上升。

2011年，东部城乡人均文化消费绝对值为全国城乡人均值的1.46倍，东北城乡人均文化消费绝对值为全国城乡人均值的84.27%，中部城乡人均文化消费绝对值为全国城乡人均值的73.70%，西部城乡人均文化消费绝对值为全国城乡人均值的70.80%。东部“率先”而中部和西部“滞后”的地区差距比1年前仍在扩大，东北则仍在上升。

由于不同时期31个省域城乡人均文化消费增长绝对值及其增长差异明显，较多省域人均值及其增长分别向“率先”与“滞后”两极偏离。以上分析用四大区域替代演示，20年里，东部人均值累计总增长为西部的119.18%，西部人均值年均增长低于东部0.92个百分点。全国城乡文化消费地区差在“九五”期间缩小0.36%，在“十五”期间扩大2.20%，在“十一五”期间扩大1.99%，在“十二五”头年扩大0.16%，1991~2011年累计扩大5.89%。

在此项指标的各年度横向测评里，以地区差无差距理想值衡量，无论全国还是各地，只要存在地区差一律“减分”，而且没有“倒挂”的例外。譬如，设无差距理想值为100，则2011年全国总体测算值为69.23，即此项指标检测“失分”达到30.77%。对照本书排行报告表8，东部整体测算值为56.93，东北整体测算值为85.61，中部整体测算值为79.61，西部整体测算值为74.20。这意味着，在本年度，东北“失分”明显较少；中部和西部“失分”也小于全国总体“失分”；东部“失分”则明显大于全国总体“失分”。

在此项指标的历年度纵向测评里，全国及各地均以自身起始年度地区差为基数衡量。譬如，分别设全国城乡总体1995年、2000年、2005年和2010年地区差数值为100，则2011年测算值分别为96.13、95.79、97.89和99.84。这意味着，考察过去16年间、11年间、6年间、1年间，全国城乡总体地区差皆为逐渐扩大，此项指标检测皆遭相应“减分”。各地城乡依此类推。

由于20年以来全国城乡地区差大体上处于逐步缓慢扩大之中，此项指标在横向测评和纵向测评中主要成为分量较重的“减分”因素。不过，在逐年纵向测评中，也成为若干年度与上一年相比的“加分”因素。

文化消费需求的城乡差距、地区差距是城镇与乡村之间、地区之间民生和文化民生发展不平衡造成的，各省域都应对此承担责任，接受相应的折算扣除。东中西部和东北四大区域也是如此，其间的省域共同承担责任。全国总体文化消费城乡比、地区差的折算“失分”当然应由全国共同承担责任，在全国层面加以扣除。民生建设、人文发展的要义首先在于公平正义和均等协调，这些都是“科学发展观”的应有之义。

三　指标权重分配与测评演算方式

测评方式必须充分考虑到全国各地发展不平衡的现状，保证评价结果真正具有合理性和可比性。

全国各地经济社会发展极不平衡，地方经济增长及民众收入水平、消费结构、积蓄习惯等差异极大，同时应用多项衡量指标展开综合评价，有可能在各地之间达成一定平衡。各地或许会在不同指标上各有千秋，不论任何一个方面的指标优势都能够得到彰显，最后多重指标综合为统一的景气指数评价结果，在各地之间形成简捷直观的综合效应比较。

在此间文化消费需求的种种量化体现中，人均绝对值、四项比值皆为现实状况的数量化反映，没有理论值或理想值可依，应以全国平均值来衡量各地高下；城乡比和地区差却可以设定无差距理想值。于是，测评方式显然应当围绕全国平均值和无差距理想值来设计。不过这还不够，为了在发展极不平衡的各地之间实现相同起点的公平测评，本项评价体系特别设计出一种基于既往年度自身状况的历时性基数值纵向测评。

（一）各项测评指标的权重分配

同时运用多项指标展开综合评价时，各项指标之间的权重分配便有举足轻重的意义。

各类权重值一般都没有理论值或理想值可依，而主要是一种经验值。各地人均文化消费绝对值的可比性较差，而文化消费相关比值更具可比性，可以衡量出各地不同经济背景、收入水平、消费结构、积蓄习惯之下的文化消费需求状况，因而比例指标的权重高于绝对值指标。城乡差距和地区差距持续扩大是当今中国最明显的“发展缺陷”，城乡比和地区差指标权重基于城乡、地区无差异理想状态的综合测算结果反推：由于一些地区其他指标有可能得分较高，以至于拉高综合分值，而城乡比、地区差在事实上显著存在，因而此类校正指标权重应当较大，以调控综合分值达到“理想值100”的地区不宜过多，超出“理想值100”的“超理想”分值不宜过高。与此同时，在一个较长时段的纵向测评中，譬如整个“十五”规划期间的纵向测评中，最后能够保证全国大部分地区综合评价的景气指数有所提升。经过反复赋值测试，在纵向测评“从宽”而横向测评“从严”之间寻求有效平衡，并经过2008~2010年连续4年实际评价中尝试运用，从2011年测评开始，本项评价体系将文化消费总量份额值、人均绝对值、四项比例值、城乡比和地区差两项比差值共八项指标之间的权重分配调整为2∶1∶2∶2∶2∶2∶4∶3。

诚然，测评指标可以继续增加，指标间权重也不妨加以调整（增加测评指标本身就意味着原有权重分配比例关系发生变化），因而评价结果百分值不具有绝对值意义。但是，只要使用同样的指标，按照同样的权重进行演算，采用同样的测评方式得出结果，具有纵向对比年度间升降、横向比较地区间高低的相对值可比性即可。

这样的指标权重分配同时顾及了多层次、多角度分析测评的演算模型相容性。其实，就《中国统计年鉴》基础数据严格说起来，由于各地乡村居民文化消费与教育消费数值未予区分，于是实际上的文化消费城乡比理应更大得多，因此一并进行文化教育消费分析测评想必更具有合理性和可比性。正是鉴于此，本项评价体系必须同时能够兼用于城乡综合、城镇与乡村单独三个方面的文化消费、教育消费和文化教育消费三种类型的分析测评，其评价指标系统和测评演算模型必须统一。

本项评价体系各项指标及其演算权重和测评方式见表2。所有指标演算测评通用于全国总体、四大区域整体、31个省域和36个中心城市，已连续数年

分别推出31个省域城乡综合、城镇单行、乡村单行三个层面的文化消费需求景气评价排行，以及36个中心城市文化教育消费需求景气评价排行。①

表2　全国文化消费需求景气评价指标及其演算权重和测评方式

序号	评价指标		共时性理想值横向测评	历时性基数值纵向测评	演算权重
	分类	取值（城乡综合或城镇、乡村）			
1	绝对值	文化（文教或教育）消费总量占全国份额变化	取上一年度基数值衡量	取自身起始年度基数值衡量	2
2		人均文化（文教或教育）消费	取全国平均值为基准衡量		1
3	比例值	与人均产值比			2
4		占人均收入比			2
5		占人均总消费比			2
6		与人均非文消费剩余比			2
7	校正值	城乡比	取无差距理想值衡量		4
8		地区差			3

注：1. 2011年测评正式启用各地总量占全国份额指标。2. 地区差指标演算权重增大为3。3. 由于指标增加、权重变化，各项测评前溯往年，保持纵向可比性。其间经反复赋值测试，结果出入很小，实现“顺势升级”。

（二）城镇与乡村单行测评的特殊说明

有必要专门予以说明，在分别针对城镇居民与乡村居民文化消费需求景气的测评操作中，人均文化消费与人均产值比例值、人均文化消费城乡比两项指标具有特殊性。

1.《中国统计年鉴》发布全国及各省域人均产值数据并不区分城乡范围

在城乡综合演算测评中，人均文化消费已经演算为城乡综合数值，与人均产值数值形成城乡综合的比例关系；而在城镇与乡村单行演算测评中，则是城镇或乡村单方面的人均文化消费数值分别与城乡综合的人均产值数值形成比例关系，可揭示出同一经济增长背景下城乡之间文化消费需求增进的差距。其间

① 本书为《中国文化消费需求景气评价报告》第3个年度卷。此外，近年内另已在各地发表众多研究报告，展开31个省域之城乡综合、城镇单行、乡村单行及36个中心城市文化（教育）消费需求景气评价排行。

显然有所不同，体现为综合与不同侧面的关系。

2. 本项评价体系将统计数据中用以表示城乡差距的“城乡比”设置为一项校正指标

在城乡综合演算测评中，人均文化消费城乡比揭示出城乡综合数值中实际存在的城乡差距；而在城镇与乡村单行演算测评中，人均文化消费城乡比则揭示出对应的另一方面与之形成的现实差距。其间显然也有所不同，体现为整体与不同部分的关系。

在本项评价体系实际演算操作中，三类 8 项指标同样用于城乡综合测评、城镇与乡村单行测评、中心城市测评。其数理思路在于，本项评价体系的最终测算结果——文化消费需求景气指数——并不追求具有绝对意义，而注重演算的通约性和结果的可比性；其技术可行性在于，人均文化消费与人均产值比例关系、人均文化消费城乡比皆为比例关系，因而在同构的数值关系推演中，具有演算的通约性和结果的可比性。无论是城乡综合演算，或是城镇与乡村演算，还是中心城市演算，只要同样的测评指标、同样的演算方式同时运用于各个地区之间、各个年度之间，演算过程就是可以通约的，演算结果也是能够加以比较的。

（三）测评方式及其结果排行

1. 共时性的理想值横向测评

各地之间共时性横向比较的理想值测评，用以比较全国及各地在同一年度里文化消费需求景气指数高低。在此测评方式中，文化消费总量份额值一项指标以上一年自身基数值来衡量，份额增大“加分”，份额减小“减分”；人均文化消费绝对值、与人均产值的比例、占人均收入的比重、占人均总消费的比重、与人均非文消费剩余的比例共五项指标，以当年全国平均值为基准值来衡量，取各地相应数值对应于基准值的权衡指数进行加权演算，高出全国平均值基准“加分”，低于全国平均值基准“减分”；城乡比和地区差两项比差值指标以无差距理想值来衡量，无论对全国，对东部、中部、西部和东北四大区域，还是对各省域、各中心城市（城乡比检测基于所在省域），只要存在城乡差距和地区差距，一律实行“减分”（城乡比“倒挂”的“加分”特例除

外）。这样一来，全国及各地份额在对应于自身基数值（全国总体也可理解为占“份额”100%，即1:1）这一点上同样是平等的，各大区域、各省域和各中心城市比值在对应于全国平均值基准这一点上是平等的，全国及各地城乡比和地区差在对应于无差距理想值这一点上也是平等的。同一测评标准的平等保证了测评结果的合理可比，高低上下一目了然。

在理想值横向测评中，由于文化消费绝对值（包括总量份额值和人均绝对值）、相关比例值均以全国平均值（相对于各地占全国份额，全国总体占“份额”100%也可理解为全国平均值，演算方式相通）来衡量，城乡比和地区差则以无差距理想值来衡量，即全国总体若实现城乡之间、地区之间无差距，则达到“理想值100”，而“失分”必定出自无法回避的城乡差距和地区差距。所以，在目前城乡比和地区差明显存在甚至还有可能继续扩大的情况下，全国总体难以达到“理想值100”；时逢城乡比和地区差缩小之际，全国总体评价分值即可上升。

2. 历时性的基数值纵向测评

各地自身历时性纵向对比的基数值测评，用以对比全国及各地起始年度以来文化消费需求景气指数升降。在此测评方式中，文化消费总量份额值、人均文化消费绝对值、与人均产值的比例、占人均收入的比重、占人均总消费的比重、与人均非文消费剩余的比例、城乡比和地区差共8项指标，全都以全国及各地自身起始年度相应数值为基数值（全国总体占“份额”100%基准也可理解为基数值）来衡量，取终止年度相应数值对应于基数值的权衡指数进行加权演算，有所提高即高出基数获得“加分”，若有降低即低于基数则要“减分”。这样一来，全国及各地都平等地站在同一个起始年度各自的起点上，测评到终止年度时若干年内自身的变化状况，即在同一标准下各自与自身以往相对比，增减升降显而易见。

在基数值纵向测评中，由于全部指标均以往年度自身基数值来衡量，全国总体也不会单纯等待城乡比和地区差“失分”扣减，而有可能在绝对值和比例值增高、城乡比和地区差缩小多个方面，表现出超越自身以往年度基数的上升态势，从而获得“加分”。

文中图1～图8仅仅限于全国总体状况，四大区域和各省域、各中心城市测评分析图示与之同构。本项评价体系的测评数据库已经完成了1991～2011年全国、东中西部和东北四大区域、31个省域的城乡居民综合测评、城镇居民与乡村居民单行测评的文化消费、教育消费和文化教育消费需求景气评价排行，以及2005～2011年36个中心城市市辖区居民文化教育消费需求景气评价排行，可以随时根据需要提取其间任何年度范围、地域范围、人群分布范围和测评内容范围的演算数值，构建出所需的变动态势分析图表。可参看本卷省域城乡综合测评子报告，以及本系列之城镇卷、乡村卷和中心城市卷子报告。

最后还应当补充说明两点：

（1）本项研究面向人文研究界和读书界，有必要保持符合“人本”的自然语言风格，避免任何一种演算公式和复杂运算符号，力求以初等数学方法解决问题，这样就能够完全使用自然语言进行表述。当然，在义务教育普及的社会背景之下，阿拉伯数字和简单运算符号成为公众常识，视为已经进入自然语言。

（2）本项测评体系的全部演算在测评数据库里一次性完成，演算过程中小数无限制保留；书中图表所列数值仅能保留小数2位或4位，依据图表里数值进行验算，可能会出现小数点后细微差异，并非演算误差。尤其是正文里加以描述的数字（亦由测评演算数据库同步生成自动校验），按行文惯例只能取2位小数，分别经过多重四舍五入，切不可据此进行验算。需验算可取图表里数据按应有步骤从头来过，譬如，比较某地与全国年均增幅差异：分别取当地和全国终止年度与起始年度绝对值之商，历时N年即进行N次开方，转换为百分数值，方可比较其间之差。

Technical Report on Boom Evaluation System of the National Cultural Consumption Demand

—*Concurring the Analysis of Basic Situation from 1991 to 2011*

Abstract: The paper is a technical report on the "Boom Evaluation System of

the National Cultural Consumption Demand". Based on the comprehensive data calculation of the urban-rural areas, it illustrates the basic data source, the data inference method, the related numerical relationship and the specific index calculation. Thus, it analyses the basic situation of the national cultural consumption demand in urban-rural areas revealed by the kinds of data. This evaluation system is in common use of the integrative appraisement of the urban-rural areas across the provinces, the single appraisement of the city-towns, the rural areas and also the key cities. The index and the calculation methods are the same in the above appraisement. Some special mechanics are also explained in this paper, thus no repeated technical report in other volumes.

Key Words: Cultural Consumption; Boom Evaluation; Integrative Appraisement of the Urban-rural Areas; Index and Method

B.3

省域城乡文化消费需求景气评价排行报告

——1991 ~2011 年测评与 2012 年预测

摘　要：

2011 年，有 26 个省域城乡文化消费总量增长超过 10%，其中 17 个省域增长超过 15%，7 个省域增长超过 20%；有 25 个省域城乡文化消费人均值增长超过 10%，其中 13 个省域增长超过 15%，5 个省域增长超过 20%。2011 年各省域城乡综合文化消费需求景气评价排行结果：城乡、地区无差距理想值横向测评，江苏、上海、北京为“2011 年度城乡景气领先”全国前 3 位；历年各地自身基数值纵向测评，江苏、山西、陕西为“1991 ~2011 年城乡景气提升”全国前 3 位；青海、江苏、上海为“1995 ~2011 年城乡景气提升”全国前 3 位；江苏、西藏、青海为“2000 ~2011 年城乡景气提升”全国前 3 位；青海、江苏、天津为“2005 ~2011 年城乡景气提升”全国前 3 位；青海、新疆、内蒙古为“2011 年度城乡景气提升”全国前 3 位。

关键词：

省域城乡　文化消费　综合评价　景气排行

本项评价体系运用于全国省域城乡综合文化消费需求景气测评，数年来已经推出多个年度的实际评价结果①，年度测评排行至 2010 年，具有延续性，

① 详见《各地城乡文化消费需求景气评价排行——2009 年城乡综合测评与 2010 年测算分报告》及其首页注释，王亚南主编《中国文化消费需求景气评价报告（2011）》，社会科学文献出版社，2011；《省域城乡文化消费需求景气评价排行——2010 年城乡综合测评与 2011 年测算》，王亚南主编《中国文化消费需求景气评价报告（2012）》，社会科学文献出版社，2012。

可对照参看。[①] 不过需要注意到，本书 2011 年分析评价首次增加了各省域城乡文化消费总量占全国份额一项检验指标，并前溯检测以往所有年度，由此可能会导致各省域此前年度测评值及其位次的微小变化。

本文全面展开 2011 年全国及东部、中部、西部和东北四大区域、31 个省域城乡综合文化消费需求景气分析测算及其评价排行。鉴于各省域城乡另有子报告详加考察，本文分析侧重于东部、中部、西部和东北四大区域加以比较，对省域则着眼于各类指标排行。

一　20 年来各省域城乡文化消费需求增长基本状况

本项评价体系已经完成新增指标——各地文化消费总量占全国份额增减变化测试，从 2011 年评价时正式启用。各省域城乡文化消费需求总量增长态势可以提供一种宏观视角，本文分析测算就由各省域城乡文化消费总量占全国份额增减变化开始。

（一）各省域城乡总量份额增减变化

1991 ~2011 年各省域城乡文化消费总量增长及其占全国份额增减变化态势见表 1，全国城乡总体数据作为测评演算基准列于首行。各省域依属地分为东中西部和东北四大区域，按 20 年里文化消费总量占全国份额增减变化幅度高低排列。其中，省域主排行以 1、2、3……为序，四大区域作为附加排行以［1］、［2］、［3］、［4］为序（后表同）。

1991 ~2011 年，全国城乡文化消费总量从 668. 21 亿元增长至 10126. 19 亿元，增长总量 9457. 98 亿元，总增长 1415. 42%，年均增长 14. 56%。同期，东部整体年均增长 15. 71%，高于全国城乡年均增长水平，占全国城乡份额由 45. 08% 上升为 55. 08%，升幅为 22. 19%；东北整体年均增长 13. 20%，低于

① 《中国统计年鉴》2012 年卷修订了 2010 年全国人均产值数据（各年卷发布上一年全国人均产值均为“初步核实数据”，下一年卷再予修订，形成历年通行惯例），本项评价体系演算数据库随之进行校订，因此本文中 2010 年全国人均产值数据及其相关一应演算数值、测评结果与已发表成果会有微小出入。

表1 各省域城乡文化消费总量增长及其占全国份额变动状况

地区	文化消费总量绝对值增长				文化消费总量占全国份额变动			
	1991年（亿元）	2011年（亿元）	年均增长指数（上年=100）	指数排序	1991年（%）	2011年（%）	份额增减（%）	增减排序
全国	668.21	10126.19	114.56	—	100	100	—	—
北京	14.83	393.00	117.80	1	2.2201	3.8810	74.82	1
江苏	43.90	1125.93	117.61	2	6.5691	11.1189	69.26	2
上海	22.75	532.25	117.07	3	3.4044	5.2562	54.39	3
广东	72.00	1322.20	115.66	5	10.7746	13.0572	21.19	5
浙江	37.55	671.29	115.51	7	5.6194	6.6293	17.97	7
天津	8.92	155.74	115.37	8	1.3343	1.5380	15.27	8
福建	20.12	340.05	115.19	10	3.0103	3.3582	11.56	10
山东	47.35	655.90	114.04	14	7.0862	6.4773	-8.59	14
河北	29.29	346.15	113.14	22	4.3834	3.4183	-22.02	22
海南	4.51	35.07	110.80	30	0.6751	0.3464	-48.69	30
东部	301.21	5577.59	115.71	[1]	45.0768	55.0808	22.19	[1]
内蒙古	11.04	205.66	115.75	4	1.6521	2.0310	22.93	4
陕西	14.54	251.63	115.32	9	2.1763	2.4850	14.18	9
青海	1.46	24.41	115.12	11	0.2186	0.2410	10.27	11
宁夏	2.26	37.58	115.09	12	0.3385	0.3711	9.63	12
云南	13.42	218.88	114.98	13	2.0079	2.1615	7.65	13
贵州	10.04	138.92	114.04	15	1.5025	1.3719	-8.69	15
甘肃	8.22	112.78	113.99	17	1.2300	1.1138	-9.45	17
新疆	8.16	85.36	112.45	25	1.2219	0.8429	-31.01	25
广西	23.11	238.99	112.39	26	3.4590	2.3601	-31.77	26
西藏	0.33	2.93	111.58	28	0.0491	0.0290	-40.97	28
四川	51.16	406.99	110.93	29	7.6563	4.0191	-47.51	29
重庆	—	203.93	—	—	—	2.0139	—	—
西部	143.75	1928.06	113.86	[2]	21.5122	19.0403	-11.49	[2]
山西	11.25	203.66	115.58	6	1.6830	2.0112	19.50	6
安徽	25.38	350.61	114.03	16	3.7985	3.4624	-8.85	16
江西	19.58	244.01	113.44	19	2.9297	2.4097	-17.75	19
河南	39.30	468.93	113.20	21	5.8816	4.6309	-21.27	21
湖南	33.66	391.67	113.06	24	5.0368	3.8679	-23.21	24
湖北	33.63	325.61	112.02	27	5.0323	3.2155	-36.10	27
中部	162.79	1984.49	113.32	[3]	24.3620	19.5976	-19.56	[3]
吉林	13.27	165.54	113.45	18	1.9860	1.6348	-17.69	18
黑龙江	17.20	205.66	113.21	20	2.5747	2.0310	-21.12	20
辽宁	27.84	324.62	113.07	23	4.1664	3.2058	-23.06	23
东北	58.32	695.83	113.20	[4]	8.7272	6.8715	-21.26	[4]

注：（1）表中均为演算衍生数值，1997年以前重庆尚未作为省域单列，无相应统计数据（后同）；（2）全国城乡总人口统计包括军队等（计入城镇人口），各地城乡人口统计不涉及，故各地总量之和不等于全国总量；（3）各地文化消费总量份额增减百分比负值为下降百分比。

全国城乡年平均增长水平，占全国城乡份额由8.73%下降为6.87%，降幅为21.26%；中部整体年均增长13.32%，低于全国城乡年平均增长水平，占全国城乡份额由24.36%下降为19.60%，降幅为19.56%；西部整体年均增长13.86%，低于全国城乡年平均增长水平，占全国城乡份额由21.51%下降为19.04%，降幅为11.49%。

分阶段对比考察，“九五”期间，全国城乡文化消费总量年均增长14.26%。东部年均增长13.79%，低于全国平均增长；东北年均增长10.45%，低于全国年平均增长；中部年均增长13.45%，低于全国年平均增长；西部年均增长16.00%，高于全国年平均增长。“十五”期间，全国城乡文化消费总量年均增长13.65%。东部年均增长15.43%，高于全国年平均增长；东北年均增长13.77%，高于全国年平均增长；中部年均增长11.82%，低于全国年平均增长；西部年均增长11.24%，低于全国年平均增长。“十一五”期间，全国城乡文化消费总量年均增长11.36%。东部年均增长12.49%，高于全国年平均增长；东北年均增长13.23%，高于全国年平均增长；中部年均增长9.51%，低于全国年平均增长；西部年均增长8.76%，低于全国年平均增长。

对比几个五年规划期城乡文化消费总量增长变化，“十一五”全国年均增长比“十五”降低2.29个百分点，比“九五”降低2.90个百分点。四大区域各有不同，东部“十一五”年均增长比“十五”降低2.94个百分点，比“九五”降低1.30个百分点；东北“十一五”年均增长比“十五”降低0.54个百分点，比“九五”提高2.79个百分点；中部“十一五”年均增长比“十五”降低2.31个百分点，比“九五”降低3.94个百分点；西部“十一五”年均增长比“十五”降低2.48个百分点，比“九五”降低7.24个百分点。

1991~2011年，各省域城乡文化消费需求总量年均增长幅度比较，北京、江苏、上海、内蒙古、广东、山西、浙江、天津、陕西、福建、青海、宁夏、云南13个省域年均增长幅度从高到低依次高于全国城乡年平均增长水平；山东、贵州、安徽、甘肃、吉林、江西、黑龙江、河南、河北、辽宁、湖南、新疆、广西、湖北、西藏、四川、海南17个省域年均增长幅度从高到低依次低于全国城乡年平均增长水平。其中，北京占据首位，其城乡文化消费总量年均增长高于全国城乡年平均增长 3.24 个百分点；海南排在末位，其城乡文化消费总量年均增长低于全国城乡年平均增长 3.76 个百分点。

这 20 年期间，各省域城乡文化消费总量占全国城乡份额增减变化比较，北京、江苏、上海、内蒙古、广东、山西、浙江、天津、陕西、福建、青海、宁夏、云南 13 个省域占全国城乡份额增高幅度从大到小依次各有提升；山东、贵州、安徽、甘肃、吉林、江西、黑龙江、河南、河北、辽宁、湖南、新疆、广西、湖北、西藏、四川、海南 17 个省域占全国城乡份额减低幅度从小到大依次各有下降。其中，北京占据首位，其城乡文化消费总量占全国城乡份额提高了 74.82%；海南排在末位，其城乡文化消费总量占全国城乡份额降低了 48.69%。

2011 年，全国城乡文化消费总量年度增长 15.36%，高于“九五”年均增长 1.09 个百分点，高于“十五”年均增长 1.71 个百分点，高于“十一五”年均增长 4.00 个百分点。同年，江苏、云南、青海、湖北、天津、上海、北京、广东、宁夏、广西、内蒙古、重庆、新疆、江西、河北、吉林 16 个省域文化消费总量年均增长幅度从高到低依次高于全国城乡年平均增长水平；甘肃、山东、山西、辽宁、四川、湖南、河南、陕西、福建、浙江、安徽、贵州、黑龙江、海南、西藏 15 个省域文化消费总量年均增长幅度从高到低依次低于全国城乡年平均增长水平。

各省域城乡文化消费总量数值本身不具可比性，但增长幅度和份额变化却可以进行比较，此处仅提供各地总量增长幅度和份额增减排序。鉴于各省域人口差异极大，各自文化消费需求总量占全国份额差距巨大，份额增减百分点并无比较意义，故采用份额增减百分比加以比较，便于进行排序。实际上，总量增长与份额增减是联系在一起的，总量年均增长排序与份额增减百分比排序也是一致的。

（二）各省域城乡文化人均绝对值增长变化

1991 ~ 2011 年各省域城乡人均文化消费绝对值增长态势分析见表 2，各省域按 20 年里城乡人均文化消费绝对值年均增长指数高低排列。

表 2　各省域城乡人均文化消费绝对值增长状况

地区	人均文化消费绝对值				人均文化消费增长变动				
	1991 年		2011 年		绝对值增长及增量比			年均增长指数(上年 = 100)	指数排序
	元	排序	元	排序	元	全国 = 1	排序		
全　国	58.07	—	753.36	—	695.29	1		113.67	—
江　苏	64.50	9	1428.10	3	1363.60	1.9612	3	116.75	1
北　京	136.10	2	1974.63	2	1838.53	2.6443	2	114.31	5
福　建	65.78	8	917.45	7	851.67	1.2249	7	114.08	6
浙　江	89.72	5	1230.65	5	1140.93	1.6409	5	113.99	7
上　海	169.96	1	2289.18	1	2119.22	3.0480	1	113.89	8
山　东	55.50	11	682.35	11	626.85	0.9016	11	113.37	14
天　津	99.46	4	1173.53	6	1074.07	1.5448	6	113.13	16
广　东	112.63	3	1262.50	4	1149.87	1.6538	4	112.84	18
河　北	47.32	20	479.62	24	432.30	0.6218	24	112.28	25
海　南	67.48	7	401.78	28	334.30	0.4808	29	109.33	30
东　部	76.93	[1]	1096.59	[1]	1019.66	1.4665	[1]	114.21	[1]
内蒙古	50.79	17	830.29	8	779.50	1.1211	8	114.99	2
陕　西	43.55	24	673.01	12	629.46	0.9053	10	114.67	3
青　海	32.39	28	431.53	27	399.14	0.5741	26	113.82	9
云　南	35.72	27	474.16	25	438.44	0.6306	23	113.80	10
贵　州	30.50	29	399.92	29	369.42	0.5313	27	113.73	12
宁　夏	47.62	19	590.64	15	543.02	0.7810	14	113.42	13
甘　肃	36.21	26	440.20	26	403.99	0.5810	25	113.30	15
四　川	47.15	21	505.73	22	458.58	0.6596	21	112.60	22
广　西	53.85	13	516.46	21	462.61	0.6653	20	111.97	26
新　疆	52.95	15	388.53	30	335.58	0.4826	28	110.48	28
西　藏	14.65	30	97.17	31	82.52	0.1187	30	109.92	29
重　庆	—	—	702.77	10	—	—	—	—	—
西　部	44.01	[4]	533.42	[4]	489.41	0.7039	[4]	113.29	[2]
山　西	38.51	25	568.32	17	529.81	0.7620	16	114.41	4
安　徽	44.39	23	588.04	16	543.65	0.7819	13	113.79	11
河　南	45.14	22	499.03	23	453.89	0.6528	22	112.77	20
湖　南	54.56	12	594.99	14	540.43	0.7773	15	112.69	21
江　西	51.01	16	545.23	19	494.22	0.7108	18	112.58	23
湖　北	61.41	10	567.00	18	505.59	0.7272	17	111.75	27
中　部	49.59	[3]	555.20	[3]	505.61	0.7272	[3]	112.84	[3]
吉　林	53.17	14	602.40	13	549.23	0.7899	12	112.90	17
黑龙江	48.34	18	536.46	20	488.12	0.7020	19	112.79	19
辽　宁	69.98	6	741.33	9	671.35	0.9656	9	112.53	24
东　北	58.12	[2]	634.84	[2]	576.72	0.8295	[2]	112.70	[4]

注：（1）均为城乡综合演算衍生数值；（2）各地人均文化消费绝对值增量比小于 1 为当地增量小于全国平均增量。

1991～2011年，全国城乡人均文化消费需求从58.07元增长至753.36元，人均绝对值增量695.29元，总增长1197.33%，年均增长13.67%。同期，东部整体人均绝对值从全国城乡平均值的132.48%提高至145.56%，年均增长14.21%，高于全国城乡平均增长0.54个百分点，绝对值增量为全国城乡平均值的146.65%；东北整体人均绝对值从全国城乡平均值的100.10%降低至84.27%，年均增长12.70%，低于全国城乡平均增长0.97个百分点，绝对值增量为全国城乡平均值的82.95%；中部整体人均绝对值从全国城乡平均值的85.41%降低至73.70%，年均增长12.84%，低于全国城乡平均增长0.83个百分点，绝对值增量为全国城乡平均值的72.72%；西部整体人均绝对值从全国城乡平均值的75.78%降低至70.80%，年均增长13.29%，低于全国城乡平均增长0.38个百分点，绝对值增量为全国城乡平均值的70.39%。

分阶段对比考察，“九五”期间，全国城乡人均文化消费年均增长13.20%。东部年均增长12.60%，低于全国年平均增长水平；东北年均增长9.82%，低于全国年平均增长水平；中部年均增长12.58%，低于全国年平均增长水平；西部年均增长14.70%，高于全国年平均增长水平。“十五”期间，全国城乡人均文化消费年均增长12.92%。东部年均增长13.95%，高于全国年平均增长水平；东北年均增长13.55%，高于全国年平均增长水平；中部年均增长11.67%，低于全国年平均增长水平；西部年均增长10.91%，低于全国年平均增长水平。“十一五”期间，全国城乡人均文化消费年均增长10.78%。东部年均增长10.69%，低于全国年平均增长水平；东北年均增长12.88%，高于全国年平均增长水平；中部年均增长9.64%，低于全国年平均增长水平；西部年均增长8.85%，低于全国年平均增长水平。

对比几个五年规划期城乡人均文化消费需求增长变化，“十一五”全国年均增长比“十五”降低2.14个百分点，比“九五”降低2.42个百分点。四大区域各有不同，东部“十一五”年均增长比“十五”降低3.26个百分点，比“九五”降低1.91个百分点；东北“十一五”年均增长比“十五”降低0.67个百分点，比“九五”提高3.06个百分点。中部“十一五”年均增长比“十五”降低2.03个百分点，比“九五”降低2.94个百分点；西部“十一五”年均增长比“十五”降低2.06个百分点，比“九五”降低5.85

个百分点。

1991～2011年，各省域城乡人均文化消费需求年均增长幅度比较，江苏、内蒙古、陕西、山西、北京、福建、浙江、上海、青海、云南、安徽、贵州12个省域年均增长幅度从高到低依次高于全国城乡年平均增长水平；宁夏、山东、甘肃、天津、吉林、广东、黑龙江、河南、湖南、四川、江西、辽宁、河北、广西、湖北、新疆、西藏、海南18个省域年均增长幅度从高到低依次低于全国城乡年平均增长水平。其中，江苏占据首位，其城乡人均文化消费需求年均增长高于全国城乡平均增长3.08个百分点；海南排在末位，其城乡人均文化消费需求年均增长低于全国城乡年平均增长4.34个百分点。

各省域城乡人均文化消费绝对值比较，在1991年，上海、北京、广东、天津、浙江、辽宁、海南、福建、江苏、湖北10个省域人均绝对值从高到低依次高于全国城乡平均值；山东、湖南、广西、吉林、新疆、江西、内蒙古、黑龙江、宁夏、河北、四川、河南、安徽、陕西、山西、甘肃、云南、青海、贵州、西藏20个省域人均绝对值从高到低依次低于全国城乡平均值。其中，上海占据首位，其城乡人均文化消费绝对值高达全国城乡平均值的292.69%；西藏排在末位，其城乡人均文化消费绝对值仅为全国城乡平均值的25.22%。

到2011年，上海、北京、江苏、广东、浙江、天津、福建、内蒙古8个省域人均绝对值从高到低依次高于全国城乡平均值；辽宁、重庆、山东、陕西、吉林、湖南、宁夏、安徽、山西、湖北、江西、黑龙江、广西、四川、河南、河北、云南、甘肃、青海、海南、贵州、新疆、西藏23个省域人均绝对值从高到低依次低于全国城乡平均值。其中，上海占据首位，其城乡人均文化消费绝对值高达全国城乡平均值的303.86%；西藏排在末位，其城乡人均文化消费绝对值仅为全国城乡平均值的12.90%。

2011年，全国城乡人均文化消费年度增长14.81%，高于“九五”年均增长1.61个百分点，高于“十五”年均增长1.89个百分点，高于“十一五”年均增长4.03个百分点。同年，云南、江苏、湖北、青海、广西、宁夏、天津、甘肃、内蒙古、重庆、新疆、江西、吉林13个省域人均文化消费年均增长幅度从高到低依次高于全国城乡年平均增长水平；河北、广东、四川、北京、河南、陕西、山东、辽宁、湖南、上海、贵州、山西、福建、浙江、安徽、黑龙江、海南、西藏18个省域人均文化消费年均增长幅度从高到低依次低于全国城乡年平均增长水平。其中，海南、西藏城乡综合演算的人均文化消费负增长，由各自乡村人均文化消费大幅度负增长下拉所致。

人均文化消费绝对值系本项评价体系进行演算测评的基础性指标，虽然在最后的综合评价中演算权重不高，但却是以下各类指标演算的基础，因而实际上具有决定性意义。当然，全国及各省域城乡文化消费需求状况分析不能孤立地进行，必须放到全国及各地经济增长、民生增进的相关背景当中，同时放到城乡之间、地区之间协调增长背景当中，进一步展开分析。

二 20年来各省域城乡相关背景协调增长情况对比

在本项评价体系当中，全国及各省域城乡文化消费需求及其增长需要放到相关经济、民生背景中考察其间的“协调增长”，从而得出极其重要的各项比例值基本指标演算数值。

（一）与产值的比例关系变化

1991~2011年各省域城乡人均文化消费与人均产值的比例变动态势分析见表3，各省域按2011年城乡人均文化消费与人均产值的比例高低排列。表中同时提供了1991年和2011年各地人均产值数据，对照表2里各地人均文化消费数据，可以进行重复验算。

1991~2011年，全国人均产值从1893元增长至35181元，年均增长15.73%，高于同期全国城乡人均文化消费年均增长2.06个百分点。20年里，全国城乡人均文化消费与人均产值的比例从3.07%下降至2.14%，降低0.93个百分点，降幅为30.19%。同期，东部整体比值从3.00%下降至2.06%，降低0.94个百分点；东北整体比值从2.35%下降至1.53%，降低0.82个百分点；中部整体比值从3.70%下降至1.90%，降低1.80个百分点；西部整体比值从3.34%下降至1.92%，降低1.42个百分点。

表3 各省域城乡人均文化消费与人均产值比例变动状况

地区	1991年			2011年			1991~2011年比例升降变化		
	人均产值（元）	文化消费与产值比（%）	比例排序	人均产值（元）	文化消费与产值比（%）	比例排序	升降百分点	升降百分比	排序
全　国	1893	3.0674	—	35181	2.1414	—	-0.9260	-30.19	—
上　海	6954	2.4440	25	82560	2.7727	1	0.3287	13.45	1
北　京	5494	2.4772	24	81658	2.4182	5	-0.0590	-2.38	2
江　苏	2353	2.7412	18	62290	2.2927	6	-0.4485	-16.36	4
广　东	2941	3.8296	4	50807	2.4849	2	-1.3447	-35.11	10
福　建	2041	3.2229	12	47377	1.9365	15	-1.2864	-39.91	14
浙　江	2558	3.5076	10	59249	2.0771	10	-1.4305	-40.78	15
山　东	2122	2.6155	21	47335	1.4415	25	-1.1740	-44.89	18
天　津	3777	2.6332	20	85213	1.3772	29	-1.2560	-47.70	20
河　北	1727	2.7402	19	33969	1.4119	27	-1.3283	-48.47	21
海　南	1804	3.7404	7	28898	1.3903	28	-2.3501	-62.83	30
东　部	2565	2.9994	[3]	53350	2.0555	[1]	-0.9439	-31.47	[1]
黑龙江	2310	2.0927	28	32819	1.6346	21	-0.4581	-21.89	5
辽　宁	3027	2.3118	27	50760	1.4605	24	-0.8513	-36.83	12
吉　林	1878	2.8312	17	38460	1.5663	22	-1.2649	-44.68	17
东　北	2478	2.3459	[4]	41400	1.5334	[4]	-0.8125	-34.63	[2]
云　南	1377	2.5938	22	19265	2.4612	3	-0.1326	-5.11	3
甘　肃	1204	3.0072	16	19595	2.2465	8	-0.7607	-25.30	7
青　海	1647	1.9664	29	29522	1.4617	23	-0.5047	-25.66	8
贵　州	896	3.4043	11	16413	2.4366	4	-0.9677	-28.43	9
陕　西	1402	3.1060	14	33464	2.0111	13	-1.0949	-35.25	11
宁　夏	1511	3.1514	13	33043	1.7875	18	-1.3639	-43.28	16
四　川	1283	3.6750	9	26133	1.9352	16	-1.7398	-47.34	19
新　疆	2101	2.5202	23	30087	1.2913	30	-1.2289	-48.76	22
内蒙古	1642	3.0933	15	57974	1.4322	26	-1.6611	-53.70	26
广　西	1211	4.4464	1	25326	2.0393	11	-2.4071	-54.14	27
西　藏	1358	1.0785	30	20077	0.4840	31	-0.5945	-55.12	29
重　庆	—	—	—	34500	2.0370	12	—	—	—
西　部	1317	3.3410	[2]	27731	1.9235	[2]	-1.4175	-42.43	[3]
山　西	1592	2.4188	26	31357	1.8124	17	-0.6064	-25.07	6
安　徽	1164	3.8136	5	25659	2.2917	7	-1.5219	-39.91	13
江　西	1249	4.0845	2	26150	2.0850	9	-1.9995	-48.95	23
湖　南	1357	4.0208	3	29880	1.9913	14	-2.0295	-50.48	24
河　南	1201	3.7588	6	28661	1.7412	19	-2.0176	-53.68	25
湖　北	1668	3.6818	8	34197	1.6580	20	-2.0238	-54.97	28
中　部	1342	3.6965	[1]	29229	1.8995	[3]	-1.7970	-48.61	[4]

注：（1）人均产值数据出自《中国统计年鉴》相应年卷，其余为演算衍生数值；（2）比例升降百分点负值为下降百分点；升降百分比负值为下降百分比。以升降百分比排序更加准确（后表4~表6同）。

前后对比考察，1991 年，四大区域此项比值高低依次为中部、西部、东部和东北，其间中部和西部高于全国平均值，东部和东北低于全国平均值。2011 年，四大区域此项比值高低依次为东部、西部、中部和东北，但四大区域竟然全都低于全国平均值，而且 20 年间四大区域此项比值下降也全都低于全国平均下降幅度，这显得不尽合理。① 不过还可以看出，四大区域之间格局发生了变化，东部相对上升，西部和东北基本维持，中部相对下降。

各省域城乡人均文化消费与人均产值比例比较，在 1991 年，广西、江西、湖南、广东、安徽、河南、海南、湖北、四川、浙江、贵州、福建、宁夏、陕西、内蒙古 15 个省域此项比值从高到低依次高于全国城乡平均值；甘肃、吉林、江苏、河北、天津、山东、云南、新疆、北京、上海、山西、辽宁、黑龙江、青海、西藏 15 个省域此项比值从高到低依次低于全国城乡平均值。其中，广西占据首位，其此项比值高于全国城乡平均值 1. 38 个百分点；西藏排在末位，其此项比值低于全国城乡平均值 1. 99 个百分点。

到 2011 年，上海、广东、云南、贵州、北京、江苏、安徽、甘肃 8 个省域此项比值从高到低依次高于全国城乡平均值；江西、浙江、广西、重庆、陕西、湖南、福建、四川、山西、宁夏、河南、湖北、黑龙江、吉林、青海、辽宁、山东、内蒙古、河北、海南、天津、新疆、西藏 23 个省域此项比值从高到低依次低于全国城乡平均值。其中，上海占据首位，其此项比值高于全国城乡平均值 0. 63 个百分点；西藏排在末位，其此项比值低于全国城乡平均值 1. 66 个百分点。

1991 ~2011 年，各省域城乡人均文化消费与人均产值比例升降变化比较，仅有上海 1 个省域此项比值有所提升；北京、云南、江苏、黑龙江、山西、甘肃、青海、贵州、广东、陕西、辽宁、安徽、福建、浙江、宁夏、吉林、山东、四川、天津、河北、新疆、江西、湖南、河南、内蒙古、广西、湖北、西藏、海南 29 个省域此项比值按降幅从小到大依次各有下降。其中，上海占据首

① 全国平均值一般应在各区域数值之间。本项评价体系依据《中国统计年鉴》公布的基础数据进行演算，保证演算方法的合理性和演算过程的准确性，基础数据的发布权和解释权属于国家统计局。原因可能在于，年鉴未提供四大区域历年详尽统计数据，此处只能依据相关省域各类人均基础数据推算四大区域相应总量数值，再分别反向推算出相应人均数值，其间带入总量演算误差（各地总量之和不等于全国总量，见表 1 注）而难以进行平衡处理。

位，其此项比值提高了13.45%；海南排在末位，其此项比值降低了62.83%。

2011年与上一年相比，全国城乡此项比值下降2.05%。同时，江苏、北京、云南、上海、湖北、青海、天津、广东8个省域此项比值按升幅从大到小依次各有提升；山东、广西、河南、新疆、河北、甘肃、宁夏、内蒙古、吉林、浙江、江西、辽宁、重庆、福建、山西、四川、湖南、陕西、贵州、安徽、黑龙江、西藏、海南23个省域此项比值按降幅从小到大依次各有下降。

这一比值关系分析表明，1991~2011年间，全国及各省域城乡文化消费需求增长与产值增长相比较，其间“增长协调性”欠佳。在全国及绝大部分省域，城乡文化消费需求增长赶不上产值增长，经济发展成果未能在提升城乡居民文化消费需求上同步体现出来。

（二）占收入的比重值关系变化

1991~2011年各省域城乡人均文化消费占人均收入的比重变动态势分析见表4，各省域按2011年城乡人均文化消费占人均收入的比重高低排列。表中同时提供了1991年和2011年各省域城乡人均收入数据，对照表2各地人均文化消费数据，可以进行重复验算。

1991~2011年，全国城乡人均收入从931.50元增长至14484.24元，年均增长14.71%，高于同期全国城乡人均文化消费年均增长1.04个百分点。20年里，全国城乡人均文化消费占人均收入的比重值从6.23%下降至5.20%，降低1.03个百分点，降幅为16.56%。同期，东部整体比值从6.55%下降至5.63%，降低0.92个百分点；东北整体比值从5.60%下降至4.58%，降低1.02个百分点；中部整体比值从6.86%下降至4.71%，降低2.15个百分点；西部整体比值从6.01%下降至5.00%，降低1.01个百分点。

各省域城乡人均文化消费占人均收入的比重比较，在1991年，上海、湖北、安徽、北京、海南、广东、河南、广西、天津、湖南、江西、浙江、内蒙古、四川、福建15个省域此项比值从高到低依次高于全国城乡平均值；宁夏、陕西、山东、河北、甘肃、辽宁、江苏、新疆、吉林、山西、贵州、黑龙江、云南、青海、西藏15个省域此项比值从高到低依次低于全国城乡平均值。其中，上海占据首位，其此项比值高于全国城乡平均值1.30个百分点；西藏排

表4　各省域城乡人均文化消费占人均收入比重值变动状况

地区	1991 年			2011 年			1991～2011 年比重升降变化		
	人均收入（元）	文化消费占收入比（%）	比重排序	人均收入（元）	文化消费占收入比（%）	比重排序	升降百分点	升降百分比	排序
全　国	931.50	6.2336	—	14484.24	5.2013	—	-1.0323	-16.56	—
江　苏	1089.14	5.9221	22	20037.91	7.1270	1	1.2049	20.35	1
上　海	2255.72	7.5345	1	33989.08	6.7350	2	-0.7995	-10.61	9
北　京	1839.25	7.3997	4	30320.09	6.5126	3	-0.8871	-11.99	10
广　东	1556.57	7.2356	6	20813.41	6.0658	4	-1.1698	-16.17	13
福　建	1046.10	6.2880	15	17692.38	5.1856	9	-1.1024	-17.53	15
浙　江	1398.11	6.4176	12	23870.24	5.1556	10	-1.2620	-19.66	16
天　津	1499.15	6.6342	9	23945.22	4.9009	14	-1.7333	-26.13	20
山　东	912.39	6.0831	18	15574.79	4.3811	27	-1.7020	-27.98	23
河　北	781.50	6.0553	19	12145.64	3.9489	29	-2.1064	-34.79	27
海　南	917.21	7.3567	5	12440.20	3.2297	30	-4.1270	-56.10	30
东　部	1175.19	6.5459	[2]	19485.97	5.6276	[1]	-0.9183	-14.03	[1]
青　海	742.15	4.3638	29	9488.46	4.5479	23	0.1841	4.22	2
陕　西	707.19	6.1577	17	11135.00	6.0441	5	-0.1136	-1.85	3
云　南	708.76	5.0394	28	9707.71	4.8843	15	-0.1551	-3.08	4
贵　州	590.71	5.1637	26	8197.29	4.8787	16	-0.2850	-5.52	5
甘　肃	601.47	6.0197	20	7813.28	5.6340	7	-0.3857	-6.41	6
内蒙古	798.47	6.3613	13	14319.33	5.7984	6	-0.5629	-8.85	7
宁　夏	771.52	6.1720	16	11300.28	5.2268	8	-0.9452	-15.31	12
西　藏	888.08	1.6491	30	7489.12	1.2974	31	-0.3517	-21.33	17
四　川	743.22	6.3441	14	10955.53	4.6162	22	-1.7279	-27.24	21
广　西	808.42	6.6606	8	10848.20	4.7608	18	-1.8998	-28.52	24
新　疆	917.58	5.7705	23	9675.72	4.0155	28	-1.7550	-30.41	25
重　庆	—	—	—	13931.13	5.0446	11	—	—	—
西　部	732.22	6.0098	[3]	10658.93	5.0044	[2]	-1.0054	-16.73	[2]
黑龙江	943.54	5.1234	27	12153.37	4.4141	26	-0.7093	-13.84	11
吉　林	948.60	5.6050	24	13009.19	4.6306	21	-0.9744	-17.38	14
辽　宁	1177.91	5.9408	21	15892.44	4.6646	20	-1.2762	-21.48	18
东　北	1037.73	5.6008	[4]	13861.75	4.5798	[4]	-1.0210	-18.23	[3]
山　西	718.52	5.3592	25	11653.12	4.8770	17	-0.4822	-9.00	8
湖　南	829.60	6.5769	10	12084.77	4.9234	13	-1.6535	-25.14	19
江　西	790.87	6.4505	11	11688.39	4.6647	19	-1.7858	-27.68	22
安　徽	596.48	7.4419	3	11714.19	5.0199	12	-2.4220	-32.55	26
河　南	637.55	7.0808	7	11248.29	4.4365	25	-2.6443	-37.34	28
湖　北	823.02	7.4619	2	12552.11	4.5172	24	-2.9447	-39.46	29
中　部	722.55	6.8635	[1]	11785.23	4.7110	[3]	-2.1525	-31.36	[4]

注：（1）均为城乡综合演算衍生数值；（2）比重升降百分点负值为下降百分点；升降百分比负值为下降百分比。

在末位，其此项比值低于全国城乡平均值4.58个百分点。

到2011年，江苏、上海、北京、广东、陕西、内蒙古、甘肃、宁夏8个省域此项比值从高到低依次高于全国城乡平均值；福建、浙江、重庆、安徽、湖南、天津、云南、贵州、山西、广西、江西、辽宁、吉林、四川、青海、湖北、河南、黑龙江、山东、新疆、河北、海南、西藏23个省域此项比值从高到低依次低于全国城乡平均值。其中，江苏占据首位，其此项比值高于全国城乡平均值1.93个百分点；西藏排在末位，其此项比值低于全国城乡平均值3.90个百分点。

1991～2011年，各省域城乡人均文化消费占人均收入的比重升降变化比较，江苏、青海2个省域此项比值按升幅从大到小依次各有提升；陕西、云南、贵州、甘肃、内蒙古、山西、上海、北京、黑龙江、宁夏、广东、吉林、福建、浙江、西藏、辽宁、湖南、天津、四川、江西、山东、广西、新疆、安徽、河北、河南、湖北、海南28个省域此项比值按降幅从小到大依次各有下降。其中，江苏占据首位，其此项比值提高了20.35%；海南排在末位，其此项比值降低了56.10%。

2011年与上一年相比，全国城乡此项比值下降2.61%。同时，广西、江苏、云南、青海、湖北、天津、宁夏、北京8个省域此项比值按升幅从大到小依次各有提升；江西、甘肃、新疆、广东、吉林、内蒙古、河北、重庆、上海、山东、河南、湖南、四川、辽宁、陕西、浙江、山西、福建、贵州、安徽、黑龙江、西藏、海南23个省域此项比值按降幅从小到大依次各有下降。

这一比值关系分析表明，1991～2011年间，全国及各省域城乡文化消费需求增长与收入增长相比较，其间“增长协调性”欠佳。在全国及绝大部分省域，城乡文化消费需求增长赶不上居民收入增长，民生增进成效未能在提升城乡居民文化消费需求上同步体现出来。

（三）占总消费的比重关系变化

1991～2011年各省域城乡人均文化消费占人均总消费的比重变动态势分析见表5，各省域按2011年城乡人均文化消费占人均总消费的比重高低排列。表中同时提供了1991年和2011年各省域城乡人均总消费数据，对照表2各地人均文化消费数据，可以进行重复验算。

表5　各省域城乡人均文化消费占人均总消费比重变动状况

地区	1991年			2011年			1991~2011年比例升降变化		
	人均总消费(元)	文化消费占总消费比(%)	比重排序	人均总消费(元)	文化消费占总消费比(%)	比重排序	升降百分点	升降百分比	排序
全　国	842.28	6.8939	—	10251.80	7.3486	—	0.4547	6.60	—
江　苏	1034.05	6.2376	23	13257.38	10.7721	1	4.5345	72.70	1
上　海	2017.95	8.4223	3	23541.03	9.7242	2	1.3019	15.46	6
北　京	1612.79	8.4387	2	20433.71	9.6636	3	1.2249	14.51	7
福　建	950.04	6.9237	15	12133.92	7.5610	6	0.6373	9.20	9
浙　江	1223.86	7.3313	9	16283.34	7.5578	7	0.2265	3.09	14
广　东	1371.88	8.2097	4	15556.17	8.1157	4	-0.0940	-1.15	17
天　津	1288.39	7.7194	6	16039.71	7.3164	9	-0.4030	-5.22	20
山　东	760.00	7.3029	10	10235.30	6.6666	18	-0.6363	-8.71	23
河　北	675.87	7.0017	13	7814.27	6.1378	25	-0.8639	-12.34	26
海　南	753.38	8.9565	1	8427.70	4.7674	30	-4.1891	-46.77	30
东　部	1037.37	7.4155	[1]	13370.50	8.2016	[1]	0.7861	10.60	[1]
黑龙江	870.05	5.5561	28	9116.71	5.8843	27	0.3282	5.91	11
吉　林	862.22	6.1665	24	9424.79	6.3917	23	0.2252	3.65	13
辽　宁	1079.97	6.4796	22	11262.78	6.5821	22	0.1025	1.58	15
东　北	951.34	6.1094	[4]	10051.34	6.3160	[4]	0.2066	3.38	[2]
青　海	675.99	4.7909	29	7385.69	5.8427	28	1.0518	21.95	3
云　南	633.35	5.6394	26	6968.27	6.8045	15	1.1651	20.66	4
贵　州	548.32	5.5629	27	6046.83	6.6137	21	1.0508	18.89	5
陕　西	650.71	6.6921	20	8784.67	7.6611	5	0.9690	14.48	8
内蒙古	753.71	6.7391	18	11291.61	7.3532	8	0.6141	9.11	10
甘　肃	543.18	6.6658	21	6315.95	6.9696	11	0.3038	4.56	12
宁　夏	699.82	6.8043	17	8681.00	6.8038	16	-0.0005	-0.01	16
西　藏	645.94	2.2673	30	4494.54	2.1619	31	-0.1054	-4.65	19
广　西	738.84	7.2879	11	7772.26	6.6449	19	-0.6430	-8.82	24
四　川	703.61	6.7013	19	8374.81	6.0387	26	-0.6626	-9.89	25
新　疆	770.09	6.8757	16	7525.91	5.1625	29	-1.7132	-24.92	29
重　庆	—	—	—	10168.81	6.9110	13	—	—	—
西　部	673.59	6.5329	[3]	8040.56	6.6341	[3]	0.1012	1.55	[3]
山　西	649.51	5.9287	25	7857.42	7.2330	10	1.3043	22.00	2
湖　南	781.00	6.9862	14	8875.29	6.7039	17	-0.2823	-4.04	18
安　徽	612.80	7.2438	12	8600.82	6.8370	14	-0.4068	-5.62	21
江　西	687.94	7.4156	8	7866.09	6.9314	12	-0.4842	-6.53	22
湖　北	801.79	7.6595	7	9027.73	6.2806	24	-1.3789	-18.00	27
河　南	557.79	8.0932	5	7532.06	6.6255	20	-1.4677	-18.14	28
中　部	673.39	7.3645	[2]	8272.46	6.7115	[2]	-0.6530	-8.87	[4]

注：(1) 均为城乡综合演算衍生数值；(2) 比重升降百分点负值为下降百分点；升降百分比负值为下降百分比。

1991～2011年，全国城乡人均总消费从842.28元增长至10251.80元，年均增长13.31%，低于同期全国城乡人均文化消费年均增长0.36个百分点。20年里，全国城乡人均文化消费占人均总消费的比重值从6.89%上升至7.35%，提升0.46个百分点，升幅为6.60%。同期，东部整体比值从7.42%上升至8.20%，提升0.78个百分点；东北整体比值从6.11%上升至6.32%，提升0.21个百分点；中部整体比值从7.36%下降至6.71%，降低0.65个百分点；西部整体比值从6.53%上升至6.63%，提升0.10个百分点。

各省域城乡人均文化消费占人均总消费的比重比较，在1991年，海南、北京、上海、广东、河南、天津、湖北、江西、浙江、山东、广西、安徽、河北、湖南、福建15个省域此项比值从高到低依次高于全国城乡平均值；新疆、宁夏、内蒙古、四川、陕西、甘肃、辽宁、江苏、吉林、山西、云南、贵州、黑龙江、青海、西藏15个省域此项比值从高到低依次低于全国城乡平均值。其中，海南占据首位，其此项比值高于全国城乡平均值2.06个百分点；西藏排在末位，其此项比值低于全国城乡平均值4.63个百分点。

到2011年，江苏、上海、北京、广东、陕西、福建、浙江、内蒙古8个省域此项比值从高到低依次高于全国城乡平均值；天津、山西、甘肃、江西、重庆、安徽、云南、宁夏、湖南、山东、广西、河南、贵州、辽宁、吉林、湖北、河北、四川、黑龙江、青海、新疆、海南、西藏23个省域此项比值从高到低依次低于全国城乡平均值。其中，江苏占据首位，其此项比值高于全国城乡平均值3.42个百分点；西藏排在末位，其此项比值低于全国城乡平均值5.19个百分点。

1991～2011年，各省域城乡人均文化消费占人均总消费的比重升降变化比较，江苏、山西、青海、云南、贵州、上海、北京、陕西、福建、内蒙古、黑龙江、甘肃、吉林、浙江、辽宁15个省域此项比值按升幅从大到小依次各有提升；宁夏、广东、湖南、西藏、天津、安徽、江西、山东、广西、四川、河北、湖北、河南、新疆、海南15个省域此项比值按降幅从小到大依次各有下降。其中，江苏占据首位，其此项比值提高了72.70%；海南排在末位，其此项比值降低了46.77%。

2011年与上一年相比，全国城乡此项比值下降1.78%。同时，云南、江苏、广西、青海、天津、湖北、上海、北京、江西、广东、宁夏、吉林 12 个省域此项比值按升幅从大到小依次各有提升；重庆、内蒙古、辽宁、山东、河北、河南、四川、甘肃、湖南、新疆、陕西、浙江、福建、贵州、山西、安徽、黑龙江、西藏、海南 19 个省域此项比值按降幅从小到大依次各有下降。

这一比值关系分析表明，1991～2011 年间，全国及各省域城乡文化消费需求增长与总消费增长相比较，其间“增长协调性”出现分流。在全国及半数省域，城乡文化消费需求增长超过了居民总消费增长，拉动内需扩大消费成效已经在提升城乡居民文化消费需求上体现出来；另有半数省域，城乡文化消费需求增长赶不上居民总消费增长，拉动内需扩大消费成效未能在提升城乡居民文化消费需求上同步体现出来。

（四）与非文消费剩余的比例关系变化

1991～2011 年各省域城乡人均文化消费与人均非文消费剩余的比例变动态势分析见表 6，各省域按 2011 年城乡人均文化消费与人均非文消费剩余的比例高低排列。表中同时提供了 1991 年和 2011 年各省域城乡人均非文消费剩余数据，对照表 2 各地人均文化消费数据，可以进行重复验算。

1991～2011 年，全国城乡人均非文消费剩余从 147.29 元增长至 4985.81 元，年均增长 19.26%，高于同期全国城乡人均文化消费年均增长 5.59 个百分点。20 年里，全国城乡人均文化消费与人均非文消费剩余的比例从 39.42% 下降至 15.11%，降低 24.31 个百分点，降幅为 61.67%。同期，东部整体比值从 35.82% 下降至 15.20%，降低 20.62 个百分点；东北整体比值从 40.22% 下降至 14.28%，降低 25.94 个百分点；中部整体比值从 50.22% 下降至 13.65%，降低 36.57 个百分点；西部整体比值从 42.88% 下降至 16.92%，降低 25.96 个百分点。

各省域城乡人均文化消费与人均非文消费剩余的比例比较，在 1991 年，安徽、湖北、四川、江苏、内蒙古、湖南、广西、陕西、贵州、上海、辽宁、福建、宁夏、黑龙江 14 个省域此项比值从高到低依次高于全国城乡平均值；甘肃、吉林、广东、北京、河南、山西、浙江、江西、青海、云南、天津、河北、海南、山东、新疆、西藏 16 个省域此项比值从高到低依次低于全国城乡

表 6　各省域城乡人均文化消费与人均非文消费剩余比例变动状况

地区	1991 年			2011 年			1991～2011 年比例升降变化		
	人均非文消费剩余（元）	文化消费与非文消费剩余比（%）	比例排序	人均非文消费剩余（元）	文化消费与非文消费剩余比（%）	比例排序	升降百分点	升降百分比	排序
全　国	147.29	39.4237	—	4985.81	15.1102	—	-24.3135	-61.67	—
广　东	297.32	37.8815	17	6519.74	19.3642	4	-18.5173	-48.88	6
北　京	362.56	37.5385	18	11861.01	16.6480	9	-20.8905	-55.65	9
上　海	407.73	41.6839	10	12737.23	17.9724	6	-23.7115	-56.88	10
山　东	207.90	26.6965	28	6021.84	11.3313	28	-15.3652	-57.56	11
浙　江	263.97	33.9898	21	8817.55	13.9569	21	-20.0329	-58.94	12
天　津	310.21	32.0608	25	9079.03	12.9257	25	-19.1351	-59.68	14
福　建	161.84	40.6443	12	6475.91	14.1671	20	-26.4772	-65.14	20
江　苏	119.59	53.9344	4	8208.63	17.3976	7	-36.5368	-67.74	24
河　北	152.95	30.9392	26	4810.99	9.9693	29	-20.9699	-67.78	25
海　南	231.31	29.1718	27	4414.28	9.1018	30	-20.0700	-68.80	26
东　部	214.74	35.8235	[4]	7212.06	15.2049	[2]	-20.6186	-57.56	[1]
甘　肃	94.50	38.3134	15	1937.53	22.7196	1	-15.5938	-40.70	1
新　疆	200.44	26.4166	29	2538.34	15.3064	15	-11.1102	-42.06	2
西　藏	256.78	5.7034	30	3091.75	3.1427	31	-2.5607	-44.90	3
青　海	98.55	32.8625	23	2534.30	17.0274	8	-15.8351	-48.19	4
陕　西	100.02	43.5360	8	3023.33	22.2604	2	-21.2756	-48.87	5
宁　夏	119.31	39.9094	13	3209.92	18.4004	5	-21.5090	-53.89	7
云　南	111.13	32.1405	24	3213.60	14.7546	17	-17.3859	-54.09	8
内蒙古	95.55	53.1564	5	3858.00	21.5212	3	-31.6352	-59.51	13
贵　州	72.90	41.8423	9	2550.38	15.6807	13	-26.1616	-62.52	18
广　西	123.43	43.6251	7	3592.40	14.3765	19	-29.2486	-67.05	22
四　川	86.77	54.3407	3	3086.45	16.3856	10	-37.9551	-69.85	27
重　庆	—	—	—	4465.09	15.7392	12	—	—	—
西　部	102.63	42.8758	[2]	3151.79	16.9242	[1]	-25.9516	-60.53	[2]
黑龙江	121.83	39.6797	14	3573.12	15.0137	16	-24.6660	-62.16	15
吉　林	139.55	38.0998	16	4186.80	14.3881	18	-23.7117	-62.24	16
辽　宁	167.92	41.6738	11	5370.98	13.8024	23	-27.8714	-66.88	21
东　北	144.51	40.2189	[3]	4445.25	14.2813	[3]	-25.9376	-64.49	[3]
江　西	153.94	33.1398	22	4367.54	12.4837	26	-20.6561	-62.33	17
山　西	107.53	35.8119	20	4364.03	13.0229	24	-22.7890	-63.64	19
河　南	124.90	36.1428	19	4215.27	11.8387	27	-24.3041	-67.24	23
湖　南	103.16	52.8896	6	3804.46	15.6392	14	-37.2504	-70.43	28
湖　北	82.64	74.3121	2	4091.38	13.8584	22	-60.4537	-81.35	29
安　徽	28.08	158.0948	1	3701.41	15.8868	11	-142.2080	-89.95	30
中　部	98.75	50.2193	[3]	4067.97	13.6481	[4]	-36.5712	-72.82	[4]

注：（1）均为城乡综合演算衍生数值，其中 1991 年安徽城乡此项比值极高似乎显得不合理，原因在于乡村人均积蓄为较大的负值，导致城乡综合演算人均积蓄亦为不小的负值，由此拉低人均非文消费剩余数值；（2）比例升降百分点负值为下降百分点；升降百分比负值为下降百分比。

平均值。其中，安徽占据首位，其此项比值高于全国城乡平均值 118.67 个百分点；西藏排在末位，其此项比值低于全国城乡平均值 33.72 个百分点。

到 2011 年，甘肃、陕西、内蒙古、广东、宁夏、上海、江苏、青海、北京、四川、安徽、重庆、贵州、湖南、新疆 15 个省域此项比值从高到低依次高于全国城乡平均值；黑龙江、云南、吉林、广西、福建、浙江、湖北、辽宁、山西、天津、江西、河南、山东、河北、海南、西藏 16 个省域此项比值从高到低依次低于全国城乡平均值。其中，甘肃占据首位，其此项比值高于全国城乡平均值 7.61 个百分点；西藏排在末位，其此项比值低于全国城乡平均值 11.97 个百分点。

1991 ~ 2011 年，各省域城乡人均文化消费与人均非文消费剩余的比例升降变化比较，甘肃、新疆、西藏、青海、陕西、广东、宁夏、云南、北京、上海、山东、浙江、内蒙古、天津、黑龙江、吉林、江西、贵州、山西、福建、辽宁、广西、河南、江苏、河北、海南、四川、湖南、湖北、安徽 30 个省域此项比值按降幅从小到大依次各有下降。其中，甘肃占据首位，其此项比值降低了 40.70%；安徽排在末位，其此项比值降低了 89.95%。

2011 年与上一年相比，全国城乡此项比值下降 3.90%。同时，广西、新疆、江苏、甘肃、湖北、青海、天津 7 个省域此项比值按升幅从大到小依次各有提升；河北、宁夏、湖南、江西、云南、内蒙古、北京、山西、吉林、河南、山东、广东、浙江、重庆、陕西、四川、福建、安徽、黑龙江、辽宁、上海、贵州、海南、西藏 24 个省域此项比值按降幅从小到大依次各有下降。

这一比值关系分析表明，1991 ~ 2011 年间，全国及各省域城乡文化消费需求增长与非文消费剩余增长相比较，其间“增长协调性”欠佳。在全国及全部省域，城乡文化消费需求增长赶不上居民必需消费（本项评价体系设定全部非文消费为必需消费）之外余钱增多，全面建设小康社会发展成就未能在提升城乡居民文化消费需求上同步体现出来。

三　20 年来各省域城乡、区域之间协调增长状况

在本项评价体系当中，文化消费需求及其增长还需要放到城乡关系、地区

关系背景中考察其间的“协调增长”，从而得出不可或缺的各项比差值校正指标演算数值。

（一）文化消费需求的城乡差距变化

1991～2011 年各省域人均文化消费城乡比及其变动态势分析见表 7，各省域按 2011 年人均文化消费城乡比从小到大排列。表中同时提供了 1991 年和 2011 年各省域城镇与乡村人均文化消费基础数据，可以进行重复验算。

1991～2011 年，全国城镇人均文化消费从 84.03 元增长至 1101.74 元，总增长 1211.13%，年均增长 13.73%；全国乡村人均文化消费从 48.62 元增长至 396.36 元，总增长 715.22%，年均增长 11.06%。20 年里，全国城镇人均文化消费年均增长幅度高于乡村 2.67 个百分点。全国人均文化消费城乡比从 1.7283 扩大至 2.7796，文化消费需求的城乡差距扩大 60.83%。

同期，东部整体城镇人均文化消费年均增长 13.68%，乡村年均增长 11.54%，城镇年均增幅高于乡村 2.14 个百分点，文化消费城乡比从 1.7422 扩大至 2.5476，扩大 46.23%；东北整体城镇人均文化消费年均增长 12.73%，乡村年均增长 11.94%，城镇年均增幅高于乡村 0.79 个百分点，文化消费城乡比从 1.3004 扩大至 1.4958，扩大 15.03%；中部整体城镇人均文化消费年均增长 13.00%，乡村年均增长 10.64%，城镇年均增幅高于乡村 2.36 个百分点，文化消费城乡比从 1.6006 扩大至 2.4447，扩大 52.74%；西部整体城镇人均文化消费年均增长 12.73%，乡村年均增长 10.80%，城镇年均增幅高于乡村 1.93 个百分点，文化消费城乡比从 2.2450 扩大至 3.1740，扩大 41.38%。

分阶段对比考察，“九五”期间，全国人均文化消费城乡比缩小 1.50%。其中，东部扩大 0.36%，东北扩大 23.71%，中部缩小 10.30%，西部缩小 12.52%。“十五”期间，全国人均文化消费城乡比扩大 25.91%。其中，东部扩大 18.13%，东北扩大 11.33%，中部扩大 36.85%，西部扩大 20.85%。“十一五”期间，全国人均文化消费城乡比扩大 47.98%。其中，东部扩大 34.11%，东北扩大 19.24%，中部扩大 47.65%，西部扩大 67.19%。

表7 各省域人均文化消费城乡差距变动状况

地区	1991年人均文化消费城乡差距			2011年人均文化消费城乡差距			1991~2011年城乡比扩减变化	
	城镇（元）	乡村（元）	城乡比（乡村=1）	城镇（元）	乡村（元）	城乡比（乡村=1）	幅度(%)	排序
全国	84.03	48.62	1.7283	1101.74	396.36	2.7796	60.83	—
黑龙江	61.87	38.82	1.5938	592.17	464.71	1.2743	-20.05	2
辽宁	77.36	64.27	1.2037	856.57	549.96	1.5575	29.40	14
吉林	57.06	50.66	1.1263	729.20	456.75	1.5965	41.74	18
东北	67.17	51.65	1.3004	737.44	493.00	1.4958	15.03	[1]
西藏	60.87	7.79	7.8139	286.65	40.91	7.0068	-10.33	4
四川	98.02	37.34	2.6251	835.28	276.64	3.0194	15.02	6
陕西	73.63	35.66	2.0648	984.38	405.56	2.4272	17.55	7
甘肃	59.70	31.46	1.8976	711.28	292.71	2.4300	28.05	12
宁夏	79.68	38.23	2.0842	874.47	324.36	2.6960	29.35	13
云南	78.16	28.67	2.7262	888.63	241.13	3.6853	35.18	15
新疆	79.70	42.67	1.8678	607.60	229.66	2.6457	41.64	17
青海	45.41	28.08	1.6172	639.65	265.43	2.4099	49.02	20
内蒙古	55.58	48.51	1.1457	1071.67	525.89	2.0378	77.86	22
广西	106.14	44.06	2.4090	940.84	218.72	4.3016	78.56	23
贵州	58.24	25.62	2.2732	844.07	183.03	4.6116	102.87	27
重庆	—	—	—	1014.79	334.84	3.0307	—	—
西部	80.63	35.91	2.2450	886.06	279.16	3.1740	41.38	[2]
江苏	100.06	53.28	1.8780	1689.87	1044.64	1.6177	-13.86	3
山东	82.76	49.31	1.6784	881.61	482.66	1.8266	8.83	5
浙江	117.36	80.35	1.4606	1483.49	846.10	1.7533	20.04	8
河北	73.68	42.30	1.7418	680.45	315.41	2.1574	23.85	9
天津	121.74	62.53	1.9469	1335.16	542.12	2.4628	26.50	10
北京	151.72	103.73	1.4626	2135.55	1003.67	2.1277	45.47	19
上海	182.62	129.33	1.4120	2460.78	916.07	2.6862	90.24	25
福建	58.91	67.94	0.8671	1249.91	506.71	2.4667	184.48	28
海南	55.54	70.24	0.7907	576.72	224.91	2.5642	224.29	29
广东	131.99	104.45	1.2637	1718.92	404.15	4.2532	236.57	30
东部	112.07	64.33	1.7422	1456.12	571.56	2.5476	46.23	[3]
山西	62.13	31.55	1.9693	696.51	448.44	1.5532	-21.13	1
安徽	69.69	39.28	1.7742	854.38	376.18	2.2712	28.01	11
湖北	87.74	52.93	1.6577	798.80	341.87	2.3366	40.96	16
江西	68.00	47.13	1.4428	818.61	319.39	2.5630	77.64	21
湖南	70.86	51.08	1.3872	899.24	346.62	2.5943	87.01	24
河南	63.10	42.26	1.4931	829.34	278.20	2.9811	99.65	26
中部	71.57	44.71	1.6006	825.25	337.57	2.4447	52.74	[4]

注：(1) 全国及各省域城镇与乡村人均文化消费数据出自《中国统计年鉴》相应年卷，其余为演算衍生数值；(2) 城乡比扩减百分比负值为城乡比缩小。

对比几个五年规划期人均文化消费城乡比扩减变化，全国城乡比“十一五”扩大程度比“十五”增大22.07%，比“九五”增大49.48%。四大区域各有不同，东部城乡比“十一五”扩大程度比“十五”增大15.98%，比“九五”增大33.75%；东北城乡比“十一五”扩大程度比“十五”增大7.91%，比“九五”减小4.47%；中部城乡比“十一五”扩大程度比“十五”增大10.80%，比“九五”增大57.95%；西部城乡比“十一五”扩大程度比“十五”增大46.34%，比“九五”增大79.71%。

前后对比考察，1991年，东北、中部城乡比小于全国总体城乡比，东部、西部城乡比大于全国总体城乡比；2011年，东部、东北、中部城乡比小于全国总体城乡比，西部城乡比大于全国总体城乡比。

各省域人均文化消费城乡比状况比较，在1991年，海南、福建、吉林、内蒙古、辽宁、广东、湖南、上海、江西、浙江、北京、河南、黑龙江、青海、湖北、山东16个省域文化消费城乡比从小到大依次小于全国总体城乡比，其间前2位为“城乡倒挂”，即城镇人均值低于乡村；河北、安徽、新疆、江苏、甘肃、天津、山西、陕西、宁夏、贵州、广西、四川、云南、西藏14个省域文化消费城乡比从小到大依次大于全国总体城乡比。其中，海南占据首位，其文化消费城乡比仅为全国总体城乡比的45.75%；西藏排在末位，其文化消费城乡比高达全国总体城乡比的452.11%。

到2011年，黑龙江、山西、辽宁、吉林、江苏、浙江、山东、内蒙古、北京、河北、安徽、湖北、青海、陕西、甘肃、天津、福建、江西、海南、湖南、新疆、上海、宁夏23个省域文化消费城乡比从小到大依次小于全国总体城乡比；河南、四川、重庆、云南、广东、广西、贵州、西藏8个省域文化消费城乡比从小到大依次大于全国总体城乡比。其中，黑龙江占据首位，其文化消费城乡比仅为全国总体城乡比的45.84%；西藏排在末位，其文化消费城乡比高达全国总体城乡比的252.08%。

1991~2011年，山西、黑龙江、江苏、西藏4个省域文化消费城乡比按缩减幅度从大到小依次各有缩小；山东、四川、陕西、浙江、河北、天津、安徽、甘肃、宁夏、辽宁、云南、湖北、新疆、吉林、北京、青海、江西、内蒙古、广西、湖南、上海、河南、贵州、福建、海南、广东26个省域文化消费城乡比按扩增幅度从小到大依次各有扩大。其中，山西占据首位，其文化消费城乡比缩小了21.13%；广东排在末位，其文化消费城乡比扩大了236.57%。

2011年与上一年相比，全国文化消费城乡比扩大5.20%。同时，内蒙古、重庆、新疆、宁夏、四川、青海、甘肃、广东、福建、山东、天津、广西12个省域文化消费城乡比按缩减幅度从大到小依次各有缩小；湖南、河南、辽宁、湖北、江西、山西、安徽、北京、浙江、云南、河北、江苏、贵州、陕西、上海、吉林、西藏、黑龙江、海南19个省域文化消费城乡比按扩增幅度从小到大依次各有扩大。

这意味着，从1991~2011年，全国及各省域城镇与乡村相比较，其间文化消费需求的“增长协调性”欠佳十分显著。在全国绝大部分省域，文化消费城乡比普遍加速扩大，较多省域的城乡比扩大程度极其严重。

（二）城乡文化消费需求的地区差距变化

1991年和2011年各省域城乡人均文化消费地区差及其变动态势分析见表8，各省域以2011年城乡人均文化消费地区差从小到大排列。按照文化消费地区差演算方法，对应表2里各地人均文化消费数据，可以进行重复验算。同时利用表8的表栏空间，另附1991年和2011年各地人均文化消费城乡比排序结果。

1991~2011年，全国城乡人均文化消费地区差从1.3642扩大至1.4445，文化消费需求的地区差距扩大5.89%。同期，东部整体城乡文化消费地区差扩大9.07%，东北整体城乡文化消费地区差扩大1.37%，中部整体城乡文化消费地区差扩大7.14%，西部整体城乡文化消费地区差扩大3.46%。

分阶段对比考察，“九五”期间，全国城乡人均文化消费地区差缩小0.36%。其中，东部扩大6.23%，东北扩大12.62%，中部缩小4.54%，西部缩小6.96%。“十五”期间，全国城乡人均文化消费地区差扩大2.20%。其中，东部扩大1.01%，东北缩小1.02%，中部扩大0.46%，西部扩大5.21%。“十一五”期间，全国城乡人均文化消费地区差扩大1.99%。其中，东部扩大1.46%，东北缩小5.91%，中部扩大2.98%，西部扩大3.97%。

表 8　各省域城乡人均文化消费地区差距变动状况

地区	人均文化消费地区差距						1991～2011 年地区差扩减变化		城乡比排序（配合表 7）	
	1991 年地区差及其倒数			2011 年地区差及其倒数						
	无差距 = 1	倒数	排序	无差距 = 1	倒数	排序	幅度(%)	排序	1991 年	2011 年
全　国	1.3642	0.7331	—	1.4445	0.6923	—	5.89	—	—	—
辽　宁	1.2051	0.8298	16	1.0160	0.9843	1	-15.70	1	5	3
黑龙江	1.1675	0.8565	12	1.2879	0.7764	14	10.32	19	13	1
吉　林	1.0843	0.9222	5	1.2004	0.8331	6	10.70	20	3	4
东　北	1.1523	0.8678	[1]	1.1681	0.8561	[1]	1.37	[1]	[1]	[1]
陕　西	1.2501	0.8000	19	1.1067	0.9036	5	-11.47	3	24	14
内蒙古	1.1253	0.8887	9	1.1021	0.9074	4	-2.06	6	4	8
青　海	1.4423	0.6934	23	1.4272	0.7007	21	-1.04	8	14	13
云　南	1.3849	0.7221	22	1.3706	0.7296	19	-1.03	9	29	27
贵　州	1.4747	0.6781	24	1.4692	0.6807	23	-0.38	10	26	30
甘　肃	1.3764	0.7265	21	1.4157	0.7064	20	2.85	11	21	15
宁　夏	1.1799	0.8475	13	1.2160	0.8224	8	3.06	12	25	23
西　藏	1.7478	0.5722	27	1.8710	0.5345	28	7.05	16	30	31
四　川	1.1880	0.8418	15	1.3287	0.7526	16	11.84	22	28	25
广　西	1.0727	0.9322	4	1.3145	0.7608	15	22.54	27	27	29
新　疆	1.0881	0.9190	6	1.4843	0.6737	24	36.41	29	19	21
重　庆	—	—	—	1.0672	0.9371	2	—	—	—	26
西　部	1.3027	0.7676	[3]	1.3478	0.7420	[3]	3.46	[2]	[4]	[4]
山　西	1.3368	0.7480	20	1.2456	0.8028	11	-6.82	5	23	2
安　徽	1.2355	0.8094	18	1.2195	0.8200	10	-1.30	7	18	11
河　南	1.2226	0.8180	17	1.3376	0.7476	17	9.41	18	12	24
江　西	1.1214	0.8917	8	1.2763	0.7835	13	13.81	23	9	18
湖　南	1.0603	0.9431	3	1.2102	0.8263	7	14.14	24	7	20
湖　北	1.0576	0.9455	2	1.2474	0.8017	12	17.94	26	15	12
中　部	1.1724	0.8530	[2]	1.2561	0.7961	[2]	7.14	[3]	[2]	[2]
广　东	1.9396	0.5156	28	1.6758	0.5967	27	-13.60	2	6	28
天　津	1.7128	0.5838	26	1.5577	0.6420	25	-9.05	4	22	16
上　海	2.9269	0.3417	30	3.0386	0.3291	31	3.82	13	8	22
山　东	1.0442	0.9577	1	1.0943	0.9139	3	4.80	14	16	7
浙　江	1.5452	0.6472	25	1.6335	0.6122	26	5.72	15	10	6
福　建	1.1328	0.8828	10	1.2178	0.8211	9	7.50	17	2	17
北　京	2.3439	0.4266	29	2.6211	0.3815	30	11.83	21	11	9
河　北	1.1850	0.8439	14	1.3634	0.7335	18	15.05	25	17	10
海　南	1.1621	0.8605	11	1.4667	0.6818	22	26.21	28	1	19
江　苏	1.1108	0.9002	7	1.8956	0.5275	29	70.65	30	20	5
东　部	1.6103	0.6210	[4]	1.7565	0.5693	[4]	9.07	[4]	[3]	[3]

注：(1) 均为演算衍生数值；(2) 地区差扩减百分比负值为地区差缩小。

对比几个五年规划期城乡人均文化消费地区差扩减变化，全国城乡地区差“十一五”扩大程度比“十五”减小0.21%，比“九五”增大2.35%。四大区域各有不同，东部城乡地区差“十一五”扩大程度比“十五”增大0.45%，比“九五”减小4.77%；东北城乡地区差“十一五”扩大程度比“十五”减小4.89%，比“九五”减小18.53%；中部城乡地区差“十一五”扩大程度比“十五”增大2.52%，比“九五”增大7.52%；西部城乡地区差“十一五”扩大程度比“十五”减小1.24%，比“九五”增大10.93%。

前后对比考察，1991年，东北、中部、西部城乡地区差小于全国城乡总体地区差，东部城乡地区差大于全国城乡总体地区差；2011年，依然是东北、中部、西部城乡地区差小于全国城乡总体地区差，东部城乡地区差大于全国城乡总体地区差。

各省域城乡人均文化消费地区差状况比较，在1991年，山东、湖北、湖南、广西、吉林、新疆、江苏、江西、内蒙古、福建、海南、黑龙江、宁夏、河北、四川、辽宁、河南、安徽、陕西、山西20个省域城乡文化消费地区差从小到大依次小于全国城乡总体地区差；甘肃、云南、青海、贵州、浙江、天津、西藏、广东、北京、上海10个省域城乡文化消费地区差从小到大依次大于全国城乡总体地区差。其中，山东占据首位，其城乡文化消费地区差仅为全国城乡总体地区差的76.54%；上海排在末位，其城乡文化消费地区差高达全国城乡总体地区差的214.56%。

到2011年，辽宁、重庆、山东、内蒙古、陕西、吉林、湖南、宁夏、福建、安徽、山西、湖北、江西、黑龙江、广西、四川、河南、河北、云南、甘肃、青海21个省域城乡文化消费地区差从小到大依次小于全国城乡总体地区差；海南、贵州、新疆、天津、浙江、广东、西藏、江苏、北京、上海10个省域城乡文化消费地区差从小到大依次大于全国城乡总体地区差。其中，辽宁占据首位，其城乡文化消费地区差仅为全国城乡总体地区差的70.34%；上海排在末位，其城乡文化消费地区差高达全国城乡总体地区差的210.36%。

1991~2011年，辽宁、广东、陕西、天津、山西、内蒙古、安徽、青海、云南、贵州10个省域城乡文化消费地区差按缩减幅度从大到小依次各有缩小；甘肃、宁夏、上海、山东、浙江、西藏、福建、河南、黑龙江、吉林、北京、

四川、江西、湖南、河北、湖北、广西、海南、新疆、江苏20个省域城乡文化消费地区差按扩增幅度从小到大依次各有扩大。其中，辽宁占据首位，其城乡文化消费地区差缩小了15.70%；江苏排在末位，其城乡文化消费地区差扩大了70.65%。

2011年与上一年相比，全国城乡文化地区差扩大0.16%。同时，浙江、福建、云南、湖北、上海、广西、青海、宁夏、重庆、北京、甘肃、广东、江西、新疆、吉林15个省域城乡文化消费地区差按缩减幅度从大到小依次各有缩小；河北、四川、河南、辽宁、贵州、陕西、山东、西藏、内蒙古、湖南、天津、山西、安徽、黑龙江、海南、江苏16个省域城乡文化消费地区差按扩增幅度从小到大依次各有扩大。

这意味着，从1991~2011年，全国各地之间城乡人均文化消费需求增长相互比较，其间的“增长协调性”欠佳也很显著。在全国大部分省域，城乡文化消费地区差普遍扩大。其中有所区别之处在于，发达地区城乡文化消费地区差扩大是由于“率先”增长的偏离，欠发达地区城乡文化消费地区差扩大则由于“滞后”增长的偏离。

四　各省域城乡综合文化消费需求景气排行与预测

基于以上各类指标的分析数值，按照本项评价体系的测评方式和演算权重，最后测算得出2011年各省域城乡综合文化消费需求景气评价排行。基于不同时间段、不同基准值的各类测评结果均落实在2011年之上。景气指数取百分制，以便横向衡量百分点高低，纵向衡量百分比升降。

（一）2011年文化消费需求景气评价

1991年以来，各省域城乡综合演算的文化消费需求景气指数变动态势分析见表9，各省域以2011年城乡之间、地区之间无差距理想状态横向测评的文化消费需求景气排行指数高低排列。与本书上一年卷相比，此处表中特地增加了1995年以来纵向测评，而1991年以来纵向测评因容量有限未列入。

表9　各省域城乡文化消费需求景气指数变动状况

地区	起始年度基数值自身纵向测评(起点年基数值=100)								2011年城乡地区无差距理想值各地横向测评(理想值=100)	
	"九五"以来16年(1995~2011年)		"十五"以来11年(2000~2011年)		"十一五"以来6年(2005~2011年)		最近1年以来(2010~2011年)			
	景气指数	排序	景气指数	排序	景气指数	排序	景气指数	排序	景气指数	排序
全　国	118.58	—	95.66	—	88.24	—	98.49	—	80.64	—
江　苏	160.38	2	122.57	1	108.34	2	101.65	13	101.58	1
上　海	155.82	3	113.94	4	100.87	5	96.84	22	99.13	2
北　京	134.15	9	105.01	8	96.23	7	100.47	14	96.41	3
广　东	104.56	23	104.88	9	93.40	12	103.32	9	88.30	6
浙　江	128.97	11	102.15	11	87.39	17	96.57	23	86.13	8
福　建	116.49	18	98.82	13	92.48	14	98.39	18	83.15	10
山　东	112.45	19	89.92	20	81.94	22	99.66	15	78.66	18
天　津	150.78	4	103.90	10	103.76	3	103.02	11	78.44	19
河　北	117.37	17	96.99	15	86.26	18	97.83	20	69.59	28
海　南	82.52	28	72.02	30	77.69	28	79.80	31	60.30	30
东　部	124.65	[1]	105.76	[2]	94.20	[1]	100.04	[2]	84.01	[1]
辽　宁	138.66	8	109.13	6	93.56	11	97.27	21	84.69	9
黑龙江	106.09	21	110.36	5	93.82	9	86.23	29	82.29	14
吉　林	96.89	25	98.37	14	99.04	6	95.44	25	81.66	16
东　北	114.34	[2]	106.21	[1]	94.19	[2]	92.84	[4]	82.31	[2]
陕　西	144.11	6	88.72	23	85.29	20	94.46	26	91.33	4
内蒙古	130.90	10	93.36	17	93.81	10	106.71	3	90.30	5
甘　肃	142.36	7	83.53	25	74.24	30	104.12	7	86.20	7
重　庆	—	—	93.32	18	83.38	21	106.02	5	82.83	12
宁　夏	119.92	14	89.74	21	101.10	4	106.37	4	82.02	15
云　南	119.06	15	94.89	16	85.75	19	103.25	10	78.31	20
四　川	99.64	24	78.86	27	78.47	25	102.26	12	75.60	23
青　海	162.45	1	114.07	3	108.63	1	108.11	1	74.72	24
广　西	77.46	29	69.67	31	74.70	29	104.37	6	74.48	25
贵　州	119.00	16	87.99	24	77.70	27	92.58	28	73.92	26
新　疆	106.38	20	89.33	22	92.61	13	107.77	2	68.15	29
西　藏	—	—	117.18	2	81.80	23	84.32	30	32.80	31
西　部	109.32	[3]	84.03	[4]	81.77	[4]	101.62	[1]	77.64	[3]
山　西	147.02	5	106.90	7	90.82	15	96.05	24	83.12	11
安　徽	121.62	13	99.19	12	88.50	16	93.35	27	82.70	13
湖　南	87.45	26	74.28	29	71.87	31	97.84	19	80.08	17
江　西	104.87	22	82.07	26	78.22	26	99.47	16	77.43	21
湖　北	85.64	27	77.96	28	80.94	24	103.90	8	76.94	22
河　南	122.22	12	90.55	19	94.31	8	98.60	17	71.70	27
中　部	104.93	[4]	85.71	[3]	83.34	[3]	98.05	[3]	77.52	[4]

注：1995年重庆尚未作为省域单列，西藏则缺数据，不纳入"九五"以来16年纵向测评。

1. 各年度横向测评景气指数

以文化消费需求城乡之间、地区之间实现无差距状态为“理想值”100，在年度横向测评中，2011 年全国城乡文化消费需求景气指数为 80.64，低于理想值 19.36。此项测评中，由于全国城乡文化消费总量份额值（全国份额为 100% 基准）、人均绝对值、各项措施比值作为演算基准，全国城乡总体景气指数高低，全都缘于文化消费城乡比、城乡文化消费地区差缩小或扩大。

东部城乡整体景气指数为 84.01，低于理想值 15.99，同时高于全国城乡总体景气指数 3.37；东北城乡整体景气指数为 82.31，低于理想值 17.69，同时高于全国城乡总体景气指数 1.67；中部城乡整体景气指数为 77.52，低于理想值 22.48，同时低于全国城乡总体景气指数 3.12；西部城乡整体景气指数为 77.64，低于理想值 22.36，同时低于全国城乡总体景气指数 3.00。此项测评中，四大区域和各省域城乡景气指数高低，除了缘于自身文化消费城乡比、与全国地区差的存在及其扩减变化以外，更有可能主要缘于其人均文化消费绝对值、相关各项比例高于或低于全国总体平均值。

各省域城乡综合景气指数比较，江苏、上海、北京城乡景气指数从高到低依次占据“2011 年度城乡文化消费需求景气领先”全国前 3 位。此外，陕西、内蒙古、广东、甘肃、浙江、辽宁、福建、山西、重庆、安徽、黑龙江、宁夏、吉林 13 个省域城乡景气指数从高到低依次高于全国城乡总体景气指数；湖南、山东、天津、云南、江西、湖北、四川、青海、广西、贵州、河南、河北、新疆、海南、西藏 15 个省域城乡景气指数从高到低依次低于全国城乡总体景气指数。

2. 20 年以来纵向测评景气指数

由于制表容量有限，此项纵向测评演算数值未能列入表中，权且以文字加以表述。此项测评无重庆（尚未作为省域单列）。

以“八五”初年 1991 年为起点基数值 100，在 1991 年以来 20 年间自身纵向测评中，2011 年全国城乡文化消费需求景气指数为 145.88，高于 1991 年基数值 45.88。

东部城乡整体景气指数为 157.42，高于 1991 年基数值 57.42，同时高于全国城乡总体景气指数 11.54；东北城乡整体景气指数为 136.97，高于 1991 年基数值 36.97，同时低于全国城乡总体景气指数 8.91；中部城乡整体景气指数为127.72，高于1991基数值27.72，同时低于全国城乡总体景气指数18.16；西部城乡整体景气指数为140.32，高于1991年基数值40.32，同时低于全国城乡总体景气指数5.56。

各省域城乡综合景气指数比较，江苏、山西、陕西城乡景气指数从高到低依次占据“1991～2011年城乡文化消费需求景气提升”全国前3位。此外，北京、内蒙古、上海、云南、青海、浙江、甘肃、黑龙江、贵州、宁夏10个省域城乡景气指数从高到低依次高于全国城乡总体景气指数；福建、山东、安徽、天津、辽宁、广东、吉林、四川、江西、河北、湖南、河南、西藏、广西、湖北、新疆、海南17个省域城乡景气指数从高到低依次低于全国城乡总体景气指数。

3.“九五”以来纵向测评景气指数

此项测评无重庆（尚未作为省域单列）、西藏（1995年缺数据）。

以“八五”末年1995年为起点基数值100，在“九五”以来16年间自身纵向测评中，2011年全国城乡文化消费需求景气指数为118.58，高于1995年基数值18.58。

东部城乡整体景气指数为124.65，高于自身1995年基数值24.65，同时高于全国城乡总体景气指数6.07；东北城乡整体景气指数为114.34，高于自身1995年基数值14.34，同时低于全国城乡总体景气指数4.24；中部城乡整体景气指数为104.93，高于自身1995年基数值4.93，同时低于全国城乡总体景气指数13.65；西部城乡整体景气指数为109.32，高于自身1995年基数值9.32，同时低于全国城乡总体景气指数9.26。

各省域城乡综合景气指数比较，青海、江苏、上海城乡景气指数从高到低依次占据“1995～2011年城乡文化消费需求景气提升”全国前3位。此外，天津、山西、陕西、甘肃、辽宁、北京、内蒙古、浙江、河南、安徽、宁夏、云南、贵州13个省域城乡景气指数从高到低依次高于全国城乡总体景气指数；河北、福建、山东、新疆、黑龙江、江西、广东、四川、吉林、湖南、湖北、海南、广西13个省域城乡景气指数从高到低依次低于全国城乡总体景气指数。

4.“十五”以来纵向测评景气指数

以“九五”末年2000年为起点基数值100，在“十五”以来11年间自身纵向测评中，2011年全国城乡文化消费需求景气指数为95.66，低于2000年

基数值4.34。

东部城乡整体景气指数为105.76，高于自身2000年基数值5.76，同时高于全国城乡总体景气指数10.10；东北城乡整体景气指数为106.21，高于自身2000年基数值6.21，同时高于全国城乡总体景气指数10.55；中部城乡整体景气指数为85.71，低于自身2000年基数值14.29，同时低于全国城乡总体景气指数9.95；西部城乡整体景气指数为84.03，低于自身2000年基数值15.97，同时低于全国城乡总体景气指数11.63。

各省域城乡综合景气指数比较，江苏、西藏、青海城乡景气指数从高到低依次占据“2000~2011年城乡文化消费需求景气提升”全国前3位。此外，上海、黑龙江、辽宁、山西、北京、广东、天津、浙江、安徽、福建、吉林、河北12个省域城乡景气指数从高到低依次高于全国城乡总体景气指数；云南、内蒙古、重庆、河南、山东、宁夏、新疆、陕西、贵州、甘肃、江西、四川、湖北、湖南、海南、广西16个省域城乡景气指数从高到低依次低于全国城乡总体景气指数。

5. “十一五”以来纵向测评景气指数

以“十五”末年2005年为起点基数值100，在“十一五”以来6年间自身纵向测评中，2011年全国城乡文化消费需求景气指数为88.24，低于2005年基数值11.76。

东部城乡整体景气指数为94.20，低于自身2005年基数值5.80，同时高于全国城乡总体景气指数5.96；东北城乡整体景气指数为94.19，低于自身2005年基数值5.81，同时高于全国城乡总体景气指数5.95；中部城乡整体景气指数为83.34，低于自身2005年基数值16.66，同时低于全国城乡总体景气指数4.90；西部城乡整体景气指数为81.77，低于自身2005年基数值18.23，同时低于全国城乡总体景气指数6.47。

各省域城乡综合景气指数比较，青海、江苏、天津城乡景气指数从高到低依次占据“2005~2011年城乡文化消费需求景气提升”全国前3位。此外，宁夏、上海、吉林、北京、河南、黑龙江、内蒙古、辽宁、广东、新疆、福建、山西、安徽13个省域城乡景气指数从高到低依次高于全国城乡总体景气指数；浙江、河北、云南、陕西、重庆、山东、西藏、湖北、四川、江西、贵州、海南、广西、甘肃、湖南15个省域城乡景气指数从高到低依次低于全国

城乡总体景气指数。

6. 逐年度纵向测评景气指数

各年度均以上一年为起点基数值 100，在逐年自身纵向测评中，2011 年全国城乡文化消费需求景气指数为 98.49，低于上一年基数值 1.51。

东部城乡整体景气指数为 100.04，高于上一年基数值 0.04，同时高于全国城乡总体景气指数 1.55；东北城乡整体景气指数为 92.84，低于上一年基数值 7.16，同时低于全国城乡总体景气指数 5.65；中部城乡整体景气指数为 98.05，低于上一年基数值 1.95，同时低于全国城乡总体景气指数 0.44；西部城乡整体景气指数为 101.62，高于上一年基数值 1.62，同时高于全国城乡总体景气指数 3.13。

各省域城乡综合景气指数比较，青海、新疆、内蒙古城乡景气指数从高到低依次占据“2011 年度城乡文化消费需求景气提升”全国前 3 位。此外，宁夏、重庆、广西、甘肃、湖北、广东、云南、天津、四川、江苏、北京、山东、江西、河南 14 个省域城乡景气指数从高到低依次高于全国城乡总体景气指数；福建、湖南、河北、辽宁、上海、浙江、山西、吉林、陕西、安徽、贵州、黑龙江、西藏、海南 14 个省域城乡景气指数从高到低依次低于全国城乡总体景气指数。

（二）2012 年景气预测与 2013 年增长测算

鉴于 2012 年统计数据尚待公布，2013 年已经到来，在此依据 1991 ~2011 年各省域人均产值及城乡人均收入、总消费、积蓄、文化消费年均增长幅度，预测 2012 年各自文化消费需求景气指数，并测算 2013 年各省域城乡文化消费需求增长及其城乡差距、地区差距检测值，其中城乡比指标测算需依据各省域城镇与乡村人均数值的不同年均增长幅度推算。这就是说，基于本项研究测评演算数据库里现有基础数据推演的“最大”概率或然性，按照 1991 年以来 20 年间各个方面相关演算的平均变动趋向，预测“十二五”第 2 年的景气状况，并测算“十二五”第 3 年的增长态势。

各省域城乡综合演算的文化消费需求 2012 年景气状况预测、2013 年增长态势测算见表 10，各省域分为东北、东部、中部和西部四大区域，以由北至南、从东到西的大致地理分布排列。依照本文表 1 ~ 表 8 列出的各项基础数据，同样可以进行重复验算。鉴于表中均为预测数值，不加以分析，也不列排行，仅供参考。

表 10　各省域城乡文化消费 2012 年景气状况预测与 2013 年增长态势测算

地区	2012 年景气状况预测		2013 年增长态势测算					
	自身纵向测评 2011 年基数 = 100	各地横向测评无差距理想值 = 100	城乡综合预测：文化消费总量（亿元）	城乡综合预测：文化消费人均值（元）	城乡差距、地区差距检测：城镇人均文化消费（元）	城乡差距、地区差距检测：乡村人均文化消费（元）	城乡差距、地区差距检测：城乡比（乡村 = 1）	城乡差距、地区差距检测：地区差（无差距 = 1）
全　国	99.55	80.41	13289.21	973.45	1425.09	488.90	2.9149	1.4570
黑龙江	100.22	83.34	263.58	682.43	742.24	595.65	1.2461	1.2990
吉　林	99.38	81.06	213.06	767.91	940.80	569.09	1.6532	1.2111
辽　宁	99.33	84.22	415.00	938.67	1089.40	681.65	1.5982	1.0357
东　北	99.61	82.27	891.60	806.30	937.09	617.76	1.5169	1.1819
北　京	100.29	96.32	545.39	2580.17	2782.00	1259.39	2.2090	2.6505
天　津	99.70	77.40	207.32	1502.03	1696.46	672.82	2.5214	1.5430
河　北	99.08	68.81	443.11	604.62	849.85	385.59	2.2040	1.3789
山　东	99.63	78.39	853.08	876.96	1116.92	606.33	1.8421	1.0991
江　苏	101.04	101.76	1557.47	1946.61	2241.88	1406.72	1.5937	1.9997
上　海	100.06	98.97	729.51	2969.03	3191.72	1114.17	2.8647	3.0500
浙　江	99.88	86.39	895.66	1599.04	1911.88	1070.69	1.7856	1.6427
福　建	98.94	83.04	451.18	1194.08	1696.48	619.47	2.7386	1.2266
广　东	99.00	87.75	1768.87	1607.64	2221.91	462.71	4.8020	1.6515
海　南	96.73	60.15	43.06	480.26	728.79	252.67	2.8844	1.5066
东　部	99.84	83.68	7468.00	1430.34	1881.77	711.10	2.6463	1.7749
山　西	100.80	83.85	272.08	743.88	886.93	584.76	1.5168	1.2358
河　南	98.49	70.93	600.86	634.58	1073.01	335.89	3.1945	1.3481
安　徽	99.33	82.85	455.88	761.40	1097.74	471.54	2.3280	1.2178
湖　北	98.45	74.81	408.60	708.13	996.24	411.98	2.4182	1.2726
江　西	98.88	76.49	314.03	690.98	1049.87	386.74	2.7146	1.2902
湖　南	98.77	79.42	500.62	755.56	1159.37	419.77	2.7619	1.2238
中　部	98.96	76.83	2548.30	706.90	1053.84	413.19	2.5505	1.2647
内蒙古	99.38	89.69	275.53	1097.92	1440.71	667.42	2.1586	1.1279
陕　西	100.41	92.01	334.64	884.96	1275.77	517.18	2.4668	1.0909
宁　夏	99.77	81.52	49.77	759.76	1111.18	401.69	2.7663	1.2195
甘　肃	99.99	86.32	146.55	565.11	911.27	365.85	2.4908	1.4195
青　海	100.13	74.07	32.34	559.08	833.34	332.28	2.5079	1.4257
新　疆	98.82	67.16	107.94	474.22	744.45	271.76	2.7394	1.5128
重　庆	98.07	81.22	253.93	884.79	1275.28	385.39	3.3091	1.0911
四　川	99.07	74.93	500.78	641.16	1034.87	337.98	3.0619	1.3414
贵　州	99.51	74.78	180.67	517.29	1102.79	222.80	4.9497	1.4686
广　西	98.59	73.16	301.88	647.48	1170.25	256.73	4.5583	1.3349
云　南	100.27	77.53	289.37	614.08	1133.17	298.36	3.7981	1.3692
西　藏	100.27	34.36	3.56	114.58	317.79	51.85	6.1289	1.8823
西　部	99.48	77.19	2499.61	684.58	1126.06	342.70	3.2858	1.3570

注：重庆和西藏以 2000 ~ 2011 年相关方面年均增长推算至 2012 年增长态势，全国及其余各地以 1991 ~ 2011 年相关方面年均增长推算。总量测算未涉及人口增长，且未经平衡，各地总量之和不等于全国总量。

本书省域城乡子报告亦分为东部、中部、西部和东北四大区域，以由北至南、从东到西的大致地理分布排列。子报告对各省域城乡文化消费需求及其背景的相关分析力求极尽精确所能，行文涉及数据演算结果绝对值≤0.01时，将破例增加小数点后4位，以体现出细微的差异。

关于本卷全国城乡综合报告与各省域城乡子报告的关系，再加两点说明。

（1）2011年城乡测评总报告和综合报告已经延伸为1991年以来长时间段分析检测。因修改、调试测评演算数据库工作量极大，分省域城乡测评子报告的后台演算数据库尚未延伸测评时间段，仍保持原有的“十五”以来检验。待项目工作保障条件有所改善，争取在随后年度测评时，再将分省域城乡测评子报告的后台演算同样延伸为1991年以来长时段分析检验。

（2）既然排行报告已经列出了1991~2011年、1995~2011年城乡文化消费需求景气纵向测评的省域排名，本着“首先突出成就（尤其是对于欠发达地区跃升前列），其次不避问题（尤其是对于发达地区出现负增长或城乡比扩大），再次抓住特性（譬如发达地区人均值或增幅低于全国，欠发达地区增幅领先）”的子报告定名原则，若干子报告“提前对应”反映出相关省域城乡1991年以来20年间、1995年以来16年间纵向测评景气提升的成就，相应数据分析依据在子报告里尚不能看到，而需要对照综合性的排行报告。

此外，在以下各篇子报告里，数据演算图表中“十五”规划期头年与末年直接对接，其间增长态势处理为年均演算数据；子报告文中分析历年增长态势时，后台数据库测算筛选出的最高与最低年度值包含图中省略年度。借此一并说明，以免各文反复交代，显得重复。

Ranking of Boom Evaluation of the Cultural Consumption Demand in Urban-Rural Areas across the Provinces

—*The Evaluation from 1991 to 2011 and the Forecast of 2012*

Abstract: In 2011, the total cultural consumption of urban-rural areas increased

over 10% in 26 provinces, 17 of which was over 15% and 7 of which over 20% ; the per capita value of cultural consumption in urban-rural areas increased over 10% in 25 provinces, 13 of which achieved over 15% and 5 of which over 20%. Ranking of the boom evaluation of the cultural consumption demand of urban-rural areas across the provinces in 2011—the lateral evaluation of ideal value without gap between urban and rural areas and among different regions are as follows: Jiangsu, Shanghai, Beijing ranked the top three in the "2011 annual urban-rural boom-leading"; the vertical evaluation of each province's base value throughout the years are as follows: Jiangsu, Shanxi, Shaanxi ranked the top three in the "1991 -2011 urban-rural boom-rising"; Qinghai, Jiangsu, Shanghai ranked the top three in the "1995 -2011 urban-rural boom-rising"; Jiangsu, Tibet, Qinghai ranked the top three in the "2000 -2011 urban-rural boom-rising"; Qinghai, Jiangsu, Tianjin ranked the top three in the "2005 -2011 urban-rural boom-rising"; Qinghai, Xinjiang, Inner Mongolia ranked the top three in the "2011 annual urban-rural boom-rising".

Key Words: Urban-rural Areas Across the Provinces; Cultural Consumption; Integrative Evaluation; Ranking of the Boom

东 北 地 区

The Northeast Regions

B.4 黑龙江：乡村大幅负增长导致城乡比剧增

摘　要：

2011 年，黑龙江城乡文化消费总量增长处于第 29 位，人均值增长处于第 29 位。景气评价排行结果：黑龙江城乡在省域横向测评中，2011 年景气指数处于第 14 位；在自身纵向测评中，2000～2011 年景气指数处于第 5 位，2005～2011 年景气指数处于第 9 位，2010～2011 年景气指数处于第 29 位。

关键词：

黑龙江城乡　文化消费　景气评价

本文充分展示 2000～2011 年间黑龙江相关各方面的增长态势，全面分析检测黑龙江城乡文化消费需求状况。

一　黑龙江城乡文化消费需求增长状况

1. 文化消费总量份额值变化

2000～2011 年黑龙江城乡文化消费总量增长、份额变化态势见图 1。

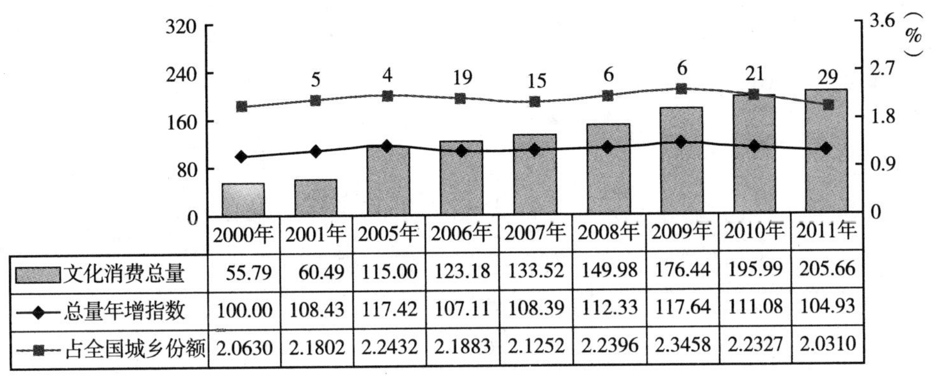

	2000年	2001年	2005年	2006年	2007年	2008年	2009年	2010年	2011年
文化消费总量	55.79	60.49	115.00	123.18	133.52	149.98	176.44	195.99	205.66
总量年增指数	100.00	108.43	117.42	107.11	108.39	112.33	117.64	111.08	104.93
占全国城乡份额	2.0630	2.1802	2.2432	2.1883	2.1252	2.2396	2.3458	2.2327	2.0310

图1　2000年以来黑龙江城乡文化消费总量增长、份额变化态势

注：左轴柱形为城乡文化消费总量（亿元）；左轴曲线为年度（年均）增长指数（上年=100）；右轴曲线为占全国城乡份额（%）。标注年度份额增减31省域排序，2000年起点不计。

2000～2011年，黑龙江城乡文化消费总量从55.79亿元增长至205.66亿元，增加149.87亿元，总增长268.63%，年均增长12.59%，增长幅度排序处于31个省域里第13位。其中，“十五”期间总增长106.12%，年均增长15.56%；“十一五”期间总增长70.43%，年均增长11.25%。“十一五”年均增长幅度低于“十五”4.31个百分点。总量最高增长年度为2005年，增长率25.33%；最低增长年度为2011年，增长率4.93%。

同期，全国城乡文化消费总量年均增长12.75%，黑龙江年均增幅略微低于全国城乡年均增幅0.16个百分点。黑龙江城乡文化消费总量占全国份额由2.06%降低为2.03%，下降幅度为1.55%，份额升降变化排序处于31个省域里第13位。

2011年，全国城乡文化消费总量增长15.36%，黑龙江城乡文化消费总量增长4.93%，极显著低于全国增幅10.42个百分点，占全国份额比2010年下降9.03%。同时，黑龙江总量增长低于“十五”年均增长10.63个百分点，也低于“十一五”年均增长6.32个百分点，增长幅度和占全国份额变化排序处于31个省域里第29位。

2. 文化消费人均绝对值增长

2000～2011年黑龙江城乡人均文化消费增长、增幅变化态势见图2。

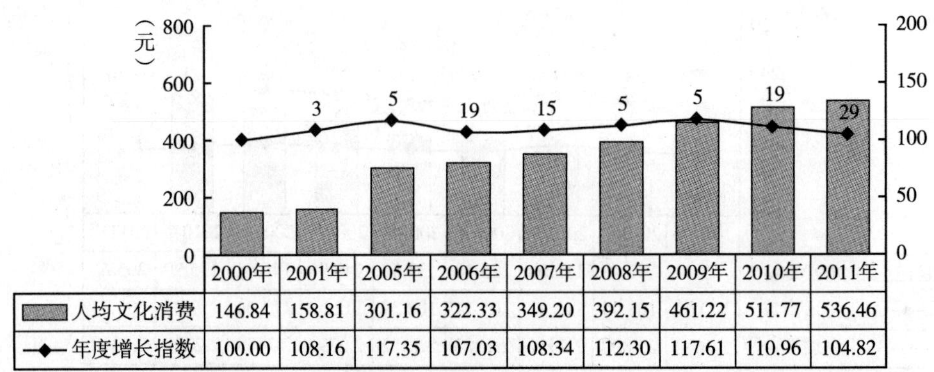

	2000年	2001年	2005年	2006年	2007年	2008年	2009年	2010年	2011年
人均文化消费	146.84	158.81	301.16	322.33	349.20	392.15	461.22	511.77	536.46
年度增长指数	100.00	108.16	117.35	107.03	108.34	112.30	117.61	110.96	104.82

图2　2000年以来黑龙江城乡人均文化消费增长、增幅变化态势

注：左轴柱形为城乡人均文化消费（元）；右轴曲线为年度（年均）增长指数（上年=100）。标注年度增长31省域排序，2000年起点不计。

2000~2011年，黑龙江城乡人均文化消费从146.84元增长至536.46元，增加389.62元，总增长265.34%，年均增长12.50%，增长幅度排序处于31个省域里第7位。其中，“十五”期间人均值总增长105.09%，年均增长15.45%；“十一五”期间人均值总增长69.93%，年均增长11.19%。“十一五”年均增长幅度低于“十五”4.26个百分点。人均值最高增长年度为2005年，增长率25.25%；最低增长年度为2011年，增长率4.82%。

同期，全国城乡人均文化消费年均增长12.11%，黑龙江年均增幅略微高于全国增幅。黑龙江城乡人均文化消费从全国城乡平均值的68.56%提高至71.21%，人均绝对值在31个省域里排序由第27位提高为第20位。

2011年，全国城乡人均文化消费增长14.81%，黑龙江增长4.82%，极显著低于全国增幅，同时低于自身“十五”年均增长，也低于自身“十一五”年均增长，增长幅度排序处于31个省域里第29位。

二　黑龙江城乡文化消费相关背景情况

2000~2011年黑龙江城乡文化消费比例变动态势见图3。

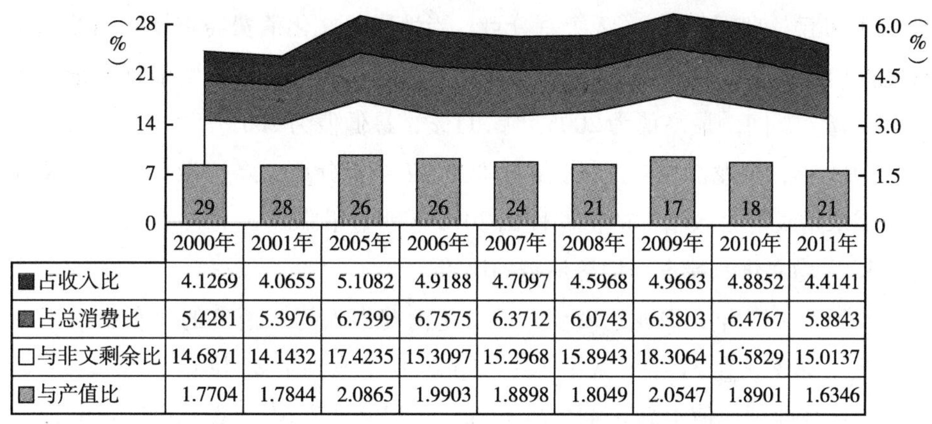

	2000年	2001年	2005年	2006年	2007年	2008年	2009年	2010年	2011年
■占收入比	4.1269	4.0655	5.1082	4.9188	4.7097	4.5968	4.9663	4.8852	4.4141
■占总消费比	5.4281	5.3976	6.7399	6.7575	6.3712	6.0743	6.3803	6.4767	5.8843
□与非文剩余比	14.6871	14.1432	17.4235	15.3097	15.2968	15.8943	18.3064	16.5829	15.0137
■与产值比	1.7704	1.7844	2.0865	1.9903	1.8898	1.8049	2.0547	1.8901	1.6346

图3　2000年以来黑龙江城乡文化消费比例变动态势

注：左轴面积为城乡人均文化消费占收入比、占总消费比、与非文消费剩余（图中简称“非文剩余”）比（%），各项比值年度升降形成直观比例叠加；右轴柱形为城乡人均文化消费与产值比（%）。标注与产值比年度31省域排序，其余比值排序省略。

1. 人均文化消费与人均产值的比例

2000～2011年，黑龙江城乡人均文化消费与人均产值的比例由1.77%降低至1.63%，由于其他省域此项比值降低更加明显，黑龙江在31个省域里排序从第29位上升到第21位。“十五”以来，黑龙江城乡此项比值下降7.67%，升降变化程度处于31个省域里第4位。

分阶段来看，黑龙江城乡此项比值在“十五”期间提高0.32个百分点；在“十一五”期间降低0.20个百分点。文化消费需求增长与当地省域经济发展之间协调关系变化，在“十五”至“十一五”期间，由略微提升逆转为略微下降。其间，最高值为2005年2.09%，最低值为2011年1.63%。

2011年，黑龙江城乡此项比值降低0.26个百分点，降幅为13.52%，文化消费需求增长与经济发展的协调性比2010年较明显下降。

2. 人均文化消费占人均收入的比重

2000～2011年，黑龙江城乡人均文化消费占人均收入的比重由4.13%提高至4.41%，在31个省域里排序从第30位上升到第26位。“十五”以来，黑龙江城乡此项比值上升6.96%，升降变化程度处于31个省域里第5位。

分阶段来看，黑龙江城乡此项比值在“十五”期间提高0.98个百分点；

在“十一五”期间降低0.22个百分点。当地居民文化消费需求增长与收入增加之间协调关系变化，在“十五”至“十一五”期间，由较明显提升逆转为略微下降。其间，最高值为2005年5.11%，最低值为2001年4.07%。

2011年，黑龙江城乡此项比值降低0.47个百分点，降幅为9.64%，文化消费需求增长与收入增加的协调性比2010年明显下降。

3. 人均文化消费占人均总消费的比重

2000~2011年，黑龙江城乡人均文化消费占人均总消费的比重由5.43%提高至5.88%，在31个省域里排序从第29位上升到第27位。“十五”以来，黑龙江城乡此项比值上升8.41%，升降变化程度处于31个省域里第8位。

分阶段来看，黑龙江城乡此项比值在“十五”期间提高1.31个百分点；在“十一五”期间降低0.26个百分点。当地居民文化消费需求增长与总消费增加之间协调关系变化，在“十五”至“十一五”期间，由明显提升逆转为略微下降。其间，最高值为2006年6.76%，最低值为2001年5.40%。

2011年，黑龙江城乡此项比值降低0.59个百分点，降幅为9.15%，文化消费需求增长与总消费增加的协调性比2010年明显下降。

4. 人均文化消费与人均非文消费剩余的比例

2000~2011年，黑龙江城乡人均文化消费与人均非文消费剩余的比例由14.69%提高至15.01%，在31个省域里排序从第29位上升到第16位。“十五”以来，黑龙江城乡此项比值上升2.22%，升降变化程度处于31个省域里第1位。

分阶段来看，黑龙江城乡此项比值在“十五”期间提高2.74个百分点；在“十一五”期间降低0.84个百分点。当地居民文化消费需求增长与“必需消费”之外“余钱”增多之间协调关系变化，在“十五”至“十一五”期间，由明显提升逆转为略微下降。其间，最高值为2009年18.31%，最低值为2004年13.39%。

2011年，黑龙江城乡此项比值降低1.57个百分点，降幅为9.46%，文化消费需求增长与“必需消费”之外“余钱”增多的协调性比2010年极显著下降。

三　黑龙江文化消费城乡、区域协调状况

1. 人均文化消费城乡比

2000~2011年黑龙江人均文化消费城乡比变动态势见图4。

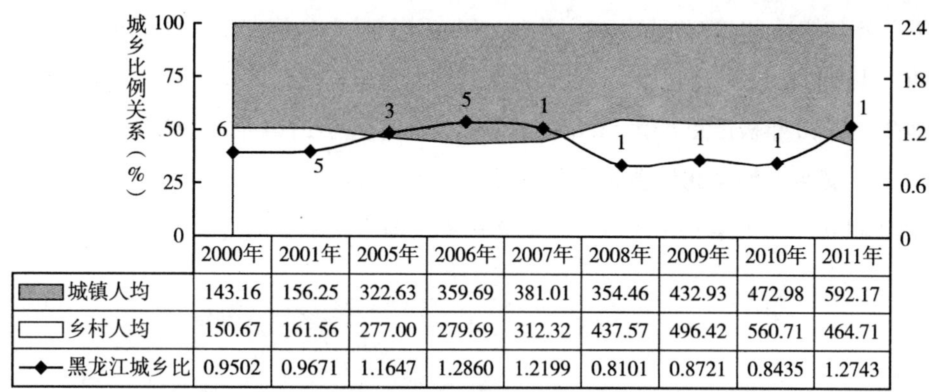

	2000年	2001年	2005年	2006年	2007年	2008年	2009年	2010年	2011年
城镇人均	143.16	156.25	322.63	359.69	381.01	354.46	432.93	472.98	592.17
乡村人均	150.67	161.56	277.00	279.69	312.32	437.57	496.42	560.71	464.71
黑龙江城乡比	0.9502	0.9671	1.1647	1.2860	1.2199	0.8101	0.8721	0.8435	1.2743

图4　2000 年以来黑龙江人均文化消费城乡比变动态势

注：左轴面积为城镇、乡村人均文化消费（元转换为%），城乡间年度升降形成直观比例关系；右轴曲线为人均文化消费城乡比（乡村 =1），城乡比小于 1 为“城乡倒挂”，即城镇人均数值低于乡村。标注城乡比年度 31 省域排序。

2000～2011 年，黑龙江人均文化消费城乡比由 0.9502 扩大至 1.2743，由于其他省域文化消费城乡比扩大更为严重，黑龙江城乡比在 31 个省域里排序从第 6 位上升到第 1 位。其间，最小城乡比为 2008 年 0.8101，最大城乡比为 2004 年 1.5235。“十五”以来，黑龙江人均文化消费城乡比扩大 34.11%，城乡比扩减变化状况处于 31 个省域里第 8 位。这意味着，黑龙江属于文化消费城乡比扩减变化态势不甚严重的省域之一。

同期，黑龙江城镇人均文化消费从 143.16 元增长至 592.17 元，增加 449.01 元，总增长 313.64%，年均增长 13.78%。城镇人均值最高增长年度为 2002 年，增长率 33.40%；最低增长年度为 2008 年，负增长 6.97%。乡村人均文化消费从 150.67 元增长至 464.71 元，增加 314.04 元，总增长 208.43%，年均增长 10.78%。乡村人均值最高增长年度为 2005 年，增长率 46.94%；最低增长年度为 2011 年，负增长 17.12%。此间，黑龙江城镇人均文化消费需求年均增长明显高于乡村年均增长 3.00 个百分点，导致黑龙江文化消费需求的城乡比明显扩大。

2011 年，黑龙江城镇人均文化消费增长 25.20%，高于“十五”年均增长 7.55 个百分点，也高于“十一五”年均增长 17.25 个百分点；乡村人均文化消费负增长 17.12%，低于“十五”年均增长 30.07 个百分点，也低于“十一五”年均增长32.27个百分点。此时，黑龙江城镇人均值高于乡村，城镇年度增幅高于乡村增幅42.32个百分点，意味着城乡差距扩大。黑龙江文化消费城乡比因此比2010年极严重扩大51.06%，城乡比排序处于31个省域里第1位。

2. 城乡人均文化消费地区差

2000～2011年黑龙江城乡人均文化消费与全国地区差变动态势见图5。

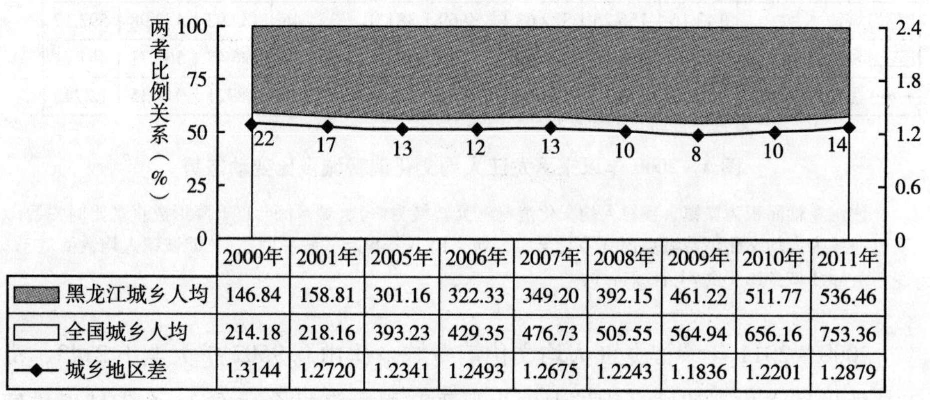

	2000年	2001年	2005年	2006年	2007年	2008年	2009年	2010年	2011年
黑龙江城乡人均	146.84	158.81	301.16	322.33	349.20	392.15	461.22	511.77	536.46
全国城乡人均	214.18	218.16	393.23	429.35	476.73	505.55	564.94	656.16	753.36
城乡地区差	1.3144	1.2720	1.2341	1.2493	1.2675	1.2243	1.1836	1.2201	1.2879

图5　2000年以来黑龙江城乡人均文化消费与全国地区差变动态势

注：左轴面积为城乡人均文化消费（元转换为%），当地与全国数值年度升降形成直观比例关系；右轴曲线为城乡人均文化消费地区差（无差距=1）。标注地区差年度31省域排序。

2000～2011年，黑龙江城乡人均文化消费与全国城乡地区差由1.3144缩小至1.2879，在31个省域里排序从第22位上升到第14位。其间，最小地区差为2009年1.1836，最大地区差为2002年1.3307。“十五”以来，黑龙江城乡人均文化消费地区差缩小2.02%，地区差扩减变化状况处于31个省域里第9位。这意味着，黑龙江属于城乡人均文化消费地区差扩减变化态势良好的省域之一。

2000～2011年，黑龙江城乡人均文化消费年均增幅略微高于全国增幅0.39个百分点，黑龙江城乡人均文化消费需求与全国的地区差较明显缩小。

2011年，黑龙江城乡人均文化消费增长低于自身“十五”年均增长10.62个百分点，也低于自身“十一五”年均增长6.36个百分点，同时极显著低于全国增幅9.99个百分点。此时，黑龙江城乡人均值低于全国城乡平均值，增长低于全国意味着地区差距扩大，与全国城乡地区差因此比2010年显著扩大5.56%，地区差排序处于31个省域里第14位。

四　黑龙江城乡文化消费需求景气测评

综合以上分析："十五"以来黑龙江城乡文化消费总量年均增长略微低于全国增长，人均值年均增长也略微高于全国平均增长；"十一五"期间各项比例升降变化状况全面不及"十五"期间；"十五"以来城乡比明显扩大，同时地区差较明显缩小。这些都集中体现在黑龙江城乡文化消费需求景气指数的测评演算中。2000～2011 年黑龙江城乡文化消费需求景气指数变动态势见图 6。

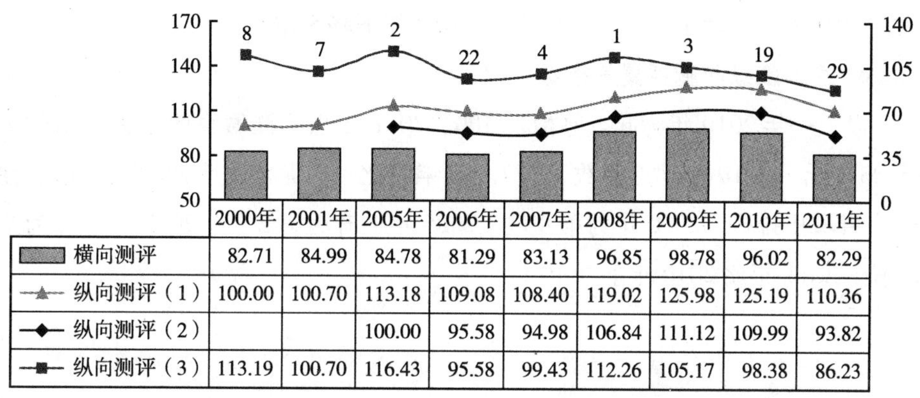

	2000年	2001年	2005年	2006年	2007年	2008年	2009年	2010年	2011年
横向测评	82.71	84.99	84.78	81.29	83.13	96.85	98.78	96.02	82.29
纵向测评（1）	100.00	100.70	113.18	109.08	108.40	119.02	125.98	125.19	110.36
纵向测评（2）			100.00	95.58	94.98	106.84	111.12	109.99	93.82
纵向测评（3）	113.19	100.70	116.43	95.58	99.43	112.26	105.17	98.38	86.23

图 6　2000 年以来黑龙江城乡文化消费需求景气指数变动态势

注：左轴柱形为横向测评（城乡、地区无差异理想值＝100）；左轴曲线为纵向测评（起点年基数值＝100），（1）2000 年起点，（2）2005 年起点；右轴曲线为纵向测评（3）上年起点。标注逐年纵向测评全国排行位次，其余测评排行位次省略。

1. 各年度横向测评景气指数

在此项测评中，以全国城乡文化消费总量份额值、人均绝对值、各项比值为基准，并以城乡之间、地区之间实现无差距状态为"理想值"100 来衡量，2011 年黑龙江城乡此项景气指数为 82.29，低于理想值 17.71，同时低于上一年 13.73。各年度对比，黑龙江城乡此项景气指数在 31 个省域里排行，2000 年为第 26 位，2005 年上升为第 20 位，2010 年上升为第 3 位，2011 年比 2010 年下降 11 位。

2. "十五"以来纵向测评景气指数

在此项测评中，以"九五"末年 2000 年为起点基数值 100，2011 年黑龙江城乡此项景气指数为110.36，高于2000年起点基数10.36，同时低于上一年14.83。“十五”以来对比，黑龙江城乡此项景气指数在31个省域里排行，2001年为第7位，2005年上升为第3位，2010年上升为第2位，2011年比2010年下降3位。

3. “十一五”以来纵向测评景气指数

以“十五”末年2005年为起点基数值100，2011年黑龙江城乡此项景气指数为93.82，低于2005年起点基数6.18，同时低于上一年16.17。“十一五”以来对比，黑龙江城乡此项景气指数在31个省域里排行，2006年为第22位，2010年上升为第1位，2011年比2010年下降8位。

4. 逐年度纵向测评景气指数

以上一年2010年为起点基数值100，2011年黑龙江城乡此项景气指数为86.23，低于2010年起点基数13.77。逐年对比，黑龙江城乡此项景气指数在31个省域里排行，2000年为第8位，2005年上升为第2位，2010年下降为第19位，2011年比2010年下降10位。

Heilongjiang: The Negative Growth in the Rural Led to a Sharp Increase in Urban-Rural Ratio

Abstract: In 2011, Heilongjiang ranked the 29th in the increase of the total cultural consumption of urban-rural areas and the 29th in the growth of per capita value. Ranking of the boom evaluation: Heilongjiang ranked the 14th in the lateral evaluation of the cultural consumption demand of urban-rural areas across the provinces; in its own vertical evaluation, Heilongjiang ranked the 5th, the 9th and the 29th during the period of 2000 - 2011, 2005 - 2011 and 2010 - 2011 respectively.

Key Words: Heilongjiang's Urban-rural Areas; Cultural Consumption; Boom Evaluation

B.5

吉林：乡村近乎零增长　城乡比明显扩大

摘　要：

2011 年，吉林城乡文化消费总量增长处于第 16 位，人均值增长处于第 13 位。景气评价排行结果：吉林城乡在省域横向测评中，2011 年景气指数处于第 16 位；在自身纵向测评中，2000 ~2011 年景气指数处于第 14 位，2005 ~2011 年景气指数处于第 6 位，2010 ~2011 年景气指数处于第 25 位。

关键词：

吉林城乡　文化消费　景气评价

本文充分展示 2000 ~2011 年间吉林相关各方面的增长态势，全面分析检测吉林城乡文化消费需求状况。

一　吉林城乡文化消费需求增长状况

1. 文化消费总量份额值变化

2000 ~2011 年吉林城乡文化消费总量增长、份额变化态势见图 1。

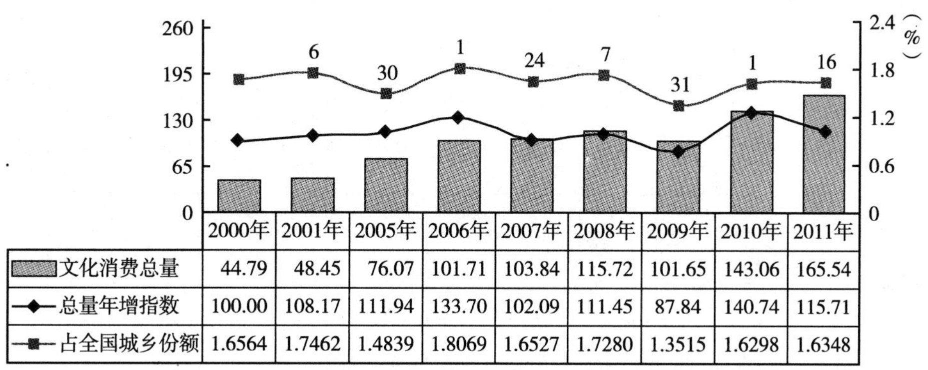

	2000年	2001年	2005年	2006年	2007年	2008年	2009年	2010年	2011年
文化消费总量	44.79	48.45	76.07	101.71	103.84	115.72	101.65	143.06	165.54
总量年增指数	100.00	108.17	111.94	133.70	102.09	111.45	87.84	140.74	115.71
占全国城乡份额	1.6564	1.7462	1.4839	1.8069	1.6527	1.7280	1.3515	1.6298	1.6348

图 1　2000 年以来吉林城乡文化消费总量增长、份额变化态势

注：左轴柱形为城乡文化消费总量（亿元）；左轴曲线为年度（年均）增长指数（上年 =100），年增指数小于 100 为负增长；右轴曲线为占全国城乡份额（%）。标注年度份额增减 31 省域排序，2000 年起点不计。

2000～2011 年，吉林城乡文化消费总量从44.79亿元增长至165.54亿元，增加120.75亿元，总增长269.56%，年均增长12.62%，增长幅度排序处于31个省域里第12位。其中，“十五”期间总增长69.82%，年均增长11.17%；“十一五”期间总增长88.07%，年均增长13.47%。“十一五”年均增长幅度高于“十五”2.30个百分点。总量最高增长年度为2010年，增长率40.74%；最低增长年度为2009年，负增长12.16%。

同期，全国城乡文化消费总量年均增长12.75%，吉林年均增幅略微低于全国城乡年均增幅0.13个百分点。吉林城乡文化消费总量占全国份额由1.66%降低为1.63%，下降幅度为1.30%，份额升降变化排序处于31个省域里第12位。

2011年，全国城乡文化消费总量增长15.36%，吉林城乡文化消费总量增长15.71%，略微高于全国增幅0.35个百分点，占全国份额比2010年上升0.31%。同时，吉林总量增长高于自身“十五”年均增长4.54个百分点，也高于自身“十一五”年均增长2.25个百分点，增长幅度和占全国份额变化排序处于31个省域里第16位。

2. 文化消费人均绝对值增长

2000～2011年吉林城乡人均文化消费增长、增幅变化态势见图2。

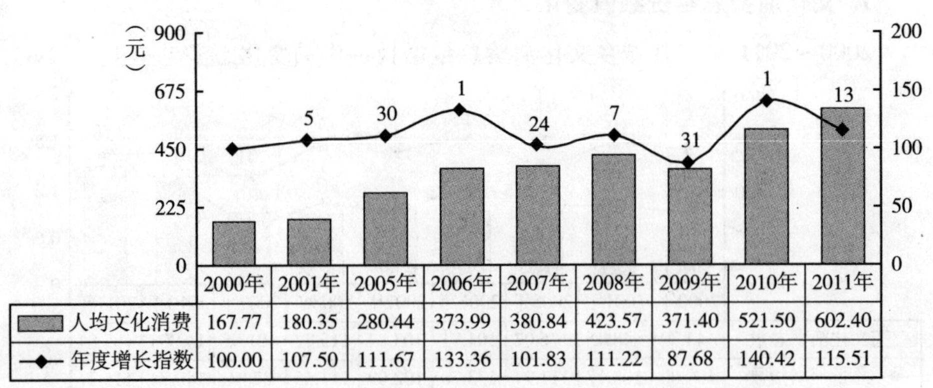

	2000年	2001年	2005年	2006年	2007年	2008年	2009年	2010年	2011年
人均文化消费	167.77	180.35	280.44	373.99	380.84	423.57	371.40	521.50	602.40
年度增长指数	100.00	107.50	111.67	133.36	101.83	111.22	87.68	140.42	115.51

图2　2000年以来吉林城乡人均文化消费增长、增幅变化态势

注：左轴柱形为城乡人均文化消费（元）；右轴曲线为年度（年均）增长指数（上年＝100），年增指数小于100为负增长。标注年度增长31省域排序，2000年起点不计。

2000～2011年，吉林城乡人均文化消费从167.77元增长至602.40元，增加434.63元，总增长259.06%，年均增长12.32%，增长幅度排序处于31个省域里第9位。其中，“十五”期间人均值总增长67.16%，年均增长10.82%；“十一五”期间人均值总增长85.96%，年均增长13.21%。“十一五”年均增长幅度高于“十五”2.39个百分点。人均值最高增长年度为2010年，增长率40.42%；最低增长年度为2009年，负增长12.32%。

同期，全国城乡人均文化消费年均增长12.11%，吉林年均增幅略微高于全国增幅。吉林城乡人均文化消费从全国城乡平均值的78.33%提高至79.96%，人均绝对值在31个省域里排序由第20位提高为第13位。

2011年，全国城乡人均文化消费增长14.81%，吉林增长15.51%，略微高于全国增幅，同时高于自身“十五”年均增长，也高于自身“十一五”年均增长，增长幅度排序处于31个省域里第13位。

二　吉林城乡文化消费相关背景情况

2000～2011年吉林城乡文化消费比例变动态势见图3。

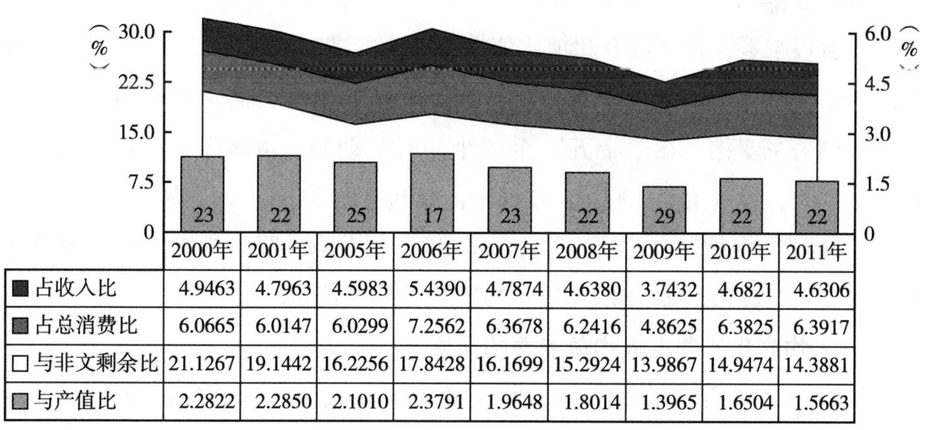

	2000年	2001年	2005年	2006年	2007年	2008年	2009年	2010年	2011年
■占收入比	4.9463	4.7963	4.5983	5.4390	4.7874	4.6380	3.7432	4.6821	4.6306
■占总消费比	6.0665	6.0147	6.0299	7.2562	6.3678	6.2416	4.8625	6.3825	6.3917
□与非文剩余比	21.1267	19.1442	16.2256	17.8428	16.1699	15.2924	13.9867	14.9474	14.3881
■与产值比	2.2822	2.2850	2.1010	2.3791	1.9648	1.8014	1.3965	1.6504	1.5663

图3　2000年以来吉林城乡文化消费比例变动态势

注：左轴面积为城乡人均文化消费占收入比、占总消费比、与非文消费剩余（图例简称“非文剩余”）比（%），各项比值年度升降形成直观比例叠加；右轴柱形为城乡人均文化消费与产值比（%）。标注与产值比年度31省域排序，其余比值排序省略。

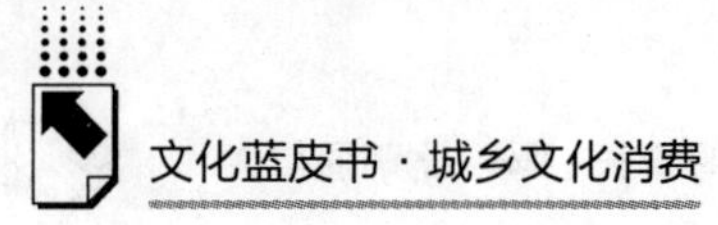

1. 人均文化消费与人均产值的比例

2000～2011 年，吉林城乡人均文化消费与人均产值的比例由 2.28% 降低至 1.57%，由于其他省域此项比值降低更加明显，吉林在 31 个省域里排序从第 23 位上升到第 22 位。“十五”以来，吉林城乡此项比值下降 31.37%，升降变化程度处于 31 个省域里第 12 位。

分阶段来看，吉林城乡此项比值在“十五”期间降低 0.18 个百分点；在“十一五”期间降低 0.45 个百分点。文化消费需求增长与当地省域经济发展之间协调关系变化，在“十五”至“十一五”期间，由略微下降加重为更大幅度的略微下降。其间，最高值为 2003 年 2.50%，最低值为 2009 年 1.40%。

2011 年，吉林城乡此项比值降低 0.08 个百分点，降幅为 5.09%，文化消费需求增长与经济发展的协调性比 2010 年略有下降。

2. 人均文化消费占人均收入的比重

2000～2011 年，吉林城乡人均文化消费占人均收入的比重由 4.95% 降低至 4.63%，由于其他省域此项比值降低更加明显，吉林在 31 个省域里排序从第 25 位上升到第 21 位。“十五”以来，吉林城乡此项比值下降 6.38%，升降变化程度处于 31 个省域里第 10 位。

分阶段来看，吉林城乡此项比值在“十五”期间降低 0.35 个百分点；在“十一五”期间提高 0.08 个百分点。当地居民文化消费需求增长与收入增加之间协调关系变化，在“十五”至“十一五”期间，由略微下降逆转为略微提升。其间，最高值为 2006 年 5.44%，最低值为 2009 年 3.74%。

2011 年，吉林城乡此项比值降低 0.05 个百分点，降幅为 1.10%，文化消费需求增长与收入增加的协调性比 2010 年略有下降。

3. 人均文化消费占人均总消费的比重

2000～2011 年，吉林城乡人均文化消费占人均总消费的比重由 6.07% 提高至 6.39%，在 31 个省域里排序从第 27 位上升到第 23 位。“十五”以来，吉林城乡此项比值上升 5.36%，升降变化程度处于 31 个省域里第 10 位。

分阶段来看，吉林城乡此项比值在“十五”期间降低 0.04 个百分点；在

“十一五”期间提高 0.35 个百分点。当地居民文化消费需求增长与总消费增加之间协调关系变化，在“十五”至“十一五”期间，由略微下降逆转为略微提升。其间，最高值为 2006 年 7.26%，最低值为 2009 年 4.86%。

2011 年，吉林城乡此项比值提高 0.0092 个百分点，升幅为 0.14%，文化消费需求增长与总消费增加的协调性比 2010 年略有上升。

4. 人均文化消费与人均非文消费剩余的比例

2000～2011 年，吉林城乡人均文化消费与人均非文消费剩余的比例由 21.13% 降低至 14.39%，在 31 个省域里排序从第 12 位下降到第 18 位。“十五”以来，吉林城乡此项比值下降 31.90%，升降变化程度处于 31 个省域里第 17 位。

分阶段来看，吉林城乡此项比值在“十五”期间降低 4.90 个百分点；在“十一五”期间降低 1.28 个百分点。当地居民文化消费需求增长与“必需消费”之外“余钱”增多之间协调关系变化，在“十五”至“十一五”期间，由显著下降减轻为较小幅度的较明显下降。其间，最高值为 2000 年 21.13%，最低值为 2009 年 13.99%。

2011 年，吉林城乡此项比值降低 0.56 个百分点，降幅为 3.74%，文化消费需求增长与“必需消费”之外“余钱”增多的协调性比 2010 年明显下降。

三　吉林文化消费城乡、区域协调状况

1. 人均文化消费城乡比

2000～2011 年吉林人均文化消费城乡比变动态势见图 4。

2000～2011 年，吉林人均文化消费城乡比由 0.9526 扩大至 1.5965，由于其他省域文化消费城乡比扩大更为严重，吉林城乡比在 31 个省域里排序从第 7 位上升到第 4 位。其间，最小城乡比为 2000 年 0.9526，最大城乡比为 2011 年 1.5965。“十五”以来，吉林人均文化消费城乡比扩大 67.60%，城乡比扩减变化状况处于 31 个省域里第 16 位。这意味着，吉林属于文化消费城乡比扩减变化态势较严重的省域之一。

同期，吉林城镇人均文化消费从 163.62 元增长至 729.20 元，增加 565.58

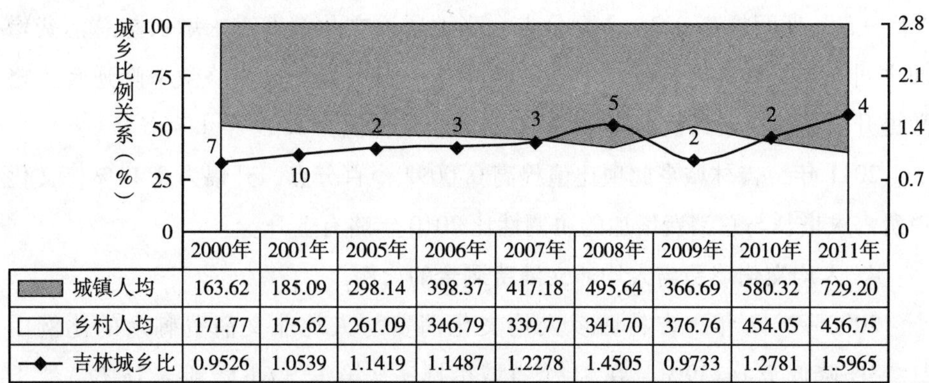

	2000年	2001年	2005年	2006年	2007年	2008年	2009年	2010年	2011年
城镇人均	163.62	185.09	298.14	398.37	417.18	495.64	366.69	580.32	729.20
乡村人均	171.77	175.62	261.09	346.79	339.77	341.70	376.76	454.05	456.75
吉林城乡比	0.9526	1.0539	1.1419	1.1487	1.2278	1.4505	0.9733	1.2781	1.5965

图4　2000年以来吉林人均文化消费城乡比变动态势

注：左轴面积为城镇、乡村人均文化消费（元转换为%），城乡间年度升降形成直观比例关系；右轴曲线为人均文化消费城乡比（乡村=1），城乡比小于1为“城乡倒挂”，即城镇人均数值低于乡村。标注城乡比年度31省域排序。

元，总增长345.67%，年均增长14.55%。城镇人均值最高增长年度为2010年，增长率58.26%；最低增长年度为2009年，负增长26.02%。乡村人均文化消费从171.77元增长至456.75元，增加284.98元，总增长165.91%，年均增长9.30%。乡村人均值最高增长年度为2006年，增长率32.82%；最低增长年度为2007年，负增长2.02%。此间，吉林城镇人均文化消费需求年均增长显著高于乡村年均增长5.25个百分点，导致吉林文化消费需求的城乡比显著扩大。

2011年，吉林城镇人均文化消费增长25.65%，高于“十五”年均增长12.90个百分点，也高于“十一五”年均增长11.41个百分点；乡村人均文化消费增长0.59%，低于“十五”年均增长8.14个百分点，也低于“十一五”年均增长11.11个百分点。此时，吉林城镇人均值高于乡村，城镇年度增幅高于乡村增幅25.06个百分点，意味着城乡差距扩大。吉林文化消费城乡比因此比2010年严重扩大24.91%，城乡比排序处于31个省域里第4位。

2. 城乡人均文化消费地区差

2000~2011年吉林城乡人均文化消费与全国地区差变动态势见图5。

2000~2011年，吉林城乡人均文化消费与全国城乡地区差由1.2167缩小至1.2004，在31个省域里排序从第14位上升到第6位。其间，最小地区差为

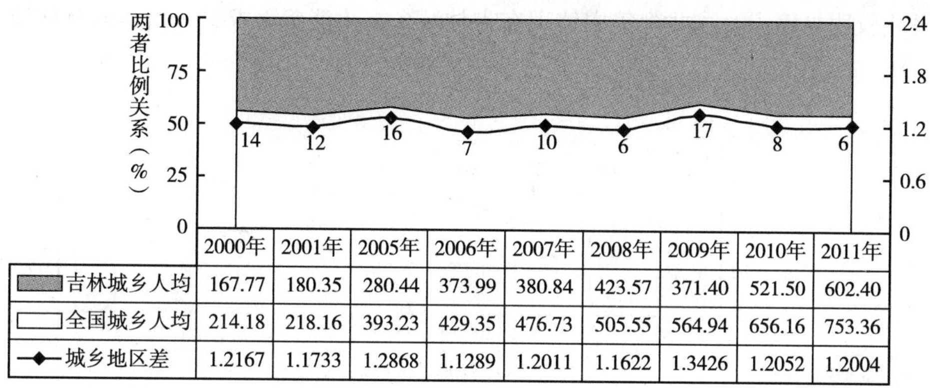

	2000年	2001年	2005年	2006年	2007年	2008年	2009年	2010年	2011年
吉林城乡人均	167.77	180.35	280.44	373.99	380.84	423.57	371.40	521.50	602.40
全国城乡人均	214.18	218.16	393.23	429.35	476.73	505.55	564.94	656.16	753.36
城乡地区差	1.2167	1.1733	1.2868	1.1289	1.2011	1.1622	1.3426	1.2052	1.2004

图5　2000 年以来吉林城乡人均文化消费与全国地区差变动态势

注：左轴面积为城乡人均文化消费（元转换为%），当地与全国数值年度升降形成直观比例关系；右轴曲线为城乡人均文化消费地区差（无差距 = 1）。标注地区差年度 31 省域排序。

2006 年 1. 1289，最大地区差为 2009 年 1. 3426。“十五”以来，吉林城乡人均文化消费地区差缩小 1. 34%，地区差扩减变化状况处于 31 个省域里第 10 位。这意味着，吉林属于城乡人均文化消费地区差扩减变化态势良好的省域之一。

2000 ~ 2011 年，吉林城乡人均文化消费年均增幅略微高于全国增幅 0. 21 个百分点，吉林城乡人均文化消费需求与全国的地区差较明显缩小。

2011 年，吉林城乡人均文化消费增长高于自身“十五”年均增长 4. 69 个百分点，也高于自身“十一五”年均增长 2. 30 个百分点，同时略微高于全国增幅 0. 70 个百分点。此时，吉林城乡人均值低于全国城乡平均值，增长高于全国意味着地区差距缩小，与全国城乡地区差因此比 2010 年略有缩小 0. 40%，地区差排序处于 31 个省域里第 6 位。

四　吉林城乡文化消费需求景气测评

综合以上分析：“十五”以来吉林城乡文化消费总量年均增长略微低于全国增长，人均值年均增长也略微高于全国平均增长；“十一五”期间占收入比、占总消费比、与非文消费剩余比升降变化状况好于“十五”期间，其余比例升降变化状况不及“十五”期间；“十五”以来城乡比显著扩大，同时地区差较明显缩小。这些都集中体现在吉林城乡文化消费需求景气指数的测评演算中。2000～2011年吉林城乡人均文化消费需求景气指数变动态势见图6。

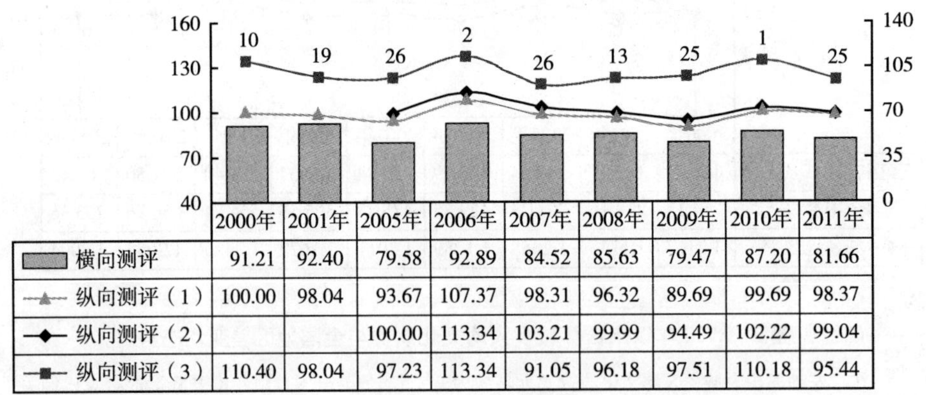

	2000年	2001年	2005年	2006年	2007年	2008年	2009年	2010年	2011年
横向测评	91.21	92.40	79.58	92.89	84.52	85.63	79.47	87.20	81.66
纵向测评（1）	100.00	98.04	93.67	107.37	98.31	96.32	89.69	99.69	98.37
纵向测评（2）			100.00	113.34	103.21	99.99	94.49	102.22	99.04
纵向测评（3）	110.40	98.04	97.23	113.34	91.05	96.18	97.51	110.18	95.44

图6　2000年以来吉林城乡文化消费需求景气指数变动态势

注：左轴柱形为横向测评（城乡、地区无差异理想值=100）；左轴曲线为纵向测评（起点年基数值=100），（1）2000年起点，（2）2005年起点；右轴曲线为纵向测评（3）上年起点。标注逐年纵向测评全国排行位次，其余测评排行位次省略。

1. 各年度横向测评景气指数

在此项测评中，以全国城乡文化消费总量份额值、人均绝对值、各项比值为基准，并以城乡之间、地区之间实现无差距状态为“理想值”100来衡量，2011年吉林城乡此项景气指数为81.66，低于理想值18.34，同时低于上一年5.54。各年度对比，吉林城乡此项景气指数在31个省域里排行，2000年为第18位，2005年下降为第23位，2010年上升为第9位，2011年比2010年下降7位。

2. “十五”以来纵向测评景气指数

在此项测评中，以“九五”末年2000年为起点基数值100，2011年吉林城乡此项景气指数为98.37，低于2000年起点基数1.63，同时低于上一年1.33。“十五”以来对比，吉林城乡此项景气指数在31个省域里排行，2001年为第19位，2005年下降为第25位，2010年上升为第13位，2011年比2010年下降1位。

3. “十一五”以来纵向测评景气指数

以“十五”末年2005年为起点基数值100，2011年吉林城乡此项景气指

数为 99.04，低于 2005 年起点基数 0.96，同时低于上一年 3.18。“十一五”以来对比，吉林城乡此项景气指数在 31 个省域里排行，2006 年为第 2 位，2010 年下降为第 3 位，2011 年比 2010 年下降 3 位。

4. 逐年度纵向测评景气指数

以上一年 2010 年为起点基数值 100，2011 年吉林城乡此项景气指数为 95.44，低于 2010 年起点基数 4.56。逐年对比，吉林城乡此项景气指数在 31 个省域里排行，2000 年为第 10 位，2005 年下降为第 26 位，2010 年上升为第 1 位，2011 年比 2010 年下降 24 位。

Jilin: The Near-Zero Growth in the Rural Brought About the Significant Expansion of the Urban-Rural Ratio

Abstract: In 2011, Jilin ranked the 16th in the increase of the total cultural consumption of urban-rural areas and the 13th in the growth of per capita value. Ranking of the boom evaluation: Jilin ranked the 16th in the lateral evaluation of the cultural consumption demand of urban-rural areas across the provinces; in its own vertical evaluation, Jilin ranked the 14th, the 6th and the 25th during the period of 2000 -2011, 2005 -2011 and 2010 -2011 respectively.

Key Words: Jilin's Urban-rural Areas; Cultural Consumption; Boom Evaluation

B.6

辽宁：上年高增长未持续　本年度增幅下降

摘　要：

2011 年，辽宁城乡文化消费总量增长处于第 20 位，人均值增长处于第 21 位。景气评价排行结果：辽宁城乡在省域横向测评中，2011 年景气指数处于第 9 位；在自身纵向测评中，2000 ~2011 年景气指数处于第 6 位，2005 ~2011 年景气指数处于第 11 位，2010 ~2011 年景气指数处于第 21 位。

关键词：

辽宁城乡　文化消费　景气评价

本文充分展示 2000 ~2011 年间辽宁相关各方面的增长态势，全面分析检测辽宁城乡文化消费需求状况。

一　辽宁城乡文化消费需求增长状况

1. 文化消费总量份额值变化

2000 ~2011 年辽宁城乡文化消费总量增长、份额变化态势见图 1。

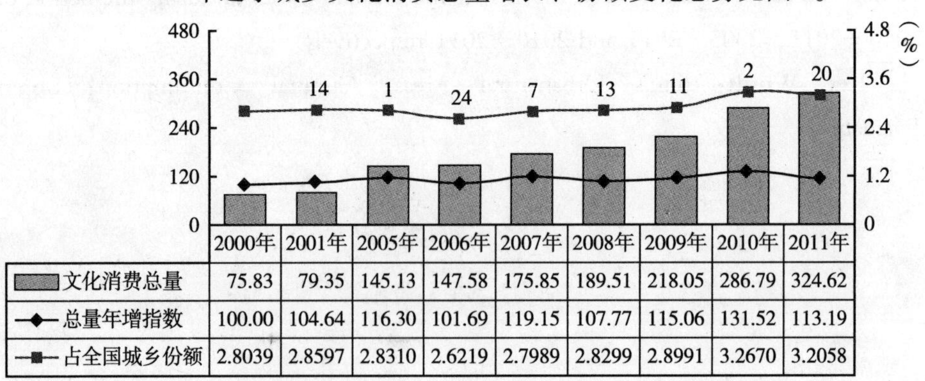

	2000年	2001年	2005年	2006年	2007年	2008年	2009年	2010年	2011年
文化消费总量	75.83	79.35	145.13	147.58	175.85	189.51	218.05	286.79	324.62
总量年增指数	100.00	104.64	116.30	101.69	119.15	107.77	115.06	131.52	113.19
占全国城乡份额	2.8039	2.8597	2.8310	2.6219	2.7989	2.8299	2.8991	3.2670	3.2058

图 1　2000 年以来辽宁城乡文化消费总量增长、份额变化态势

注：左轴柱形为城乡文化消费总量（亿元）；左轴曲线为年度（年均）增长指数（上年 = 100）；右轴曲线为占全国城乡份额（%）。标注年度份额增减 31 省域排序，2000 年起点不计。

2000～2011 年，辽宁城乡文化消费总量从 75.83 亿元增长至 324.62 亿元，增加 248.79 亿元，总增长 328.09%，年均增长 14.13%，增长幅度排序处于 31 个省域里第 6 位。其中，“十五”期间总增长 91.40%，年均增长 13.86%；“十一五”期间总增长 97.60%，年均增长 14.59%。“十一五”年均增长幅度高于“十五”0.73 个百分点。总量最高增长年度为 2005 年，增长率 37.97%；最低增长年度为 2004 年，增长率 0.63%。

同期，全国城乡文化消费总量年均增长 12.75%，辽宁年均增幅较明显高于全国城乡年均增幅 1.38 个百分点。辽宁城乡文化消费总量占全国份额由 2.80% 升高为 3.21%，上升幅度为 14.33%，份额升降变化排序处于 31 个省域里第 6 位。

2011 年，全国城乡文化消费总量增长 15.36%，辽宁城乡文化消费总量增长 13.19%，明显低于全国增幅 2.17 个百分点，占全国份额比 2010 年下降 1.87%。同时，辽宁总量增长低于自身“十五”年均增长 0.67 个百分点，也低于自身“十一五”年均增长 1.40 个百分点，增长幅度和占全国份额变化排序处于 31 个省域里第 20 位。

2. 文化消费人均绝对值增长

2000～2011 年辽宁城乡人均文化消费增长、增幅变化态势见图 2。

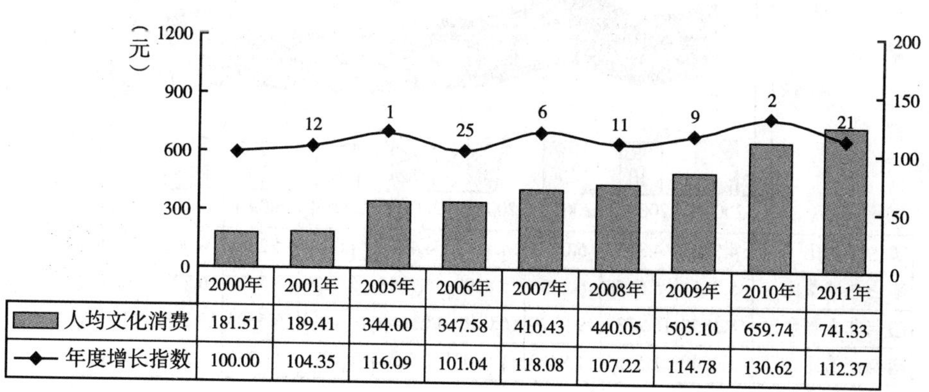

	2000年	2001年	2005年	2006年	2007年	2008年	2009年	2010年	2011年
人均文化消费	181.51	189.41	344.00	347.58	410.43	440.05	505.10	659.74	741.33
年度增长指数	100.00	104.35	116.09	101.04	118.08	107.22	114.78	130.62	112.37

图 2　2000 年以来辽宁城乡人均文化消费增长、增幅变化态势

注：左轴柱形为城乡人均文化消费（元）；右轴曲线为年度（年均）增长指数（上年 = 100）。标注年度增长 31 省域排序，2000 年起点不计。

2000～2011年，辽宁城乡人均文化消费从181.51元增长至741.33元，增加559.82元，总增长308.42%，年均增长13.65%，增长幅度排序处于31个省域里第2位。其中，“十五”期间人均值总增长89.52%，年均增长13.64%；“十一五”期间人均值总增长91.79%，年均增长13.91%。“十一五”年均增长幅度高于“十五”0.27个百分点。人均值最高增长年度为2005年，增长率37.79%；最低增长年度为2004年，增长率0.46%。

同期，全国城乡人均文化消费年均增长12.11%，辽宁年均增幅较明显高于全国增幅。辽宁城乡人均文化消费从全国城乡平均值的84.75%提高至98.40%，人均绝对值在31个省域里排序由第17位提高为第9位。

2011年，全国城乡人均文化消费增长14.81%，辽宁增长12.37%，明显低于全国增幅，同时低于自身“十五”年均增长，也低于自身“十一五”年均增长，增长幅度排序处于31个省域里第21位。

二　辽宁城乡文化消费相关背景情况

2000～2011年辽宁城乡文化消费比例变动态势见图3。

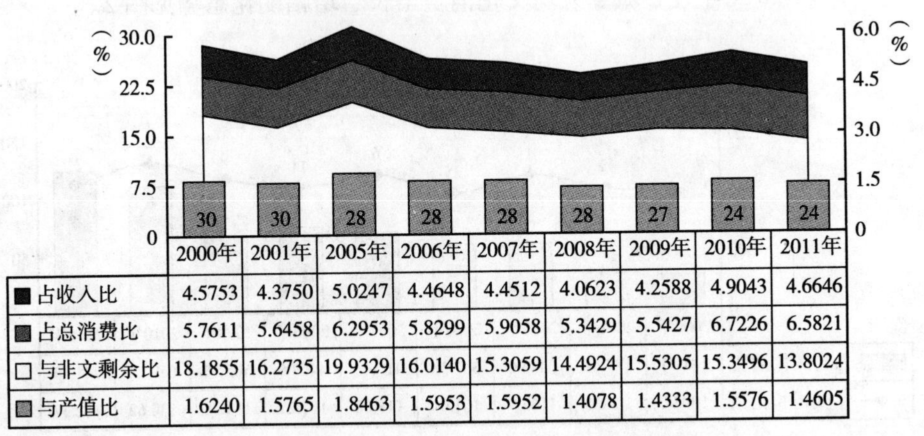

	2000年	2001年	2005年	2006年	2007年	2008年	2009年	2010年	2011年
■占收入比	4.5753	4.3750	5.0247	4.4648	4.4512	4.0623	4.2588	4.9043	4.6646
■占总消费比	5.7611	5.6458	6.2953	5.8299	5.9058	5.3429	5.5427	6.7226	6.5821
□与非文剩余比	18.1855	16.2735	19.9329	16.0140	15.3059	14.4924	15.5305	15.3496	13.8024
■与产值比	1.6240	1.5765	1.8463	1.5953	1.5952	1.4078	1.4333	1.5576	1.4605

图3　2000年以来辽宁城乡文化消费比例变动态势

注：左轴面积为城乡人均文化消费占收入比、占总消费比、与非文消费剩余（图例简称“非文剩余”）比（%），各项比值年度升降形成直观比例叠加；右轴柱形为城乡人均文化消费与产值比（%）。标注与产值比年度31省域排序，其余比值排序省略。

1. 人均文化消费与人均产值的比例

2000～2011年，辽宁城乡人均文化消费与人均产值的比例由1.62%降低至1.46%，由于其他省域此项比值降低更加明显，辽宁在31个省域里排序从第30位上升到第24位。“十五”以来，辽宁城乡此项比值下降10.07%，升降变化程度处于31个省域里第5位。

分阶段来看，辽宁城乡此项比值在“十五”期间提高0.22个百分点；在“十一五”期间降低0.29个百分点。文化消费需求增长与当地省域经济发展之间协调关系变化，在“十五”至“十一五”期间，由略微提升逆转为略微下降。其间，最高值为2005年1.85%，最低值为2008年1.41%。

2011年，辽宁城乡此项比值降低0.10个百分点，降幅为6.24%，文化消费需求增长与经济发展的协调性比2010年略有下降。

2. 人均文化消费占人均收入的比重

2000～2011年，辽宁城乡人均文化消费占人均收入的比重由4.58%提高至4.66%，在31个省域里排序从第28位上升到第20位。“十五”以来，辽宁城乡此项比值上升1.95%，升降变化程度处于31个省域里第6位。

分阶段来看，辽宁城乡此项比值在“十五”期间提高0.45个百分点；在“十一五”期间降低0.12个百分点。当地居民文化消费需求增长与收入增加之间协调关系变化，在“十五”至“十一五”期间，由略微提升逆转为略微下降。其间，最高值为2005年5.02%，最低值为2008年4.06%。

2011年，辽宁城乡此项比值降低0.24个百分点，降幅为4.89%，文化消费需求增长与收入增加的协调性比2010年较明显下降。

3. 人均文化消费占人均总消费的比重

2000～2011年，辽宁城乡人均文化消费占人均总消费的比重由5.76%提高至6.58%，在31个省域里排序从第28位上升到第22位。“十五”以来，辽宁城乡此项比值上升14.25%，升降变化程度处于31个省域里第4位。

分阶段来看，辽宁城乡此项比值在“十五”期间提高0.53个百分点；在

“十一五”期间提高0.43个百分点。当地居民文化消费需求增长与总消费增加之间协调关系变化，在“十五”至“十一五”期间，延续保持较明显提升。其间，最高值为2010年6.72%，最低值为2008年5.34%。

2011年，辽宁城乡此项比值降低0.14个百分点，降幅为2.09%，文化消费需求增长与总消费增加的协调性比2010年略有下降。

4. 人均文化消费与人均非文消费剩余的比例

2000~2011年，辽宁城乡人均文化消费与人均非文消费剩余的比例由18.19%降低至13.80%，在31个省域里排序从第19位下降到第23位。“十五”以来，辽宁城乡此项比值下降24.10%，升降变化程度处于31个省域里第14位。

分阶段来看，辽宁城乡此项比值在“十五”期间提高1.75个百分点；在“十一五”期间降低4.58个百分点。当地居民文化消费需求增长与“必需消费”之外“余钱”增多之间协调关系变化，在“十五”至“十一五”期间，由较明显提升逆转为显著下降。其间，最高值为2005年19.93%，最低值为2011年13.80%。

2011年，辽宁城乡此项比值降低1.55个百分点，降幅为10.08%，文化消费需求增长与“必需消费”之外“余钱”增多的协调性比2010年极显著下降。

三 辽宁文化消费城乡、区域协调状况

1. 人均文化消费城乡比

2000~2011年辽宁人均文化消费城乡比变动态势见图4。

2000~2011年，辽宁人均文化消费城乡比由0.8678扩大至1.5575，由于其他省域文化消费城乡比扩大更为严重，辽宁城乡比在31个省域里排序从第4位上升到第3位。其间，最小城乡比为2005年0.8500，最大城乡比为2011年1.5575。“十五”以来，辽宁人均文化消费城乡比扩大79.48%，城乡比扩减变化状况处于31个省域里第18位。这意味着，辽宁属于文化消费城乡比扩减变化态势较严重的省域之一。

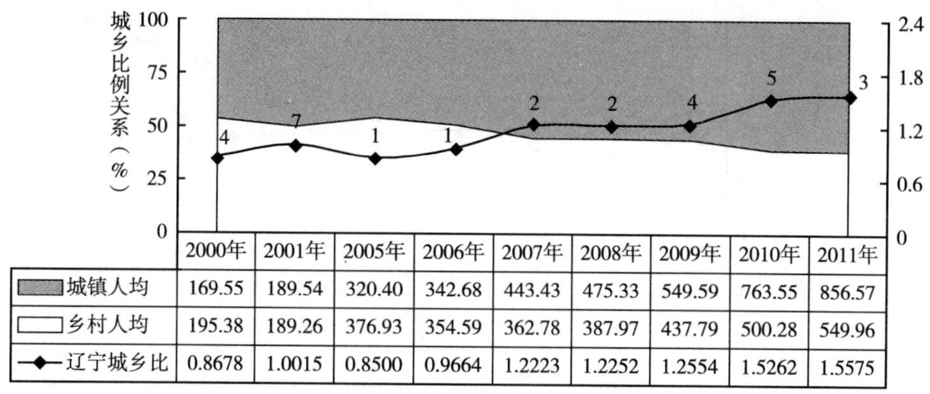

	2000年	2001年	2005年	2006年	2007年	2008年	2009年	2010年	2011年
城镇人均	169.55	189.54	320.40	342.68	443.43	475.33	549.59	763.55	856.57
乡村人均	195.38	189.26	376.93	354.59	362.78	387.97	437.79	500.28	549.96
辽宁城乡比	0.8678	1.0015	0.8500	0.9664	1.2223	1.2252	1.2554	1.5262	1.5575

图 4　2000 年以来辽宁人均文化消费城乡比变动态势

注：左轴面积为城镇、乡村人均文化消费（元转换为%），城乡间年度升降形成直观比例关系；右轴曲线为人均文化消费城乡比（乡村 =1），城乡比小于 1 为“城乡倒挂”，即城镇人均数值低于乡村。标注城乡比年度 31 省域排序。

同期，辽宁城镇人均文化消费从 169. 55 元增长至 856. 57 元，增加 687. 02 元，总增长 405. 20%，年均增长 15. 86%。城镇人均值最高增长年度为 2002 年，增长率 39. 03%；最低增长年度为 2004 年，增长率 0. 72%。乡村人均文化消费从 195. 38 元增长至 549. 96 元，增加 354. 58 元，总增长 181. 48%，年均增长 9. 86%。乡村人均值最高增长年度为 2005 年，增长率 72. 94%；最低增长年度为 2006 年，负增长 5. 93%。此间，辽宁城镇人均文化消费需求年均增长显著高于乡村年均增长 6. 00 个百分点，导致辽宁文化消费需求的城乡比显著扩大。

2011 年，辽宁城镇人均文化消费增长 12. 18%，低于“十五”年均增长 1. 39 个百分点，也低于“十一五”年均增长 6. 79 个百分点；乡村人均文化消费增长 9. 93%，低于“十五”年均增长 4. 11 个百分点，但高于“十一五”年均增长 4. 10 个百分点。此时，辽宁城镇人均值高于乡村，城镇年度增幅高于乡村增幅 2. 25 个百分点，意味着城乡差距扩大。辽宁文化消费城乡比因此比 2010 年略有扩大 2. 05%，城乡比排序处于 31 个省域里第 3 位。

2. 城乡人均文化消费地区差

2000 ~2011 年辽宁城乡人均文化消费与全国地区差变动态势见图 5。

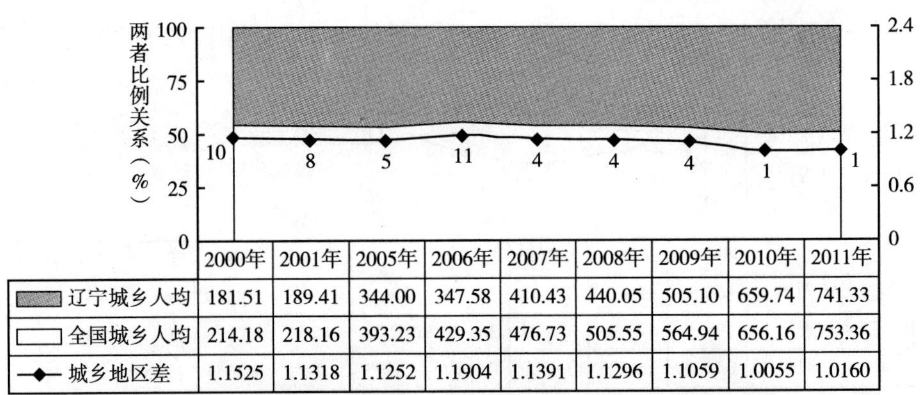

	2000年	2001年	2005年	2006年	2007年	2008年	2009年	2010年	2011年
辽宁城乡人均	181.51	189.41	344.00	347.58	410.43	440.05	505.10	659.74	741.33
全国城乡人均	214.18	218.16	393.23	429.35	476.73	505.55	564.94	656.16	753.36
城乡地区差	1.1525	1.1318	1.1252	1.1904	1.1391	1.1296	1.1059	1.0055	1.0160

图5　2000年以来辽宁城乡人均文化消费与全国地区差变动态势

注：左轴面积为城乡人均文化消费（元转换为%），当地与全国数值年度升降形成直观比例关系；右轴曲线为城乡人均文化消费地区差（无差距=1）。标注地区差年度31省域排序。

2000~2011年，辽宁城乡人均文化消费与全国城乡地区差由1.1525缩小至1.0160，在31个省域里排序从第10位上升到第1位。其间，最小地区差为2010年1.0055，最大地区差为2004年1.2672。“十五”以来，辽宁城乡人均文化消费地区差缩小11.85%，地区差扩减变化状况处于31个省域里第1位。这意味着，辽宁属于城乡人均文化消费地区差扩减变化态势良好的省域之一。

2000~2011年，辽宁城乡人均文化消费年均增幅较明显高于全国增幅1.53个百分点，辽宁城乡人均文化消费需求与全国的地区差显著缩小。

2011年，辽宁城乡人均文化消费增长低于自身“十五”年均增长1.27个百分点，也低于自身“十一五”年均增长1.54个百分点，同时明显低于全国增幅2.45个百分点。此时，辽宁城乡人均值低于全国城乡平均值，增长低于全国意味着地区差距扩大，与全国城乡地区差因此比2010年较明显扩大1.05%，地区差排序处于31个省域里第1位。

四　辽宁城乡文化消费需求景气测评

综合以上分析：“十五”以来辽宁城乡文化消费总量年均增长较明显高于全国增长，人均值年均增长也较明显高于全国平均增长；“十一五”期间

各项比例升降变化状况全面不及“十五”期间；“十五”以来城乡比显著扩大，同时地区差显著缩小。这些都集中体现在辽宁城乡文化消费需求景气指数的测评演算中。2000～2011 年辽宁城乡文化消费需求景气指数变动态势见图 6。

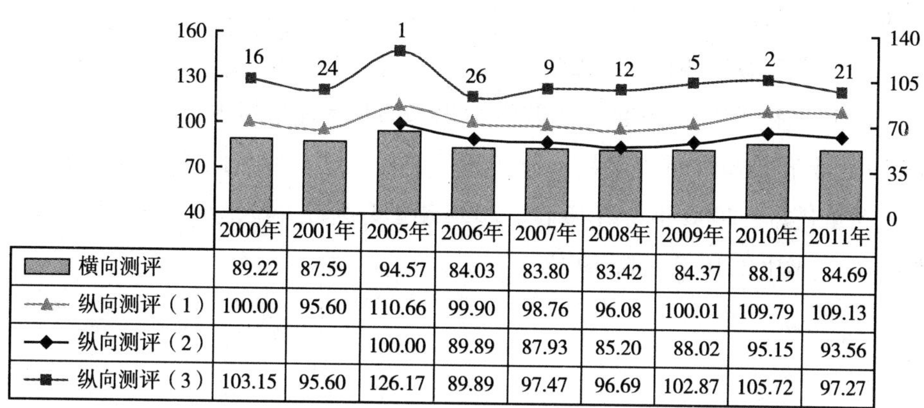

	2000年	2001年	2005年	2006年	2007年	2008年	2009年	2010年	2011年
横向测评	89.22	87.59	94.57	84.03	83.80	83.42	84.37	88.19	84.69
纵向测评（1）	100.00	95.60	110.66	99.90	98.76	96.08	100.01	109.79	109.13
纵向测评（2）			100.00	89.89	87.93	85.20	88.02	95.15	93.56
纵向测评（3）	103.15	95.60	126.17	89.89	97.47	96.69	102.87	105.72	97.27

图 6　2000 年以来辽宁城乡文化消费需求景气指数变动态势

注：左轴柱形为横向测评（城乡、地区无差异理想值 = 100）；左轴曲线为纵向测评（起点年基数值 = 100），（1）2000 年起点，（2）2005 年起点；右轴曲线为纵向测评（3）上年起点。标注逐年纵向测评全国排行位次，其余测评排行位次省略。

1. 各年度横向测评景气指数

在此项测评中，以全国城乡文化消费总量份额值、人均绝对值、各项比值为基准，并以城乡之间、地区之间实现无差距状态为“理想值”100 来衡量，2011 年辽宁城乡此项景气指数为 84.69，低于理想值 15.31，同时低于上一年 3.51。各年度对比，辽宁城乡此项景气指数在 31 个省域里排行，2000 年为第 21 位，2005 年上升为第 7 位，2010 年下降为第 8 位，2011 年比 2010 年下降 1 位。

2. “十五”以来纵向测评景气指数

在此项测评中，以“九五”末年 2000 年为起点基数值 100，2011 年辽宁城乡此项景气指数为 109.13，高于 2000 年起点基数 9.13，同时低于上一年 0.66。“十五”以来对比，辽宁城乡此项景气指数在 31 个省域里排行，2001 年为第 24 位，2005 年上升为第 5 位，2010 年与之持平，2011 年比 2010 年下降 1 位。

3. “十一五”以来纵向测评景气指数

以“十五”末年2005年为起点基数值100，2011年辽宁城乡此项景气指数为93.56，低于2005年起点基数6.44，同时低于上一年1.59。“十一五”以来对比，辽宁城乡此项景气指数在31个省域里排行，2006年为第26位，2010年上升为第10位，2011年比2010年下降1位。

4. 逐年度纵向测评景气指数

以上一年2010年为起点基数值100，2011年辽宁城乡此项景气指数为97.27，低于2010年起点基数2.73。逐年对比，辽宁城乡此项景气指数在31个省域里排行，2000年为第16位，2005年上升为第1位，2010年下降为第2位，2011年比2010年下降19位。

Liaoning: The High Growth Not Sustained Last Year and the Decline in This Year

Abstract: In 2011, Liaoning ranked the 20th in the increase of the total cultural consumption of urban-rural areas and the 21st in the growth of per capita value. Ranking of the boom evaluation: Liaoning ranked the 9th in the lateral evaluation of the cultural consumption demand of urban-rural areas across the provinces; in its own vertical evaluation, Liaoning ranked the 6th, the 11th and the 21st during the period of 2000 -2011, 2005 -2011 and 2010 -2011 respectively.

Key Words: Liaoning's Urban-rural Areas; Cultural Consumption; Boom Evaluation

东部地区

The East Regions

B.7 北京：2011年度横向测评景气仍处第3位

摘　要：

2011年，北京城乡文化消费总量增长处于第7位，人均值增长处于第17位。景气评价排行结果：北京城乡在省域横向测评中，2011年景气指数处于第3位；在自身纵向测评中，2000～2011年景气指数处于第8位，2005～2011年景气指数处于第7位，2010～2011年景气指数处于第14位。

关键词：

北京城乡　文化消费　景气评价

本文充分展示2000～2011年间北京相关各方面的增长态势，全面分析检测北京城乡文化消费需求状况。

一　北京城乡文化消费需求增长状况

1. 文化消费总量份额值变化

2000～2011年北京城乡文化消费总量增长、份额变化态势见图1。

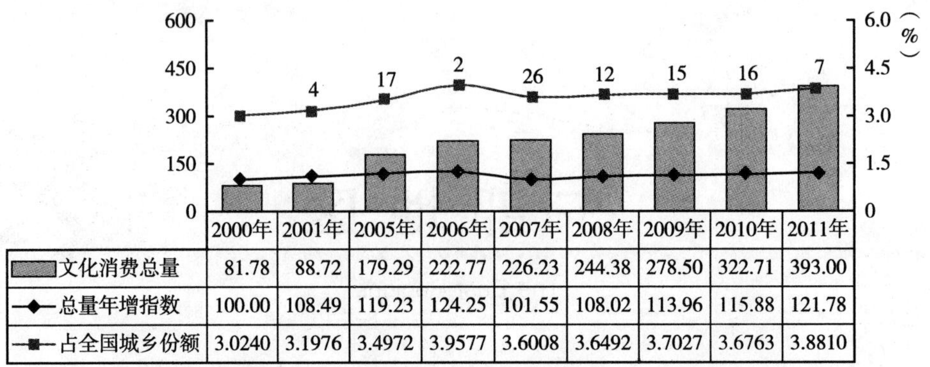

	2000年	2001年	2005年	2006年	2007年	2008年	2009年	2010年	2011年
文化消费总量	81.78	88.72	179.29	222.77	226.23	244.38	278.50	322.71	393.00
总量年增指数	100.00	108.49	119.23	124.25	101.55	108.02	113.96	115.88	121.78
占全国城乡份额	3.0240	3.1976	3.4972	3.9577	3.6008	3.6492	3.7027	3.6763	3.8810

图1　2000 年以来北京城乡文化消费总量增长、份额变化态势

注：左轴柱形为城乡文化消费总量（亿元）；左轴曲线为年度（年均）增长指数（上年 = 100）；右轴曲线为占全国城乡份额（%）。标注年度份额增减 31 省域排序，2000 年起点不计。

2000 ~ 2011 年，北京城乡文化消费总量从 81.78 亿元增长至 393.00 亿元，增加 311.22 亿元，总增长 380.56%，年均增长 15.34%，增长幅度排序处于 31 个省域里第 4 位。其中，“十五”期间总增长 119.23%，年均增长 17.00%；“十一五”期间总增长 80.00%，年均增长 12.47%。“十一五”年均增长幅度低于“十五”4.53 个百分点。总量最高增长年度为 2002 年，增长率 37.05%；最低增长年度为 2007 年，增长率 1.55%。

同期，全国城乡文化消费总量年均增长 12.75%，北京年均增幅明显高于全国城乡年均增幅 2.59 个百分点。北京城乡文化消费总量占全国份额由 3.02%升高为 3.88%，上升幅度为 28.34%，份额升降变化排序处于 31 个省域里第 4 位。

2011 年，全国城乡文化消费总量增长 15.36%，北京城乡文化消费总量增长 21.78%，极显著高于全国增幅 6.42 个百分点，占全国份额比 2010 年上升 5.57%。同时，北京总量增长高于自身“十五”年均增长 4.78 个百分点，也高于自身“十一五”年均增长 9.31 个百分点，增长幅度和占全国份额变化排序处于 31 个省域里第 7 位。

2. 文化消费人均绝对值增长

2000 ~ 2011 年北京城乡人均文化消费增长、增幅变化态势见图 2。

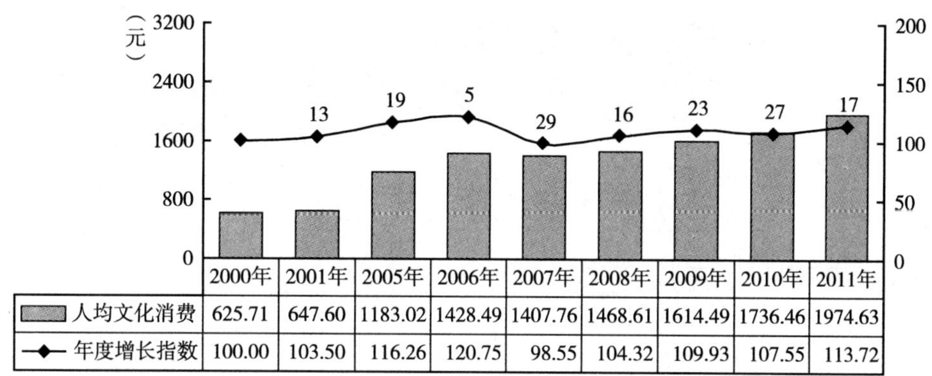

	2000年	2001年	2005年	2006年	2007年	2008年	2009年	2010年	2011年
人均文化消费	625.71	647.60	1183.02	1428.49	1407.76	1468.61	1614.49	1736.46	1974.63
年度增长指数	100.00	103.50	116.26	120.75	98.55	104.32	109.93	107.55	113.72

图 2　2000 年以来北京城乡人均文化消费增长、增幅变化态势

注：左轴柱形为城乡人均文化消费（元）；右轴曲线为年度（年均）增长指数（上年 = 100），年增指数小于 100 为负增长。标注年度增长 31 省域排序，2000 年起点不计。

2000～2011 年，北京城乡人均文化消费从 625.71 元增长至 1974.63 元，增加 1348.92 元，总增长 215.58%，年均增长 11.01%，增长幅度排序处于 31 个省域里第 19 位。其中，“十五”期间人均值总增长 89.07%，年均增长 13.59%；“十一五”期间人均值总增长 46.78%，年均增长 7.98%。“十一五”年均增长幅度低于“十五”5.61 个百分点。人均值最高增长年度为 2002 年，增长率 33.82%；最低增长年度为 2007 年，负增长 1.45%。

同期，全国城乡人均文化消费年均增长 12.11%，北京年均增幅较明显低于全国增幅。北京城乡人均文化消费从全国城乡平均值的 292.14% 降低至 262.11%，人均绝对值在 31 个省域里排序保持在第 2 位。

2011 年，全国城乡人均文化消费增长 14.81%，北京增长 13.72%，较明显低于全国增幅，同时高于自身“十五”年均增长，也高于自身“十一五”年均增长，增长幅度排序处于 31 个省域里第 17 位。

二　北京城乡文化消费相关背景情况

2000～2011 年北京城乡文化消费比例变动态势见图 3。

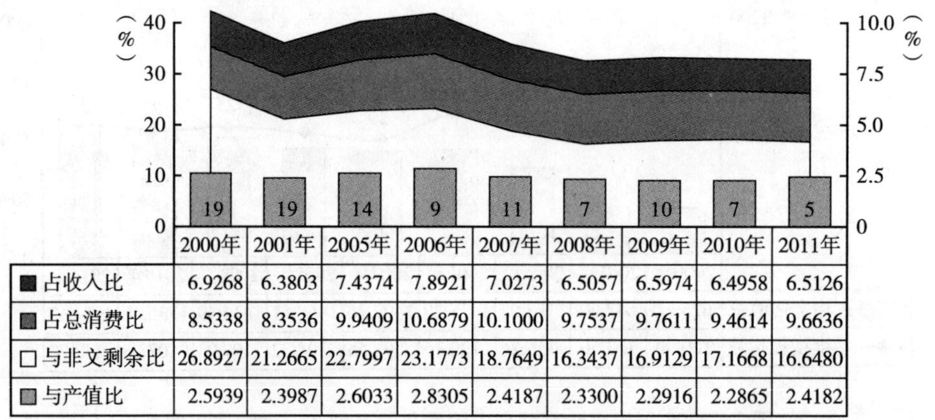

	2000年	2001年	2005年	2006年	2007年	2008年	2009年	2010年	2011年
■占收入比	6.9268	6.3803	7.4374	7.8921	7.0273	6.5057	6.5974	6.4958	6.5126
■占总消费比	8.5338	8.3536	9.9409	10.6879	10.1000	9.7537	9.7611	9.4614	9.6636
□与非文剩余比	26.8927	21.2665	22.7997	23.1773	18.7649	16.3437	16.9129	17.1668	16.6480
■与产值比	2.5939	2.3987	2.6033	2.8305	2.4187	2.3300	2.2916	2.2865	2.4182

图3　2000年以来北京城乡文化消费比例变动态势

注：左轴面积为城乡人均文化消费占收入比、占总消费比、与非文消费剩余（图例简称“非文剩余”）比（%），各项比值年度升降形成直观比例叠加；右轴柱形为城乡人均文化消费与产值比（%）。标注与产值比年度31省域排序，其余比值排序省略。

1. 人均文化消费与人均产值的比例

2000～2011年，北京城乡人均文化消费与人均产值的比例由2.59%降低至2.42%，由于其他省域此项比值降低更加明显，北京在31个省域里排序从第19位上升到第5位。“十五”以来，北京城乡此项比值下降6.78%，升降变化程度处于31个省域里第3位。

分阶段来看，北京城乡此项比值在“十五”期间提高0.0093个百分点；在“十一五”期间降低0.32个百分点。文化消费需求增长与当地省域经济发展之间协调关系变化，在“十五”至“十一五”期间，由略微提升逆转为略微下降。其间，最高值为2006年2.83%，最低值为2010年2.29%。

2011年，北京城乡此项比值提高0.13个百分点，升幅为5.76%，文化消费需求增长与经济发展的协调性比2010年略有上升。

2. 人均文化消费占人均收入的比重

2000～2011年，北京城乡人均文化消费占人均收入的比重由6.93%降低至6.51%，由于其他省域此项比值降低更加明显，北京在31个省域里排序从第4位上升到第3位。“十五”以来，北京城乡此项比值下降5.98%，升降变化程度处于31个省域里第9位。

分阶段来看，北京城乡此项比值在“十五”期间提高 0.51 个百分点；在“十一五”期间降低 0.94 个百分点。当地居民文化消费需求增长与收入增加之间协调关系变化，在“十五”至“十一五”期间，由较明显提升逆转为较明显下降。其间，最高值为 2006 年 7.89%，最低值为 2001 年 6.38%。

2011 年，北京城乡此项比值提高 0.02 个百分点，升幅为 0.26%，文化消费需求增长与收入增加的协调性比 2010 年略有上升。

3. 人均文化消费占人均总消费的比重

2000～2011 年，北京城乡人均文化消费占人均总消费的比重由 8.53% 提高至 9.66%，在 31 个省域里排序保持在第 3 位。“十五”以来，北京城乡此项比值上升 13.24%，升降变化程度处于 31 个省域里第 6 位。

分阶段来看，北京城乡此项比值在“十五”期间提高 1.41 个百分点；在“十一五”期间降低 0.48 个百分点。当地居民文化消费需求增长与总消费增加之间协调关系变化，在“十五”至“十一五”期间，由明显提升逆转为略微下降。其间，最高值为 2006 年 10.69%，最低值为 2001 年 8.35%。

2011 年，北京城乡此项比值提高 0.20 个百分点，升幅为 2.14%，文化消费需求增长与总消费增加的协调性比 2010 年较明显上升。

4. 人均文化消费与人均非文消费剩余的比例

2000～2011 年，北京城乡人均文化消费与人均非文消费剩余的比例由 26.89% 降低至 16.65%，在 31 个省域里排序从第 6 位下降到第 9 位。“十五”以来，北京城乡此项比值下降 38.09%，升降变化程度处于 31 个省域里第 24 位。

分阶段来看，北京城乡此项比值在“十五”期间降低 4.09 个百分点；在“十一五”期间降低 5.63 个百分点。当地居民文化消费需求增长与“必需消费”之外“余钱”增多之间协调关系变化，在“十五”至“十一五”期间，由显著下降加重为更大幅度的显著下降。其间，最高值为 2002 年 29.47%，最低值为 2008 年 16.34%。

2011 年，北京城乡此项比值降低 0.52 个百分点，降幅为 3.02%，文化消费需求增长与“必需消费”之外“余钱”增多的协调性比 2010 年明显下降。

三　北京文化消费城乡、区域协调状况

1. 人均文化消费城乡比

2000～2011 年北京人均文化消费城乡比变动态势见图 4。

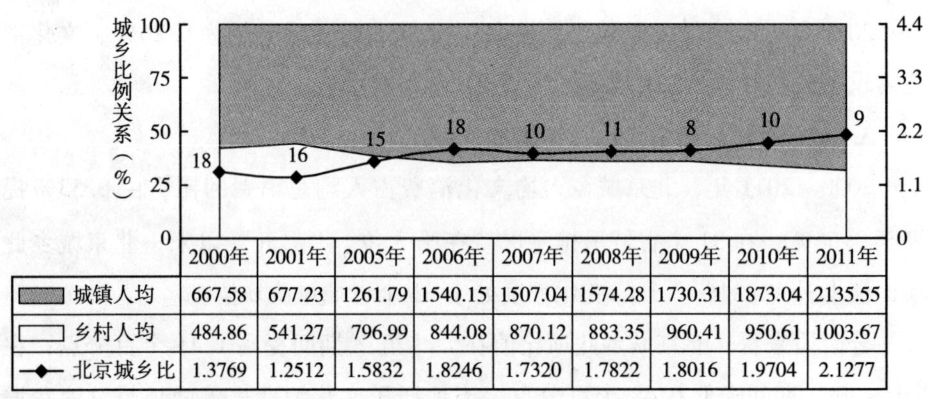

	2000年	2001年	2005年	2006年	2007年	2008年	2009年	2010年	2011年
城镇人均	667.58	677.23	1261.79	1540.15	1507.04	1574.28	1730.31	1873.04	2135.55
乡村人均	484.86	541.27	796.99	844.08	870.12	883.35	960.41	950.61	1003.67
北京城乡比	1.3769	1.2512	1.5832	1.8246	1.7320	1.7822	1.8016	1.9704	2.1277

图 4　2000 年以来北京人均文化消费城乡比变动态势

注：左轴面积为城镇、乡村人均文化消费（元转换为%），城乡间年度升降形成直观比例关系；右轴曲线为人均文化消费城乡比（乡村＝1）。标注城乡比年度 31 省域排序。

2000～2011 年，北京人均文化消费城乡比由 1.3769 扩大至 2.1277，由于其他省域文化消费城乡比扩大更为严重，北京城乡比在 31 个省域里排序从第 18 位上升到第 9 位。其间，最小城乡比为 2001 年 1.2512，最大城乡比为 2011 年 2.1277。“十五”以来，北京人均文化消费城乡比扩大 54.54%，城乡比扩减变化状况处于 31 个省域里第 14 位。这意味着，北京属于文化消费城乡比扩减变化态势较严重的省域之一。

同期，北京城镇人均文化消费从 667.58 元增长至 2135.55 元，增加 1467.97 元，总增长 219.89%，年均增长 11.15%。城镇人均值最高增长年度为 2002 年，增长率 37.16%；最低增长年度为 2007 年，负增长 2.15%。乡村人均文化消费从 484.86 元增长至 1003.67 元，增加 518.81 元，总增长 107.00%，年均增长 6.84%。乡村人均值最高增长年度为 2002 年，增长率 15.46%；最低增长年度为 2010 年，负增长 1.02%。此间，北京城镇人均文化消费需求年均增长显著高于乡村年均增长 4.31 个百分点，导致北京文化消

费需求的城乡比显著扩大。

2011 年，北京城镇人均文化消费增长 14.02%，高于“十五”年均增长 0.44 个百分点，也高于“十一五”年均增长 5.79 个百分点；乡村人均文化消费增长 5.58%，低于“十五”年均增长 4.87 个百分点，但高于“十一五”年均增长 1.99 个百分点。此时，北京城镇人均值高于乡村，城镇年度增幅高于乡村增幅 8.43 个百分点，意味着城乡差距扩大。北京文化消费城乡比因此比 2010 年较明显扩大 7.99%，城乡比排序处于 31 个省域里第 9 位。

2. 城乡人均文化消费地区差

2000～2011 年北京城乡人均文化消费与全国地区差变动态势见图 5。

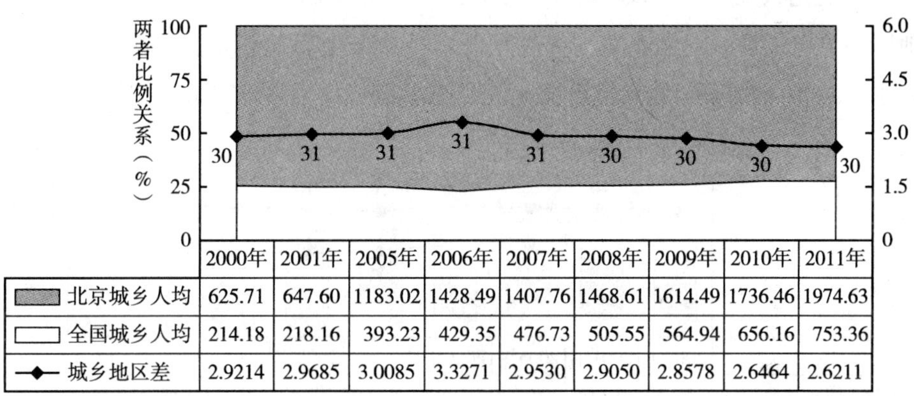

	2000年	2001年	2005年	2006年	2007年	2008年	2009年	2010年	2011年
北京城乡人均	625.71	647.60	1183.02	1428.49	1407.76	1468.61	1614.49	1736.46	1974.63
全国城乡人均	214.18	218.16	393.23	429.35	476.73	505.55	564.94	656.16	753.36
城乡地区差	2.9214	2.9685	3.0085	3.3271	2.9530	2.9050	2.8578	2.6464	2.6211

图 5　2000 年以来北京城乡人均文化消费与全国地区差变动态势

注：左轴面积为城乡人均文化消费（元转换为%），当地与全国数值年度升降形成直观比例关系；右轴曲线为城乡人均文化消费地区差（无差距 = 1）。标注地区差年度 31 省域排序。

2000～2011 年，北京城乡人均文化消费与全国城乡地区差由 2.9214 缩小至 2.6211，在 31 个省域里排序保持在第 30 位。其间，最小地区差为 2011 年 2.6211，最大地区差为 2006 年 3.3271。“十五”以来，北京城乡人均文化消费地区差缩小 10.28%，地区差扩减变化状况处于 31 个省域里第 2 位。这意味着，北京属于城乡人均文化消费地区差扩减变化态势良好的省域之一。

2000～2011 年，北京城乡人均文化消费年均增幅较明显低于全国增幅 1.10 个百分点，北京城乡人均文化消费需求与全国的地区差显著缩小。

2011 年，北京城乡人均文化消费增长高于自身“十五”年均增长 0.13 个百分点，也高于自身“十一五”年均增长5.74个百分点，同时较明显低于全国增幅1.10个百分点。此时，北京城乡人均值高于全国城乡平均值，增长低于全国意味着地区差距缩小，与全国城乡地区差因此比2010年略有缩小0.96%，地区差排序处于31个省域里第30位。

四　北京城乡文化消费需求景气测评

综合以上分析：“十五”以来北京城乡文化消费总量年均增长明显高于全国增长，人均值年均增长也较明显低于全国平均增长；“十一五”期间各项比例升降变化状况全面不及“十五”期间；“十五”以来城乡比显著扩大，同时地区差显著缩小。这些都集中体现在北京城乡文化消费需求景气指数的测评演算中。2000~2011年北京城乡文化消费需求景气指数变动态势见图6。

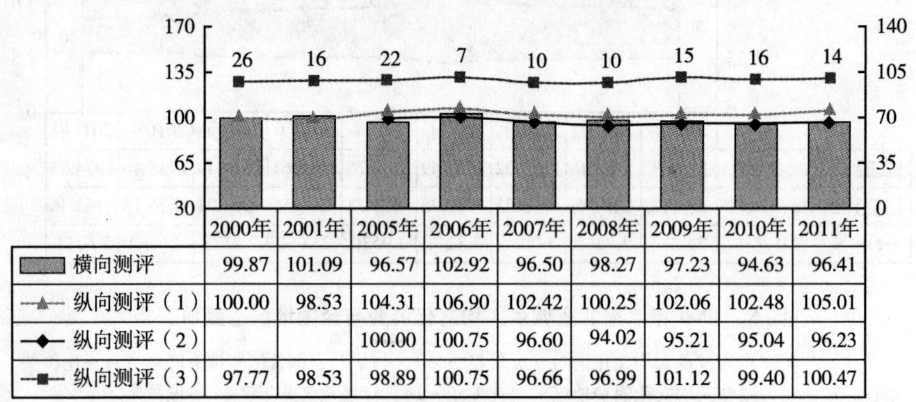

	2000年	2001年	2005年	2006年	2007年	2008年	2009年	2010年	2011年
横向测评	99.87	101.09	96.57	102.92	96.50	98.27	97.23	94.63	96.41
纵向测评（1）	100.00	98.53	104.31	106.90	102.42	100.25	102.06	102.48	105.01
纵向测评（2）			100.00	100.75	96.60	94.02	95.21	95.04	96.23
纵向测评（3）	97.77	98.53	98.89	100.75	96.66	96.99	101.12	99.40	100.47

图6　2000年以来北京城乡文化消费需求景气指数变动态势

注：左轴柱形为横向测评（城乡、地区无差异理想值=100）；左轴曲线为纵向测评（起点年基数值=100），（1）2000年起点，（2）2005年起点；右轴曲线为纵向测评（3）上年起点。标注逐年纵向测评全国排行位次，其余测评排行位次省略。

1. 各年度横向测评景气指数

在此项测评中，以全国城乡文化消费总量份额值、人均绝对值、各项比值为基准，并以城乡之间、地区之间实现无差距状态为“理想值”100来衡量，2011年北京城乡此项景气指数为96.41，低于理想值3.59，同时高于上一年1.78。各年度对比，北京城乡此项景气指数在31个省域里排行，2000年为第8

位，2005 年上升为第 4 位，2010 年下降为第 5 位，2011 年比 2010 年上升 2 位。

2. “十五”以来纵向测评景气指数

在此项测评中，以“九五”末年 2000 年为起点基数值 100，2011 年北京城乡此项景气指数为 105.01，高于 2000 年起点基数 5.01，同时高于上一年 2.54。“十五”以来对比，北京城乡此项景气指数在 31 个省域里排行，2001 年为第 16 位，2005 年上升为第 15 位，2010 年上升为第 10 位，2011 年比 2010 年上升 2 位。

3. “十一五”以来纵向测评景气指数

以“十五”末年 2005 年为起点基数值 100，2011 年北京城乡此项景气指数为 96.23，低于 2005 年起点基数 3.77，同时高于上一年 1.19。“十一五”以来对比，北京城乡此项景气指数在 31 个省域里排行，2006 年为第 7 位，2010 年下降为第 11 位，2011 年比 2010 年上升 4 位。

4. 逐年度纵向测评景气指数

以上一年 2010 年为起点基数值 100，2011 年北京城乡此项景气指数为 100.47，高于 2010 年起点基数 0.47。逐年对比，北京城乡此项景气指数在 31 个省域里排行，2000 年为第 26 位，2005 年上升为第 22 位，2010 年上升为第 16 位，2011 年比 2010 年上升 2 位。

Beijing: Remaining in the Third in 2011 Lateral Boom Evaluation

Abstract: In 2011, Beijing ranked the 7th in the increase of the total cultural consumption of urban-rural areas and the 17th in the growth of per capita value. Ranking of the boom evaluation: Beijing ranked the 3rd in the lateral evaluation of the cultural consumption demand of urban-rural areas across the provinces; in its own vertical evaluation, Beijing ranked the 8th, the 7th and the 14th during the period of 2000 –2011, 2005 –2011 and 2010 –2011 respectively.

Key Words: Beijing's Urban-rural Areas; Cultural Consumption; Boom Evaluation

B.8

天津："十一五"以来城乡景气提升至第3位

摘 要：

2011年，天津城乡文化消费总量增长处于第5位，人均值增长处于第7位。景气评价排行结果：天津城乡在省域横向测评中，2011年景气指数处于第19位；在自身纵向测评中，2000～2011年景气指数处于第10位，2005～2011年景气指数处于第3位，2010～2011年景气指数处于第11位。

关键词：

天津城乡　文化消费　景气评价

本文充分展示2000～2011年间天津相关各方面的增长态势，全面分析检测天津城乡文化消费需求状况。

一　天津城乡文化消费需求增长状况

1. 文化消费总量份额值变化

2000～2011年天津城乡文化消费总量增长、份额变化态势见图1。

2000～2011年，天津城乡文化消费总量从34.17亿元增长至155.74亿元，增加121.57亿元，总增长355.78%，年均增长14.79%，增长幅度排序处于31个省域里第5位。其中，"十五"期间总增长53.42%，年均增长8.94%；"十一五"期间总增长140.76%，年均增长19.21%。"十一五"年均增长幅度高于"十五"10.27个百分点。总量最高增长年度为2007年，增长率24.83%；最低增长年度为2003年，负增长0.18%。

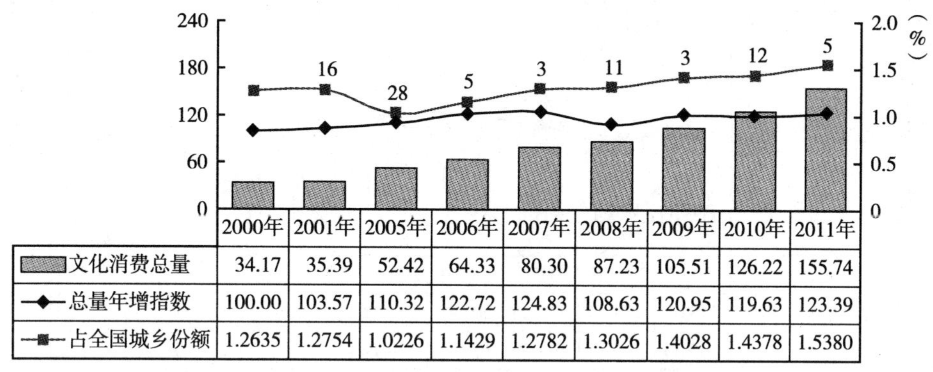

	2000年	2001年	2005年	2006年	2007年	2008年	2009年	2010年	2011年
文化消费总量	34.17	35.39	52.42	64.33	80.30	87.23	105.51	126.22	155.74
总量年增指数	100.00	103.57	110.32	122.72	124.83	108.63	120.95	119.63	123.39
占全国城乡份额	1.2635	1.2754	1.0226	1.1429	1.2782	1.3026	1.4028	1.4378	1.5380

图1　2000年以来天津城乡文化消费总量增长、份额变化态势

注：左轴柱形为城乡文化消费总量（亿元）；左轴曲线为年度（年均）增长指数（上年＝100）；右轴曲线为占全国城乡份额（%）。标注年度份额增减31省域排序，2000年起点不计。

同期，全国城乡文化消费总量年均增长12.75%，天津年均增幅明显高于全国城乡年均增幅2.04个百分点。天津城乡文化消费总量占全国份额由1.26%升高为1.54%，上升幅度为21.73%，份额升降变化排序处于31个省域里第5位。

2011年，全国城乡文化消费总量增长15.36%，天津城乡文化消费总量增长23.39%，极显著高于全国增幅8.03个百分点，占全国份额比2010年上升6.97%。同时，天津总量增长高于"十五"年均增长14.46个百分点，也高于"十一五"年均增长4.18个百分点，增长幅度和占全国份额变化排序处于31个省域里第5位。

2. 文化消费人均绝对值增长

2000～2011年天津城乡人均文化消费增长、增幅变化态势见图2。

2000～2011年，天津城乡人均文化消费从348.67元增长至1173.53元，增加824.86元，总增长236.57%，年均增长11.66%，增长幅度排序处于31个省域里第15位。其中，"十五"期间人均值总增长45.48%，年均增长7.79%；"十一五"期间人均值总增长96.91%，年均增长14.51%。"十一五"年均增长幅度高于"十五"6.72个百分点。人均值最高增长年度为2002年，增长率21.90%；最低增长年度为2003年，负增长0.53%。

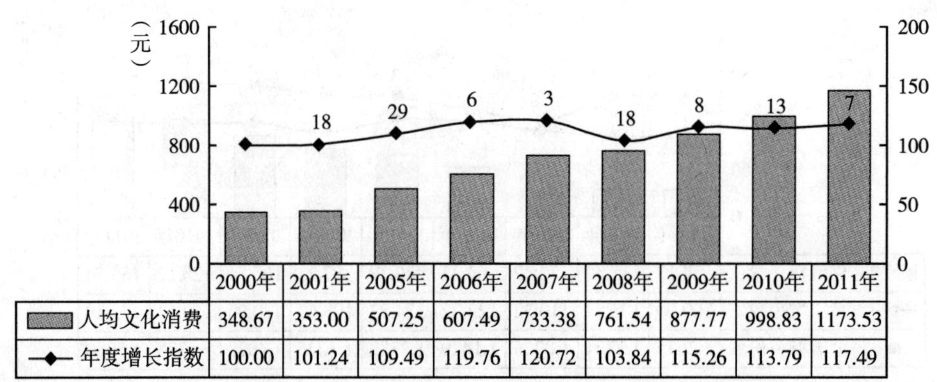

	2000年	2001年	2005年	2006年	2007年	2008年	2009年	2010年	2011年
人均文化消费	348.67	353.00	507.25	607.49	733.38	761.54	877.77	998.83	1173.53
年度增长指数	100.00	101.24	109.49	119.76	120.72	103.84	115.26	113.79	117.49

图2　2000年以来天津城乡人均文化消费增长、增幅变化态势

注：左轴柱形为城乡人均文化消费（元）；右轴曲线为年度（年均）增长指数（上年=100）。标注年度增长31省域排序，2000年起点不计。

同期，全国城乡人均文化消费年均增长12.11%，天津年均增幅略微低于全国增幅。天津城乡人均文化消费从全国城乡平均值的162.79%降低至155.77%，人均绝对值在31个省域里排序由第5位降低为第6位。

2011年，全国城乡人均文化消费增长14.81%，天津增长17.49%，明显高于全国增幅，同时高于自身"十五"年均增长，也高于自身"十一五"年均增长，增长幅度排序处于31个省域里第7位。

二　天津城乡文化消费相关背景情况

2000~2011年天津城乡文化消费比例变动态势见图3。

1. 人均文化消费与人均产值的比例

2000~2011年，天津城乡人均文化消费与人均产值的比例由2.01%降低至1.38%，在31个省域里排序从第27位下降到第29位。"十五"以来，天津城乡此项比值下降31.46%，升降变化程度处于31个省域里第13位。

分阶段来看，天津城乡此项比值在"十五"期间降低0.59个百分点；在"十一五"期间降低0.05个百分点。文化消费需求增长与当地省域经济发展之间协调关系变化，在"十五"至"十一五"期间，由较明显下降减轻为较小幅度的略微下降。其间，最高值为2002年2.01%，最低值为2010年1.37%。

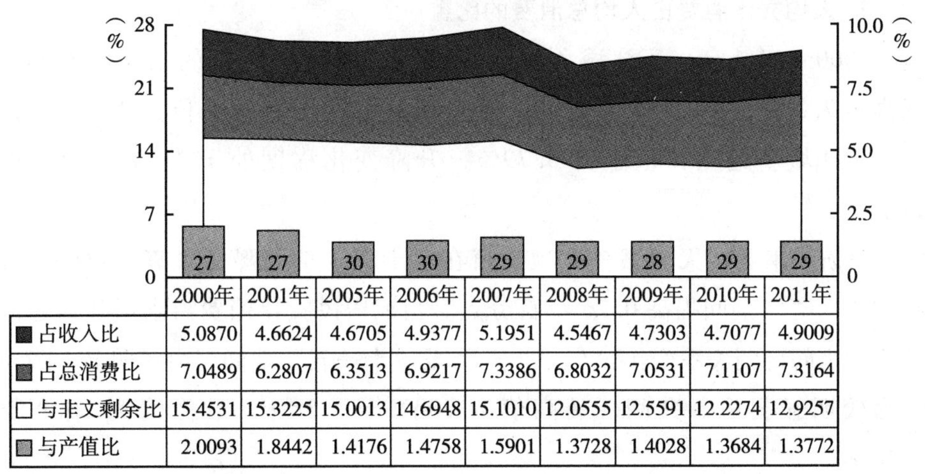

	2000年	2001年	2005年	2006年	2007年	2008年	2009年	2010年	2011年
■占收入比	5.0870	4.6624	4.6705	4.9377	5.1951	4.5467	4.7303	4.7077	4.9009
■占总消费比	7.0489	6.2807	6.3513	6.9217	7.3386	6.8032	7.0531	7.1107	7.3164
□与非文剩余比	15.4531	15.3225	15.0013	14.6948	15.1010	12.0555	12.5591	12.2274	12.9257
■与产值比	2.0093	1.8442	1.4176	1.4758	1.5901	1.3728	1.4028	1.3684	1.3772

图3　2000年以来天津城乡文化消费比例变动态势

注：左轴面积为城乡人均文化消费占收入比、占总消费比、与非文消费剩余（图例简称"非文剩余"）比（%），各项比值年度升降形成直观比例叠加；右轴柱形为城乡人均文化消费与产值比（%）。标注与产值比年度31省域排序，其余比值排序省略。

2011年，天津城乡此项比值提高0.0088个百分点，升幅为0.64%，文化消费需求增长与经济发展的协调性比2010年略有上升。

2. 人均文化消费占人均收入的比重

2000～2011年，天津城乡人均文化消费占人均收入的比重由5.09%降低至4.90%，由于其他省域此项比值降低更加明显，天津在31个省域里排序从第24位上升到第14位。"十五"以来，天津城乡此项比值下降3.66%，升降变化程度处于31个省域里第8位。

分阶段来看，天津城乡此项比值在"十五"期间降低0.42个百分点；在"十一五"期间提高0.04个百分点。当地居民文化消费需求增长与收入增加之间协调关系变化，在"十五"至"十一五"期间，由略微下降逆转为略微提升。其间，最高值为2002年5.40%，最低值为2008年4.55%。

2011年，天津城乡此项比值提高0.19个百分点，升幅为4.10%，文化消费需求增长与收入增加的协调性比2010年略有上升。

3. 人均文化消费占人均总消费的比重

2000~2011年，天津城乡人均文化消费占人均总消费的比重由7.05%提高至7.32%，在31个省域里排序从第21位上升到第9位。“十五”以来，天津城乡此项比值上升3.79%，升降变化程度处于31个省域里第11位。

分阶段来看，天津城乡此项比值在“十五”期间降低0.70个百分点；在“十一五”期间提高0.76个百分点。当地居民文化消费需求增长与总消费增加之间协调关系变化，在“十五”至“十一五”期间，由较明显下降逆转为较明显提升。其间，最高值为2002年7.38%，最低值为2001年6.28%。

2011年，天津城乡此项比值提高0.21个百分点，升幅为2.89%，文化消费需求增长与总消费增加的协调性比2010年较明显上升。

4. 人均文化消费与人均非文消费剩余的比例

2000~2011年，天津城乡人均文化消费与人均非文消费剩余的比例由15.45%降低至12.93%，由于其他省域此项比值降低更加明显，天津在31个省域里排序从第27位上升到第25位。“十五”以来，天津城乡此项比值下降16.36%，升降变化程度处于31个省域里第9位。

分阶段来看，天津城乡此项比值在“十五”期间降低0.45个百分点；在“十一五”期间降低2.77个百分点。当地居民文化消费需求增长与“必需消费”之外“余钱”增多之间协调关系变化，在“十五”至“十一五”期间，由略微下降加重为更大幅度的明显下降。其间，最高值为2002年16.76%，最低值为2008年12.06%。

2011年，天津城乡此项比值提高0.70个百分点，升幅为5.71%，文化消费需求增长与“必需消费”之外“余钱”增多的协调性比2010年显著提升。

三　天津文化消费城乡、区域协调状况

1. 人均文化消费城乡比

2000~2011年天津人均文化消费城乡比变动态势见图4。

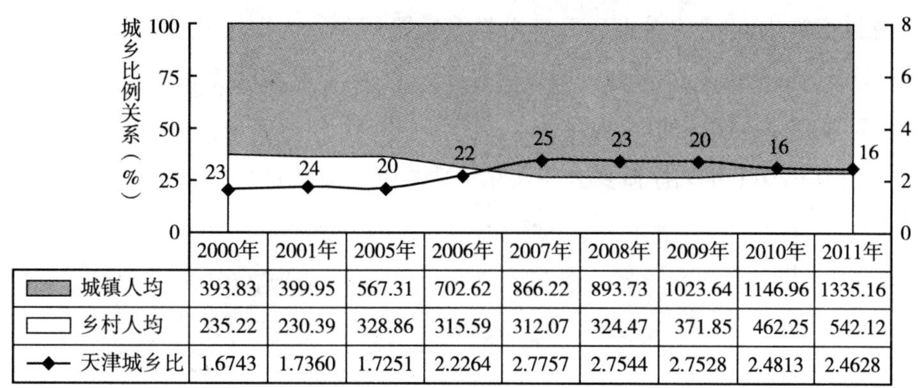

	2000年	2001年	2005年	2006年	2007年	2008年	2009年	2010年	2011年
城镇人均	393.83	399.95	567.31	702.62	866.22	893.73	1023.64	1146.96	1335.16
乡村人均	235.22	230.39	328.86	315.59	312.07	324.47	371.85	462.25	542.12
天津城乡比	1.6743	1.7360	1.7251	2.2264	2.7757	2.7544	2.7528	2.4813	2.4628

图4　2000年以来天津人均文化消费城乡比变动态势

注：左轴面积为城镇、乡村人均文化消费（元转换为%），城乡间年度升降形成直观比例关系；右轴曲线为人均文化消费城乡比（乡村=1）。标注城乡比年度31省域排序。

2000～2011年，天津人均文化消费城乡比由1.6743扩大至2.4628，由于其他省域文化消费城乡比扩大更为严重，天津城乡比在31个省域里排序从第23位上升到第16位。其间，最小城乡比为2003年1.1741，最大城乡比为2007年2.7757。“十五”以来，天津人均文化消费城乡比扩大47.10%，城乡比扩减变化状况处于31个省域里第12位。这意味着，天津属于文化消费城乡比扩减变化态势不甚严重的省域之一。

同期，天津城镇人均文化消费从393.83元增长至1335.16元，增加941.33元，总增长239.02%，年均增长11.74%。城镇人均值最高增长年度为2006年，增长率23.85%；最低增长年度为2003年，负增长9.09%。乡村人均文化消费从235.22元增长至542.12元，增加306.90元，总增长130.47%，年均增长7.89%。乡村人均值最高增长年度为2003年，增长率40.97%；最低增长年度为2005年，负增长12.74%。此间，天津城镇人均文化消费需求年均增长明显高于乡村年均增长3.85个百分点，导致天津文化消费需求的城乡比明显扩大。

2011年，天津城镇人均文化消费增长16.41%，高于“十五”年均增长8.84个百分点，也高于“十一五”年均增长1.29个百分点；乡村人均文化消费增长17.28%，高于“十五”年均增长10.35个百分点，也高于“十一五”年均增长10.23个百分点。此时，天津城镇人均值高于乡村，城镇年度增幅低于乡村增幅 0. 87 个百分点，意味着城乡差距缩小。天津文化消费城乡比因此比 2010 年略有缩小 0. 74%，城乡比排序处于 31 个省域里第 16 位。

2. 城乡人均文化消费地区差

2000 ~2011 年天津城乡人均文化消费与全国地区差变动态势见图 5。

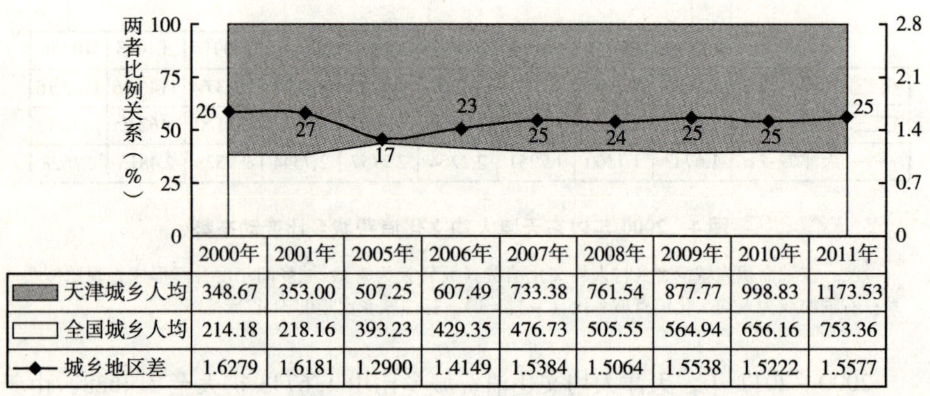

	2000年	2001年	2005年	2006年	2007年	2008年	2009年	2010年	2011年
天津城乡人均	348.67	353.00	507.25	607.49	733.38	761.54	877.77	998.83	1173.53
全国城乡人均	214.18	218.16	393.23	429.35	476.73	505.55	564.94	656.16	753.36
城乡地区差	1.6279	1.6181	1.2900	1.4149	1.5384	1.5064	1.5538	1.5222	1.5577

图 5　2000 年以来天津城乡人均文化消费与全国地区差变动态势

注：左轴面积为城乡人均文化消费（元转换为%），当地与全国数值年度升降形成直观比例关系；右轴曲线为城乡人均文化消费地区差（无差距 =1）。标注地区差年度 31 省域排序。

2000 ~2011 年，天津城乡人均文化消费与全国城乡地区差由 1. 6279 缩小至 1. 5577，在 31 个省域里排序从第 26 位上升到第 25 位。其间，最小地区差为 2005 年 1. 2900，最大地区差为 2000 年 1. 6279。“十五” 以来，天津城乡人均文化消费地区差缩小 4. 31%，地区差扩减变化状况处于 31 个省域里第 4 位。这意味着，天津属于城乡文化消费地区差扩减变化态势良好的省域之一。

2000 ~2011 年，天津城乡人均文化消费年均增幅略微低于全国增幅 0. 45 个百分点，天津城乡文化消费需求与全国的地区差较明显缩小。

2011 年，天津城乡人均文化消费增长高于自身“十五” 年均增长 9. 70 个百分点，也高于自身“十一五” 年均增长 2. 98 个百分点，同时明显高于全国增幅 2. 68 个百分点。此时，天津城乡人均值高于全国城乡平均值，增长高于全国意味着地区差距扩大，与全国城乡地区差因此比 2010 年较明显扩大 2. 33%，地区差排序处于 31 个省域里第 25 位。

四　天津城乡文化消费需求景气测评

综合以上分析："十五"以来天津城乡文化消费总量年均增长明显高于全国增长，人均值年均增长也略微低于全国平均增长；"十一五"期间与产值比、占收入比、占总消费比升降变化状况好于"十五"期间，其余比例升降变化状况不及"十五"期间；"十五"以来城乡比明显扩大，同时地区差较明显缩小。这些都集中体现在天津城乡文化消费需求景气指数的测评演算中。2000～2011年天津城乡文化消费需求景气指数变动态势见图6。

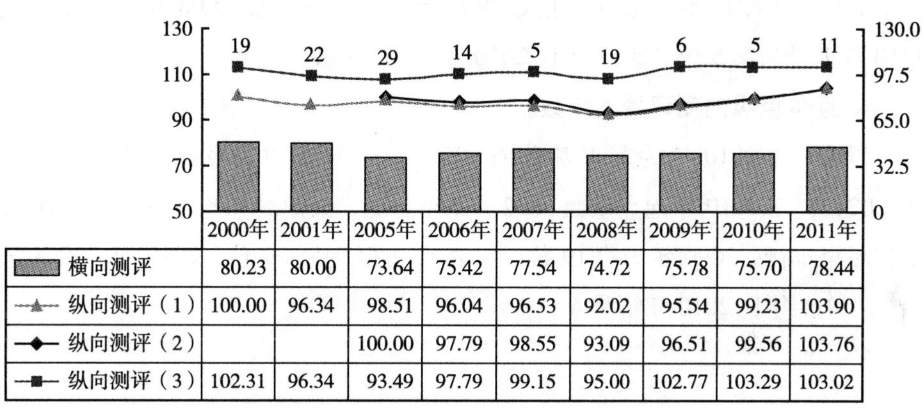

	2000年	2001年	2005年	2006年	2007年	2008年	2009年	2010年	2011年
横向测评	80.23	80.00	73.64	75.42	77.54	74.72	75.78	75.70	78.44
纵向测评（1）	100.00	96.34	98.51	96.04	96.53	92.02	95.54	99.23	103.90
纵向测评（2）			100.00	97.79	98.55	93.09	96.51	99.56	103.76
纵向测评（3）	102.31	96.34	93.49	97.79	99.15	95.00	102.77	103.29	103.02

图6　2000年以来天津城乡文化消费需求景气指数变动态势

注：左轴柱形为横向测评（城乡、地区无差异理想值=100）；左轴曲线为纵向测评（起点年基数值=100），（1）2000年起点，（2）2005年起点；右轴曲线为纵向测评（3）上年起点。标注逐年纵向测评全国排行位次，其余测评排行位次省略。

1. 各年度横向测评景气指数

在此项测评中，以全国城乡文化消费总量份额值、人均绝对值、各项比值为基准，并以城乡之间、地区之间实现无差距状态为"理想值"100来衡量，2011年天津城乡此项景气指数为78.44，低于理想值21.56，同时高于上一年2.74。各年度对比，天津城乡此项景气指数在31个省域里排行，2000年为第27位，2005年与之持平，2010年上升为第22位，2011年比2010年上升3位。

2. “十五”以来纵向测评景气指数

在此项测评中，以“九五”末年2000年为起点基数值100，2011年天津城乡此项景气指数为103.90，高于2000年起点基数3.90，同时高于上一年4.67。“十五”以来对比，天津城乡此项景气指数在31个省域里排行，2001年为第22位，2005年上升为第20位，2010年上升为第14位，2011年比2010年上升4位。

3. “十一五”以来纵向测评景气指数

以“十五”末年2005年为起点基数值100，2011年天津城乡此项景气指数为103.76，高于2005年起点基数3.76，同时高于上一年4.20。“十一五”以来对比，天津城乡此项景气指数在31个省域里排行，2006年为第14位，2010年上升为第5位，2011年比2010年上升2位。

4. 逐年度纵向测评景气指数

以上一年2010年为起点基数值100，2011年天津城乡此项景气指数为103.02，高于2010年起点基数3.02。逐年对比，天津城乡此项景气指数在31个省域里排行，2000年为第19位，2005年下降为第29位，2010年上升为第5位，2011年比2010年下降6位。

Tianjin: Ranked the Third in the Urban-Rural Boom Evaluation since the “Eleventh Five-Year Plan”

Abstract: In 2011, Tianjin ranked the 5th in the increase of the total cultural consumption of urban-rural areas and the 7th in the growth of per capita value. Ranking of the boom evaluation: Tianjin ranked the 19th in the lateral evaluation of the cultural consumption demand of urban-rural areas across the provinces; in its own vertical evaluation, Tianjin ranked the 10th, the 3rd and the 11th during the period of 2000 -2011, 2005 -2011 and 2010 -2011 respectively.

Key Words: Tianjin's Urban-rural Areas; Cultural Consumption; Boom Evaluation

B.9 河北：年度增幅较大回升增长潜力再显

摘　要：

2011 年，河北城乡文化消费总量增长处于第 15 位，人均值增长处于第 14 位。景气评价排行结果：河北城乡在省域横向测评中，2011 年景气指数处于第 28 位；在自身纵向测评中，2000 ~ 2011 年景气指数处于第 15 位，2005 ~ 2011 年景气指数处于第 18 位，2010 ~ 2011 年景气指数处于第 20 位。

关键词：

河北城乡　文化消费　景气评价

本文充分展示 2000 ~ 2011 年间河北相关各方面的增长态势，全面分析检测河北城乡文化消费需求状况。

一　河北城乡文化消费需求增长状况

1. 文化消费总量份额值变化

2000 ~ 2011 年河北城乡文化消费总量增长、份额变化态势见图 1。

2000 ~ 2011 年，河北城乡文化消费总量从 100. 30 亿元增长至 346. 15 亿元，增加 245. 85 亿元，总增长 245. 11%，年均增长 11. 92%，增长幅度排序处于 31 个省域里第 18 位。其中，"十五"期间总增长 93. 73%，年均增长 14. 14%；"十一五"期间总增长 53. 90%，年均增长 9. 01%。"十一五"年均增长幅度低于"十五"5. 13 个百分点。总量最高增长年度为 2002 年，增长率 31. 20%；最低增长年度为 2001 年，负增长 3. 45%。

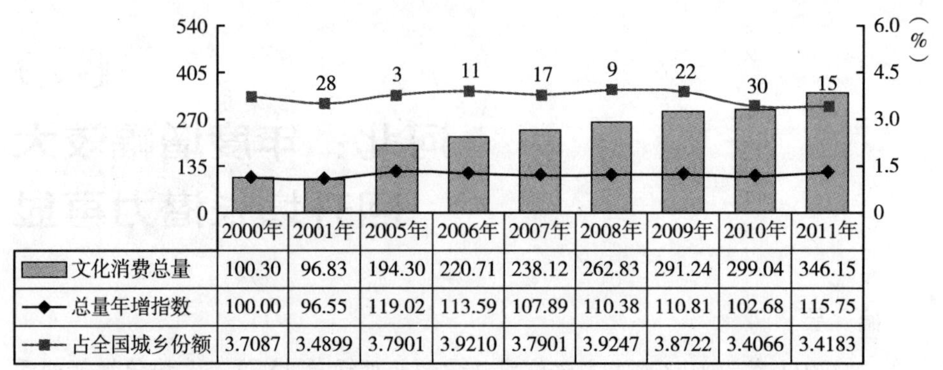

	2000年	2001年	2005年	2006年	2007年	2008年	2009年	2010年	2011年
文化消费总量	100.30	96.83	194.30	220.71	238.12	262.83	291.24	299.04	346.15
总量年增指数	100.00	96.55	119.02	113.59	107.89	110.38	110.81	102.68	115.75
占全国城乡份额	3.7087	3.4899	3.7901	3.9210	3.7901	3.9247	3.8722	3.4066	3.4183

图 1　2000 年以来河北城乡文化消费总量增长、份额变化态势

注：左轴柱形为城乡文化消费总量（亿元）；左轴曲线为年度（年均）增长指数（上年 = 100），年增指数小于 100 为负增长；右轴曲线为占全国城乡份额（%）。标注年度份额增减 31 省域排序，2000 年起点不计。

同期，全国城乡文化消费总量年均增长 12.75%，河北年均增幅略微低于全国城乡年均增幅 0.83 个百分点。河北城乡文化消费总量占全国份额由 3.71%降低为 3.42%，下降幅度为 7.83%，份额升降变化排序处于 31 个省域里第 18 位。

2011 年，全国城乡文化消费总量增长 15.36%，河北城乡文化消费总量增长 15.75%，略微高于全国增幅 0.39 个百分点，占全国份额比 2010 年上升 0.35%。同时，河北总量增长高于自身“十五”年均增长 1.61 个百分点，也高于自身“十一五”年均增长 6.75 个百分点，增长幅度和占全国份额变化排序处于 31 个省域里第 15 位。

2. 文化消费人均绝对值增长

2000 ~ 2011 年河北城乡人均文化消费增长、增幅变化态势见图 2。

2000 ~ 2011 年，河北城乡人均文化消费从 150.96 元增长至 479.62 元，增加 328.66 元，总增长 217.71%，年均增长 11.08%，增长幅度排序处于 31 个省域里第 18 位。其中，“十五”期间人均值总增长 88.46%，年均增长 13.51%；“十一五”期间人均值总增长 47.76%，年均增长 8.12%。“十一五”年均增长幅度低于“十五”5.39 个百分点。人均值最高增长年度为 2002 年，增长率 30.60%；最低增长年度为 2001 年，负增长 4.07%。

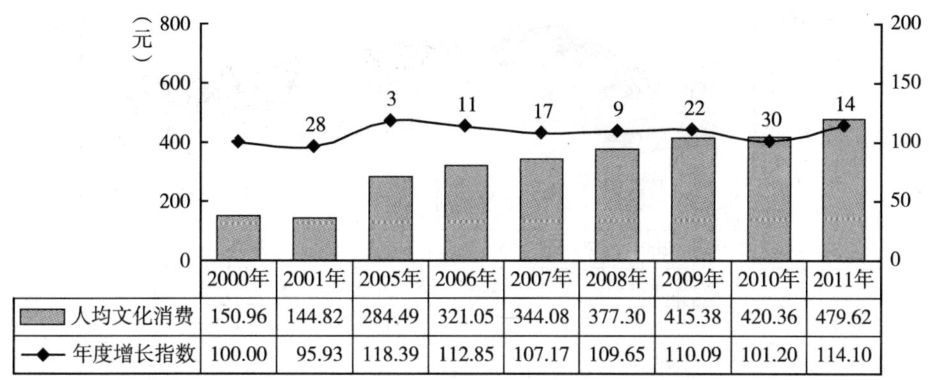

	2000年	2001年	2005年	2006年	2007年	2008年	2009年	2010年	2011年
人均文化消费	150.96	144.82	284.49	321.05	344.08	377.30	415.38	420.36	479.62
年度增长指数	100.00	95.93	118.39	112.85	107.17	109.65	110.09	101.20	114.10

图2　2000年以来河北城乡人均文化消费增长、增幅变化态势

注：左轴柱形为城乡人均文化消费（元）；右轴曲线为年度（年均）增长指数（上年=100），年增指数小于100为负增长。标注年度增长31省域排序，2000年起点不计。

同期，全国城乡人均文化消费年均增长12.11%，河北年均增幅较明显低于全国增幅。河北城乡人均文化消费从全国城乡平均值的70.48%降低至63.66%，人均绝对值在31个省域里排序由第26位提高为第24位。

2011年，全国城乡人均文化消费增长14.81%，河北增长14.10%，略微低于全国增幅，但同时高于自身“十五”年均增长，也高于自身“十一五”年均增长，增长幅度排序处于31个省域里第14位。

二　河北城乡文化消费相关背景情况

2000~2011年河北城乡文化消费比例变动态势见图3。

1. 人均文化消费与人均产值的比例

2000~2011年，河北城乡人均文化消费与人均产值的比例由1.99%降低至1.41%，由于其他省域此项比值降低更加明显，河北在31个省域里排序从第28位上升到第27位。“十五”以来，河北城乡此项比值下降28.99%，升降变化程度处于31个省域里第10位。

分阶段来看，河北城乡此项比值在“十五”期间降低0.06个百分点；在“十一五”期间降低0.46个百分点。文化消费需求增长与当地省域经济发展之间协调关系变化，在“十五”至“十一五”期间，由略微下降加重为更大幅度的下降。其间，最高值为2003年2.16%，最低值为2011年1.41%。

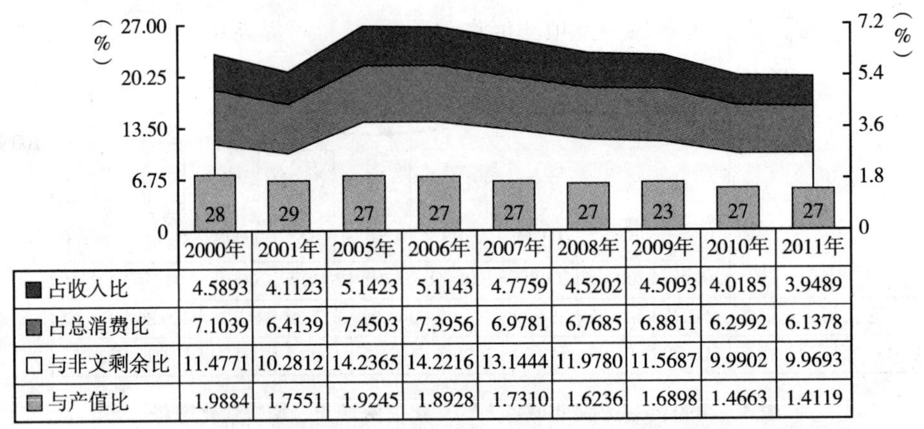

	2000年	2001年	2005年	2006年	2007年	2008年	2009年	2010年	2011年
■占收入比	4.5893	4.1123	5.1423	5.1143	4.7759	4.5202	4.5093	4.0185	3.9489
■占总消费比	7.1039	6.4139	7.4503	7.3956	6.9781	6.7685	6.8811	6.2992	6.1378
□与非文剩余比	11.4771	10.2812	14.2365	14.2216	13.1444	11.9780	11.5687	9.9902	9.9693
■与产值比	1.9884	1.7551	1.9245	1.8928	1.7310	1.6236	1.6898	1.4663	1.4119

图3　2000年以来河北城乡文化消费比例变动态势

注：左轴面积为城乡人均文化消费占收入比、占总消费比、与非文消费剩余（图例简称“非文剩余”）比（%），各项比值年度升降形成直观比例叠加；右轴柱形为城乡人均文化消费与产值比（%）。标注与产值比年度31省域排序，其余比值排序省略。

2011年，河北城乡此项比值降低0.05个百分点，降幅为3.71%，文化消费需求增长与经济发展的协调性比2010年略有下降。

2. 人均文化消费占人均收入的比重

2000~2011年，河北城乡人均文化消费占人均收入的比重由4.59%降低至3.95%，在31个省域里排序从第27位下降到第29位。“十五”以来，河北城乡此项比值下降13.95%，升降变化程度处于31个省域里第16位。

分阶段来看，河北城乡此项比值在“十五”期间提高0.56个百分点；在“十一五”期间降低1.09个百分点。当地居民文化消费需求增长与收入增加之间协调关系变化，在“十五”至“十一五”期间，由较明显提升逆转为明显下降。其间，最高值为2003年5.23%，最低值为2011年3.95%。

2011年，河北城乡此项比值降低0.07个百分点，降幅为1.73%，文化消费需求增长与收入增加的协调性比2010年略有下降。

3. 人均文化消费占人均总消费的比重

2000~2011年，河北城乡人均文化消费占人均总消费的比重由7.10%降低至6.14%，在31个省域里排序从第20位下降到第25位。“十五”以来，河北城乡此项比值下降13.60%，升降变化程度处于31个省域里第21位。

分阶段来看，河北城乡此项比值在“十五”期间提高 0.35 个百分点；在“十一五”期间降低 1.15 个百分点。当地居民文化消费需求增长与总消费增加之间协调关系变化，在“十五”至“十一五”期间，由略微提升逆转为明显下降。其间，最高值为 2003 年 7.89%，最低值为 2011 年 6.14%。

2011 年，河北城乡此项比值降低 0.16 个百分点，降幅为 2.56%，文化消费需求增长与总消费增加的协调性比 2010 年略有下降。

4. 人均文化消费与人均非文消费剩余的比例

2000～2011 年，河北城乡人均文化消费与人均非文消费剩余的比例由 11.48%降低至 9.97%，由于其他省域此项比值降低更加明显，河北在 31 个省域里排序从第 30 位上升到第 29 位。“十五”以来，河北城乡此项比值下降 13.14%，升降变化程度处于 31 个省域里第 8 位。

分阶段来看，河北城乡此项比值在“十五”期间提高 2.76 个百分点；在“十一五”期间降低 4.25 个百分点。当地居民文化消费需求增长与“必需消费”之外“余钱”增多之间协调关系变化，在“十五”至“十一五”期间，由明显提升逆转为显著下降。其间，最高值为 2005 年 14.24%，最低值为 2011 年 9.97%。

2011 年，河北城乡此项比值降低 0.02 个百分点，降幅为 0.21%，文化消费需求增长与“必需消费”之外“余钱”增多的协调性比 2010 年略有下降。

三　河北文化消费城乡、区域协调状况

1. 人均文化消费城乡比

2000～2011 年河北人均文化消费城乡比变动态势见图 4。

2000～2011 年，河北人均文化消费城乡比由 1.6082 扩大至 2.1574，由于其他省域文化消费城乡比扩大更为严重，河北城乡比在 31 个省域里排序从第 21 位上升到第 10 位。其间，最小城乡比为 2001 年 1.1480，最大城乡比为 2009 年 2.3573。“十五”以来，河北人均文化消费城乡比扩大 34.15%，城乡比扩减变化状况处于 31 个省域里第 9 位。这意味着，河北属于文化消费城乡比扩减变化态势不甚严重的省域之一。

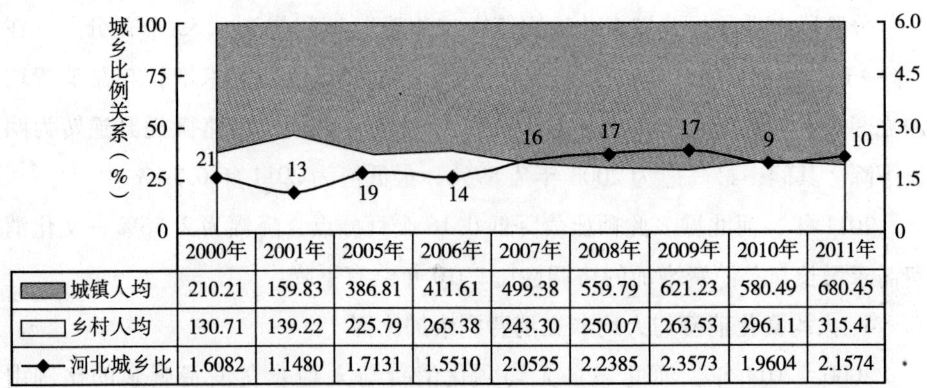

	2000年	2001年	2005年	2006年	2007年	2008年	2009年	2010年	2011年
城镇人均	210.21	159.83	386.81	411.61	499.38	559.79	621.23	580.49	680.45
乡村人均	130.71	139.22	225.79	265.38	243.30	250.07	263.53	296.11	315.41
河北城乡比	1.6082	1.1480	1.7131	1.5510	2.0525	2.2385	2.3573	1.9604	2.1574

图4　2000年以来河北人均文化消费城乡比变动态势

注：左轴面积为城镇、乡村人均文化消费（元转换为%），城乡间年度升降形成直观比例关系；右轴曲线为人均文化消费城乡比（乡村=1）。标注城乡比年度31省域排序。

同期，河北城镇人均文化消费从210.21元增长至680.45元，增加470.24元，总增长223.70%，年均增长11.27%。城镇人均值最高增长年度为2002年，增长率66.90%；最低增长年度为2001年，负增长23.97%。乡村人均文化消费从130.71元增长至315.41元，增加184.70元，总增长141.31%，年均增长8.34%。乡村人均值最高增长年度为2005年，增长率23.68%；最低增长年度为2007年，负增长8.32%。此间，河北城镇人均文化消费需求年均增长明显高于乡村年均增长2.93个百分点，导致河北文化消费需求的城乡比明显扩大。

2011年，河北城镇人均文化消费增长17.22%，高于“十五”年均增长4.25个百分点，也高于“十一五”年均增长8.76个百分点；乡村人均文化消费增长6.52%，低于“十五”年均增长5.03个百分点，但高于“十一五”年均增长0.95个百分点。此时，河北城镇人均值高于乡村，城镇年度增幅高于乡村增幅10.70个百分点，意味着城乡差距扩大。河北文化消费城乡比因此比2010年明显扩大10.05%，城乡比排序处于31个省域里第10位。

2. 城乡人均文化消费地区差

2000～2011年河北城乡人均文化消费与全国地区差变动态势见图5。

2000～2011年，河北城乡人均文化消费与全国城乡地区差由1.2952扩大至1.3634，由于其他省域城乡文化消费与全国地区差扩大更为严重，河北

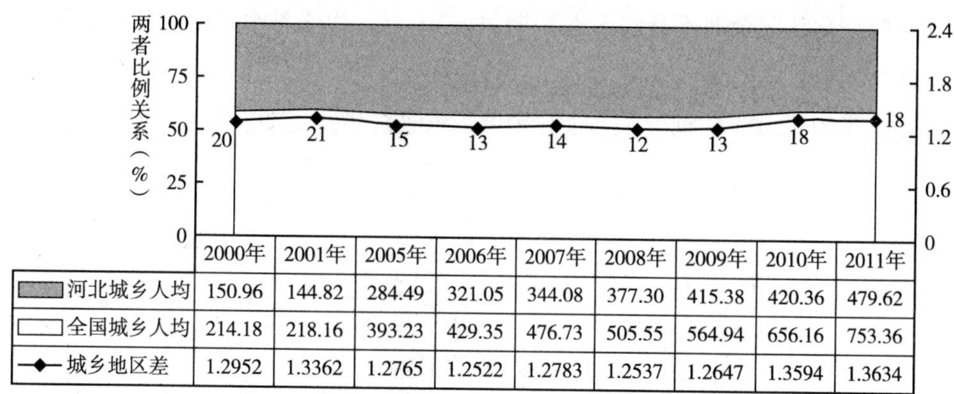

	2000年	2001年	2005年	2006年	2007年	2008年	2009年	2010年	2011年
河北城乡人均	150.96	144.82	284.49	321.05	344.08	377.30	415.38	420.36	479.62
全国城乡人均	214.18	218.16	393.23	429.35	476.73	505.55	564.94	656.16	753.36
城乡地区差	1.2952	1.3362	1.2765	1.2522	1.2783	1.2537	1.2647	1.3594	1.3634

图 5　2000 年以来河北城乡人均文化消费与全国地区差变动态势

注：左轴面积为城乡人均文化消费（元转换为%），当地与全国数值年度升降形成直观比例关系；右轴曲线为城乡人均文化消费地区差（无差距 =1）。标注地区差年度 31 省域排序。

城乡地区差在 31 个省域里排序从第 20 位上升到第 18 位。其间，最小地区差为 2006 年 1. 2522，最大地区差为 2011 年 1. 3634。“十五”以来，河北城乡人均文化消费地区差扩大 5. 26%，地区差扩减变化状况处于 31 个省域里第 19 位。这意味着，河北属于城乡文化消费地区差扩减变化态势较严重的省域之一。

2000 ~2011 年，河北城乡人均文化消费年均增幅较明显低于全国增幅 1. 03 个百分点，河北城乡文化消费需求与全国的地区差明显扩大。

2011 年，河北城乡人均文化消费增长高于自身“十五”年均增长 0. 59 个百分点，也高于自身“十一五”年均增长 5. 98 个百分点，同时略微低于全国增幅 0. 72 个百分点。此时，河北城乡人均值低于全国城乡平均值，增长低于全国意味着地区差距扩大，与全国城乡地区差因此比 2010 年略有扩大 0. 29%，地区差排序处于 31 个省域里第 18 位。

四　河北城乡文化消费需求景气测评

综合以上分析：“十五”以来河北城乡文化消费总量年均增长略微低于全国增长，人均值年均增长也较明显低于全国平均增长；“十一五”期间各项比例升降变化状况全面不及“十五”期间；“十五”以来城乡比明显扩大，同时地区差明显扩大。这些都集中体现在河北城乡文化消费需求景气指数的测评演算中。2000~2011 年河北城乡文化消费需求景气指数变动态势见图 6。

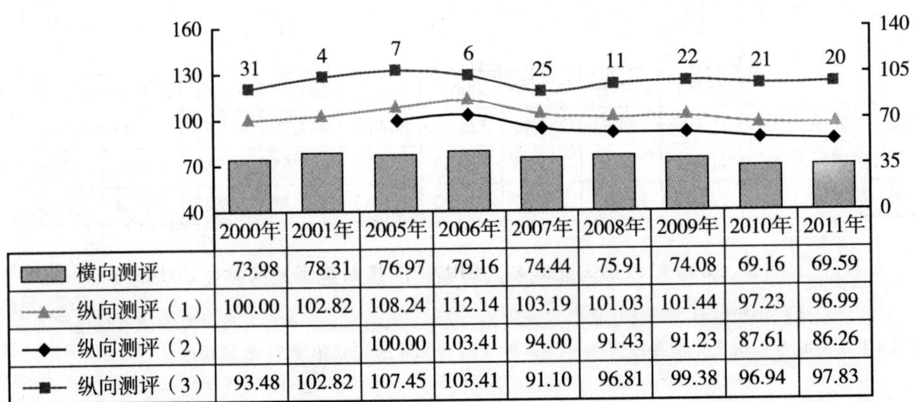

	2000年	2001年	2005年	2006年	2007年	2008年	2009年	2010年	2011年
横向测评	73.98	78.31	76.97	79.16	74.44	75.91	74.08	69.16	69.59
纵向测评（1）	100.00	102.82	108.24	112.14	103.19	101.03	101.44	97.23	96.99
纵向测评（2）			100.00	103.41	94.00	91.43	91.23	87.61	86.26
纵向测评（3）	93.48	102.82	107.45	103.41	91.10	96.81	99.38	96.94	97.83

图 6　2000 年以来河北城乡文化消费需求景气指数变动态势

注：左轴柱形为横向测评（城乡、地区无差异理想值 = 100）；左轴曲线为纵向测评（起点年基数值 = 100），（1）2000 年起点，（2）2005 年起点；右轴曲线为纵向测评（3）上年起点。标注逐年纵向测评全国排行位次，其余测评排行位次省略。

1. 各年度横向测评景气指数

在此项测评中，以全国城乡文化消费总量份额值、人均绝对值、各项比值为基准，并以城乡之间、地区之间实现无差距状态为“理想值”100 来衡量，2011 年河北城乡此项景气指数为 69.59，低于理想值 30.41，同时高于上一年 0.43。各年度对比，河北城乡此项景气指数在 31 个省域里排行，2000 年为第 29 位，2005 年上升为第 25 位，2010 年下降为第 28 位，2011 年与 2010 年持平。

2. “十五”以来纵向测评景气指数

在此项测评中，以“九五”末年 2000 年为起点基数值 100，2011 年河北城乡此项景气指数为 96.99，低于 2000 年起点基数 3.01，同时低于上一年 0.24。“十五”以来对比，河北城乡此项景气指数在 31 个省域里排行，2001 年为第 4 位，2005 年下降为第 8 位，2010 年下降为第 15 位，2011 年与 2010 年持平。

3. “十一五”以来纵向测评景气指数

以“十五”末年2005年为起点基数值100，2011年河北城乡此项景气指数为86.26，低于2005年起点基数13.74，同时低于上一年1.35。“十一五”以来对比，河北城乡此项景气指数在31个省域里排行，2006年为第6位，2010年下降为第20位，2011年比2010年上升2位。

4. 逐年度纵向测评景气指数

以上一年2010年为起点基数值100，2011年河北城乡此项景气指数为97.83，低于2010年起点基数2.17。逐年对比，河北城乡此项景气指数在31个省域里排行，2000年为第31位，2005年上升为第7位，2010年下降为第21位，2011年比2010年上升1位。

Hebei: The Sharp Rebound of Annual Growth Indicating the Reappearance of Growth Potential

Abstract: In 2011, Hebei ranked the 15th in the increase of the total cultural consumption of urban-rural areas and the 14th in the growth of per capita value. Ranking of the boom evaluation: Hebei ranked the 28th in the lateral evaluation of the cultural consumption demand of urban-rural areas across the provinces; in its own vertical evaluation, Hebei ranked the 15th, the 18th and the 20th during the period of 2000 -2011, 2005 -2011 and 2010 -2011 respectively.

Key Words: Hebei's Urban-rural Areas; Cultural Consumption; Boom Evaluation

B.10

山东：11年以来人均值及其增幅低于全国

摘 要：

2011年，山东城乡文化消费总量增长处于第18位，人均值增长处于第20位。景气评价排行结果：山东城乡在省域横向测评中，2011年景气指数处于第18位；在自身纵向测评中，2000~2011年景气指数处于第20位，2005~2011年景气指数处于第22位，2010~2011年景气指数处于第15位。

关键词：

山东城乡　文化消费　景气评价

本文充分展示2000~2011年间山东相关各方面的增长态势，全面分析检测山东城乡文化消费需求状况。

一　山东城乡文化消费需求增长状况

1. 文化消费总量份额值变化

2000~2011年山东城乡文化消费总量增长、份额变化态势见图1。

2000~2011年，山东城乡文化消费总量从218.34亿元增长至655.90亿元，增加437.56亿元，总增长200.40%，年均增长10.52%，增长幅度排序处于31个省域里第23位。其中，“十五”期间总增长80.88%，年均增长12.58%；“十一五”期间总增长45.69%，年均增长7.82%。“十一五”年均增长幅度低于“十五”4.76个百分点。总量最高增长年度为2002年，增长率24.45%；最低增长年度为2004年，增长率1.74%。

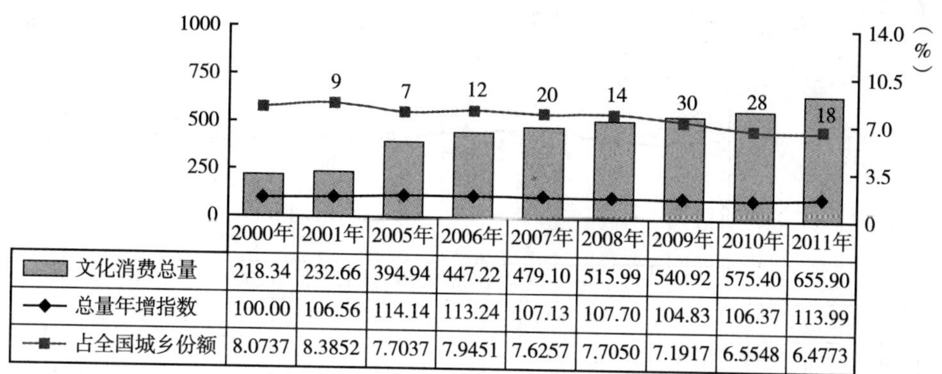

	2000年	2001年	2005年	2006年	2007年	2008年	2009年	2010年	2011年
文化消费总量	218.34	232.66	394.94	447.22	479.10	515.99	540.92	575.40	655.90
总量年增指数	100.00	106.56	114.14	113.24	107.13	107.70	104.83	106.37	113.99
占全国城乡份额	8.0737	8.3852	7.7037	7.9451	7.6257	7.7050	7.1917	6.5548	6.4773

图 1　2000 年以来山东城乡文化消费总量增长、份额变化态势

注：左轴柱形为城乡文化消费总量（亿元）；左轴曲线为年度（年均）增长指数（上年 = 100）；右轴曲线为占全国城乡份额（%）。标注年度份额增减 31 省域排序，2000 年起点不计。

同期，全国城乡文化消费总量年均增长 12.75%，山东年均增幅明显低于全国城乡年均增幅 2.23 个百分点。山东城乡文化消费总量占全国份额由 8.07% 降低为 6.48%，下降幅度为 19.77%，份额升降变化排序处于 31 个省域里第 23 位。

2011 年，全国城乡文化消费总量增长 15.36%，山东城乡文化消费总量增长 13.99%，较明显低于全国增幅 1.37 个百分点，占全国份额比 2010 年下降 1.18%。同时，山东总量增长高于自身“十五”年均增长 1.41 个百分点，也高于自身“十一五”年均增长 6.17 个百分点，增长幅度和占全国份额变化排序处于 31 个省域里第 18 位。

2. 文化消费人均绝对值增长

2000 ~ 2011 年山东城乡人均文化消费增长、增幅变化态势见图 2。

2000 ~ 2011 年，山东城乡人均文化消费从 244.22 元增长至 682.35 元，增加 438.13 元，总增长 179.40%，年均增长 9.79%，增长幅度排序处于 31 个省域里第 24 位。其中，“十五”期间人均值总增长 75.51%，年均增长 11.91%；“十一五”期间人均值总增长 40.88%，年均增长 7.10%。“十一五”年均增长幅度低于“十五”4.81 个百分点。人均值最高增长年度为 2002 年，增长率 23.87%；最低增长年度为 2004 年，增长率 1.20%。

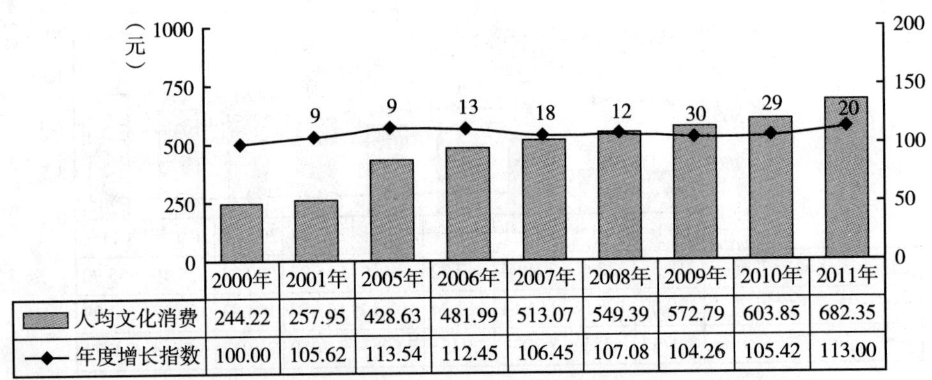

	2000年	2001年	2005年	2006年	2007年	2008年	2009年	2010年	2011年
人均文化消费	244.22	257.95	428.63	481.99	513.07	549.39	572.79	603.85	682.35
年度增长指数	100.00	105.62	113.54	112.45	106.45	107.08	104.26	105.42	113.00

图 2　2000 年以来山东城乡人均文化消费增长、增幅变化态势

注：左轴柱形为城乡人均文化消费（元）；右轴曲线为年度（年均）增长指数（上年 = 100）。标注年度增长 31 省域排序，2000 年起点不计。

同期，全国城乡人均文化消费年均增长 12.11%，山东年均增幅明显低于全国增幅。山东城乡人均文化消费从全国城乡平均值的 114.02% 降低至 90.57%，人均绝对值在 31 个省域里排序由第 8 位降低为第 11 位。

2011 年，全国城乡人均文化消费增长 14.81%，山东增长 13.00%，较明显低于全国增幅，同时高于自身“十五”年均增长，也高于自身“十一五”年均增长，增长幅度排序处于 31 个省域里第 20 位。

二　山东城乡文化消费相关背景情况

2000～2011 年山东城乡文化消费比例变动态势见图 3。

1. 人均文化消费与人均产值的比例

2000～2011 年，山东城乡人均文化消费与人均产值的比例由 2.62% 降低至 1.44%，在 31 个省域里排序从第 17 位下降到第 25 位。“十五”以来，山东城乡此项比值下降 44.95%，升降变化程度处于 31 个省域里第 22 位。

分阶段来看，山东城乡此项比值在“十五”期间降低 0.49 个百分点；在“十一五”期间降低 0.66 个百分点。文化消费需求增长与当地省域经济发展之间协调关系变化，在“十五”至“十一五”期间，延续保持较明显下降。其间，最高值为 2002 年 2.82%，最低值为 2011 年 1.44%。

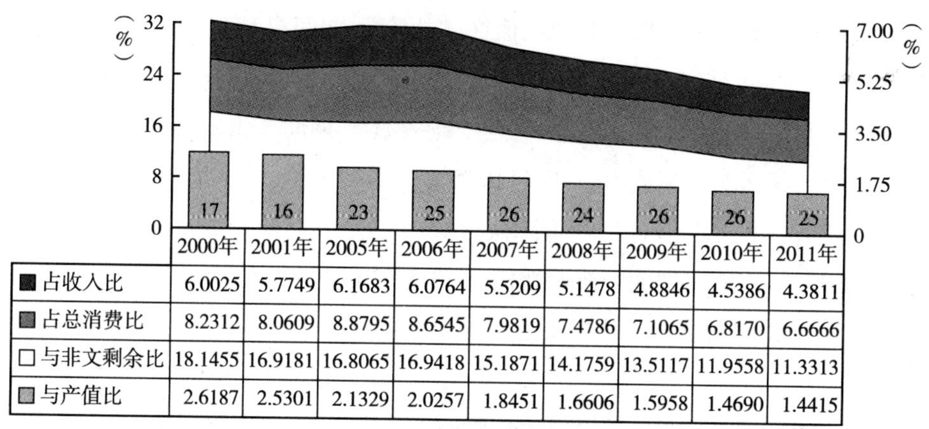

	2000年	2001年	2005年	2006年	2007年	2008年	2009年	2010年	2011年
■占收入比	6.0025	5.7749	6.1683	6.0764	5.5209	5.1478	4.8846	4.5386	4.3811
■占总消费比	8.2312	8.0609	8.8795	8.6545	7.9819	7.4786	7.1065	6.8170	6.6666
□与非文剩余比	18.1455	16.9181	16.8065	16.9418	15.1871	14.1759	13.5117	11.9558	11.3313
■与产值比	2.6187	2.5301	2.1329	2.0257	1.8451	1.6606	1.5958	1.4690	1.4415

图 3　2000 年以来山东城乡文化消费比例变动态势

注：左轴面积为城乡人均文化消费占收入比、占总消费比、与非文消费剩余（图例简称“非文剩余”）比（%），各项比值年度升降形成直观比例叠加；右轴柱形为城乡人均文化消费与产值比（%）。标注与产值比年度 31 省域排序，其余比值排序省略。

2011 年，山东城乡此项比值降低 0. 03 个百分点，降幅为 1. 87%，文化消费需求增长与经济发展的协调性比 2010 年略有下降。

2. 人均文化消费占人均收入的比重

2000～2011 年，山东城乡人均文化消费占人均收入的比重由 6. 00% 降低至 4. 38%，在 31 个省域里排序从第 9 位下降到第 27 位。“十五”以来，山东城乡此项比值下降 27. 01%，升降变化程度处于 31 个省域里第 27 位。

分阶段来看，山东城乡此项比值在“十五”期间提高 0. 17 个百分点；在“十一五”期间降低 1. 63 个百分点。当地居民文化消费需求增长与收入增加之间协调关系变化，在“十五”至“十一五”期间，由略微提升逆转为明显下降。其间，最高值为 2002 年 6. 63%，最低值为 2011 年 4. 38%。

2011 年，山东城乡此项比值降低 0. 16 个百分点，降幅为 3. 47%，文化消费需求增长与收入增加的协调性比 2010 年略有下降。

3. 人均文化消费占人均总消费的比重

2000～2011 年，山东城乡人均文化消费占人均总消费的比重由 8. 23% 降低至 6. 67%，在 31 个省域里排序从第 7 位下降到第 18 位。“十五”以来，山东城乡此项比值下降 19. 01%，升降变化程度处于 31 个省域里第 26 位。

分阶段来看，山东城乡此项比值在“十五”期间提高0.65个百分点；在“十一五”期间降低2.06个百分点。当地居民文化消费需求增长与总消费增加之间协调关系变化，在“十五”至“十一五”期间，由较明显提升逆转为显著下降。其间，最高值为2002年9.29%，最低值为2011年6.67%。

2011年，山东城乡此项比值降低0.15个百分点，降幅为2.21%，文化消费需求增长与总消费增加的协调性比2010年略有下降。

4. 人均文化消费与人均非文消费剩余的比例

2000~2011年，山东城乡人均文化消费与人均非文消费剩余的比例由18.15%降低至11.33%，在31个省域里排序从第21位下降到第28位。“十五”以来，山东城乡此项比值下降37.55%，升降变化程度处于31个省域里第23位。

分阶段来看，山东城乡此项比值在“十五”期间降低1.34个百分点；在“十一五”期间降低4.85个百分点。当地居民文化消费需求增长与“必需消费”之外“余钱”增多之间协调关系变化，在“十五”至“十一五”期间，由较明显下降加重为更大幅度的显著下降。其间，最高值为2002年18.82%，最低值为2011年11.33%。

2011年，山东城乡此项比值降低0.62个百分点，降幅为5.22%，文化消费需求增长与“必需消费”之外“余钱”增多的协调性比2010年显著下降。

三　山东文化消费城乡、区域协调状况

1. 人均文化消费城乡比

2000~2011年山东人均文化消费城乡比变动态势见图4。

2000~2011年，山东人均文化消费城乡比由1.4752扩大至1.8266，由于其他省域文化消费城乡比扩大更为严重，山东城乡比在31个省域里排序从第20位上升到第7位。其间，最小城乡比为2005年1.3081，最大城乡比为2009年1.9011。“十五”以来，山东人均文化消费城乡比扩大23.81%，城乡比扩减变化状况处于31个省域里第7位。这意味着，山东属于文化消费城乡比扩减变化态势较好的省域之一。

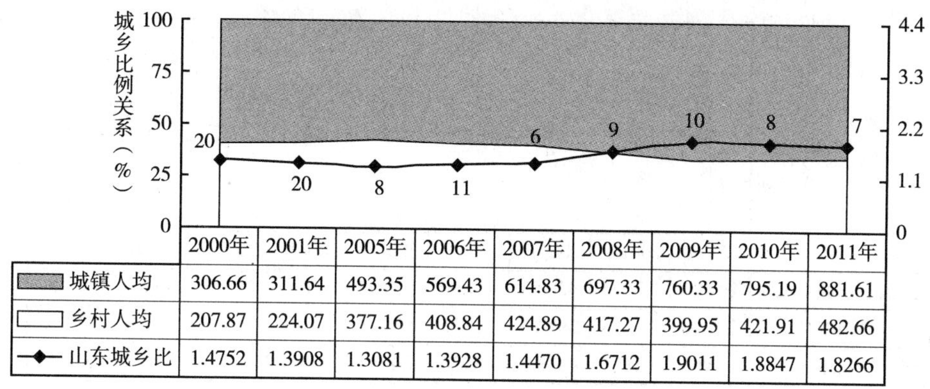

	2000年	2001年	2005年	2006年	2007年	2008年	2009年	2010年	2011年
城镇人均	306.66	311.64	493.35	569.43	614.83	697.33	760.33	795.19	881.61
乡村人均	207.87	224.07	377.16	408.84	424.89	417.27	399.95	421.91	482.66
山东城乡比	1.4752	1.3908	1.3081	1.3928	1.4470	1.6712	1.9011	1.8847	1.8266

图 4　2000 年以来山东人均文化消费城乡比变动态势

注：左轴面积为城镇、乡村人均文化消费（元转换为%），城乡间年度升降形成直观比例关系；右轴曲线为人均文化消费城乡比（乡村 =1）。标注城乡比年度 31 省域排序。

同期，山东城镇人均文化消费从 306. 66 元增长至 881. 61 元，增加 574. 95 元，总增长 187. 49%，年均增长 10. 08%。城镇人均值最高增长年度为 2002 年，增长率 32. 88%；最低增长年度为 2004 年，负增长 0. 94%。乡村人均文化消费从 207. 87 元增长至 482. 66 元，增加 274. 79 元，总增长 132. 19%，年均增长 7. 96%。乡村人均值最高增长年度为 2005 年，增长率 26. 47%；最低增长年度为 2009 年，负增长 4. 15%。此间，山东城镇人均文化消费需求年均增长明显高于乡村年均增长 2. 12 个百分点，导致山东文化消费需求的城乡比较明显扩大。

2011 年，山东城镇人均文化消费增长 10. 87%，高于“十五”年均增长 0. 89 个百分点，也高于“十一五”年均增长 0. 85 个百分点；乡村人均文化消费增长 14. 40%，高于“十五”年均增长 1. 74 个百分点，也高于“十一五”年均增长 12. 13 个百分点。此时，山东城镇人均值高于乡村，城镇年度增幅低于乡村增幅 3. 53 个百分点，意味着城乡差距缩小。山东文化消费城乡比因此比 2010 年略有缩小 3. 09%，城乡比排序处于 31 个省域里第 7 位。

2. 城乡人均文化消费地区差

2000 ~2011 年山东城乡文化消费与全国地区差变动态势见图 5。

2000 ~2011 年，山东城乡人均文化消费与全国城乡地区差由 1. 1402 缩

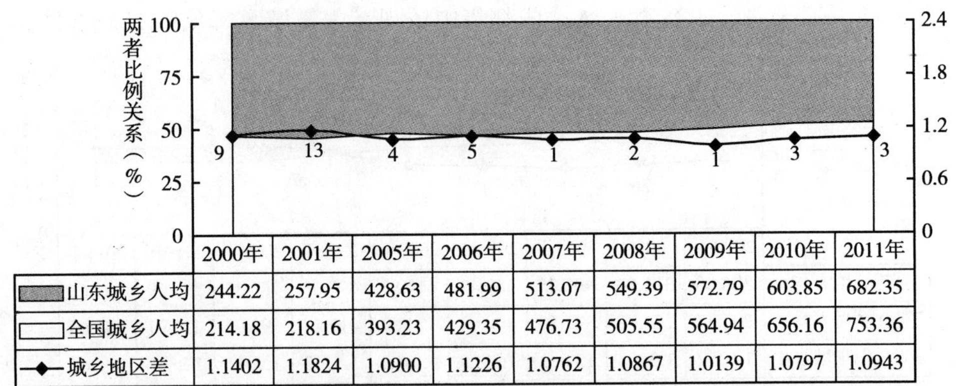

	2000年	2001年	2005年	2006年	2007年	2008年	2009年	2010年	2011年
山东城乡人均	244.22	257.95	428.63	481.99	513.07	549.39	572.79	603.85	682.35
全国城乡人均	214.18	218.16	393.23	429.35	476.73	505.55	564.94	656.16	753.36
城乡地区差	1.1402	1.1824	1.0900	1.1226	1.0762	1.0867	1.0139	1.0797	1.0943

图5　2000 年以来山东城乡人均文化消费与全国地区差变动态势

注：左轴面积为城乡人均文化消费（元转换为%），当地与全国数值年度升降形成直观比例关系；右轴曲线为城乡人均文化消费地区差（无差距=1）。标注地区差年度31省域排序。

小至1.0943，在31个省域里排序从第9位上升到第3位。其间，最小地区差为2009年1.0139，最大地区差为2001年1.1824。“十五”以来，山东城乡人均文化消费地区差缩小4.03%，地区差扩减变化状况处于31个省域里第5位。这意味着，山东属于城乡文化消费地区差扩减变化态势良好的省域之一。

2000~2011年，山东城乡人均文化消费年均增幅明显低于全国增幅2.32个百分点，山东城乡文化消费需求与全国的地区差较明显缩小。

2011年，山东城乡人均文化消费增长高于自身“十五”年均增长1.09个百分点，也高于自身“十一五”年均增长5.91个百分点，同时较明显低于全国增幅1.81个百分点。此时，山东城乡人均值低于全国城乡平均值，增长低于全国意味着地区差距扩大，与全国城乡地区差因此比2010年较明显扩大1.35%，地区差排序处于31个省域里第3位。

四　山东城乡文化消费需求景气测评

综合以上分析：“十五”以来山东城乡文化消费总量年均增长明显低于全国增长，人均值年均增长也明显低于全国平均增长；“十一五”期间各项比例升降变化状况全面不及“十五”期间；“十五”以来城乡比较明显扩

大，同时地区差较明显缩小。这些都集中体现在山东城乡文化消费需求景气指数的测评演算中。2000 ~ 2011 年山东城乡文化消费需求景气指数变动态势见图 6。

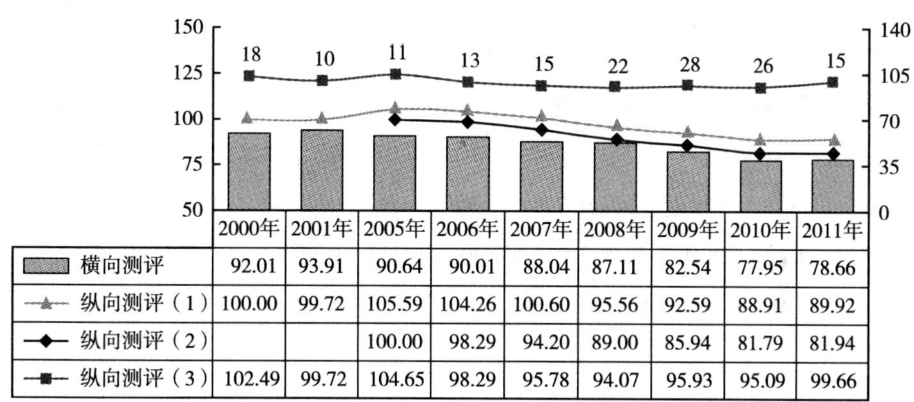

	2000年	2001年	2005年	2006年	2007年	2008年	2009年	2010年	2011年
横向测评	92.01	93.91	90.64	90.01	88.04	87.11	82.54	77.95	78.66
纵向测评（1）	100.00	99.72	105.59	104.26	100.60	95.56	92.59	88.91	89.92
纵向测评（2）			100.00	98.29	94.20	89.00	85.94	81.79	81.94
纵向测评（3）	102.49	99.72	104.65	98.29	95.78	94.07	95.93	95.09	99.66

图 6　2000 年以来山东城乡文化消费需求景气指数变动态势

注：左轴柱形为横向测评（城乡、地区无差异理想值 = 100）；左轴曲线为纵向测评（起点年基数值 = 100），（1）2000 年起点，（2）2005 年起点；右轴曲线为纵向测评（3）上年起点。标注逐年纵向测评全国排行位次，其余测评排行位次省略。

1. 各年度横向测评景气指数

在此项测评中，以全国城乡文化消费总量份额值、人均绝对值、各项比例为基准，并以城乡之间、地区之间实现无差距状态为“理想值”100 来衡量，2011 年山东城乡此项景气指数为 78.66，低于理想值 21.34，同时高于上一年 0.71。各年度对比，山东城乡此项景气指数在 31 个省域里排行，2000 年为第 16 位，2005 年上升为第 13 位，2010 年下降为第 19 位，2011 年比 2010 年上升 1 位。

2. “十五”以来纵向测评景气指数

在此项测评中，以“九五”末年 2000 年为起点基数值 100，2011 年山东城乡此项景气指数为 89.92，低于 2000 年起点基数 10.08，同时高于上一年 1.01。“十五”以来对比，山东城乡此项景气指数在 31 个省域里排行，2001 年为第 10 位，2005 年下降为第 14 位，2010 年下降为第 20 位，2011 年与 2010 年持平。

3. “十一五”以来纵向测评景气指数

以“十五”末年2005年为起点基数值100，2011年山东城乡此项景气指数为81.94，低于2005年起点基数18.06，同时高于上一年0.15。“十一五”以来对比，山东城乡此项景气指数在31个省域里排行，2006年为第13位，2010年下降为第24位，2011年比2010年上升2位。

4. 逐年度纵向测评景气指数

以上一年2010年为起点基数值100，2011年山东城乡此项景气指数为99.66，低于2010年起点基数0.34。逐年对比，山东城乡此项景气指数在31个省域里排行，2000年为第18位，2005年上升为第11位，2010年下降为第26位，2011年比2010年上升11位。

Shandong: The Per Capita Value and its Growth were below the National Average in the Past 11 Years

Abstract: In 2011, Shandong ranked the 18th in the increase of the total cultural consumption of urban-rural areas and the 20th in the growth of per capita value. Ranking of the boom evaluation: Shandong ranked the 18th in the lateral evaluation of the cultural consumption demand of urban-rural areas across the provinces; in its own vertical evaluation, Shandong ranked the 20th, the 22nd and the 15th during the period of 2000 - 2011, 2005 - 2011 and 2010 - 2011 respectively.

Key Words: Shandong's Urban-rural Areas; Cultural Consumption; Boom Evaluation

B.11
江苏：2011 年度横向测评景气升至首位

摘　要：

2011 年，江苏城乡文化消费总量增长处于第 1 位，人均值增长处于第 2 位。景气评价排行结果：江苏城乡在省域横向测评中，2011 年景气指数处于第 1 位；在自身纵向测评中，2000 ~2011 年景气指数处于第 1 位，2005 ~2011 年景气指数处于第 2 位，2010 ~2011 年景气指数处于第 13 位。

关键词：

江苏城乡　文化消费　景气评价

江苏同时处于 1991 ~2011 年城乡景气提升第 1 位，1995 ~2011 年城乡景气提升第 2 位，详见本书排行报告，本文限于展示 2000 ~2011 年间江苏相关各方面的增长态势。

一　江苏城乡文化消费需求增长状况

1. 文化消费总量份额值变化

2000 ~2011 年江苏城乡文化消费总量增长、份额变化态势见图 1。

2000 ~2011 年，江苏城乡文化消费总量从 202.36 亿元增长至 1125.93 亿元，增加 923.57 亿元，总增长 456.40%，年均增长 16.89%，增长幅度排序处于 31 个省域里第 1 位。其中，“十五”期间总增长 104.11%，年均增长 15.34%；“十一五”期间总增长 113.23%，年均增长 16.35%。“十一五”年均增长幅度高于“十五”1.01 个百分点。总量最高增长年度为 2005 年，增长率 32.26%；最低增长年度为 2001 年，负增长 0.0023%。

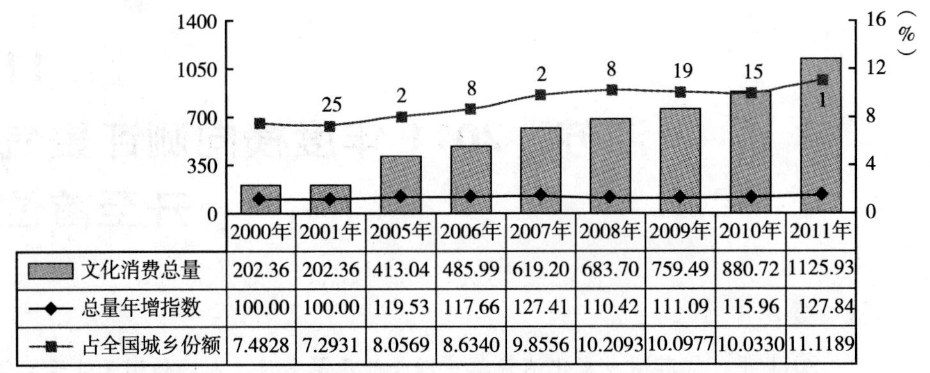

	2000年	2001年	2005年	2006年	2007年	2008年	2009年	2010年	2011年
文化消费总量	202.36	202.36	413.04	485.99	619.20	683.70	759.49	880.72	1125.93
总量年增指数	100.00	100.00	119.53	117.66	127.41	110.42	111.09	115.96	127.84
占全国城乡份额	7.4828	7.2931	8.0569	8.6340	9.8556	10.2093	10.0977	10.0330	11.1189

图1　2000 年以来江苏城乡文化消费总量增长、份额变化态势

注：左轴柱形为城乡文化消费总量（亿元）；左轴曲线为年度（年均）增长指数（上年 = 100），年增指数小于 100 为负增长；右轴曲线为占全国城乡份额（%）。标注年度份额增减 31 省域排序，2000 年起点不计。

同期，全国城乡文化消费总量年均增长 12.75%，江苏年均增幅显著高于全国城乡年均增幅 4.14 个百分点。江苏城乡文化消费总量占全国份额由 7.48% 升高为 11.12%，上升幅度为 48.59%，份额升降变化排序处于 31 个省域里第 1 位。

2011 年，全国城乡文化消费总量增长 15.36%，江苏城乡文化消费总量增长 27.84%，极显著高于全国增幅 12.48 个百分点，占全国份额比 2010 年上升 10.82%。同时，江苏总量增长高于自身“十五”年均增长 12.50 个百分点，也高于自身“十一五”年均增长 11.49 个百分点，增长幅度和占全国份额变化排序处于 31 个省域里第 1 位。

2. 文化消费人均绝对值增长

2000 ~ 2011 年江苏城乡人均文化消费增长、增幅变化态势见图 2。

2000 ~ 2011 年，江苏城乡人均文化消费从 278.35 元增长至 1428.10 元，增加 1149.75 元，总增长 413.06%，年均增长 16.03%，增长幅度排序处于 31 个省域里第 1 位。其中，“十五”期间人均值总增长 99.07%，年均增长 14.76%；“十一五”期间人均值总增长 103.84%，年均增长 15.31%。“十一五”年均增长幅度高于“十五”0.55 个百分点。人均值最高增长年度为 2005 年，增长率 31.65%；最低增长年度为 2001 年，负增长 0.97%。

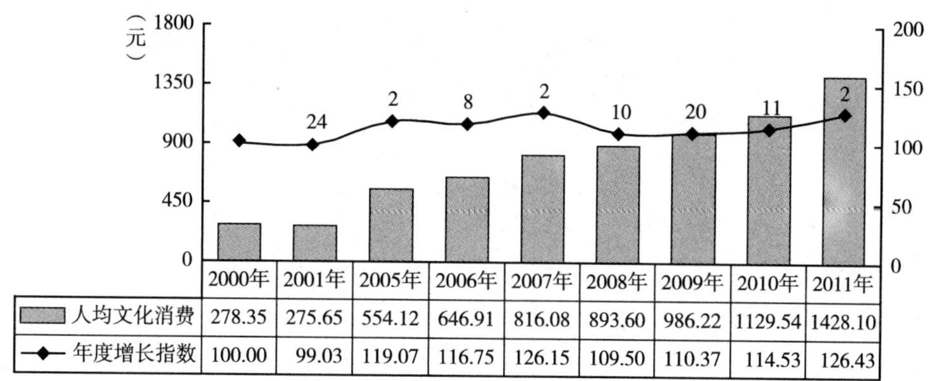

	2000年	2001年	2005年	2006年	2007年	2008年	2009年	2010年	2011年
人均文化消费	278.35	275.65	554.12	646.91	816.08	893.60	986.22	1129.54	1428.10
年度增长指数	100.00	99.03	119.07	116.75	126.15	109.50	110.37	114.53	126.43

图 2　2000 年以来江苏城乡人均文化消费增长、增幅变化态势

注：左轴柱形为城乡人均文化消费（元）；右轴曲线为年度（年均）增长指数（上年 = 100），年增指数小于 100 为负增长。标注年度增长 31 省域排序，2000 年起点不计。

同期，全国城乡人均文化消费年均增长 12.11%，江苏年均增幅明显高于全国增幅。江苏城乡人均文化消费从全国城乡平均值的 129.96% 提高至 189.56%，人均绝对值在 31 个省域里排序由第 6 位提高为第 3 位。

2011 年，全国城乡人均文化消费增长 14.81%，江苏增长 26.43%，极显著高于全国增幅，同时高于自身“十五”年均增长，也高于自身“十一五”年均增长，增长幅度排序处于 31 个省域里第 2 位。

二　江苏城乡文化消费相关背景情况

2000～2011 年江苏城乡文化消费比例变动态势见图 3。

1. 人均文化消费与人均产值的比例

2000～2011 年，江苏城乡人均文化消费与人均产值的比例由 2.37% 降低至 2.29%，由于其他省域此项比值降低更加明显，江苏在 31 个省域里排序从第 21 位上升到第 6 位。“十五”以来，江苏城乡此项比值下降 3.10%，升降变化程度处于 31 个省域里第 2 位。

分阶段来看，江苏城乡此项比值在“十五”期间降低 0.11 个百分点；在“十一五”期间降低 0.12 个百分点。文化消费需求增长与当地省域经济发展之间协调关系变化，在“十五”至“十一五”期间，延续保持略微下降。其间，最高值为 2002 年 2.48%，最低值为 2004 年 2.08%。

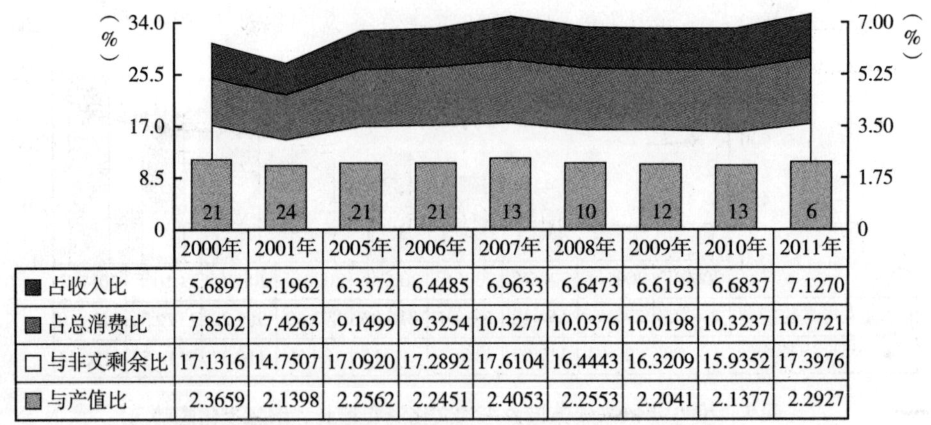

	2000年	2001年	2005年	2006年	2007年	2008年	2009年	2010年	2011年
■占收入比	5.6897	5.1962	6.3372	6.4485	6.9633	6.6473	6.6193	6.6837	7.1270
■占总消费比	7.8502	7.4263	9.1499	9.3254	10.3277	10.0376	10.0198	10.3237	10.7721
□与非文剩余比	17.1316	14.7507	17.0920	17.2892	17.6104	16.4443	16.3209	15.9352	17.3976
■与产值比	2.3659	2.1398	2.2562	2.2451	2.4053	2.2553	2.2041	2.1377	2.2927

图3　2000年以来江苏城乡文化消费比例变动态势

注：左轴面积为城乡人均文化消费占收入比、占总消费比、与非文消费剩余（图例简称“非文剩余”）比（%），各项比值年度升降形成直观比例叠加；右轴柱形为城乡人均文化消费与产值比（%）。标注与产值比年度31省域排序，其余比值排序省略。

2011年，江苏城乡此项比值提高0.16个百分点，升幅为7.25%，文化消费需求增长与经济发展的协调性比2010年略有上升。

2. 人均文化消费占人均收入的比重

2000～2011年，江苏城乡人均文化消费占人均收入的比重由5.69%提高至7.13%，在31个省域里排序从第15位上升到第1位。“十五”以来，江苏城乡此项比值上升25.26%，升降变化程度处于31个省域里第1位。

分阶段来看，江苏城乡此项比值在“十五”期间提高0.65个百分点；在“十一五”期间提高0.35个百分点。当地居民文化消费需求增长与收入增加之间协调关系变化，在“十五”至“十一五”期间，延续保持较明显提升。其间，最高值为2011年7.13%，最低值为2001年5.20%。

2011年，江苏城乡此项比值提高0.44个百分点，升幅为6.63%，文化消费需求增长与收入增加的协调性比2010年明显上升。

3. 人均文化消费占人均总消费的比重

2000～2011年，江苏城乡人均文化消费占人均总消费的比重由7.85%提高至10.77%，在31个省域里排序从第11位上升到第1位。“十五”以来，江苏城乡此项比值上升37.22%，升降变化程度处于31个省域里第1位。

分阶段来看，江苏城乡此项比值在“十五”期间提高 1.30 个百分点；在“十一五”期间提高 1.17 个百分点。当地居民文化消费需求增长与总消费增加之间协调关系变化，在“十五”至“十一五”期间，延续保持明显提升。其间，最高值为 2011 年 10.77%，最低值为 2001 年 7.43%。

2011 年，江苏城乡此项比值提高 0.45 个百分点，升幅为 4.34%，文化消费需求增长与总消费增加的协调性比 2010 年明显上升。

4. 人均文化消费与人均非文消费剩余的比例

2000 ~ 2011 年，江苏城乡人均文化消费与人均非文消费剩余的比例由 17.13% 提高至 17.40%，在 31 个省域里排序从第 24 位上升到第 7 位。“十五”以来，江苏城乡此项比值上升 1.55%，升降变化程度处于 31 个省域里第 2 位。

分阶段来看，江苏城乡此项比值在“十五”期间降低 0.04 个百分点；在“十一五”期间降低 1.16 个百分点。当地居民文化消费需求增长与“必需消费”之外“余钱”增多之间协调关系变化，在“十五”至“十一五”期间，由略微下降加重为更大幅度的较明显下降。其间，最高值为 2007 年 17.61%，最低值为 2001 年 14.75%。

2011 年，江苏城乡此项比值提高 1.46 个百分点，升幅为 9.18%，文化消费需求增长与“必需消费”之外“余钱”增多的协调性比 2010 年极显著提升。

三　江苏文化消费城乡、区域协调状况

1. 人均文化消费城乡比

2000 ~ 2011 年江苏人均文化消费城乡比变动态势见图 4。

2000 ~ 2011 年，江苏人均文化消费城乡比由 1.0860 扩大至 1.6177，由于其他省域文化消费城乡比扩大更为严重，江苏城乡比在 31 个省域里排序从第 9 位上升到第 5 位。其间，最小城乡比为 2001 年 0.9764，最大城乡比为 2011 年 1.6177。“十五”以来，江苏人均文化消费城乡比扩大 48.96%，城乡比扩减变化状况处于 31 个省域里第 13 位。这意味着，江苏属于文化消费城乡比扩减变化态势不甚严重的省域之一。

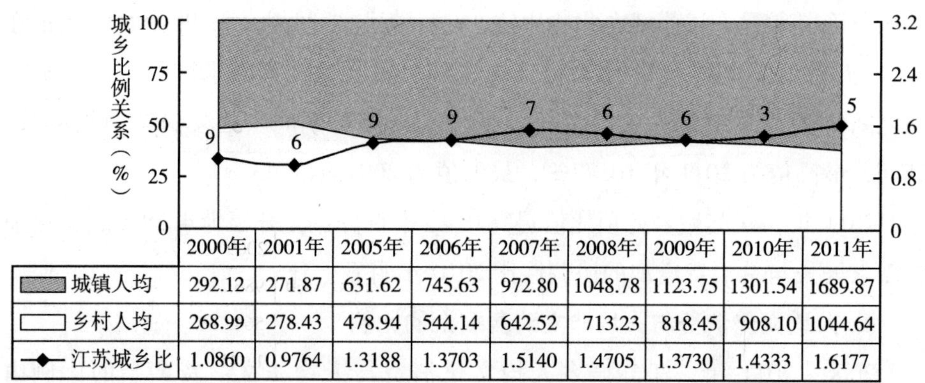

	2000年	2001年	2005年	2006年	2007年	2008年	2009年	2010年	2011年
城镇人均	292.12	271.87	631.62	745.63	972.80	1048.78	1123.75	1301.54	1689.87
乡村人均	268.99	278.43	478.94	544.14	642.52	713.23	818.45	908.10	1044.64
江苏城乡比	1.0860	0.9764	1.3188	1.3703	1.5140	1.4705	1.3730	1.4333	1.6177

图4　2000年以来江苏人均文化消费城乡比变动态势

注：左轴面积为城镇、乡村人均文化消费（元转换为%），城乡间年度升降形成直观比例关系；右轴曲线为人均文化消费城乡比（乡村=1），城乡比小于1为“城乡倒挂”，即城镇人均数值低于乡村。标注城乡比年度31省域排序。

同期，江苏城镇人均文化消费从292.12元增长至1689.87元，增加1397.75元，总增长478.48%，年均增长17.30%。城镇人均值最高增长年度为2002年，增长率45.48%；最低增长年度为2001年，负增长6.93%。乡村人均文化消费从268.99元增长至1044.64元，增加775.65元，总增长288.36%，年均增长13.13%。乡村人均值最高增长年度为2005年，增长率28.27%；最低增长年度为2004年，负增长1.52%。此间，江苏城镇人均文化消费需求年均增长显著高于乡村年均增长4.17个百分点，导致江苏文化消费需求的城乡比明显扩大。

2011年，江苏城镇人均文化消费增长29.84%，高于“十五”年均增长13.16个百分点，也高于“十一五”年均增长14.28个百分点；乡村人均文化消费增长15.04%，高于“十五”年均增长2.81个百分点，也高于“十一五”年均增长1.39个百分点。此时，江苏城镇人均值高于乡村，城镇年度增幅高于乡村增幅14.80个百分点，意味着城乡差距扩大。江苏文化消费城乡比因此比2010年明显扩大12.87%，城乡比排序处于31个省域里第5位。

2. 城乡人均文化消费地区差

2000～2011年江苏城乡文化消费与全国地区差变动态势见图5。

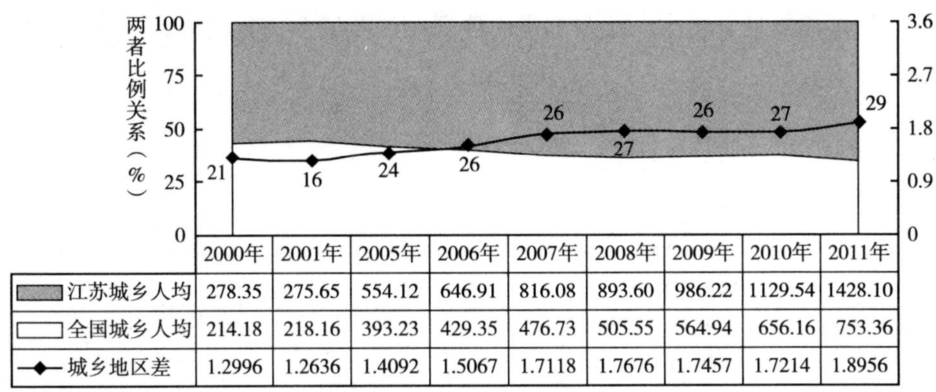

	2000年	2001年	2005年	2006年	2007年	2008年	2009年	2010年	2011年
江苏城乡人均	278.35	275.65	554.12	646.91	816.08	893.60	986.22	1129.54	1428.10
全国城乡人均	214.18	218.16	393.23	429.35	476.73	505.55	564.94	656.16	753.36
城乡地区差	1.2996	1.2636	1.4092	1.5067	1.7118	1.7676	1.7457	1.7214	1.8956

图 5　2000 年以来江苏城乡人均文化消费与全国地区差变动态势

注：左轴面积为城乡人均文化消费（元转换为%），当地与全国数值年度升降形成直观比例关系；右轴曲线为城乡人均文化消费地区差（无差距 =1）。标注地区差年度 31 省域排序。

2000 ~2011 年，江苏城乡人均文化消费与全国城乡地区差由 1. 2996 扩大至 1. 8956，在 31 个省域里排序从第 21 位下降到第 29 位。其间，最小地区差为 2004 年 1. 2354，最大地区差为 2011 年 1. 8956。“十五”以来，江苏城乡人均文化消费地区差扩大 45. 86%，地区差扩减变化状况处于 31 个省域里第 31 位。这意味着，江苏属于城乡文化消费地区差扩减变化态势很严重的省域之一。

2000 ~2011 年，江苏城乡人均文化消费年均增幅明显高于全国增幅 3. 91 个百分点，江苏城乡文化消费需求与全国的地区差极显著扩大。

2011 年，江苏城乡人均文化消费增长高于自身“十五”年均增长 11. 67 个百分点，也高于自身“十一五”年均增长 11. 12 个百分点，同时极显著高于全国增幅 11. 62 个百分点。此时，江苏城乡人均值高于全国城乡平均值，增长高于全国意味着地区差距扩大，与全国城乡地区差因此比 2010 年极显著扩大 10. 12%，地区差排序处于 31 个省域里第 29 位。

四　江苏城乡文化消费需求景气测评

综合以上分析：“十五”以来江苏城乡文化消费总量年均增长显著高于全国增长，人均值年均增长也明显高于全国平均增长；“十一五”期间各项比例升降变化状况全面不及“十五”期间；“十五”以来城乡比明显扩大，

同时地区差极显著扩大。这些都集中体现在江苏城乡文化消费需求景气指数的测评演算中。2000～2011 年江苏城乡文化消费需求景气指数变动态势见图 6。

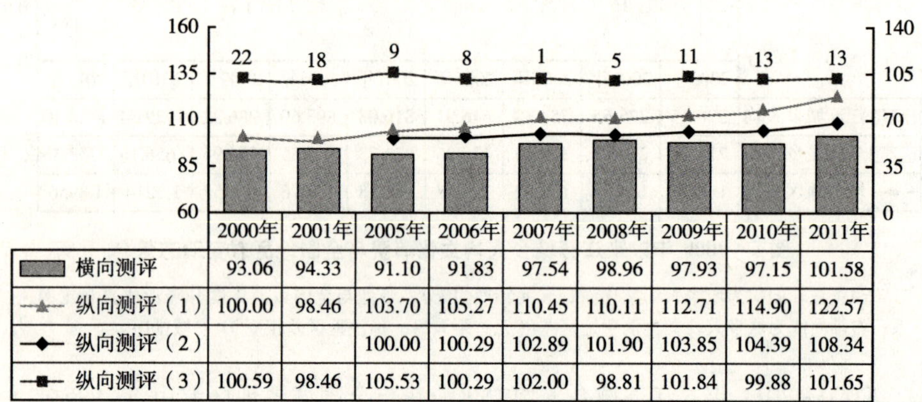

	2000年	2001年	2005年	2006年	2007年	2008年	2009年	2010年	2011年
横向测评	93.06	94.33	91.10	91.83	97.54	98.96	97.93	97.15	101.58
纵向测评（1）	100.00	98.46	103.70	105.27	110.45	110.11	112.71	114.90	122.57
纵向测评（2）			100.00	100.29	102.89	101.90	103.85	104.39	108.34
纵向测评（3）	100.59	98.46	105.53	100.29	102.00	98.81	101.84	99.88	101.65

图 6　2000 年以来江苏城乡文化消费需求景气指数变动态势

注：左轴柱形为横向测评（城乡、地区无差异理想值＝100）；左轴曲线为纵向测评（起点年基数值＝100），（1）2000 年起点，（2）2005 年起点；右轴曲线为纵向测评（3）上年起点。标注逐年纵向测评全国排行位次，其余测评排行位次省略。

1. 各年度横向测评景气指数

在此项测评中，以全国城乡文化消费总量份额值、人均绝对值、各项比值为基准，并以城乡之间、地区之间实现无差距状态为“理想值”100 来衡量，2011 年江苏城乡此项景气指数为 101.58，高于理想值 1.58，同时高于上一年 4.42。各年度对比，江苏城乡此项景气指数在 31 个省域里排行，2000 年为第 14 位，2005 年上升为第 12 位，2010 年上升为第 2 位，2011 年比 2010 年上升 1 位。

2. “十五”以来纵向测评景气指数

在此项测评中，以“九五”末年 2000 年为起点基数值 100，2011 年江苏城乡此项景气指数为 122.57，高于 2000 年起点基数 22.57，同时高于上一年 7.67。“十五”以来对比，江苏城乡此项景气指数在 31 个省域里排行，2001 年为第 18 位，2005 年上升为第 16 位，2010 年上升为第 3 位，2011 年比 2010 年上升 2 位。

3. "十一五"以来纵向测评景气指数

以"十五"末年2005年为起点基数值100，2011年江苏城乡此项景气指数为108.34，高于2005年起点基数8.34，同时高于上一年3.94。"十一五"以来对比，江苏城乡此项景气指数在31个省域里排行，2006年为第8位，2010年上升为第2位，2011年与2010年持平。

4. 逐年度纵向测评景气指数

以上一年2010年为起点基数值100，2011年江苏城乡此项景气指数为101.65，高于2010年起点基数1.65。逐年对比，江苏城乡此项景气指数在31个省域里排行，2000年为第22位，2005年上升为第9位，2010年下降为第13位，2011年与2010年持平。

Jiangsu: Upgraded to the First in the 2011 Lateral Boom Evaluation

Abstract: In 2011, Jiangsu ranked the 1st in the increase of the total cultural consumption of urban-rural areas and the 2nd in the growth of per capita value. Ranking of the boom evaluation: Jiangsu ranked the 1st in the lateral evaluation of the cultural consumption demand of urban-rural areas across the provinces; in its own vertical evaluation, Jiangsu ranked the 1st, the 2nd and the 13th during the period of 2000 -2011, 2005 -2011 and 2010 -2011 respectively.

Key Words: Jiangsu's Urban-rural Areas; Cultural Consumption; Boom Evaluation

B.12

上海：城乡比陡增
年度横向测评降次席

摘　要：

2011 年，上海城乡文化消费总量增长处于第 6 位，人均值增长处于第 23 位。景气评价排行结果：上海城乡在省域横向测评中，2011 年景气指数处于第 2 位；在自身纵向测评中，2000 ~ 2011 年景气指数处于第 4 位，2005 ~ 2011 年景气指数处于第 5 位，2010 ~ 2011 年景气指数处于第 22 位。

关键词：

上海城乡　文化消费　景气评价

上海同时处于 1995 ~ 2011 年城乡景气提升第 3 位，详见本书排行报告，本文限于展示 2000 ~ 2011 年间上海相关各方面的增长态势。

一　上海城乡文化消费需求增长状况

1. 文化消费总量份额值变化

2000 ~ 2011 年上海城乡文化消费总量增长、份额变化态势见图 1。

2000 ~ 2011 年，上海城乡文化消费总量从 98.46 亿元增长至 532.25 亿元，增加 433.79 亿元，总增长 440.57%，年均增长 16.58%，增长幅度排序处于 31 个省域里第 2 位。其中，“十五”期间总增长 99.25%，年均增长 14.78%；“十一五”期间总增长 121.55%，年均增长 17.24%。“十一五”年均增长幅度高于“十五”2.46 个百分点。总量最高增长年度为 2002 年，增长率 29.78%；最低增长年度为 2001 年，增长率 4.71%。

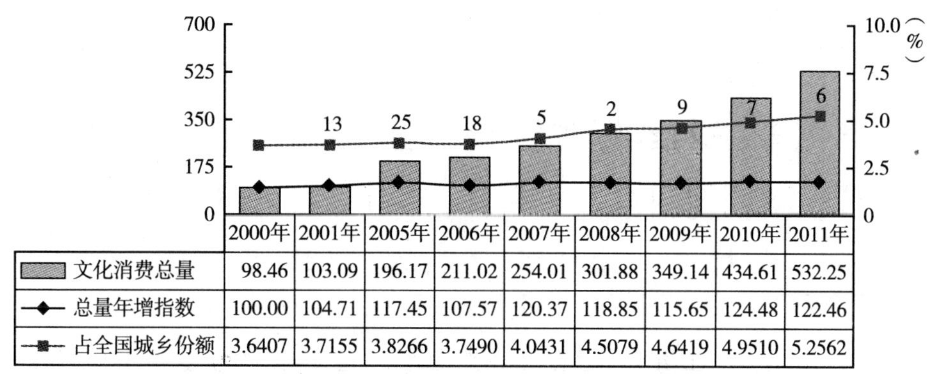

	2000年	2001年	2005年	2006年	2007年	2008年	2009年	2010年	2011年
文化消费总量	98.46	103.09	196.17	211.02	254.01	301.88	349.14	434.61	532.25
总量年增指数	100.00	104.71	117.45	107.57	120.37	118.85	115.65	124.48	122.46
占全国城乡份额	3.6407	3.7155	3.8266	3.7490	4.0431	4.5079	4.6419	4.9510	5.2562

图1　2000 年以来上海城乡文化消费总量增长、份额变化态势

注：左轴柱形为城乡文化消费总量（亿元）；左轴曲线为年度（年均）增长指数（上年 = 100）；右轴曲线为占全国城乡份额（%）。标注年度份额增减 31 省域排序，2000 年起点不计。

同期，全国城乡文化消费总量年均增长 12.75%，上海年均增幅明显高于全国城乡年均增幅 3.83 个百分点。上海城乡文化消费总量占全国份额由 3.64% 升高为 5.26%，上升幅度为 44.37%，份额升降变化排序处于 31 个省域里第 2 位。

2011 年，全国城乡文化消费总量增长 15.36%，上海城乡文化消费总量增长 22.46%，极显著高于全国增幅 7.10 个百分点，占全国份额比 2010 年上升 6.16%。同时，上海总量增长高于“十五”年均增长 7.68 个百分点，也高于“十一五”年均增长 5.22 个百分点，增长幅度和占全国份额变化排序处于 31 个省域里第 6 位。

2. 文化消费人均绝对值增长

2000 ~ 2011 年上海城乡人均文化消费增长、增幅变化态势见图 2。

2000 ~ 2011 年，上海城乡人均文化消费从 632.15 元增长至 2289.18 元，增加 1657.03 元，总增长 262.13%，年均增长 12.41%，增长幅度排序处于 31 个省域里第 8 位。其中，“十五”期间人均值总增长 76.32%，年均增长 12.01%；“十一五”期间人均值总增长 84.64%，年均增长 13.05%。“十一五”年均增长幅度高于“十五”1.04 个百分点。人均值最高增长年度为 2002 年，增长率 30.42%；最低增长年度为 2001 年，增长率 0.20%。

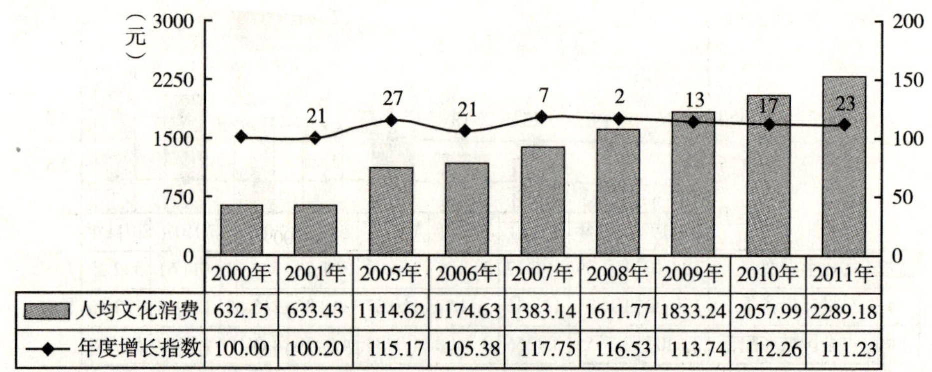

	2000年	2001年	2005年	2006年	2007年	2008年	2009年	2010年	2011年
人均文化消费	632.15	633.43	1114.62	1174.63	1383.14	1611.77	1833.24	2057.99	2289.18
年度增长指数	100.00	100.20	115.17	105.38	117.75	116.53	113.74	112.26	111.23

图2　2000年以来上海城乡人均文化消费增长、增幅变化态势

注：左轴柱形为城乡人均文化消费（元）；右轴曲线为年度（年均）增长指数（上年=100）。标注年度增长31省域排序，2000年起点不计。

同期，全国城乡人均文化消费年均增长12.11%，上海年均增幅略微高于全国增幅。上海城乡人均文化消费从全国城乡平均值的295.15%提高至303.86%，人均绝对值在31个省域里排序保持在第1位。

2011年，全国城乡人均文化消费增长14.81%，上海增长11.23%，明显低于全国增幅，同时低于自身“十五”年均增长，也低于自身“十一五”年均增长，增长幅度排序处于31个省域里第23位。

二　上海城乡文化消费相关背景情况

2000~2011年上海城乡文化消费比例变动态势见图3。

1. 人均文化消费与人均产值的比例

2000~2011年，上海城乡人均文化消费与人均产值的比例由2.13%提高至2.77%，在31个省域里排序从第26位上升到第1位。“十五”以来，上海城乡此项比值上升30.14%，升降变化程度处于31个省域里第1位。

分阶段来看，上海城乡此项比值在“十五”期间提高0.03个百分点；在“十一五”期间提高0.54个百分点。文化消费需求增长与当地省域经济发展之间协调关系变化，在“十五”至“十一五”期间，由略微提升加快为较大幅度的较明显提升。其间，最高值为2011年2.77%，最低值为2001年1.97%。

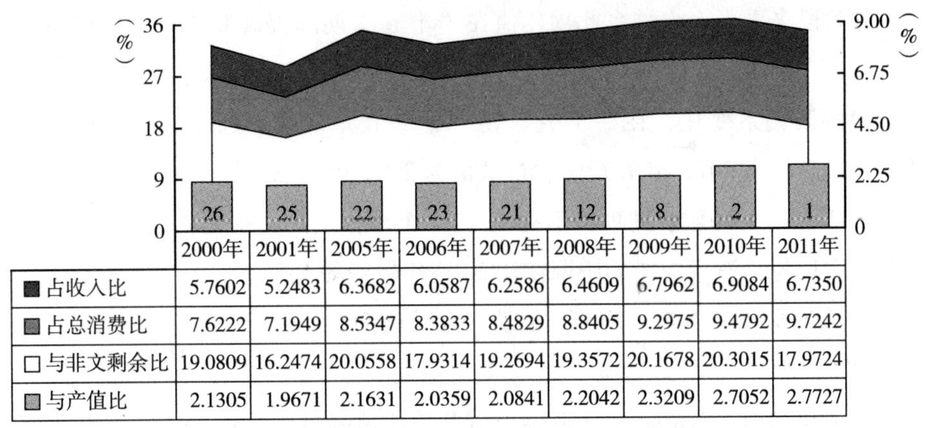

	2000年	2001年	2005年	2006年	2007年	2008年	2009年	2010年	2011年
■占收入比	5.7602	5.2483	6.3682	6.0587	6.2586	6.4609	6.7962	6.9084	6.7350
■占总消费比	7.6222	7.1949	8.5347	8.3833	8.4829	8.8405	9.2975	9.4792	9.7242
□与非文剩余比	19.0809	16.2474	20.0558	17.9314	19.2694	19.3572	20.1678	20.3015	17.9724
■与产值比	2.1305	1.9671	2.1631	2.0359	2.0841	2.2042	2.3209	2.7052	2.7727

图3　2000 年以来上海城乡文化消费比例变动态势

注：左轴面积为城乡人均文化消费占收入比、占总消费比、与非文消费剩余（图中简称“非文剩余”）比（%），各项比值年度升降形成直观比例叠加；右轴柱形为城乡人均文化消费与产值比（%）。标注与产值比年度 31 省域排序，其余比值排序省略。

2011 年，上海城乡此项比值提高 0.07 个百分点，升幅为 2.50%，文化消费需求增长与经济发展的协调性比 2010 年略有上升。

2. 人均文化消费占人均收入的比重

2000～2011 年，上海城乡人均文化消费占人均收入的比重由 5.76% 提高至 6.74%，在 31 个省域里排序从第 13 位上升到第 2 位。“十五”以来，上海城乡此项比值上升 16.92%，升降变化程度处于 31 个省域里第 3 位。

分阶段来看，上海城乡此项比值在“十五”期间提高 0.61 个百分点；在“十一五”期间提高 0.54 个百分点。当地居民文化消费需求增长与收入增加之间协调关系变化，在“十五”至“十一五”期间，延续保持较明显提升。其间，最高值为 2010 年 6.91%，最低值为 2001 年 5.25%。

2011 年，上海城乡此项比值降低 0.17 个百分点，降幅为 2.51%，文化消费需求增长与收入增加的协调性比 2010 年略有下降。

3. 人均文化消费占人均总消费的比重

2000～2011 年，上海城乡人均文化消费占人均总消费的比重由 7.62% 提高至 9.72%，在 31 个省域里排序从第 12 位上升到第 2 位。“十五”以来，上海城乡此项比值上升 27.58%，升降变化程度处于 31 个省域里第 2 位。

分阶段来看，上海城乡此项比值在“十五”期间提高 0.91 个百分点；在“十一五”期间提高 0.94 个百分点。当地居民文化消费需求增长与总消费增加之间协调关系变化，在“十五”至“十一五”期间，延续保持明显提升。其间，最高值为 2011 年 9.72%，最低值为 2001 年 7.19%。

2011 年，上海城乡此项比值提高 0.25 个百分点，升幅为 2.58%，文化消费需求增长与总消费增加的协调性比 2010 年较明显上升。

4. 人均文化消费与人均非文消费剩余的比例

2000～2011 年，上海城乡人均文化消费与人均非文消费剩余的比例由 19.08%降低至 17.97%，由于其他省域此项比值降低更加明显，上海在 31 个省域里排序从第 16 位上升到第 6 位。“十五”以来，上海城乡此项比值下降 5.81%，升降变化程度处于 31 个省域里第 5 位。

分阶段来看，上海城乡此项比值在“十五”期间提高 0.97 个百分点；在“十一五”期间提高 0.25 个百分点。当地居民文化消费需求增长与“必需消费”之外“余钱”增多之间协调关系变化，在“十五”至“十一五”期间，由明显提升减缓为较小幅度的略微提升。其间，最高值为 2002 年 24.31%，最低值为 2001 年 16.25%。

2011 年，上海城乡此项比值降低 2.33 个百分点，降幅为 11.47%，文化消费需求增长与“必需消费”之外“余钱”增多的协调性比 2010 年极显著下降。

三　上海文化消费城乡、区域协调状况

1. 人均文化消费城乡比

2000～2011 年上海人均文化消费城乡比变动态势见图 4。

2000～2011 年，上海人均文化消费城乡比由 1.1487 扩大至 2.6862，在 31 个省域里排序从第 10 位下降到第 22 位。其间，最小城乡比为 2001 年 0.9339，最大城乡比为 2011 年 2.6862。“十五”以来，上海人均文化消费城乡比扩大 133.85%，城乡比扩减变化状况处于 31 个省域里第 24 位。这意味着，上海属于文化消费城乡比扩减变化态势很严重的省域之一。

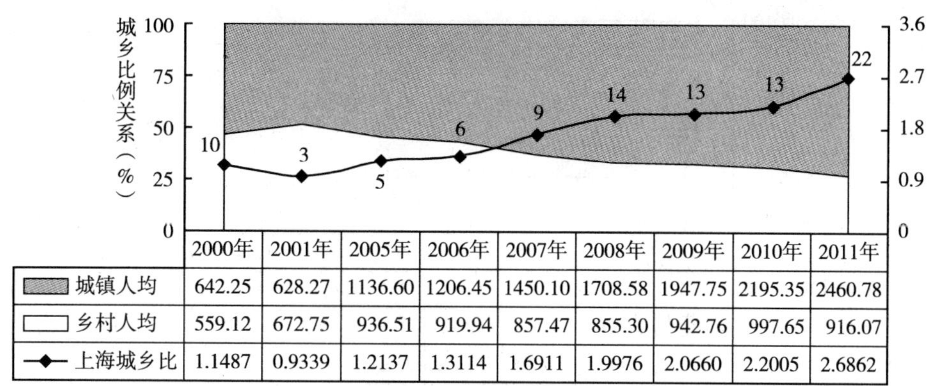

	2000年	2001年	2005年	2006年	2007年	2008年	2009年	2010年	2011年
城镇人均	642.25	628.27	1136.60	1206.45	1450.10	1708.58	1947.75	2195.35	2460.78
乡村人均	559.12	672.75	936.51	919.94	857.47	855.30	942.76	997.65	916.07
上海城乡比	1.1487	0.9339	1.2137	1.3114	1.6911	1.9976	2.0660	2.2005	2.6862

图 4　2000 年以来上海人均文化消费城乡比变动态势

注：左轴面积为城镇、乡村人均文化消费（元转换为%），城乡间年度升降形成直观比例关系；右轴曲线为人均文化消费城乡比（乡村=1），城乡比小于 1 为“城乡倒挂”，即城镇人均数值低于乡村。标注城乡比年度 31 省域排序。

同期，上海城镇人均文化消费从 642.25 元增长至 2460.78 元，增加 1818.53 元，总增长 283.15%，年均增长 12.99%。城镇人均值最高增长年度为 2002 年，增长率 34.88%；最低增长年度为 2001 年，负增长 2.18%。乡村人均文化消费从 559.12 元增长至 916.07 元，增加 356.95 元，总增长 63.84%，年均增长 4.59%。乡村人均值最高增长年度为 2001 年，增长率 20.32%；最低增长年度为 2011 年，负增长 8.18%。此间，上海城镇人均文化消费需求年均增长极显著高于乡村年均增长 8.40 个百分点，导致上海文化消费需求的城乡比严重扩大。

2011 年，上海城镇人均文化消费增长 12.09%，低于“十五”年均增长 0.0030 个百分点，也低于“十一五”年均增长 1.98 个百分点；乡村人均文化消费负增长 8.18%，低于“十五”年均增长 19.04 个百分点，也低于“十一五”年均增长 9.45 个百分点。此时，上海城镇人均值高于乡村，城镇年度增幅高于乡村增幅 20.27 个百分点，意味着城乡差距显著扩大。上海文化消费城乡比因此比 2010 年严重扩大 22.07%，城乡比排序处于 31 个省域里第 22 位。

2. 城乡人均文化消费地区差

2000～2011 年上海城乡文化消费与全国地区差变动态势见图 5。

2000～2011 年，上海城乡人均文化消费与全国城乡地区差由 2.9515 扩大

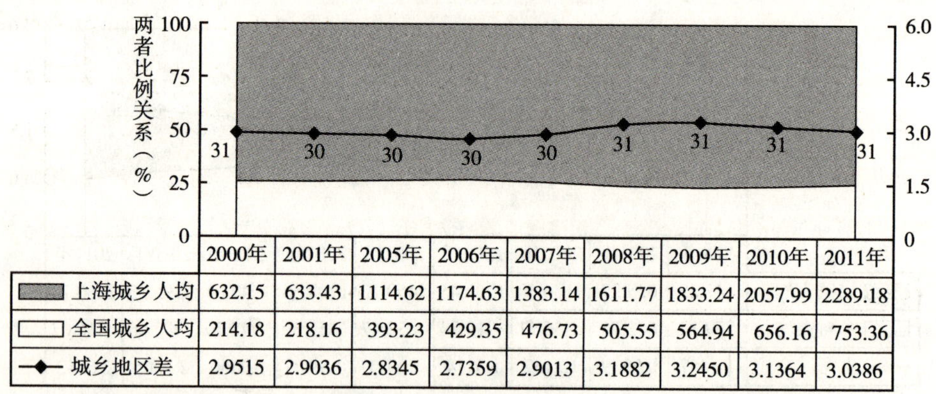

	2000年	2001年	2005年	2006年	2007年	2008年	2009年	2010年	2011年
上海城乡人均	632.15	633.43	1114.62	1174.63	1383.14	1611.77	1833.24	2057.99	2289.18
全国城乡人均	214.18	218.16	393.23	429.35	476.73	505.55	564.94	656.16	753.36
城乡地区差	2.9515	2.9036	2.8345	2.7359	2.9013	3.1882	3.2450	3.1364	3.0386

图5　2000 年以来上海城乡人均文化消费与全国地区差变动态势

注：左轴面积为城乡人均文化消费（元转换为%），当地与全国数值年度升降形成直观比例关系；右轴曲线为城乡人均文化消费地区差（无差距 =1）。标注地区差年度 31 省域排序。

至 3. 0386，在 31 个省域里排序保持在第 31 位。其间，最小地区差为 2006 年 2. 7359，最大地区差为 2009 年 3. 2450。“十五”以来，上海城乡人均文化消费地区差扩大 2. 95%，地区差扩减变化状况处于 31 个省域里第 16 位。这意味着，上海属于城乡文化消费地区差扩减变化态势不甚严重的省域之一。不过，上海却是城乡文化消费地区差态势本来就最为严重的省域，“率先”发展必然会导致差距。

2000 ~ 2011 年，上海城乡人均文化消费年均增幅略微高于全国增幅 0. 30 个百分点，上海城乡文化消费需求与全国的地区差较明显扩大。

2011 年，上海城乡人均文化消费增长低于自身“十五”年均增长 0. 78 个百分点，也低于自身“十一五”年均增长 1. 81 个百分点，同时明显低于全国增幅 3. 58 个百分点。此时，上海城乡人均值高于全国城乡平均值，增长低于全国意味着地区差距缩小，与全国城乡地区差因此比 2010 年明显缩小 3. 12%，地区差排序处于 31 个省域里第 31 位。

四　上海城乡文化消费需求景气测评

综合以上分析：“十五”以来上海城乡文化消费总量年均增长明显高于全

国增长，人均值年均增长也略微高于全国平均增长；“十一五”期间与产值比、占总消费比升降变化状况好于“十五”期间，其余比例升降变化状况不及“十五”期间；“十五”以来城乡比严重扩大；同时地区差较明显扩大。这些都集中体现在上海城乡文化消费需求景气指数的测评演算中。2000～2011年上海城乡文化消费需求景气指数变动态势见图6。

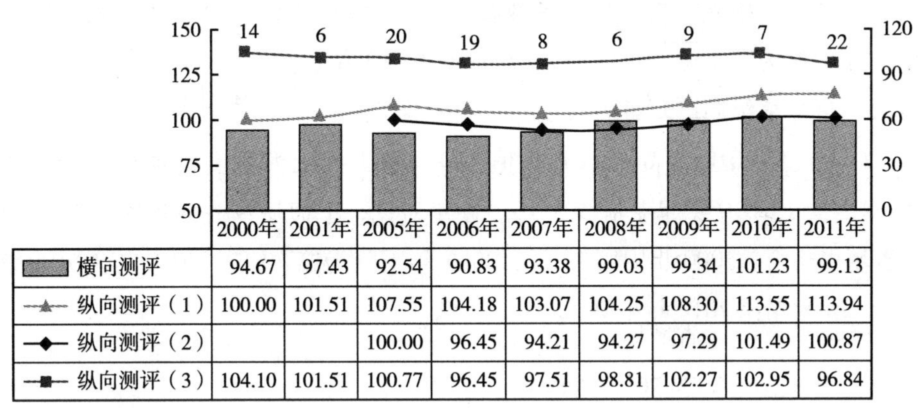

	2000年	2001年	2005年	2006年	2007年	2008年	2009年	2010年	2011年
横向测评	94.67	97.43	92.54	90.83	93.38	99.03	99.34	101.23	99.13
纵向测评（1）	100.00	101.51	107.55	104.18	103.07	104.25	108.30	113.55	113.94
纵向测评（2）			100.00	96.45	94.21	94.27	97.29	101.49	100.87
纵向测评（3）	104.10	101.51	100.77	96.45	97.51	98.81	102.27	102.95	96.84

图6　2000年以来上海城乡文化消费需求景气指数变动态势

注：左轴柱形为横向测评（城乡、地区无差异理想值=100）；左轴曲线为纵向测评（起点年基数值=100），（1）2000年起点，（2）2005年起点；右轴曲线为纵向测评（3）上年起点。标注逐年纵向测评全国排行位次，其余测评排行位次省略。

1. 各年度横向测评景气指数

在此项测评中，以全国城乡文化消费总量份额值、人均绝对值、各项比值为基准，并以城乡之间、地区之间实现无差距状态为“理想值”100来衡量，2011年上海城乡此项景气指数为99.13，低于理想值0.87，同时低于上一年2.11。各年度对比，上海城乡此项景气指数在31个省域里排行，2000年为第12位，2005年上升为第8位，2010年上升为第1位，2011年比2010年下降1位。

2. “十五”以来纵向测评景气指数

在此项测评中，以“九五”末年2000年为起点基数值100，2011年上海城乡此项景气指数为113.94，高于2000年起点基数13.94，同时高于上一年0.39。“十五”以来对比，上海城乡此项景气指数在31个省域里排行，2001

年为第 6 位，2005 年下降为第 10 位，2010 年上升为第 4 位，2011 年与 2010 年持平。

3. “十一五”以来纵向测评景气指数

以“十五”末年 2005 年为起点基数值 100，2011 年上海城乡此项景气指数为 100. 87，高于 2005 年起点基数 0. 87，同时低于上一年 0. 62。“十一五”以来对比，上海城乡此项景气指数在 31 个省域里排行，2006 年为第 19 位，2010 年上升为第 4 位，2011 年比 2010 年下降 1 位。

4. 逐年度纵向测评景气指数

以上一年 2010 年为起点基数值 100，2011 年上海城乡此项景气指数为 96. 84，低于 2010 年起点基数 3. 16。逐年对比，上海城乡此项景气指数在 31 个省域里排行，2000 年为第 14 位，2005 年下降为第 20 位，2010 年上升为第 7 位，2011 年比 2010 年下降 15 位。

Shanghai: The Annual Lateral Boom Evaluation Went Down to the Second owing to the Rapid Increase in Urban-Rural Ratio

Abstract: In 2011, Shanghai ranked the 6th in the increase of the total cultural consumption of urban-rural areas and the 23rd in the growth of per capita value. Ranking of the boom evaluation: Shanghai ranked the 2nd in the lateral evaluation of the cultural consumption demand of urban-rural areas across the provinces; in its own vertical evaluation, Shanghai ranked the 4th, the 5th and the 22nd during the period of 2000 -2011, 2005 -2011 and 2010 -2011 respectively.

Key Words: Shanghai's Urban-rural Areas; Cultural Consumption; Boom Evaluation

B.13
浙江："十五"以来人均值增幅低于全国

摘　要：

2011 年，浙江城乡文化消费总量增长处于第 26 位，人均值增长处于第 27 位。景气评价排行结果：浙江城乡在省域横向测评中，2011 年景气指数处于第 8 位；在自身纵向测评中，2000～2011 年景气指数处于第 11 位，2005～2011 年景气指数处于第 17 位，2010～2011 年景气指数处于第 23 位。

关键词：

浙江城乡　文化消费　景气评价

本文充分展示 2000～2011 年间浙江相关各方面的增长态势，全面分析检测浙江城乡文化消费需求状况。

一　浙江城乡文化消费需求增长状况

1. 文化消费总量份额值变化

2000～2011 年浙江城乡文化消费总量增长、份额变化态势见图 1。

2000～2011 年，浙江城乡文化消费总量从 170.15 亿元增长至 671.29 亿元，增加 501.14 亿元，总增长 294.53%，年均增长 13.29%，增长幅度排序处于 31 个省域里第 10 位。其中，"十五"期间总增长 128.41%，年均增长 17.96%；"十一五"期间总增长 55.48%，年均增长 9.23%。"十一五"年均增长幅度低于"十五"8.73 个百分点。总量最高增长年度为 2002 年，增长率 41.16%；最低增长年度为 2006 年，增长率 4.55%。

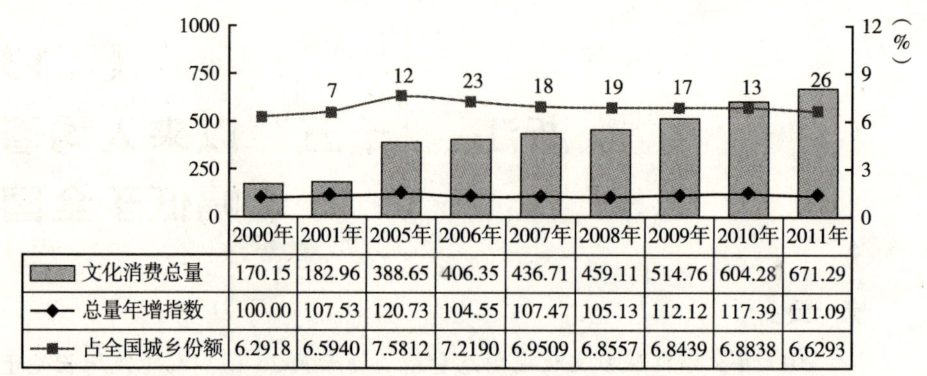

	2000年	2001年	2005年	2006年	2007年	2008年	2009年	2010年	2011年
文化消费总量	170.15	182.96	388.65	406.35	436.71	459.11	514.76	604.28	671.29
总量年增指数	100.00	107.53	120.73	104.55	107.47	105.13	112.12	117.39	111.09
占全国城乡份额	6.2918	6.5940	7.5812	7.2190	6.9509	6.8557	6.8439	6.8838	6.6293

图1　2000 年以来浙江城乡文化消费总量增长、份额变化态势

注：左轴柱形为城乡文化消费总量（亿元）；左轴曲线为年度（年均）增长指数（上年 = 100）；右轴曲线为占全国城乡份额（%）。标注年度份额增减 31 省域排序，2000 年起点不计。

同期，全国城乡文化消费总量年均增长 12.75%，浙江年均增幅略微高于全国城乡年均增幅 0.54 个百分点。浙江城乡文化消费总量占全国份额由 6.29%升高为 6.63%，上升幅度为 5.36%，份额升降变化排序处于 31 个省域里第 10 位。

2011 年，全国城乡文化消费总量增长 15.36%，浙江城乡文化消费总量增长 11.09%，显著低于全国增幅 4.27 个百分点，占全国份额比 2010 年下降 3.70%。同时，浙江总量增长低于“十五”年均增长 6.87 个百分点，但高于“十一五”年均增长 1.86 个百分点，增长幅度和占全国份额变化排序处于 31 个省域里第 26 位。

2. 文化消费人均绝对值增长

2000 ~2011 年浙江城乡人均文化消费增长、增幅变化态势见图 2。

2000 ~2011 年，浙江城乡人均文化消费从 375.16 元增长至 1230.65 元，增加 855.49 元，总增长 228.03%，年均增长 11.40%，增长幅度排序处于 31 个省域里第 16 位。其中，“十五”期间人均值总增长 115.42%，年均增长 16.59%；“十一五”期间人均值总增长 40.72%，年均增长 7.07%。“十一五”年均增长幅度低于“十五”9.52 个百分点。人均值最高增长年度为 2002 年，增长率 40.39%；最低增长年度为 2006 年，增长率 1.80%。

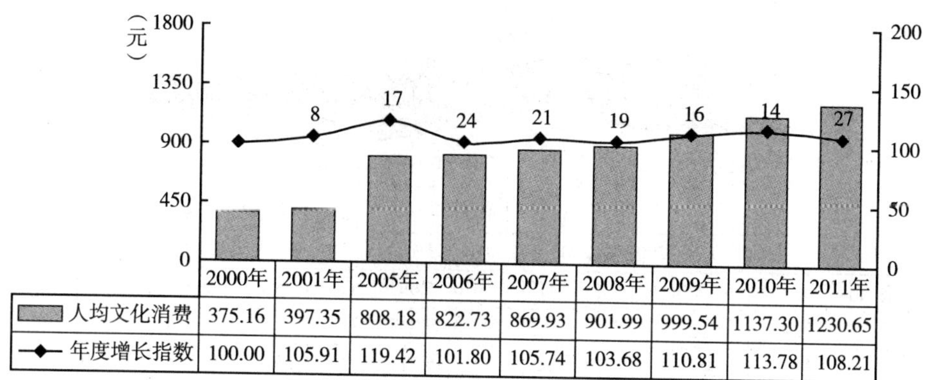

	2000年	2001年	2005年	2006年	2007年	2008年	2009年	2010年	2011年
人均文化消费	375.16	397.35	808.18	822.73	869.93	901.99	999.54	1137.30	1230.65
年度增长指数	100.00	105.91	119.42	101.80	105.74	103.68	110.81	113.78	108.21

图 2　2000 年以来浙江城乡人均文化消费增长、增幅变化态势

注：左轴柱形为城乡人均文化消费（元）；右轴曲线为年度（年均）增长指数（上年 = 100）。标注年度增长 31 省域排序，2000 年起点不计。

同期，全国城乡人均文化消费年均增长 12.11%，浙江年均增幅略微低于全国增幅。浙江城乡人均文化消费从全国城乡平均值的 175.16% 降低至 163.35%，人均绝对值在 31 个省域里排序由第 3 位降低为第 5 位。

2011 年，全国城乡人均文化消费增长 14.81%，浙江增长 8.21%，极显著低于全国增幅，同时低于自身“十五”年均增长，但高于自身“十一五”年均增长，增长幅度排序处于 31 个省域里第 27 位。

二　浙江城乡文化消费相关背景情况

2000 ~ 2011 年浙江城乡文化消费比例变动态势见图 3。

1. 人均文化消费与人均产值的比例

2000 ~ 2011 年，浙江城乡人均文化消费与人均产值的比例由 2.80% 降低至 2.08%，由于其他省域此项比值降低更加明显，浙江在 31 个省域里排序从第 15 位上升到第 10 位。“十五”以来，浙江城乡此项比值下降 25.72%，升降变化程度处于 31 个省域里第 9 位。

分阶段来看，浙江城乡此项比值在“十五”期间提高 0.12 个百分点；在“十一五”期间降低 0.72 个百分点。文化消费需求增长与当地省域经济发展之间协调关系变化，在“十五”至“十一五”期间，由略微提升逆转为较明显下降。其间，最高值为 2002 年 3.29%，最低值为 2011 年 2.08%。

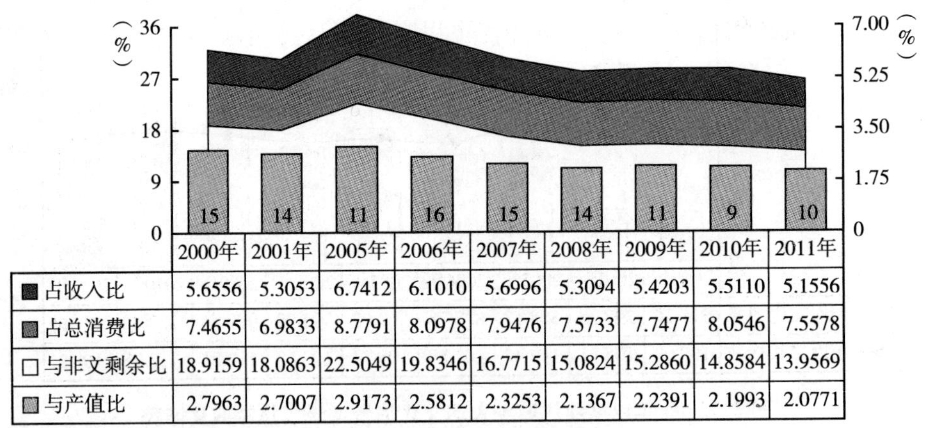

	2000年	2001年	2005年	2006年	2007年	2008年	2009年	2010年	2011年
■占收入比	5.6556	5.3053	6.7412	6.1010	5.6996	5.3094	5.4203	5.5110	5.1556
■占总消费比	7.4655	6.9833	8.7791	8.0978	7.9476	7.5733	7.7477	8.0546	7.5578
□与非文剩余比	18.9159	18.0863	22.5049	19.8346	16.7715	15.0824	15.2860	14.8584	13.9569
■与产值比	2.7963	2.7007	2.9173	2.5812	2.3253	2.1367	2.2391	2.1993	2.0771

图3　2000 年以来浙江城乡文化消费比例变动态势

注：左轴面积为城乡人均文化消费占收入比、占总消费比、与非文消费剩余（图例简称“非文剩余”）比（%），各项比值年度升降形成直观比例叠加；右轴柱形为城乡人均文化消费与产值比（%）。标注与产值比年度31省域排序，其余比值排序省略。

2011 年，浙江城乡此项比值降低 0.12 个百分点，降幅为 5.56%，文化消费需求增长与经济发展的协调性比 2010 年略有下降。

2. 人均文化消费占人均收入的比重

2000～2011 年，浙江城乡人均文化消费占人均收入的比重由 5.66% 降低至 5.16%，由于其他省域此项比值降低更加明显，浙江在 31 个省域里排序从第 16 位上升到第 10 位。“十五”以来，浙江城乡此项比值下降 8.84%，升降变化程度处于 31 个省域里第 11 位。

分阶段来看，浙江城乡此项比值在“十五”期间提高 1.09 个百分点；在“十一五”期间降低 1.23 个百分点。当地居民文化消费需求增长与收入增加之间协调关系变化，在“十五”至“十一五”期间，由明显提升逆转为明显下降。其间，最高值为 2004 年 6.79%，最低值为 2011 年 5.16%。

2011 年，浙江城乡此项比值降低 0.36 个百分点，降幅为 6.45%，文化消费需求增长与收入增加的协调性比 2010 年较明显下降。

3. 人均文化消费占人均总消费的比重

2000～2011 年，浙江城乡人均文化消费占人均总消费的比重由 7.47% 提高至 7.56%，在 31 个省域里排序从第 15 位上升到第 7 位。“十五”以来，浙

江城乡此项比值上升 1.24%，升降变化程度处于 31 个省域里第 12 位。

分阶段来看，浙江城乡此项比值在“十五”期间提高 1.31 个百分点；在“十一五”期间降低 0.72 个百分点。当地居民文化消费需求增长与总消费增加之间协调关系变化，在“十五”至“十一五”期间，由明显提升逆转为较明显下降。其间，最高值为 2004 年 9.12%，最低值为 2001 年 6.98%。

2011 年，浙江城乡此项比值降低 0.50 个百分点，降幅为 6.17%，文化消费需求增长与总消费增加的协调性比 2010 年明显下降。

4. 人均文化消费与人均非文消费剩余的比例

2000 ~ 2011 年，浙江城乡人均文化消费与人均非文消费剩余的比例由 18.92% 降低至 13.96%，在 31 个省域里排序从第 17 位下降到第 21 位。“十五”以来，浙江城乡此项比值下降 26.22%，升降变化程度处于 31 个省域里第 15 位。

分阶段来看，浙江城乡此项比值在“十五”期间提高 3.59 个百分点；在“十一五”期间降低 7.65 个百分点。当地居民文化消费需求增长与“必需消费”之外“余钱”增多之间协调关系变化，在“十五”至“十一五”期间，由明显提升逆转为显著下降。其间，最高值为 2005 年 22.50%，最低值为 2011 年 13.96%。

2011 年，浙江城乡此项比值降低 0.90 个百分点，降幅为 6.07%，文化消费需求增长与“必需消费”之外“余钱”增多的协调性比 2010 年极显著下降。

三　浙江文化消费城乡、区域协调状况

1. 人均文化消费城乡比

2000 ~ 2011 年浙江人均文化消费城乡比变动态势见图 4。

2000 ~ 2011 年，浙江人均文化消费城乡比由 1.3037 扩大至 1.7533，由于其他省域文化消费城乡比扩大更为严重，浙江城乡比在 31 个省域里排序从第 16 位上升到第 6 位。其间，最小城乡比为 2001 年 1.1690，最大城乡比为 2011 年 1.7533。“十五”以来，浙江人均文化消费城乡比扩大 34.49%，城乡比扩减变化状况处于 31 个省域里第 10 位。这意味着，浙江属于文化消费城乡比扩减变化态势不甚严重的省域之一。

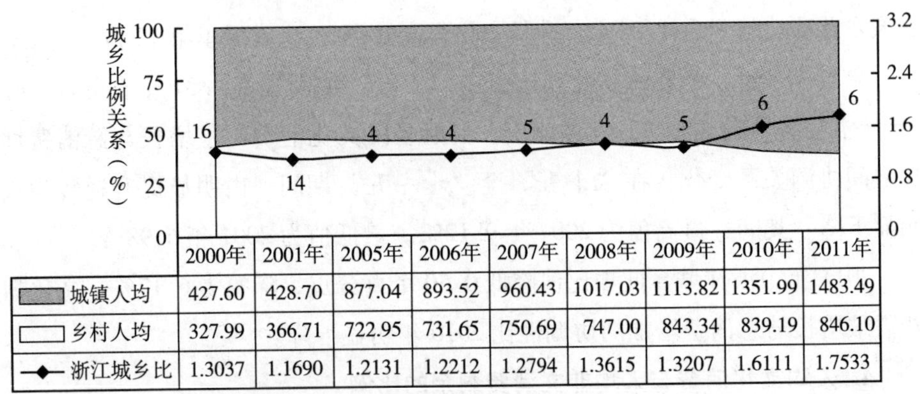

	2000年	2001年	2005年	2006年	2007年	2008年	2009年	2010年	2011年
城镇人均	427.60	428.70	877.04	893.52	960.43	1017.03	1113.82	1351.99	1483.49
乡村人均	327.99	366.71	722.95	731.65	750.69	747.00	843.34	839.19	846.10
浙江城乡比	1.3037	1.1690	1.2131	1.2212	1.2794	1.3615	1.3207	1.6111	1.7533

图4　2000 年以来浙江人均文化消费城乡比变动态势

注：左轴面积为城镇、乡村人均文化消费（元转换为%），城乡间年度升降形成直观比例关系；右轴曲线为人均文化消费城乡比（乡村=1）。标注城乡比年度31省域排序。

同期，浙江城镇人均文化消费从427.60元增长至1483.49元，增加1055.89元，总增长246.93%，年均增长11.97%。城镇人均值最高增长年度为2002年，增长率56.72%；最低增长年度为2001年，增长率0.26%。乡村人均文化消费从327.99元增长至846.10元，增加518.11元，总增长157.97%，年均增长9.00%。乡村人均值最高增长年度为2005年，增长率20.90%；最低增长年度为2010年，负增长0.49%。此间，浙江城镇人均文化消费需求年均增长明显高于乡村年均增长2.98个百分点，导致浙江文化消费需求的城乡比明显扩大。

2011年，浙江城镇人均文化消费增长9.73%，低于“十五”年均增长5.72个百分点，但高于“十一五”年均增长0.69个百分点；乡村人均文化消费增长0.82%，低于“十五”年均增长16.30个百分点，也低于“十一五”年均增长2.20个百分点。此时，浙江城镇人均值高于乡村，城镇年度增幅高于乡村增幅8.91个百分点，意味着城乡差距扩大。浙江文化消费城乡比因此比2010年较明显扩大8.83%，城乡比排序处于31个省域里第6位。

2. 城乡人均文化消费地区差

2000~2011年浙江城乡文化消费与全国地区差变动态势见图5。

2000~2011年，浙江城乡人均文化消费与全国城乡地区差由1.7516缩

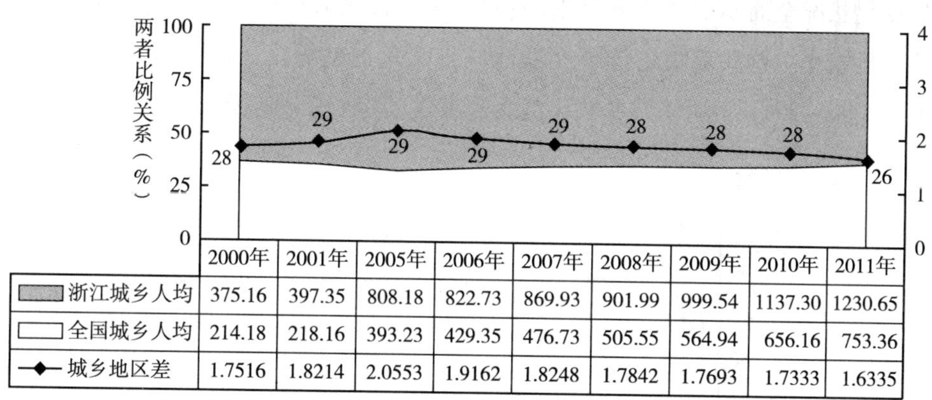

	2000年	2001年	2005年	2006年	2007年	2008年	2009年	2010年	2011年
浙江城乡人均	375.16	397.35	808.18	822.73	869.93	901.99	999.54	1137.30	1230.65
全国城乡人均	214.18	218.16	393.23	429.35	476.73	505.55	564.94	656.16	753.36
城乡地区差	1.7516	1.8214	2.0553	1.9162	1.8248	1.7842	1.7693	1.7333	1.6335

图 5　2000 年以来浙江城乡人均文化消费与全国地区差变动态势

注：左轴面积为城乡人均文化消费（元转换为%），当地与全国数值年度升降形成直观比例关系；右轴曲线为城乡人均文化消费地区差（无差距 =1）。标注地区差年度 31 省域排序。

小至 1.6335，在 31 个省域里排序从第 28 位上升到第 26 位。其间，最小地区差为 2011 年 1.6335，最大地区差为 2004 年 2.1083。“十五”以来，浙江城乡人均文化消费地区差缩小 6.74%，地区差扩减变化状况处于 31 个省域里第 3 位。这意味着，浙江属于城乡文化消费地区差扩减变化态势良好的省域之一。

2000～2011 年，浙江城乡人均文化消费年均增幅略微低于全国增幅 0.71 个百分点，浙江城乡文化消费需求与全国的地区差明显缩小。

2011 年，浙江城乡人均文化消费增长低于自身“十五”年均增长 8.38 个百分点，但高于自身“十一五”年均增长 1.14 个百分点，同时极显著低于全国增幅 6.61 个百分点。此时，浙江城乡人均值高于全国城乡平均值，增长低于全国意味着地区差距缩小，与全国城乡地区差因此比 2010 年显著缩小 5.75%，地区差排序处于 31 个省域里第 26 位。

四　浙江城乡文化消费需求景气测评

综合以上分析：“十五”以来浙江城乡文化消费总量年均增长略微高于全国增长，人均值年均增长略微低于全国平均增长；“十一五”期间各项比例升降变化状况全面不及“十五”期间；“十五”以来城乡比明显扩大，同时地区差明显缩小。这些都集中体现在浙江城乡文化消费需求景气指数的测评演算中。2000～2011 年浙江城乡文化消费需求景气指数变动态势见图 6。

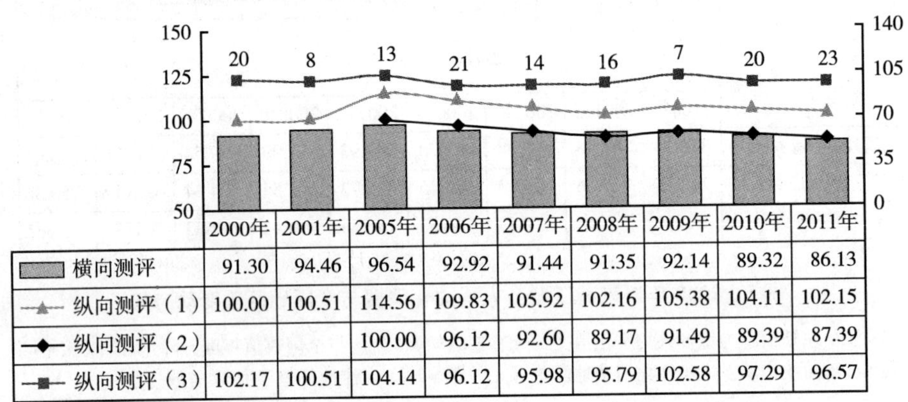

	2000年	2001年	2005年	2006年	2007年	2008年	2009年	2010年	2011年
横向测评	91.30	94.46	96.54	92.92	91.44	91.35	92.14	89.32	86.13
纵向测评（1）	100.00	100.51	114.56	109.83	105.92	102.16	105.38	104.11	102.15
纵向测评（2）			100.00	96.12	92.60	89.17	91.49	89.39	87.39
纵向测评（3）	102.17	100.51	104.14	96.12	95.98	95.79	102.58	97.29	96.57

图 6　2000 年以来浙江城乡文化消费需求景气指数变动态势

注：左轴柱形为横向测评（城乡、地区无差异理想值 = 100）；左轴曲线为纵向测评（起点年基数值 = 100），（1）2000 年起点，（2）2005 年起点；右轴曲线为纵向测评（3）上年起点。标注逐年纵向测评全国排行位次，其余测评排行位次省略。

1. 各年度横向测评景气指数

在此项测评中，以全国城乡文化消费总量份额值、人均绝对值、各项比值为基准，并以城乡之间、地区之间实现无差距状态为“理想值”100 来衡量，2011 年浙江城乡此项景气指数为 86.13，低于理想值 13.87，同时低于上一年 3.19。各年度对比，浙江城乡此项景气指数在 31 个省域里排行，2000 年为第 17 位，2005 年上升为第 5 位，2010 年下降为第 7 位，2011 年比 2010 年下降 1 位。

2. “十五”以来纵向测评景气指数

在此项测评中，以“九五”末年 2000 年为起点基数值 100，2011 年浙江城乡此项景气指数为 102.15，高于 2000 年起点基数 2.15，同时低于上一年 1.95。“十五”以来对比，浙江城乡此项景气指数在 31 个省域里排行，2001 年为第 8 位，2005 年上升为第 2 位，2010 年下降为第 7 位，2011 年比 2010 年下降 4 位。

3. "十一五"以来纵向测评景气指数

以"十五"末年2005年为起点基数值100，2011年浙江城乡此项景气指数为87.39，低于2005年起点基数12.61，同时低于上一年2.01。"十一五"以来对比，浙江城乡此项景气指数在31个省域里排行，2006年为第21位，2010年上升为第17位，2011年与2010年持平。

4. 逐年度纵向测评景气指数

以上一年2010年为起点基数值100，2011年浙江城乡此项景气指数为96.57，低于2010年起点基数3.43。逐年对比，浙江城乡此项景气指数在31个省域里排行，2000年为第20位，2005年上升为第13位，2010年下降为第20位，2011年比2010年下降3位。

Zhejiang: The Per Capita Value was below the National Average since the "Tenth Five-Year Plan"

Abstract: In 2011, Zhejiang ranked the 26th in the increase of the total cultural consumption of urban-rural areas and the 27th in the growth of per capita value. Ranking of the boom evaluation: Zhejiang ranked the 8th in the lateral evaluation of the cultural consumption demand of urban-rural areas across the provinces; in its own vertical evaluation, Zhejiang ranked the 11th, the 17th and the 23rd during the period of 2000 –2011, 2005 –2011 and 2010 –2011 respectively.

Key Words: Zhejiang's Urban-rural Areas; Cultural Consumption; Boom Evaluation

B.14

福建：总量和人均值年增幅显著低于全国

摘　要：

2011年，福建城乡文化消费总量增长处于第25位，人均值增长处于第26位。景气评价排行结果：福建城乡在省域横向测评中，2011年景气指数处于第10位；在自身纵向测评中，2000～2011年景气指数处于第13位，2005～2011年景气指数处于第14位，2010～2011年景气指数处于第18位。

关键词：

福建城乡　文化消费　景气评价

本文充分展示2000～2011年间福建相关各方面的增长态势，全面分析检测福建城乡文化消费需求状况。

一　福建城乡文化消费需求增长状况

1. 文化消费总量份额值变化

2000～2011年福建城乡文化消费总量增长、份额变化态势见图1。

2000～2011年，福建城乡文化消费总量从86.32亿元增长至340.05亿元，增加253.73亿元，总增长293.94%，年均增长13.27%，增长幅度排序处于31个省域里第11位。其中，“十五”期间总增长87.28%，年均增长13.37%；“十一五”期间总增长89.07%，年均增长13.59%。“十一五”年均增长幅度高于“十五”0.22个百分点。总量最高增长年度为2002年，增长率38.22%；最低增长年度为2001年，增长率1.27%。

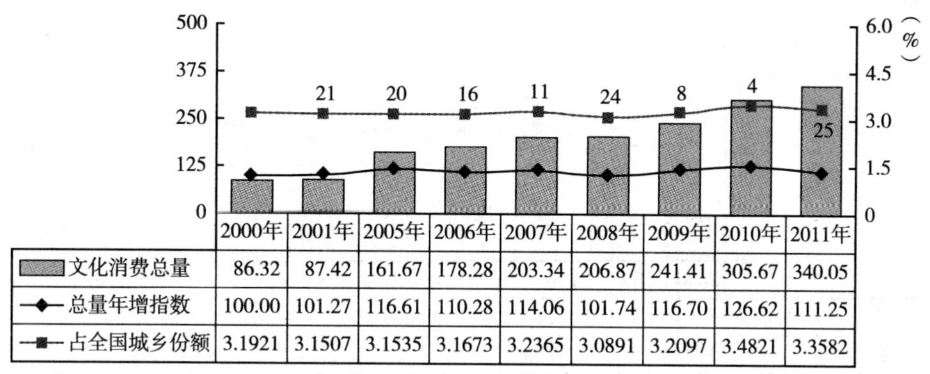

	2000年	2001年	2005年	2006年	2007年	2008年	2009年	2010年	2011年
文化消费总量	86.32	87.42	161.67	178.28	203.34	206.87	241.41	305.67	340.05
总量年增指数	100.00	101.27	116.61	110.28	114.06	101.74	116.70	126.62	111.25
占全国城乡份额	3.1921	3.1507	3.1535	3.1673	3.2365	3.0891	3.2097	3.4821	3.3582

图 1　2000 年以来福建城乡文化消费总量增长、份额变化态势

注：左轴柱形为城乡文化消费总量（亿元）；左轴曲线为年度（年均）增长指数（上年 = 100）；右轴曲线为占全国城乡份额（%）。标注年度份额增减 31 省域排序，2000 年起点不计。

同期，全国城乡文化消费总量年均增长 12.75%，福建年均增幅略微高于全国城乡年均增幅 0.52 个百分点。福建城乡文化消费总量占全国份额由 3.19% 升高为 3.36%，上升幅度为 5.20%，份额升降变化排序处于 31 个省域里第 11 位。

2011 年，全国城乡文化消费总量增长 15.36%，福建城乡文化消费总量增长 11.25%，显著低于全国增幅 4.11 个百分点，占全国份额比 2010 年下降 3.56%。同时，福建总量增长低于“十五”年均增长 2.12 个百分点，也低于“十一五”年均增长 2.34 个百分点，增长幅度和占全国份额变化排序处于 31 个省域里第 25 位。

2. 文化消费人均绝对值增长

2000 ~ 2011 年福建城乡人均文化消费增长、增幅变化态势见图 2。

2000 ~ 2011 年，福建城乡人均文化消费从 256.69 元增长至 917.45 元，增加 660.76 元，总增长 257.42%，年均增长 12.28%，增长幅度排序处于 31 个省域里第 10 位。其中，“十五”期间人均值总增长 78.77%，年均增长 12.32%；“十一五”期间人均值总增长 81.99%，年均增长 12.72%。“十一五”年均增长幅度高于“十五”0.40 个百分点。人均值最高增长年度为 2002 年，增长率 37.10%；最低增长年度为 2001 年，负增长 0.57%。

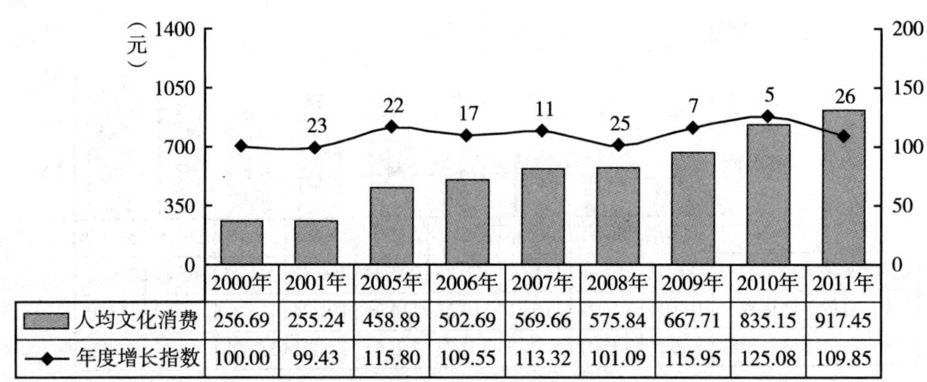

	2000年	2001年	2005年	2006年	2007年	2008年	2009年	2010年	2011年
人均文化消费	256.69	255.24	458.89	502.69	569.66	575.84	667.71	835.15	917.45
年度增长指数	100.00	99.43	115.80	109.55	113.32	101.09	115.95	125.08	109.85

图2　2000 年以来福建城乡人均文化消费增长、增幅变化态势

注：左轴柱形为城乡人均文化消费（元）；右轴曲线为年度（年均）增长指数（上年 = 100），年增指数小于 100 为负增长。标注年度增长 31 省域排序，2000 年起点不计。

同期，全国城乡人均文化消费年均增长 12.11%，福建年均增幅略微高于全国增幅。福建城乡人均文化消费从全国城乡平均值的 119.85% 提高至 121.78%，人均绝对值在 31 个省域里排序保持在第 7 位。

2011 年，全国城乡人均文化消费增长 14.81%，福建增长 9.85%，显著低于全国增幅，同时低于自身“十五”年均增长，也低于自身“十一五”年均增长，增长幅度排序处于 31 个省域里第 26 位。

二　福建城乡文化消费相关背景情况

2000 ~ 2011 年福建城乡文化消费比例变动态势见图 3。

1. 人均文化消费与人均产值的比例

2000 ~ 2011 年，福建城乡人均文化消费与人均产值的比例由 2.29% 降低至 1.94%，由于其他省域此项比值降低更加明显，福建在 31 个省域里排序从第 22 位上升到第 15 位。“十五”以来，福建城乡此项比值下降 15.55%，升降变化程度处于 31 个省域里第 7 位。

分阶段来看，福建城乡此项比值在“十五”期间提高 0.17 个百分点；在“十一五”期间降低 0.37 个百分点。文化消费需求增长与当地省域经济发展之间协调关系变化，在“十五”至“十一五”期间，由略微提升逆转为略微下降。其间，最高值为 2002 年 2.70%，最低值为 2008 年 1.91%。

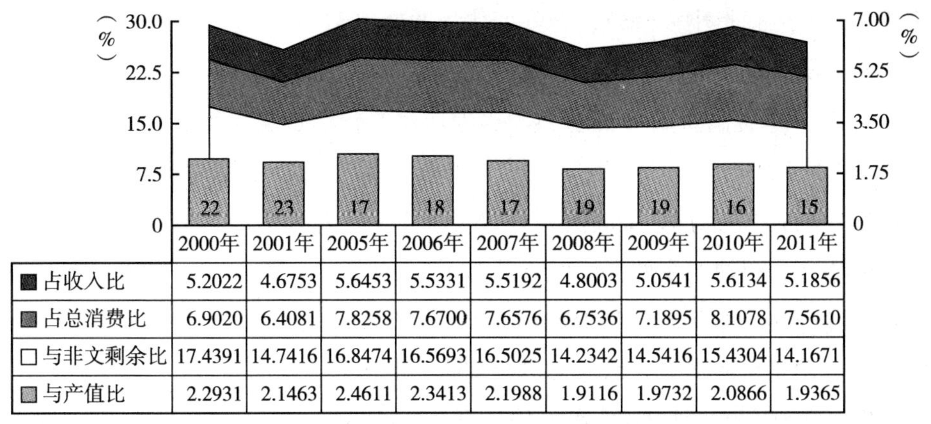

	2000年	2001年	2005年	2006年	2007年	2008年	2009年	2010年	2011年
■占收入比	5.2022	4.6753	5.6453	5.5331	5.5192	4.8003	5.0541	5.6134	5.1856
■占总消费比	6.9020	6.4081	7.8258	7.6700	7.6576	6.7536	7.1895	8.1078	7.5610
□与非文剩余比	17.4391	14.7416	16.8474	16.5693	16.5025	14.2342	14.5416	15.4304	14.1671
■与产值比	2.2931	2.1463	2.4611	2.3413	2.1988	1.9116	1.9732	2.0866	1.9365

图 3　2000 年以来福建城乡文化消费比例变动态势

注：左轴面积为城乡人均文化消费占收入比、占总消费比、与非文消费剩余（图例简称“非文剩余”）比（%），各项比值年度升降形成直观比例叠加；右轴柱形为城乡人均文化消费与产值比（%）。标注与产值比年度 31 省域排序，其余比值排序省略。

2011 年，福建城乡此项比值降低 0.15 个百分点，降幅为 7.19%，文化消费需求增长与经济发展的协调性比 2010 年略有下降。

2. 人均文化消费占人均收入的比重

2000～2011 年，福建城乡人均文化消费占人均收入的比重由 5.20% 降低至 5.19%，由于其他省域此项比值降低更加明显，福建在 31 个省域里排序从第 22 位上升到第 9 位。“十五”以来，福建城乡此项比值下降 0.32%，升降变化程度处于 31 个省域里第 7 位。

分阶段来看，福建城乡此项比值在“十五”期间提高 0.44 个百分点；在“十一五”期间降低 0.03 个百分点。当地居民文化消费需求增长与收入增加之间协调关系变化，在“十五”至“十一五”期间，由略微提升逆转为略微下降。其间，最高值为 2002 年 5.85%，最低值为 2001 年 4.68%。

2011 年，福建城乡此项比值降低 0.43 个百分点，降幅为 7.62%，文化消费需求增长与收入增加的协调性比 2010 年明显下降。

3. 人均文化消费占人均总消费的比重

2000～2011 年，福建城乡人均文化消费占人均总消费的比重由 6.90% 提高至 7.56%，在 31 个省域里排序从第 23 位上升到第 6 位。“十五”以来，福建城乡此项比值上升9.55%，升降变化程度处于31个省域里第7位。

分阶段来看，福建城乡此项比值在“十五”期间提高0.92个百分点；在“十一五”期间提高0.28个百分点。当地居民文化消费需求增长与总消费增加之间协调关系变化，在“十五”至“十一五”期间，由较明显提升减缓为较小幅度的略微提升。其间，最高值为2010年8.11%，最低值为2001年6.41%。

2011年，福建城乡此项比值降低0.55个百分点，降幅为6.74%，文化消费需求增长与总消费增加的协调性比2010年明显下降。

4. 人均文化消费与人均非文消费剩余的比例

2000~2011年，福建城乡人均文化消费与人均非文消费剩余的比例由17.44%降低至14.17%，由于其他省域此项比值降低更加明显，福建在31个省域里排序从第23位上升到第20位。“十五”以来，福建城乡此项比值下降18.76%，升降变化程度处于31个省域里第10位。

分阶段来看，福建城乡此项比值在“十五”期间降低0.59个百分点；在“十一五”期间降低1.42个百分点。当地居民文化消费需求增长与“必需消费”之外“余钱”增多之间协调关系变化，在“十五”至“十一五”期间，由略微下降加重为更大幅度的较明显下降。其间，最高值为2004年17.70%，最低值为2011年14.17%。

2011年，福建城乡此项比值降低1.26个百分点，降幅为8.19%，文化消费需求增长与“必需消费”之外“余钱”增多的协调性比2010年极显著下降。

三　福建文化消费城乡、区域协调状况

1. 人均文化消费城乡比

2000~2011年福建人均文化消费城乡比变动态势见图4。

2000~2011年，福建人均文化消费城乡比由1.0232扩大至2.4667，在31个省域里排序从第8位下降到第17位。其间，最小城乡比为2001年0.9461，最大城乡比为2010年2.5548。“十五”以来，福建人均文化消费城乡比扩大141.09%，城乡比扩减变化状况处于31个省域里第25位。这意味着，福建属于文化消费城乡比扩减变化态势很严重的省域之一。

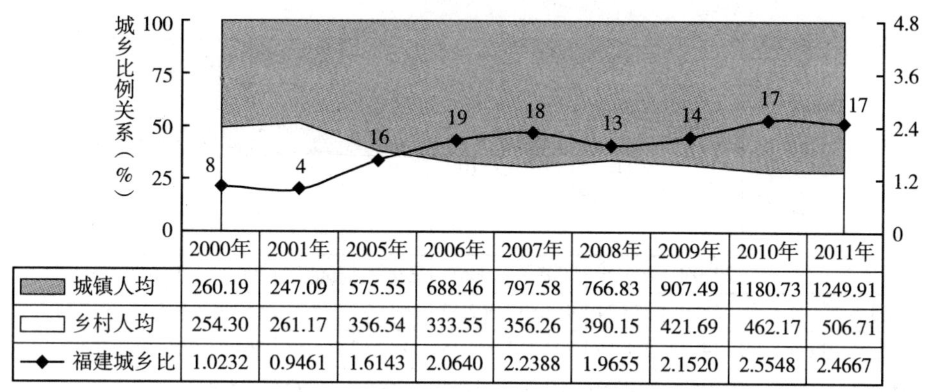

	2000年	2001年	2005年	2006年	2007年	2008年	2009年	2010年	2011年
城镇人均	260.19	247.09	575.55	688.46	797.58	766.83	907.49	1180.73	1249.91
乡村人均	254.30	261.17	356.54	333.55	356.26	390.15	421.69	462.17	506.71
福建城乡比	1.0232	0.9461	1.6143	2.0640	2.2388	1.9655	2.1520	2.5548	2.4667

图 4　2000 年以来福建人均文化消费城乡比变动态势

注：左轴面积为城镇、乡村人均文化消费（元转换为%），城乡间年度升降形成直观比例关系；右轴曲线为人均文化消费城乡比（乡村 =1），城乡比小于 1 为“城乡倒挂”，即城镇人均数值低于乡村。标注城乡比年度 31 省域排序。

同期，福建城镇人均文化消费从 260. 19 元增长至 1249. 91 元，增加 989. 72 元，总增长 380. 38%，年均增长 15. 34%。城镇人均值最高增长年度为 2002 年，增长率 82. 65%；最低增长年度为 2003 年，负增长 5. 49%。乡村人均文化消费从 254. 30 元增长至 506. 71 元，增加 252. 41 元，总增长 99. 26%，年均增长 6. 47%。乡村人均值最高增长年度为 2005 年，增长率 13. 88%；最低增长年度为 2006 年，负增长 6. 45%。此间，福建城镇人均文化消费需求年均增长极显著高于乡村年均增长 8. 87 个百分点，导致福建文化消费需求的城乡比严重扩大。

2011 年，福建城镇人均文化消费增长 5. 86%，低于“十五”年均增长 11. 35 个百分点，也低于“十一五”年均增长 9. 60 个百分点；乡村人均文化消费增长 9. 64%，高于“十五”年均增长 2. 64 个百分点，也高于“十一五”年均增长 4. 31 个百分点。此时，福建城镇人均值高于乡村，城镇年度增幅低于乡村增幅 3. 78 个百分点，意味着城乡差距缩小。福建文化消费城乡比因此比 2010 年略有缩小 3. 45%，城乡比排序处于 31 个省域里第 17 位。

2. 城乡人均文化消费地区差

2000 ~2011 年福建城乡文化消费与全国地区差变动态势见图 5。

2000 ~2011 年，福建城乡人均文化消费与全国城乡地区差由 1. 1985 扩大

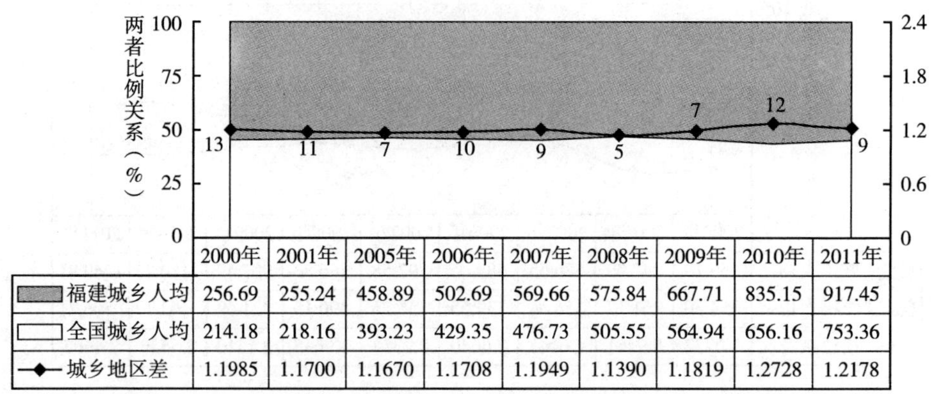

	2000年	2001年	2005年	2006年	2007年	2008年	2009年	2010年	2011年
福建城乡人均	256.69	255.24	458.89	502.69	569.66	575.84	667.71	835.15	917.45
全国城乡人均	214.18	218.16	393.23	429.35	476.73	505.55	564.94	656.16	753.36
城乡地区差	1.1985	1.1700	1.1670	1.1708	1.1949	1.1390	1.1819	1.2728	1.2178

图5　2000 年以来福建城乡人均文化消费与全国地区差变动态势

注：左轴面积为城乡人均文化消费（元转换为%），当地与全国数值年度升降形成直观比例关系；右轴曲线为城乡人均文化消费地区差（无差距 =1）。标注地区差年度 31 省域排序。

至 1.2178，由于其他省域城乡文化消费与全国地区差扩大更为严重，福建城乡地区差在 31 个省域里排序从第 13 位上升到第 9 位。其间，最小地区差为 2008 年 1.1390，最大地区差为 2010 年 1.2728。“十五”以来，福建城乡人均文化消费地区差扩大 1.61%，地区差扩减变化状况处于 31 个省域里第 14 位。这意味着，福建属于城乡文化消费地区差扩减变化态势较好的省域之一。

2000～2011 年，福建城乡人均文化消费年均增幅略微高于全国增幅 0.16 个百分点，福建城乡文化消费需求与全国的地区差较明显扩大。

2011 年，福建城乡人均文化消费增长低于自身“十五”年均增长 2.47 个百分点，也低于自身“十一五”年均增长 2.87 个百分点，同时显著低于全国增幅 4.96 个百分点。此时，福建城乡人均值高于全国城乡平均值，增长低于全国意味着地区差距缩小，与全国城乡地区差因此比 2010 年明显缩小 4.32%，地区差排序处于 31 个省域里第 9 位。

四　福建城乡文化消费需求景气测评

综合以上分析：“十五”以来福建城乡文化消费总量年均增长略微高于全国增长，人均值年均增长也略微高于全国平均增长；“十一五”期间各项比例

升降变化状况全面不及“十五”期间；“十五”以来城乡比严重扩大，同时地区差较明显扩大。这些都集中体现在福建城乡文化消费需求景气指数的测评演算中。2000～2011年福建城乡文化消费需求景气指数变动态势见图6。

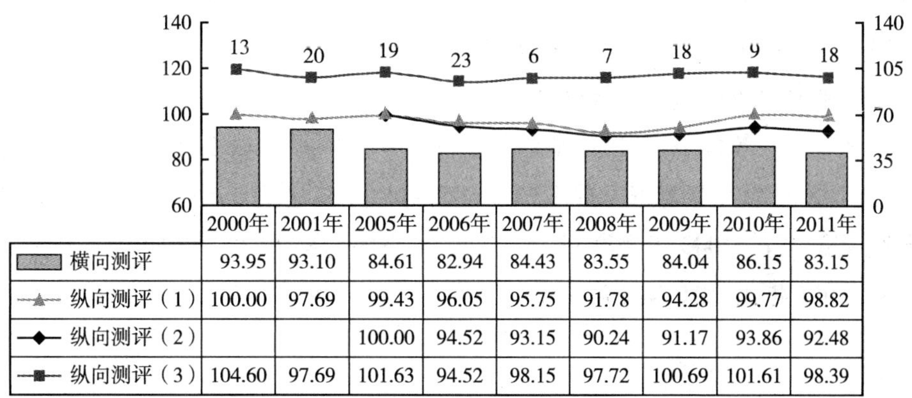

	2000年	2001年	2005年	2006年	2007年	2008年	2009年	2010年	2011年
横向测评	93.95	93.10	84.61	82.94	84.43	83.55	84.04	86.15	83.15
纵向测评（1）	100.00	97.69	99.43	96.05	95.75	91.78	94.28	99.77	98.82
纵向测评（2）			100.00	94.52	93.15	90.24	91.17	93.86	92.48
纵向测评（3）	104.60	97.69	101.63	94.52	98.15	97.72	100.69	101.61	98.39

图6　2000年以来福建城乡文化消费需求景气指数变动态势

注：左轴柱形为横向测评（城乡、地区无差异理想值=100）；左轴曲线为纵向测评（起点年基数值=100），（1）2000年起点，（2）2005年起点；右轴曲线为纵向测评（3）上年起点。标注逐年纵向测评全国排行位次，其余测评排行位次省略。

1. 各年度横向测评景气指数

在此项测评中，以全国城乡文化消费总量份额值、人均绝对值、各项比值为基准，并以城乡之间、地区之间实现无差距状态为“理想值”100来衡量，2011年福建城乡此项景气指数为83.15，低于理想值16.85，同时低于上一年2.99。各年度对比，福建城乡此项景气指数在31个省域里排行，2000年为第13位，2005年下降为第21位，2010年上升为第12位，2011年比2010年上升2位。

2. “十五”以来纵向测评景气指数

在此项测评中，以“九五”末年2000年为起点基数值100，2011年福建城乡此项景气指数为98.82，低于2000年起点基数1.18，同时低于上一年0.95。“十五”以来对比，福建城乡此项景气指数在31个省域里排行，2001年为第20位，2005年上升为第18位，2010年上升为第12位，2011年比2010年下降1位。

3. “十一五”以来纵向测评景气指数

以“十五”末年2005年为起点基数值100，2011年福建城乡此项景气指数为92.48，低于2005年起点基数7.52，同时低于上一年1.38。“十一五”以来对比，福建城乡此项景气指数在31个省域里排行，2006年为第23位，2010年上升为第14位，2011年与2010年持平。

4. 逐年度纵向测评景气指数

以上一年2010年为起点基数值100，2011年福建城乡此项景气指数为98.39，低于2010年起点基数1.61。逐年对比，福建城乡此项景气指数在31个省域里排行，2000年为第13位，2005年下降为第19位，2010年上升为第9位，2011年比2010年下降9位。

Fujian: The Total Value and the Per Capita Growth were far below the National Average

Abstract: In 2011, Fujian ranked the 25th in the increase of the total cultural consumption of urban-rural areas and the 26th in the growth of per capita value. Ranking of the boom evaluation: Fujian ranked the 10th in the lateral evaluation of the cultural consumption demand of urban-rural areas across the provinces; in its own vertical evaluation, Fujian ranked the 13th, the 14th and the 18th during the period of 2000 -2011, 2005 -2011 and 2010 -2011 respectively.

Key Words: Fujian's Urban-rural Areas; Cultural Consumption; Boom Evaluation

B.15

广东：乡村年度高增长城乡比大幅缩减

摘　要：

2011 年，广东城乡文化消费总量增长处于第 8 位，人均值增长处于第 15 位。景气评价排行结果：广东城乡在省域横向测评中，2011 年景气指数处于第 6 位；在自身纵向测评中，2000 ~ 2011 年景气指数处于第 9 位，2005 ~ 2011 年景气指数处于第 12 位，2010 ~ 2011 年景气指数处于第 9 位。

关键词：

广东城乡　文化消费　景气评价

本文充分展示 2000 ~ 2011 年间广东相关各方面的增长态势，全面分析检测广东城乡文化消费需求状况。

一　广东城乡文化消费需求增长状况

1. 文化消费总量份额值变化

2000 ~ 2011 年广东城乡文化消费总量增长、份额变化态势见图 1。

2000 ~ 2011 年，广东城乡文化消费总量从 267.89 亿元增长至 1322.20 亿元，增加 1054.31 亿元，总增长 393.56%，年均增长 15.62%，增长幅度排序处于 31 个省域里第 3 位。其中，“十五”期间总增长 126.32%，年均增长 17.75%；“十一五”期间总增长 83.27%，年均增长 12.88%。“十一五”年均增长幅度低于“十五”4.87 个百分点。总量最高增长年度为 2002 年，增长率 51.99%；最低增长年度为 2001 年，增长率 0.87%。

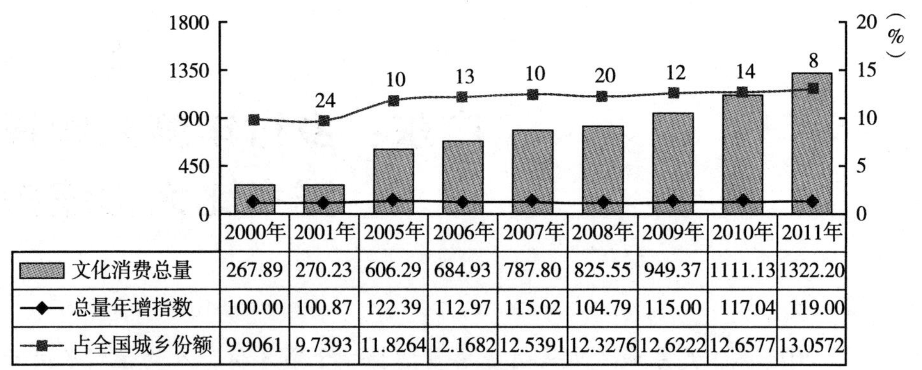

	2000年	2001年	2005年	2006年	2007年	2008年	2009年	2010年	2011年
文化消费总量	267.89	270.23	606.29	684.93	787.80	825.55	949.37	1111.13	1322.20
总量年增指数	100.00	100.87	122.39	112.97	115.02	104.79	115.00	117.04	119.00
占全国城乡份额	9.9061	9.7393	11.8264	12.1682	12.5391	12.3276	12.6222	12.6577	13.0572

图1　2000年以来广东城乡文化消费总量增长、份额变化态势

注：左轴柱形为城乡文化消费总量（亿元）；左轴曲线为年度（年均）增长指数（上年 = 100）；右轴曲线为占全国城乡份额（%）。标注年度份额增减31省域排序，2000年起点不计。

同期，全国城乡文化消费总量年均增长12.75%，广东年均增幅明显高于全国城乡年均增幅2.87个百分点。广东城乡文化消费总量占全国份额由9.91%升高为13.06%，上升幅度为31.81%，份额升降变化排序处于31个省域里第3位。

2011年，全国城乡文化消费总量增长15.36%，广东城乡文化消费总量增长19.00%，明显高于全国增幅3.64个百分点，占全国份额比2010年上升3.16%。同时，广东总量增长高于“十五”年均增长1.25个百分点，也高于“十一五”年均增长6.12个百分点，增长幅度和占全国份额变化排序处于31个省域里第8位。

2. 文化消费人均绝对值增长

2000~2011年广东城乡人均文化消费增长、增幅变化态势见图2。

2000~2011年，广东城乡人均文化消费从357.74元增长至1262.50元，增加904.76元，总增长252.91%，年均增长12.15%，增长幅度排序处于31个省域里第12位。其中，“十五”期间人均值总增长93.71%，年均增长14.14%；“十一五”期间人均值总增长59.71%，年均增长9.82%。“十一五”年均增长幅度低于“十五”4.32个百分点。人均值最高增长年度为2002年，增长率50.51%；最低增长年度为2001年，负增长2.47%。

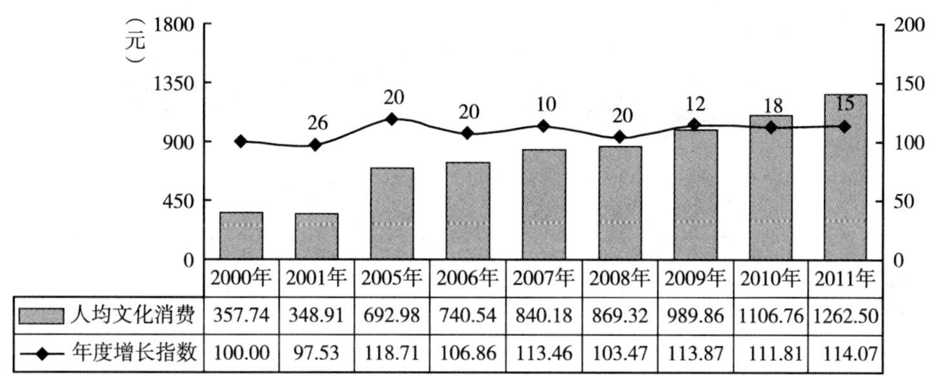

	2000年	2001年	2005年	2006年	2007年	2008年	2009年	2010年	2011年
人均文化消费	357.74	348.91	692.98	740.54	840.18	869.32	989.86	1106.76	1262.50
年度增长指数	100.00	97.53	118.71	106.86	113.46	103.47	113.87	111.81	114.07

图 2　2000 年以来广东城乡人均文化消费增长、增幅变化态势

注：左轴柱形为城乡人均文化消费（元）；右轴曲线为年度（年均）增长指数（上年＝100），年增指数小于 100 为负增长。标注年度增长 31 省域排序，2000 年起点不计。

同期，全国城乡人均文化消费年均增长 12.11%，广东年均增幅略微高于全国增幅。广东城乡人均文化消费从全国城乡平均值的 167.03% 提高至 167.58%，人均绝对值在 31 个省域里排序保持在第 4 位。

2011 年，全国城乡人均文化消费增长 14.81%，广东增长 14.07%，略微低于全国增幅，同时低于自身“十五”年均增长，但高于自身“十一五”年均增长，增长幅度排序处于 31 个省域里第 15 位。

二　广东城乡文化消费相关背景情况

2000～2011 年广东城乡文化消费比例变动态势见图 3。

1. 人均文化消费与人均产值的比例

2000～2011 年，广东城乡人均文化消费与人均产值的比例由 2.81% 降低至 2.48%，由于其他省域此项比值降低更加明显，广东在 31 个省域里排序从第 14 位上升到第 2 位。“十五”以来，广东城乡此项比值下降 11.54%，升降变化程度处于 31 个省域里第 6 位。

分阶段来看，广东城乡此项比值在“十五”期间提高 0.03 个百分点；在“十一五”期间降低 0.36 个百分点。文化消费需求增长与当地省域经济发展之间协调关系变化，在“十五”至“十一五”期间，由略微提升逆转为略微下降。其间，最高值为 2002 年 3.42%，最低值为 2008 年 2.31%。

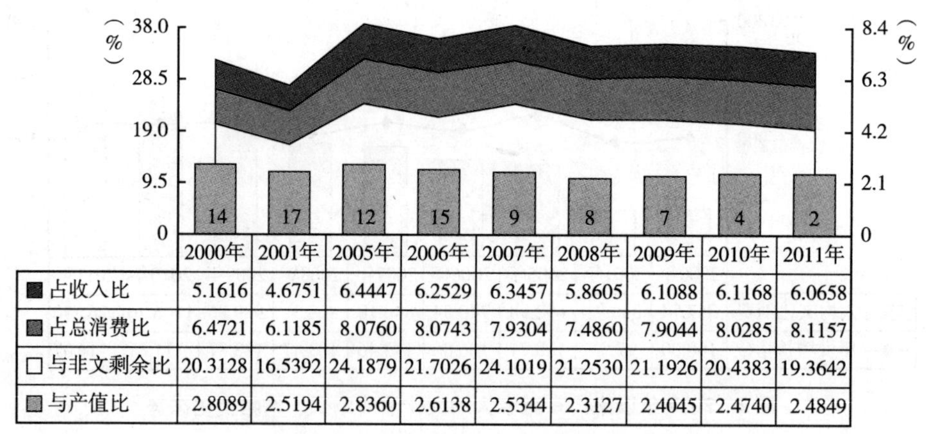

	2000年	2001年	2005年	2006年	2007年	2008年	2009年	2010年	2011年
■占收入比	5.1616	4.6751	6.4447	6.2529	6.3457	5.8605	6.1088	6.1168	6.0658
■占总消费比	6.4721	6.1185	8.0760	8.0743	7.9304	7.4860	7.9044	8.0285	8.1157
□与非文剩余比	20.3128	16.5392	24.1879	21.7026	24.1019	21.2530	21.1926	20.4383	19.3642
■与产值比	2.8089	2.5194	2.8360	2.6138	2.5344	2.3127	2.4045	2.4740	2.4849

图3　2000年以来广东城乡文化消费比例变动态势

注：左轴面积为城乡人均文化消费占收入比、占总消费比、与非文消费剩余（图例简称“非文剩余”）比（%），各项比值年度升降形成直观比例叠加；右轴柱形为城乡人均文化消费与产值比（%）。标注与产值比年度31省域排序，其余比值排序省略。

2011年，广东城乡此项比值提高0.0109个百分点，升幅为0.44%，文化消费需求增长与经济发展的协调性比2010年略有上升。

2. 人均文化消费占人均收入的比重

2000～2011年，广东城乡人均文化消费占人均收入的比重由5.16%提高至6.07%，在31个省域里排序从第23位上升到第4位。“十五”以来，广东城乡此项比值上升17.52%，升降变化程度处于31个省域里第2位。

分阶段来看，广东城乡此项比值在“十五”期间提高1.28个百分点；在“十一五”期间降低0.33个百分点。当地居民文化消费需求增长与收入增加之间协调关系变化，在“十五”至“十一五”期间，由明显提升逆转为略微下降。其间，最高值为2002年6.56%，最低值为2001年4.68%。

2011年，广东城乡此项比值降低0.05个百分点，降幅为0.83%，文化消费需求增长与收入增加的协调性比2010年略有下降。

3. 人均文化消费占人均总消费的比重

2000～2011年，广东城乡人均文化消费占人均总消费的比重由6.47%提高至8.12%，在31个省域里排序从第26位上升到第4位。“十五”以来，广东城乡此项比值上升25.40%，升降变化程度处于31个省域里第3位。

分阶段来看，广东城乡此项比值在“十五”期间提高1.60个百分点；在“十一五”期间降低0.05个百分点。当地居民文化消费需求增长与总消费增加之间协调关系变化，在“十五”至“十一五”期间，由明显提升逆转为略微下降。其间，最高值为2003年8.34%，最低值为2001年6.12%。

2011年，广东城乡此项比值提高0.09个百分点，升幅为1.09%，文化消费需求增长与总消费增加的协调性比2010年略有上升。

4. 人均文化消费与人均非文消费剩余的比例

2000～2011年，广东城乡人均文化消费与人均非文消费剩余的比例由20.31%降低至19.36%，由于其他省域此项比值降低更加明显，广东在31个省域里排序从第14位上升到第4位。“十五”以来，广东城乡此项比值下降4.67%，升降变化程度处于31个省域里第4位。

分阶段来看，广东城乡此项比值在“十五”期间提高3.88个百分点；在“十一五”期间降低3.75个百分点。当地居民文化消费需求增长与“必需消费”之外“余钱”增多之间协调关系变化，在“十五”至“十一五”期间，由明显提升逆转为明显下降。其间，最高值为2005年24.19%，最低值为2001年16.54%。

2011年，广东城乡此项比值降低1.07个百分点，降幅为5.26%，文化消费需求增长与“必需消费”之外“余钱”增多的协调性比2010年极显著下降。

三　广东文化消费城乡、区域协调状况

1. 人均文化消费城乡比

2000～2011年广东人均文化消费城乡比变动态势见图4。

2000～2011年，广东人均文化消费城乡比由1.2633扩大至4.2532，在31个省域里排序从第12位下降到第28位。其间，最小城乡比为2000年1.2633，最大城乡比为2010年4.7486。“十五”以来，广东人均文化消费城乡比扩大236.67%，城乡比扩减变化状况处于31个省域里第30位。这意味着，广东属于文化消费城乡比扩减变化态势极严重的省域之一。

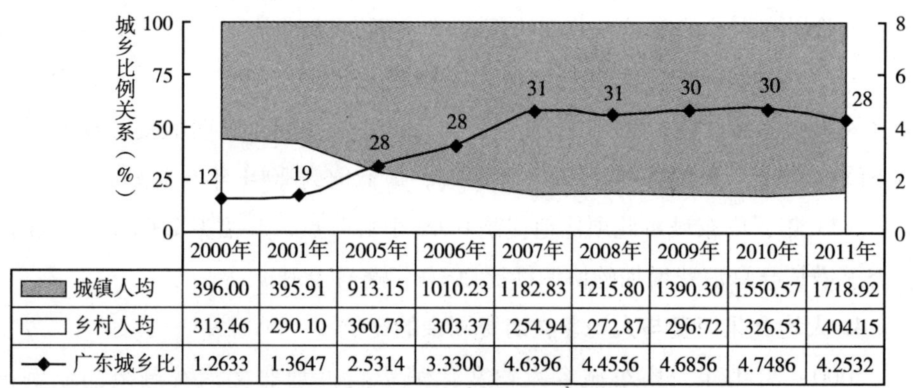

	2000年	2001年	2005年	2006年	2007年	2008年	2009年	2010年	2011年
城镇人均	396.00	395.91	913.15	1010.23	1182.83	1215.80	1390.30	1550.57	1718.92
乡村人均	313.46	290.10	360.73	303.37	254.94	272.87	296.72	326.53	404.15
广东城乡比	1.2633	1.3647	2.5314	3.3300	4.6396	4.4556	4.6856	4.7486	4.2532

图4　2000年以来广东人均文化消费城乡比变动态势

注：左轴面积为城镇、乡村人均文化消费（元转换为%），城乡间年度升降形成直观比例关系；右轴曲线为人均文化消费城乡比（乡村=1）。标注城乡比年度31省域排序。

同期，广东城镇人均文化消费从396.00元增长至1718.92元，增加1322.92元，总增长334.07%，年均增长14.28%。城镇人均值最高增长年度为2002年，增长率75.56%；最低增长年度为2001年，负增长0.02%。乡村人均文化消费从313.46元增长至404.15元，增加90.69元，总增长28.93%，年均增长2.34%。乡村人均值最高增长年度为2011年，增长率23.77%；最低增长年度为2007年，负增长15.96%。此间，广东城镇人均文化消费需求年均增长极显著高于乡村年均增长11.94个百分点，导致广东文化消费需求的城乡比极严重扩大。

2011年，广东城镇人均文化消费增长10.86%，低于“十五”年均增长7.33个百分点，也低于“十一五”年均增长0.31个百分点；乡村人均文化消费增长23.77%，高于“十五”年均增长20.92个百分点，也高于“十一五”年均增长25.74个百分点。此时，广东城镇人均值高于乡村，城镇年度增幅低于乡村增幅12.91个百分点，意味着城乡差距缩小。广东文化消费城乡比因此比2010年明显缩小10.43%，城乡比排序处于31个省域里第28位。

2. 城乡人均文化消费地区差

2000~2011年广东城乡文化消费与全国地区差变动态势见图5。

2000~2011年，广东城乡人均文化消费与全国城乡地区差由1.6703扩

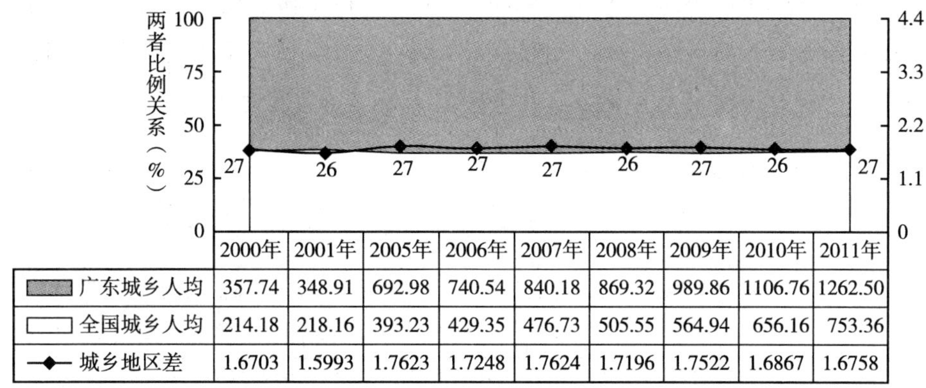

	2000年	2001年	2005年	2006年	2007年	2008年	2009年	2010年	2011年
广东城乡人均	357.74	348.91	692.98	740.54	840.18	869.32	989.86	1106.76	1262.50
全国城乡人均	214.18	218.16	393.23	429.35	476.73	505.55	564.94	656.16	753.36
城乡地区差	1.6703	1.5993	1.7623	1.7248	1.7624	1.7196	1.7522	1.6867	1.6758

图 5　2000 年以来广东城乡人均文化消费与全国地区差变动态势

注：左轴面积为城乡人均文化消费（元转换为%），当地与全国数值年度升降形成直观比例关系；右轴曲线为城乡人均文化消费地区差（无差距 = 1）。标注地区差年度 31 省域排序。

大至 1.6758，在 31 个省域里排序保持在第 27 位。其间，最小地区差为 2001 年 1.5993，最大地区差为 2004 年 1.8619。“十五”以来，广东城乡人均文化消费地区差扩大 0.33%，地区差扩减变化状况处于 31 个省域里第 13 位。这意味着，广东属于城乡文化消费地区差扩减变化态势较好的省域之一。

2000 ~ 2011 年，广东城乡人均文化消费年均增幅略微高于全国增幅 0.03 个百分点，广东城乡文化消费需求与全国的地区差略有扩大。

2011 年，广东城乡人均文化消费增长低于自身“十五”年均增长 0.07 个百分点，但高于自身“十一五”年均增长 4.26 个百分点，同时略微低于全国增幅 0.74 个百分点。此时，广东城乡人均值高于全国城乡平均值，增长低于全国意味着地区差距缩小，与全国城乡地区差因此比 2010 年略有缩小 0.65%，地区差排序处于 31 个省域里第 27 位。

四　广东城乡文化消费需求景气测评

综合以上分析：“十五”以来广东城乡文化消费总量年均增长明显高于全国增长，人均值年均增长也略微高于全国平均增长；“十一五”期间各项比例

升降变化状况全面不及“十五”期间；“十五”以来城乡比极严重扩大，同时地区差略有扩大。这些都集中体现在广东城乡文化消费需求景气指数的测评演算中。2000～2011 年广东城乡文化消费需求景气指数变动态势见图 6。

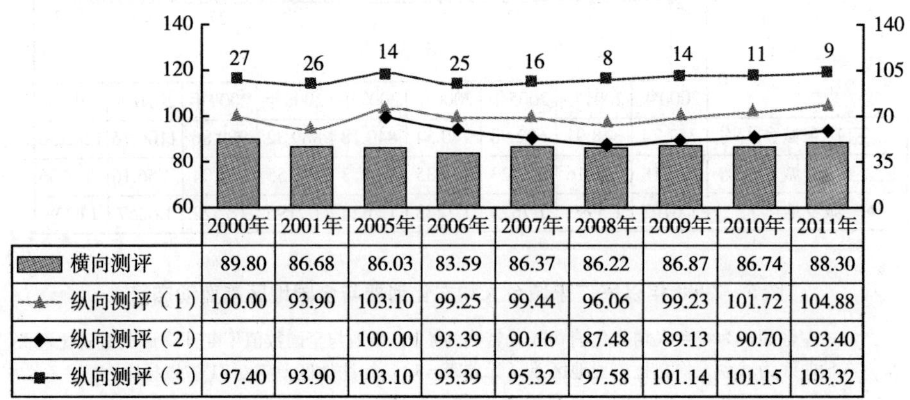

	2000年	2001年	2005年	2006年	2007年	2008年	2009年	2010年	2011年
横向测评	89.80	86.68	86.03	83.59	86.37	86.22	86.87	86.74	88.30
纵向测评（1）	100.00	93.90	103.10	99.25	99.44	96.06	99.23	101.72	104.88
纵向测评（2）			100.00	93.39	90.16	87.48	89.13	90.70	93.40
纵向测评（3）	97.40	93.90	103.10	93.39	95.32	97.58	101.14	101.15	103.32

图 6　2000 年以来广东城乡文化消费需求景气指数变动态势

注：左轴柱形为横向测评（城乡、地区无差异理想值 = 100）；左轴曲线为纵向测评（起点年基数值 = 100），（1）2000 年起点，（2）2005 年起点；右轴曲线为纵向测评（3）上年起点。标注逐年纵向测评全国排行位次，其余测评排行位次省略。

1. 各年度横向测评景气指数

在此项测评中，以全国城乡文化消费总量份额值、人均绝对值、各项比值为基准，并以城乡之间、地区之间实现无差距状态为“理想值”100 来衡量，2011 年广东城乡此项景气指数为 88.30，低于理想值 11.70，同时高于上一年 1.56。各年度对比，广东城乡此项景气指数在 31 个省域里排行，2000 年为第 19 位，2005 年与之持平，2010 年上升为第 11 位，2011 年比 2010 年上升 5 位。

2. “十五”以来纵向测评景气指数

在此项测评中，以“九五”末年 2000 年为起点基数值 100，2011 年广东城乡此项景气指数为 104.88，高于 2000 年起点基数 4.88，同时高于上一年 3.16。“十五”以来对比，广东城乡此项景气指数在 31 个省域里排行，2001 年为第 26 位，2005 年上升为第 17 位，2010 年上升为第 11 位，2011 年比 2010 年上升 2 位。

3. “十一五”以来纵向测评景气指数

以“十五”末年2005年为起点基数值100，2011年广东城乡此项景气指数为93.40，低于2005年起点基数6.60，同时高于上一年2.70。“十一五”以来对比，广东城乡此项景气指数在31个省域里排行，2006年为第25位，2010年上升为第16位，2011年比2010年上升4位。

4. 逐年度纵向测评景气指数

以上一年2010年为起点基数值100，2011年广东城乡此项景气指数为103.32，高于2010年起点基数3.32。逐年对比，广东城乡此项景气指数在31个省域里排行，2000年为第27位，2005年上升为第14位，2010年上升为第11位，2011年比2010年上升2位。

Guangdong: The Rural High Growth Leading to a Significant Decrease in the Urban-Rural Ratio

Abstract: In 2011, Guangdong ranked the 8th in the increase of the total cultural consumption of urban-rural areas and the 15th in the growth of per capita value. Ranking of the boom evaluation: Guangdong ranked the 6th in the lateral evaluation of the cultural consumption demand of urban-rural areas across the provinces; in its own vertical evaluation, Guangdong ranked the 9th, the 12th and the 9th during the period of 2000 - 2011, 2005 - 2011 and 2010 - 2011 respectively.

Key Words: Guangdong's Urban-rural Areas; Cultural Consumption; Boom Evaluation

B.16
海南：2011 年城乡人均值负增长 4.25%

摘　要：

2011 年，海南城乡文化消费总量增长处于第 30 位，人均值增长处于第 30 位。景气评价排行结果：海南城乡在省域横向测评中，2011 年景气指数处于第 30 位；在自身纵向测评中，2000 ~ 2011 年景气指数处于第 30 位，2005 ~ 2011 年景气指数处于第 28 位，2010 ~ 2011 年景气指数处于第 31 位。

关键词：

海南城乡　文化消费　景气评价

本文充分展示 2000 ~ 2011 年间海南相关各方面的增长态势，全面分析检测海南城乡文化消费需求状况。

一　海南城乡文化消费需求增长状况

1. 文化消费总量份额值变化

2000 ~ 2011 年海南城乡文化消费总量增长、份额变化态势见图 1。

2000 ~ 2011 年，海南城乡文化消费总量从 12.64 亿元增长至 35.07 亿元，增加 22.43 亿元，总增长 177.45%，年均增长 9.72%，增长幅度排序处于 31 个省域里第 26 位。其中，“十五”期间总增长 60.31%，年均增长 9.90%；“十一五”期间总增长 79.41%，年均增长 12.40%。“十一五”年均增长幅度高于“十五”2.50 个百分点。总量最高增长年度为 2008 年，增长率 23.05%；最低增长年度为 2011 年，负增长 3.51%。

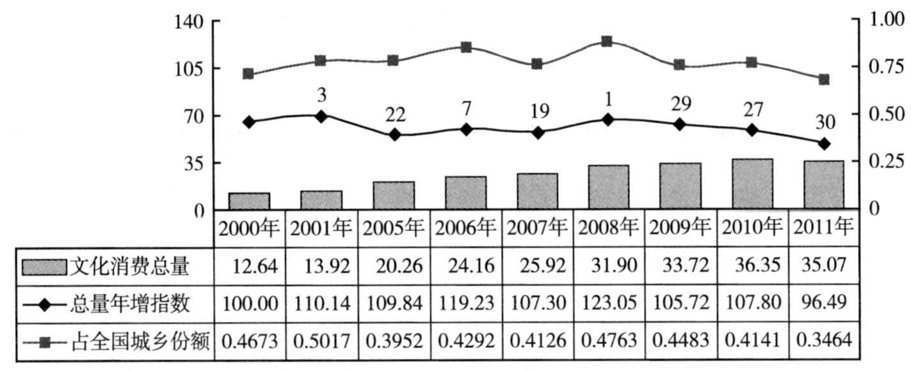

	2000年	2001年	2005年	2006年	2007年	2008年	2009年	2010年	2011年
文化消费总量	12.64	13.92	20.26	24.16	25.92	31.90	33.72	36.35	35.07
总量年增指数	100.00	110.14	109.84	119.23	107.30	123.05	105.72	107.80	96.49
占全国城乡份额	0.4673	0.5017	0.3952	0.4292	0.4126	0.4763	0.4483	0.4141	0.3464

图 1　2000 年以来海南城乡文化消费总量增长、份额变化态势

注：左轴柱形为城乡文化消费总量（亿元）；左轴曲线为年度（年均）增长指数（上年 = 100），年增指数小于 100 为负增长；右轴曲线为占全国城乡份额（%）。标注年度份额增减 31 省域排序，2000 年起点不计。

同期，全国城乡文化消费总量年均增长 12.75%，海南年均增幅明显低于全国城乡年均增幅 3.03 个百分点。海南城乡文化消费总量占全国份额由 0.47% 降低为 0.35%，下降幅度为 25.87%，份额升降变化排序处于 31 个省域里第 26 位。

2011 年，全国城乡文化消费总量增长 15.36%，海南城乡文化消费总量负增长 3.51%，极显著低于全国增幅 18.87 个百分点，占全国份额比 2010 年下降 16.35%。同时，海南总量增长低于自身“十五”年均增长 13.41 个百分点，也低于自身“十一五”年均增长 15.91 个百分点，增长幅度和占全国份额变化排序处于 31 个省域里第 30 位。

2. 文化消费人均绝对值增长

2000 ~ 2011 年海南城乡人均文化消费增长、增幅变化态势见图 2。

2000 ~ 2011 年，海南城乡人均文化消费从 162.96 元增长至 401.78 元，增加 238.82 元，总增长 146.55%，年均增长 8.55%，增长幅度排序处于 31 个省域里第 29 位。其中，“十五”期间人均值总增长 51.06%，年均增长 8.60%；“十一五”期间人均值总增长 70.45%，年均增长 11.26%。“十一五”年均增长幅度高于“十五”2.66 个百分点。人均值最高增长年度为 2008 年，增长率 21.74%；最低增长年度为 2011 年，负增长 4.25%。

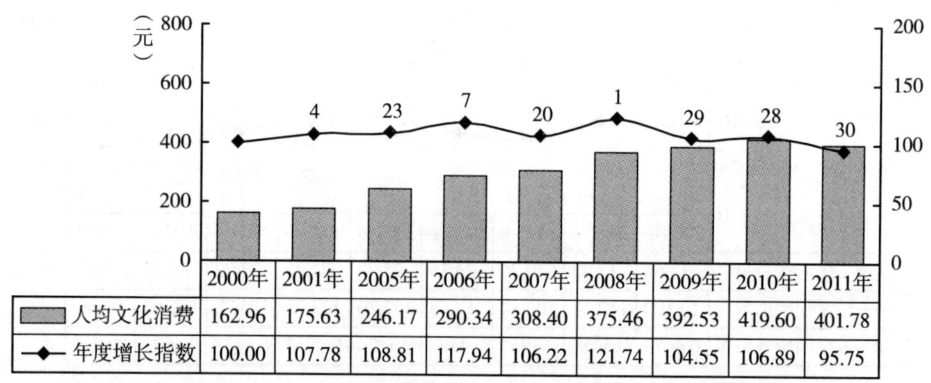

	2000年	2001年	2005年	2006年	2007年	2008年	2009年	2010年	2011年
人均文化消费	162.96	175.63	246.17	290.34	308.40	375.46	392.53	419.60	401.78
年度增长指数	100.00	107.78	108.81	117.94	106.22	121.74	104.55	106.89	95.75

图 2　2000 年以来海南城乡人均文化消费增长、增幅变化态势

注：左轴柱形为城乡人均文化消费（元）；右轴曲线为年度（年均）增长指数（上年 = 100），年增指数小于 100 为负增长。标注年度增长 31 省域排序，2000 年起点不计。

同期，全国城乡人均文化消费年均增长 12.11%，海南年均增幅明显低于全国增幅。海南城乡人均文化消费从全国城乡平均值的 76.09% 降低至 53.33%，人均绝对值在 31 个省域里排序由第 21 位下降到第 28 位。

2011 年，全国城乡人均文化消费增长 14.81%，海南负增长 4.25%，极显著低于全国增幅，同时低于自身“十五”年均增长，也低于自身“十一五”年均增长，增长幅度排序处于 31 个省域里第 30 位。

二　海南城乡文化消费相关背景情况

2000 ~ 2011 年海南城乡文化消费比例变动态势见图 3。

1. 人均文化消费与人均产值的比例

2000 ~ 2011 年，海南城乡人均文化消费与人均产值的比例由 2.40% 降低至 1.39%，在 31 个省域里排序从第 20 位下降到第 28 位。“十五”以来，海南城乡此项比值下降 42.00%，升降变化程度处于 31 个省域里第 19 位。

分阶段来看，海南城乡此项比值在“十五”期间降低 0.13 个百分点；在“十一五”期间降低 0.50 个百分点。文化消费需求增长与当地省域经济发展之间协调关系变化，在“十五”至“十一五”期间，由略微下降加重为更大幅度的较明显下降。其间，最高值为 2002 年 2.63%，最低值为 2011 年 1.39%。

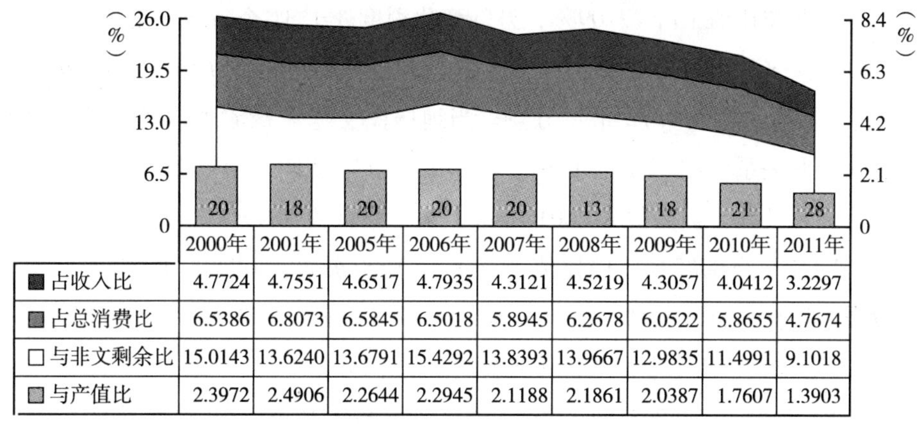

	2000年	2001年	2005年	2006年	2007年	2008年	2009年	2010年	2011年
■ 占收入比	4.7724	4.7551	4.6517	4.7935	4.3121	4.5219	4.3057	4.0412	3.2297
■ 占总消费比	6.5386	6.8073	6.5845	6.5018	5.8945	6.2678	6.0522	5.8655	4.7674
□ 与非文剩余比	15.0143	13.6240	13.6791	15.4292	13.8393	13.9667	12.9835	11.4991	9.1018
■ 与产值比	2.3972	2.4906	2.2644	2.2945	2.1188	2.1861	2.0387	1.7607	1.3903

图 3　2000 年以来海南城乡文化消费比例变动态势

注：左轴面积为城乡人均文化消费占收入比、占总消费比、与非文消费剩余（图例简称“非文剩余”）比（%），各项比值年度升降形成直观比例叠加；右轴柱形为城乡人均文化消费与产值比（%）。标注与产值比年度 31 省域排序，其余比值排序省略。

2011 年，海南城乡此项比值降低 0. 37 个百分点，降幅为 21. 04%，文化消费需求增长与经济发展的协调性比 2010 年较明显下降。

2. 人均文化消费占人均收入的比重

2000～2011 年，海南城乡人均文化消费占人均收入的比重由 4. 77% 降低至 3. 23%，在 31 个省域里排序从第 26 位下降到第 30 位。“十五”以来，海南城乡此项比值下降 32. 32%，升降变化程度处于 31 个省域里第 31 位。

分阶段来看，海南城乡此项比值在“十五”期间降低 0. 12 个百分点；在“十一五”期间降低 0. 61 个百分点。当地居民文化消费需求增长与收入增加之间协调关系变化，在“十五”至“十一五”期间，由略微下降加重为更大幅度的较明显下降。其间，最高值为 2002 年 4. 81%，最低值为 2011 年 3. 23%。

2011 年，海南城乡此项比值降低 0. 81 个百分点，降幅为 20. 08%，文化消费需求增长与收入增加的协调性比 2010 年极显著下降。

3. 人均文化消费占人均总消费的比重

2000～2011 年，海南城乡人均文化消费占人均总消费的比重由 6. 54% 降低至 4. 77%，在 31 个省域里排序从第 25 位下降到第 30 位。“十五”以来，海南城乡此项比值下降27.09%，升降变化程度处于31个省域里第30位。

分阶段来看，海南城乡此项比值在“十五”期间提高0.05个百分点；在“十一五”期间降低0.72个百分点。当地居民文化消费需求增长与总消费增加之间协调关系变化，在“十五”至“十一五”期间，由略微提升逆转为较明显下降。其间，最高值为2001年6.81%，最低值为2011年4.77%。

2011年，海南城乡此项比值降低1.10个百分点，降幅为18.72%，文化消费需求增长与总消费增加的协调性比2010年极显著下降。

4. 人均文化消费与人均非文消费剩余的比例

2000～2011年，海南城乡人均文化消费与人均非文消费剩余的比例由15.01%降低至9.10%，在31个省域里排序从第28位下降到第30位。“十五”以来，海南城乡此项比值下降39.38%，升降变化程度处于31个省域里第27位。

分阶段来看，海南城乡此项比值在“十五”期间降低1.34个百分点；在“十一五”期间降低2.18个百分点。当地居民文化消费需求增长与“必需消费”之外“余钱”增多之间协调关系变化，在“十五”至“十一五”期间，由较明显下降加重为更大幅度的明显下降。其间，最高值为2002年16.36%，最低值为2011年9.10%。

2011年，海南城乡此项比值降低2.40个百分点，降幅为20.85%，文化消费需求增长与“必需消费”之外“余钱”增多的协调性比2010年极显著下降。

三 海南文化消费城乡、区域协调状况

1. 人均文化消费城乡比

2000～2011年海南人均文化消费城乡比变动态势见图4。

2000～2011年，海南人均文化消费城乡比由0.8311扩大至2.5642，在31个省域里排序从第3位下降到第19位。其间，最小城乡比为2000年0.8311，最大城乡比为2011年2.5642。“十五”以来，海南人均文化消费城乡比扩大208.52%，城乡比扩减变化状况处于31个省域里第28位。这意味着，海南属于文化消费城乡比扩减变化态势极严重的省域之一。

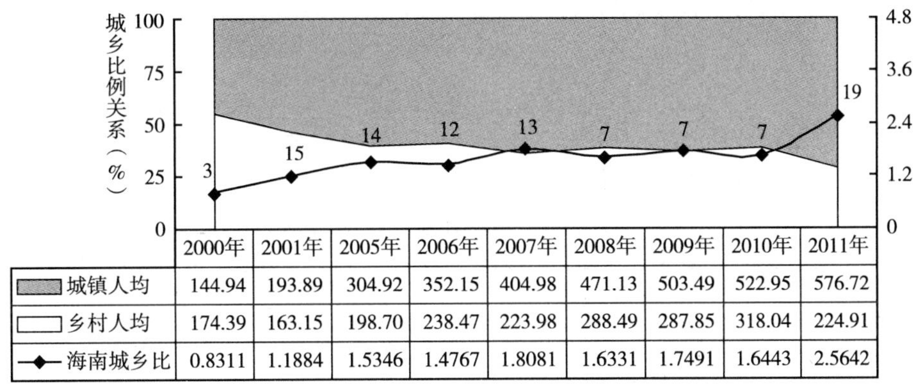

	2000年	2001年	2005年	2006年	2007年	2008年	2009年	2010年	2011年
城镇人均	144.94	193.89	304.92	352.15	404.98	471.13	503.49	522.95	576.72
乡村人均	174.39	163.15	198.70	238.47	223.98	288.49	287.85	318.04	224.91
海南城乡比	0.8311	1.1884	1.5346	1.4767	1.8081	1.6331	1.7491	1.6443	2.5642

图 4　2000 年以来海南人均文化消费城乡比变动态势

注：左轴面积为城镇、乡村人均文化消费（元转换为%），城乡间年度升降形成直观比例关系；右轴曲线为人均文化消费城乡比（乡村 = 1），城乡比小于 1 为“城乡倒挂”，即城镇人均数值低于乡村。标注城乡比年度 31 省域排序。

同期，海南城镇人均文化消费从 144. 94 元增长至 576. 72 元，增加 431. 78 元，总增长 297. 90%，年均增长 13. 38%。城镇人均值最高增长年度为 2002 年，增长率 40. 37%；最低增长年度为 2003 年，负增长 8. 92%。乡村人均文化消费从 174. 39 元增长至 224. 91 元，增加 50. 52 元，总增长 28. 97%，年均增长 2. 34%。乡村人均值最高增长年度为 2008 年，增长率 28. 80%；最低增长年度为 2011 年，负增长 29. 28%。此间，海南城镇人均文化消费需求年均增长极显著高于乡村年均增长 11. 04 个百分点，导致海南文化消费需求的城乡比极严重扩大。

2011 年，海南城镇人均文化消费增长 10. 28%，低于“十五”年均增长 5. 76 个百分点，也低于“十一五”年均增长 1. 11 个百分点；乡村人均文化消费负增长 29. 28%，低于“十五”年均增长 31. 93 个百分点，也低于“十一五”年均增长 39. 15 个百分点。此时，海南城镇人均值高于乡村，城镇年度增幅高于乡村增幅 39. 56 个百分点，意味着城乡差距扩大。海南文化消费城乡比因此比 2010 年极严重扩大 55. 95%，城乡比排序处于 31 个省域里第 19 位。

2. 城乡人均文化消费地区差

2000 ~ 2011 年海南城乡文化消费与全国地区差变动态势见图 5。

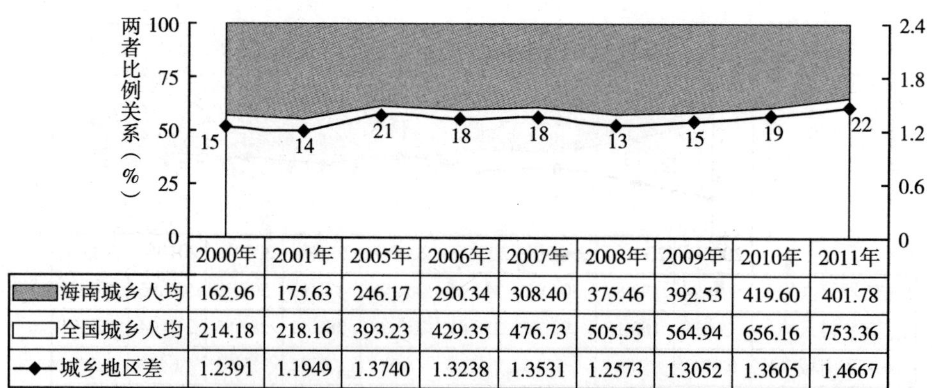

	2000年	2001年	2005年	2006年	2007年	2008年	2009年	2010年	2011年
海南城乡人均	162.96	175.63	246.17	290.34	308.40	375.46	392.53	419.60	401.78
全国城乡人均	214.18	218.16	393.23	429.35	476.73	505.55	564.94	656.16	753.36
城乡地区差	1.2391	1.1949	1.3740	1.3238	1.3531	1.2573	1.3052	1.3605	1.4667

图5　2000年以来海南城乡人均文化消费与全国地区差变动态势

注：左轴面积为城乡人均文化消费（元转换为%），当地与全国数值年度升降形成直观比例关系；右轴曲线为城乡人均文化消费地区差（无差距=1）。标注地区差年度31省域排序。

2000～2011年，海南城乡人均文化消费与全国城乡地区差由1.2391扩大至1.4667，在31个省域里排序从第15位下降到第22位。其间，最小地区差为2001年1.1949，最大地区差为2011年1.4667。“十五”以来，海南城乡人均文化消费地区差扩大18.36%，地区差扩减变化状况处于31个省域里第27位。这意味着，海南属于城乡文化消费地区差扩减变化态势很严重的省域之一。

2000～2011年，海南城乡人均文化消费年均增幅明显低于全国增幅3.56个百分点，海南城乡文化消费需求与全国的地区差极显著扩大。

2011年，海南城乡人均文化消费增长低于自身“十五”年均增长12.85个百分点，也低于自身“十一五”年均增长15.50个百分点，同时极显著低于全国增幅19.06个百分点。此时，海南城乡人均值低于全国城乡平均值，增长低于全国意味着地区差距扩大，与全国城乡地区差因此比2010年显著扩大7.80%，地区差排序处于31个省域里第22位。

四　海南城乡文化消费需求景气测评

综合以上分析：“十五”以来海南城乡文化消费总量年均增长明显低于全国增长，人均值年均增长也明显低于全国平均增长；“十一五”期间各项比例

升降变化状况全面不及“十五”期间；“十五”以来城乡比极严重扩大，同时地区差极显著扩大。这些都集中体现在海南城乡文化消费需求景气指数的测评演算中。2000～2011 年海南城乡文化消费需求景气指数变动态势见图 6。

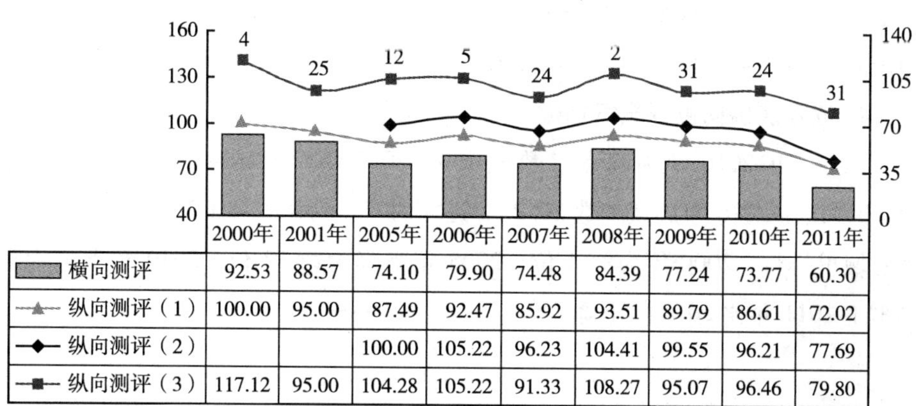

	2000年	2001年	2005年	2006年	2007年	2008年	2009年	2010年	2011年
横向测评	92.53	88.57	74.10	79.90	74.48	84.39	77.24	73.77	60.30
纵向测评（1）	100.00	95.00	87.49	92.47	85.92	93.51	89.79	86.61	72.02
纵向测评（2）			100.00	105.22	96.23	104.41	99.55	96.21	77.69
纵向测评（3）	117.12	95.00	104.28	105.22	91.33	108.27	95.07	96.46	79.80

图 6　2000 年以来海南城乡文化消费需求景气指数变动态势

注：左轴柱形为横向测评（城乡、地区无差异理想值 = 100）；左轴曲线为纵向测评（起点年基数值 = 100），（1）2000 年起点，（2）2005 年起点；右轴曲线为纵向测评（3）上年起点。标注逐年纵向测评全国排行位次，其余测评排行位次省略。

1. 各年度横向测评景气指数

在此项测评中，以全国城乡文化消费总量份额值、人均绝对值、各项比值为基准，并以城乡之间、地区之间实现无差距状态为“理想值”100 来衡量，2011 年海南城乡此项景气指数为 60.30，低于理想值 39.70，同时低于上一年 13.47。各年度对比，海南城乡此项景气指数在 31 个省域里排行，2000 年为第 15 位，2005 年下降为第 26 位，2010 年上升为第 24 位，2011 年比 2010 年下降 6 位。

2. “十五”以来纵向测评景气指数

在此项测评中，以“九五”末年 2000 年为起点基数值 100，2011 年海南城乡此项景气指数为 72.02，低于 2000 年起点基数 27.98，同时低于上一年 14.59。“十五”以来对比，海南城乡此项景气指数在 31 个省域里排行，2001 年为第 25 位，2005 年下降为第 29 位，2010 年上升为第 23 位，2011 年比 2010 年下降 7 位。

3. “十一五”以来纵向测评景气指数

以“十五”末年2005年为起点基数值100，2011年海南城乡此项景气指数为77.69，低于2005年起点基数22.31，同时低于上一年18.52。“十一五”以来对比，海南城乡此项景气指数在31个省域里排行，2006年为第5位，2010年下降为第8位，2011年比2010年下降20位。

4. 逐年度纵向测评景气指数

以上一年2010年为起点基数值100，2011年海南城乡此项景气指数为79.80，低于2010年起点基数20.20。逐年对比，海南城乡此项景气指数在31个省域里排行，2000年为第4位，2005年下降为第12位，2010年下降为第24位，2011年比2010年下降7位。

Hainan: A 4.25% Negative Growth of Urban-Rural Per Capita Value in 2011

Abstract: In 2011, Hainan ranked the 30th in the increase of the total cultural consumption of urban-rural areas and the 30th in the growth of per capita value. Ranking of the boom evaluation: Hainan ranked the 30th in the lateral evaluation of the cultural consumption demand of urban-rural areas across the provinces; in its own vertical evaluation, Hainan ranked the 30th, the 28th and the 31st during the period of 2000 -2011, 2005 -2011 and 2010 -2011 respectively.

Key Words: Hainan's Urban-rural Areas; Cultural Consumption; Boom Evaluation

中 部 地 区

The Central Regions

B.17 山西：20 年以来城乡景气提升至第 2 位

摘　要：

2011 年，山西城乡文化消费总量增长处于第 19 位，人均值增长处于第 25 位。景气评价排行结果：山西城乡在省域横向测评中，2011 年景气指数处于第 11 位；在自身纵向测评中，2000～2011 年景气指数处于第 7 位，2005～2011 年景气指数处于第 15 位，2010～2011 年景气指数处于第 24 位。

关键词：

山西城乡　文化消费　景气评价

山西处于 1991～2011 年城乡景气提升第 2 位，详见本书排行报告，本文限于展示 2000～2011 年间山西相关各方面的增长态势。

一　山西城乡文化消费需求增长状况

1. 文化消费总量份额值变化

2000～2011 年山西城乡文化消费总量增长、份额变化态势见图 1。

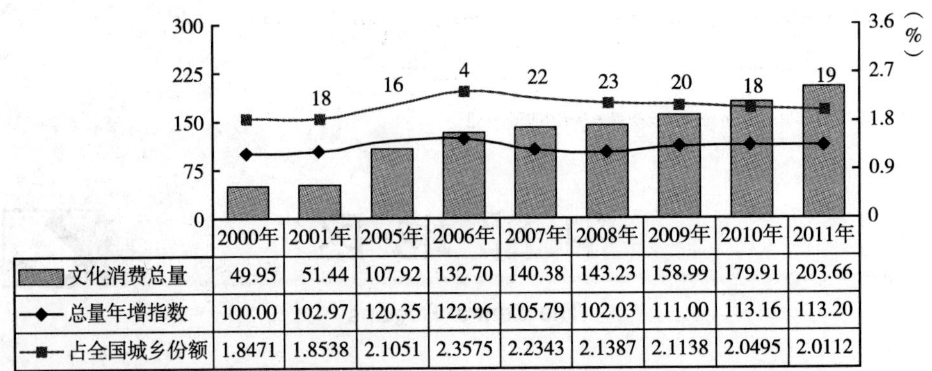

	2000年	2001年	2005年	2006年	2007年	2008年	2009年	2010年	2011年
文化消费总量	49.95	51.44	107.92	132.70	140.38	143.23	158.99	179.91	203.66
总量年增指数	100.00	102.97	120.35	122.96	105.79	102.03	111.00	113.16	113.20
占全国城乡份额	1.8471	1.8538	2.1051	2.3575	2.2343	2.1387	2.1138	2.0495	2.0112

图1　2000 年以来山西城乡文化消费总量增长、份额变化态势

注：左轴柱形为城乡文化消费总量（亿元）；左轴曲线为年度（年均）增长指数（上年 = 100）；右轴曲线为占全国城乡份额（%）。标注年度份额增减 31 省域排序，2000 年起点不计。

2000 ~ 2011 年，山西城乡文化消费总量从 49. 95 亿元增长至 203. 66 亿元，增加 153. 71 亿元，总增长 307. 72%，年均增长 13. 63%，增长幅度排序处于 31 个省域里第 8 位。其中，“十五”期间总增长 116. 05%，年均增长 16. 66%；“十一五”期间总增长 66. 71%，年均增长 10. 76%。“十一五”年均增长幅度低于“十五”5. 90 个百分点。总量最高增长年度为 2002 年，增长率 39. 71%；最低增长年度为 2008 年，增长率 2. 03%。

同期，全国城乡文化消费总量年均增长 12. 75%，山西年均增幅略微高于全国城乡年均增幅 0. 88 个百分点。山西城乡文化消费总量占全国份额由 1. 85% 升高为 2. 01%，上升幅度为 8. 88%，份额升降变化排序处于 31 个省域里第 8 位。

2011 年，全国城乡文化消费总量增长 15. 36%，山西城乡文化消费总量增长 13. 20%，明显低于全国增幅 2. 16 个百分点，占全国份额比 2010 年下降 1. 87%。同时，山西总量增长低于自身“十五”年均增长 3. 46 个百分点，但高于自身“十一五”年均增长 2. 44 个百分点，增长幅度和占全国份额变化排序处于 31 个省域里第 19 位。

2. 文化消费人均绝对值增长

2000 ~ 2011 年山西城乡人均文化消费增长、增幅变化态势见图 2。

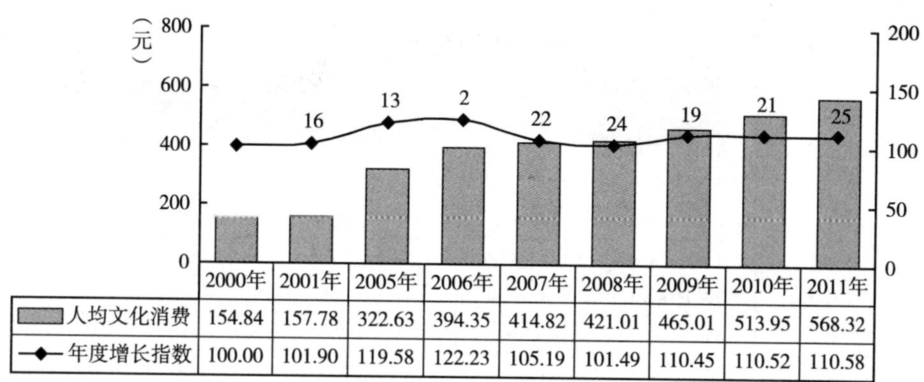

	2000年	2001年	2005年	2006年	2007年	2008年	2009年	2010年	2011年
人均文化消费	154.84	157.78	322.63	394.35	414.82	421.01	465.01	513.95	568.32
年度增长指数	100.00	101.90	119.58	122.23	105.19	101.49	110.45	110.52	110.58

图 2　2000 年以来山西城乡人均文化消费增长、增幅变化态势

注：左轴柱形为城乡人均文化消费（元）；右轴曲线为年度（年均）增长指数（上年 = 100）。标注年度增长 31 省域排序，2000 年起点不计。

2000 ~ 2011 年，山西城乡人均文化消费从 154.84 元增长至 568.32 元，增加 413.49 元，总增长 267.04%，年均增长 12.55%，增长幅度排序处于 31 个省域里第 6 位。其中，“十五”期间人均值总增长 108.37%，年均增长 15.82%；“十一五”期间人均值总增长 59.30%，年均增长 9.76%。“十一五”年均增长幅度低于“十五”6.06 个百分点。人均值最高增长年度为 2002 年，增长率 38.73%；最低增长年度为 2008 年，增长率 1.49%。

同期，全国城乡人均文化消费年均增长 12.11%，山西年均增幅略微高于全国增幅。山西城乡人均文化消费从全国城乡平均值的 72.29% 提高至 75.44%，人均绝对值在 31 个省域里排序由第 24 位提高到第 17 位。

2011 年，全国城乡人均文化消费增长 14.81%，山西增长 10.58%，显著低于全国增幅，同时低于自身“十五”年均增长，但高于自身“十一五”年均增长，增长幅度排序处于 31 个省域里第 25 位。

二　山西城乡文化消费相关背景情况

2000 ~ 2011 年山西城乡文化消费比例变动态势见图 3。

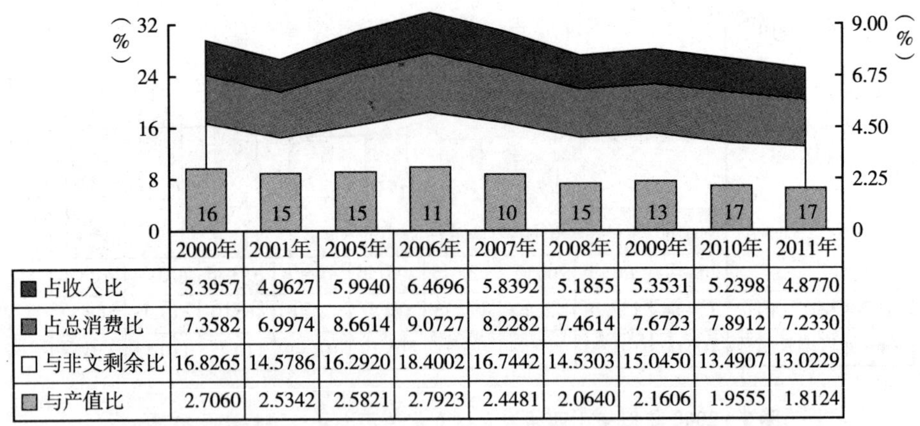

	2000年	2001年	2005年	2006年	2007年	2008年	2009年	2010年	2011年
■占收入比	5.3957	4.9627	5.9940	6.4696	5.8392	5.1855	5.3531	5.2398	4.8770
■占总消费比	7.3582	6.9974	8.6614	9.0727	8.2282	7.4614	7.6723	7.8912	7.2330
□与非文剩余比	16.8265	14.5786	16.2920	18.4002	16.7442	14.5303	15.0450	13.4907	13.0229
■与产值比	2.7060	2.5342	2.5821	2.7923	2.4481	2.0640	2.1606	1.9555	1.8124

图3　2000 年以来山西城乡文化消费比例变动态势

注：左轴面积为城乡人均文化消费占收入比、占总消费比、与非文消费剩余（图中简称“非文剩余”）比（%），各项比值年度升降形成直观比例叠加；右轴柱形为城乡人均文化消费与产值比（%）。标注与产值比年度 31 省域排序，其余比值排序省略。

1. 人均文化消费与人均产值的比例

2000～2011 年，山西城乡人均文化消费与人均产值的比例由 2.71% 降低至 1.81%，在 31 个省域里排序从第 16 位下降到第 17 位。“十五”以来，山西城乡此项比值下降 33.02%，升降变化程度处于 31 个省域里第 14 位。

分阶段来看，山西城乡此项比值在“十五”期间降低 0.12 个百分点；在“十一五”期间降低 0.63 个百分点。文化消费需求增长与当地省域经济发展之间协调关系变化，在“十五”至“十一五”期间，由略微下降加重为更大幅度的较明显下降。其间，最高值为 2002 年 3.09%，最低值为 2011 年 1.81%。

2011 年，山西城乡此项比值降低 0.14 个百分点，降幅为 7.31%，文化消费需求增长与经济发展的协调性比 2010 年略有下降。

2. 人均文化消费占人均收入的比重

2000～2011 年，山西城乡人均文化消费占人均收入的比重由 5.40% 降低至 4.88%，由于其他省域此项比值降低更加明显，山西在 31 个省域里排序从第 21 位上升到第 17 位。“十五”以来，山西城乡此项比值下降 9.61%，升降变化程度处于 31 个省域里第 13 位。

分阶段来看，山西城乡此项比值在“十五”期间提高 0.60 个百分点；在

"十一五"期间降低 0.75 个百分点。当地居民文化消费需求增长与收入增加之间协调关系变化，在"十五"至"十一五"期间，由较明显提升逆转为较明显下降。其间，最高值为 2006 年 6.47%，最低值为 2011 年 4.88%。

2011 年，山西城乡此项比值降低 0.36 个百分点，降幅为 6.92%，文化消费需求增长与收入增加的协调性比 2010 年较明显下降。

3. 人均文化消费占人均总消费的比重

2000～2011 年，山西城乡人均文化消费占人均总消费的比重由 7.36% 降低至 7.23%，由于其他省域此项比值降低更加明显，山西在 31 个省域里排序从第 16 位上升到第 10 位。"十五"以来，山西城乡此项比值下降 1.70%，升降变化程度处于 31 个省域里第 14 位。

分阶段来看，山西城乡此项比值在"十五"期间提高 1.30 个百分点；在"十一五"期间降低 0.77 个百分点。当地居民文化消费需求增长与总消费增加之间协调关系变化，在"十五"至"十一五"期间，由明显提升逆转为较明显下降。其间，最高值为 2003 年 9.09%，最低值为 2001 年 7.00%。

2011 年，山西城乡此项比值降低 0.66 个百分点，降幅为 8.34%，文化消费需求增长与总消费增加的协调性比 2010 年显著下降。

4. 人均文化消费与人均非文消费剩余的比例

2000～2011 年，山西城乡人均文化消费与人均非文消费剩余的比例由 16.83% 降低至 13.02%，由于其他省域此项比值降低更加明显，山西在 31 个省域里排序从第 25 位上升到第 24 位。"十五"以来，山西城乡此项比值下降 22.60%，升降变化程度处于 31 个省域里第 13 位。

分阶段来看，山西城乡此项比值在"十五"期间降低 0.53 个百分点；在"十一五"期间降低 2.80 个百分点。当地居民文化消费需求增长与"必需消费"之外"余钱"增多之间协调关系变化，在"十五"至"十一五"期间，由略微下降加重为更大幅度的明显下降。其间，最高值为 2006 年 18.40%，最低值为 2011 年 13.02%。

2011 年，山西城乡此项比值降低 0.47 个百分点，降幅为 3.47%，文化消费需求增长与"必需消费"之外"余钱"增多的协调性比 2010 年明显下降。

三　山西文化消费城乡、区域协调状况

1. 人均文化消费城乡比

2000～2011 年山西人均文化消费城乡比变动态势见图 4。

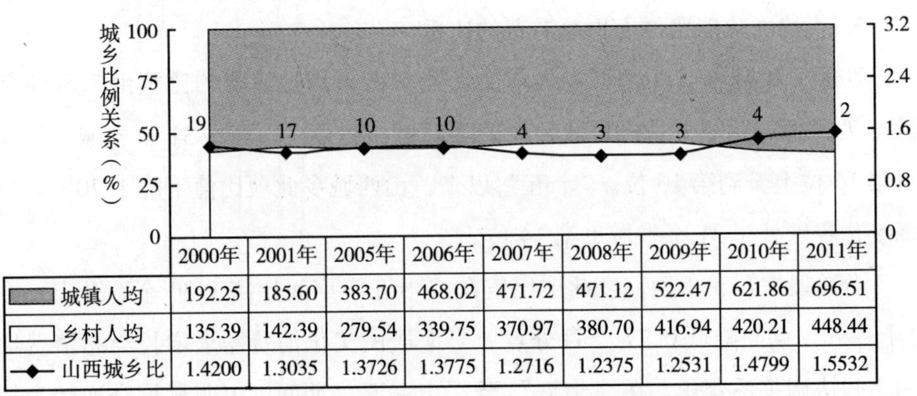

	2000年	2001年	2005年	2006年	2007年	2008年	2009年	2010年	2011年
城镇人均	192.25	185.60	383.70	468.02	471.72	471.12	522.47	621.86	696.51
乡村人均	135.39	142.39	279.54	339.75	370.97	380.70	416.94	420.21	448.44
山西城乡比	1.4200	1.3035	1.3726	1.3775	1.2716	1.2375	1.2531	1.4799	1.5532

图 4　2000 年以来山西人均文化消费城乡比变动态势

注：左轴面积为城镇、乡村人均文化消费（元转换为%），城乡间年度升降形成直观比例关系；右轴曲线为人均文化消费城乡比（乡村 =1）。标注城乡比年度 31 省域排序。

2000～2011 年，山西人均文化消费城乡比由 1.4200 扩大至 1.5532，由于其他省域文化消费城乡比扩大更为严重，山西城乡比在 31 个省域里排序从第 19 位上升到第 2 位。其间，最小城乡比为 2008 年 1.2375，最大城乡比为 2002 年 1.6461。“十五”以来，山西人均文化消费城乡比扩大 9.38%，城乡比扩减变化状况处于 31 个省域里第 4 位。这意味着，山西属于文化消费城乡比扩减变化态势较好的省域之一。

同期，山西城镇人均文化消费从 192.25 元增长至 696.51 元，增加 504.26 元，总增长 262.29%，年均增长 12.41%。城镇人均值最高增长年度为 2002 年，增长率 56.66%；最低增长年度为 2001 年，负增长 3.46%。乡村人均文化消费从 135.39 元增长至 448.44 元，增加 313.05 元，总增长 231.22%，年均增长 11.50%。乡村人均值最高增长年度为 2002 年，增长率 24.05%；最低增长年度为 2010 年，增长率 0.78%。此间，山西城镇人均文化消费需求年均增长略微高于乡村年均增长 0.91 个百分点，导致山西文化消费需求的城乡比略有扩大。

2011 年，山西城镇人均文化消费增长 12.00%，低于“十五”年均增长 2.82 个百分点，但高于“十一五”年均增长 1.87 个百分点；乡村人均文化消费增长 6.72%，低于“十五”年均增长 8.89 个百分点，也低于“十一五”年均增长 1.78 个百分点。此时，山西城镇人均值高于乡村，城镇年度增幅高于乡村增幅 5.29 个百分点，意味着城乡差距扩大。山西文化消费城乡比因此比 2010 年略有扩大 4.95%，城乡比排序处于 31 个省域里第 2 位。

2. 城乡人均文化消费地区差

2000 ~2011 年山西城乡文化消费与全国地区差变动态势见图 5。

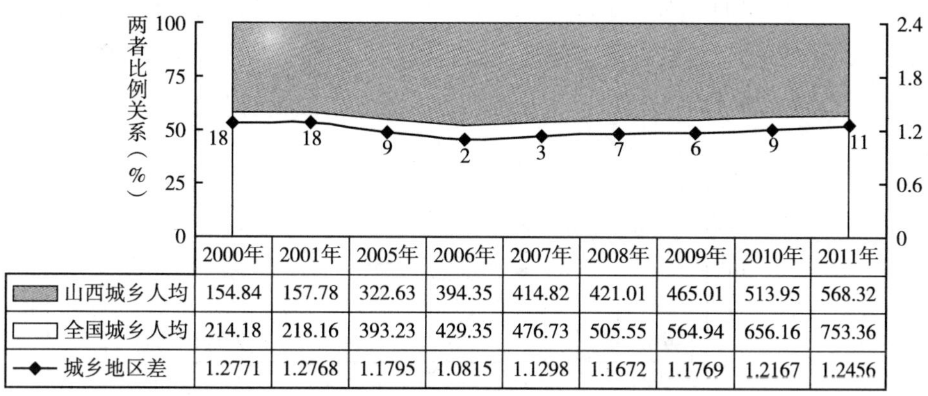

	2000年	2001年	2005年	2006年	2007年	2008年	2009年	2010年	2011年
山西城乡人均	154.84	157.78	322.63	394.35	414.82	421.01	465.01	513.95	568.32
全国城乡人均	214.18	218.16	393.23	429.35	476.73	505.55	564.94	656.16	753.36
城乡地区差	1.2771	1.2768	1.1795	1.0815	1.1298	1.1672	1.1769	1.2167	1.2456

图 5　2000 年以来山西城乡人均文化消费与全国地区差变动态势

注：左轴面积为城乡人均文化消费（元转换为%），当地与全国数值年度升降形成直观比例关系；右轴曲线为城乡人均文化消费地区差（无差距 =1）。标注地区差年度 31 省域排序。

2000 ~2011 年，山西城乡人均文化消费与全国城乡地区差由 1.2771 缩小至 1.2456，在 31 个省域里排序从第 18 位上升到第 11 位。其间，最小地区差为 2006 年 1.0815，最大地区差为 2000 年 1.2771。“十五”以来，山西城乡人均文化消费地区差缩小 2.46%，地区差扩减变化状况处于 31 个省域里第 8 位。这意味着，山西属于城乡文化消费地区差扩减变化态势良好的省域之一。

2000 ~2011 年，山西城乡人均文化消费年均增幅略微高于全国增幅 0.43 个百分点，山西城乡文化消费需求与全国的地区差较明显缩小。

2011 年，山西城乡人均文化消费增长低于自身“十五”年均增长 5.24 个百分点，但高于自身“十一五”年均增长 0.82 个百分点，同时显著低于全国

增幅 4. 23 个百分点。此时，山西城乡人均值低于全国城乡平均值，增长低于全国意味着地区差距扩大，与全国城乡地区差因此比 2010 年较明显扩大 2. 37%，地区差排序处于 31 个省域里第 11 位。

四　山西城乡文化消费需求景气测评

综合以上分析："十五" 以来山西城乡文化消费总量年均增长略微高于全国增长，人均值年均增长也略微高于全国平均增长；"十一五" 期间各项比例升降变化状况全面不及 "十五" 期间；"十五" 以来城乡比略有扩大，同时地区差较明显缩小。这些都集中体现在山西城乡文化消费需求景气指数的测评演算中。2000 ~ 2011 年山西城乡文化消费需求景气指数变动态势见图 6。

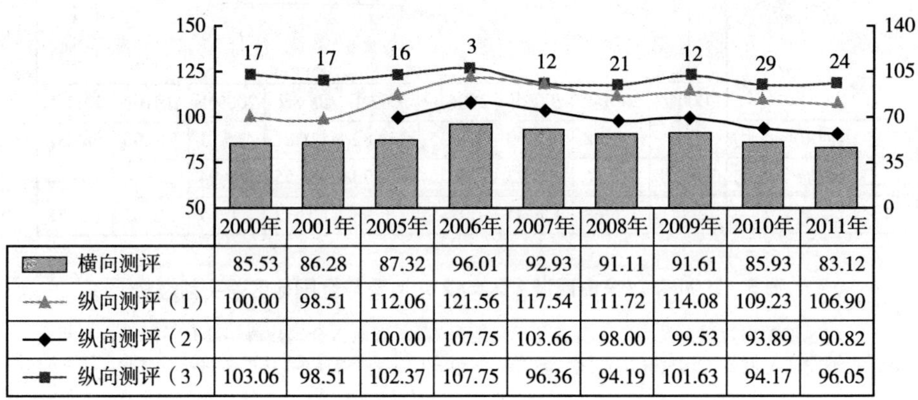

	2000年	2001年	2005年	2006年	2007年	2008年	2009年	2010年	2011年
横向测评	85.53	86.28	87.32	96.01	92.93	91.11	91.61	85.93	83.12
纵向测评（1）	100.00	98.51	112.06	121.56	117.54	111.72	114.08	109.23	106.90
纵向测评（2）			100.00	107.75	103.66	98.00	99.53	93.89	90.82
纵向测评（3）	103.06	98.51	102.37	107.75	96.36	94.19	101.63	94.17	96.05

图 6　2000 年以来山西城乡文化消费需求景气指数变动态势

注：左轴柱形为横向测评（城乡、地区无差异理想值 = 100）；左轴曲线为纵向测评（起点年基数值 = 100），（1）2000 年起点，（2）2005 年起点；右轴曲线为纵向测评（3）上年起点。标注逐年纵向测评全国排行位次，其余测评排行位次省略。

1. 各年度横向测评景气指数

在此项测评中，以全国城乡文化消费总量份额值、人均绝对值、各项比值为基准，并以城乡之间、地区之间实现无差距状态为 "理想值" 100 来衡量，2011 年山西城乡此项景气指数为 83. 12，低于理想值 16. 88，同时低于上一年 2. 81。各年度对比，山西城乡此项景气指数在 31 个省域里排行，2000 年为第 24 位，

2005 年上升为第 17 位，2010 年上升为第 13 位，2011 年比 2010 年上升 2 位。

2. “十五”以来纵向测评景气指数

在此项测评中，以“九五”末年 2000 年为起点基数值 100，2011 年山西城乡此项景气指数为 106.90，高于 2000 年起点基数 6.90，同时低于上一年 2.33。“十五”以来对比，山西城乡此项景气指数在 31 个省域里排行，2001 年为第 17 位，2005 年上升为第 4 位，2010 年下降为第 6 位，2011 年比 2010 年下降 1 位。

3. “十一五”以来纵向测评景气指数

以“十五”末年 2005 年为起点基数值 100，2011 年山西城乡此项景气指数为 90.82，低于 2005 年起点基数 9.18，同时低于上一年 3.06。“十一五”以来对比，山西城乡此项景气指数在 31 个省域里排行，2006 年为第 3 位，2010 年下降为第 13 位，2011 年比 2010 年下降 2 位。

4. 逐年度纵向测评景气指数

以上一年 2010 年为起点基数值 100，2011 年山西城乡此项景气指数为 96.05，低于 2010 年起点基数 3.95。逐年对比，山西城乡此项景气指数在 31 个省域里排行，2000 年为第 17 位，2005 年上升为第 16 位，2010 年下降为第 29 位，2011 年比 2010 年上升 5 位。

Shanxi: Ranking of the Urban-Rural Boom Upgraded to the Second Place in the Recent 20 Years

Abstract: In 2011, Shanxi ranked the 19th in the increase of the total cultural consumption of urban-rural areas and the 25th in the growth of per capita value. Ranking of the boom evaluation: Shanxi ranked the 11th in the lateral evaluation of the cultural consumption demand of urban-rural areas across the provinces; in its own vertical evaluation, Shanxi ranked the 7th, the 15th and the 24th during the period of 2000 -2011, 2005 -2011 and 2010 -2011 respectively.

Key Words: Shanxi's Urban-rural Areas; Cultural Consumption; Boom Evaluation

B.18

河南：总量和人均值年增幅明显低于全国

摘　要：

2011 年，河南城乡文化消费总量增长处于第 23 位，人均值增长处于第 18 位。景气评价排行结果：河南城乡在省域横向测评中，2011 年景气指数处于第 27 位；在自身纵向测评中，2000 ~2011 年景气指数处于第 19 位，2005 ~2011 年景气指数处于第 8 位，2010 ~2011 年景气指数处于第 17 位。

关键词：

河南城乡　文化消费　景气评价

本文充分展示 2000 ~2011 年间河南相关各方面的增长态势，全面分析检测河南城乡文化消费需求状况。

一　河南城乡文化消费需求增长状况

1. 文化消费总量份额值变化

2000 ~2011 年河南城乡文化消费总量增长、份额变化态势见图 1。

2000 ~2011 年，河南城乡文化消费总量从 134.13 亿元增长至 468.93 亿元，增加 334.80 亿元，总增长 249.61%，年均增长 12.05%，增长幅度排序处于 31 个省域里第 17 位。其中，“十五”期间总增长 70.16%，年均增长 11.22%；“十一五”期间总增长 82.06%，年均增长 12.73%。“十一五”年均增长幅度高于“十五”1.51 个百分点。总量最高增长年度为 2002 年，增长率 25.24%；最低增长年度为 2001 年，增长率 1.21%。

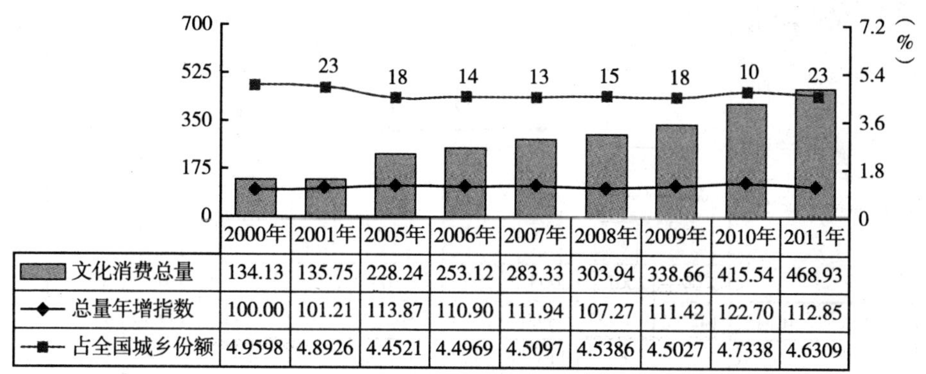

	2000年	2001年	2005年	2006年	2007年	2008年	2009年	2010年	2011年
文化消费总量	134.13	135.75	228.24	253.12	283.33	303.94	338.66	415.54	468.93
总量年增指数	100.00	101.21	113.87	110.90	111.94	107.27	111.42	122.70	112.85
占全国城乡份额	4.9598	4.8926	4.4521	4.4969	4.5097	4.5386	4.5027	4.7338	4.6309

图 1　2000 年以来河南城乡文化消费总量增长、份额变化态势

注：左轴柱形为城乡文化消费总量（亿元）；左轴曲线为年度（年均）增长指数（上年 = 100）；右轴曲线为占全国城乡份额（%）。标注年度份额增减 31 省域排序，2000 年起点不计。

同期，全国城乡文化消费总量年均增长 12.75%，河南年均增幅略微低于全国城乡年均增幅 0.70 个百分点。河南城乡文化消费总量占全国份额由 4.96% 降低为 4.63%，下降幅度为 6.63%，份额升降变化排序处于 31 个省域里第 17 位。

2011 年，全国城乡文化消费总量增长 15.36%，河南城乡文化消费总量增长 12.85%，明显低于全国增幅 2.51 个百分点，占全国份额比 2010 年下降 2.17%。同时，河南总量增长高于自身“十五”年均增长 1.63 个百分点，也高于自身“十一五”年均增长 0.12 个百分点，增长幅度和占全国份额变化排序处于 31 个省域里第 23 位。

2. 文化消费人均绝对值增长

2000 ~ 2011 年河南城乡人均文化消费增长、增幅变化态势见图 2。

2000 ~ 2011 年，河南城乡人均文化消费从 142.12 元增长至 499.03 元，增加 356.91 元，总增长 251.13%，年均增长 12.10%，增长幅度排序处于 31 个省域里第 13 位。其中，“十五”期间人均值总增长 68.19%，年均增长 10.96%；“十一五”期间人均值总增长 84.03%，年均增长 12.97%。“十一五”年均增长幅度高于“十五”2.01 个百分点。人均值最高增长年度为 2002 年，增长率 24.43%；最低增长年度为 2001 年，增长率 0.32%。

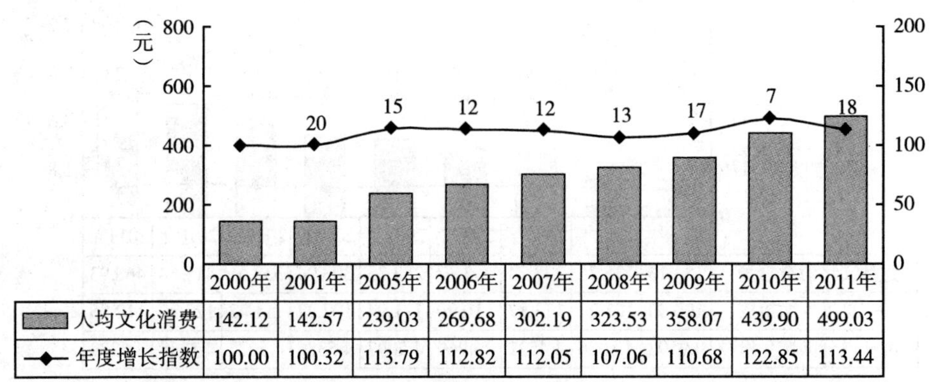

	2000年	2001年	2005年	2006年	2007年	2008年	2009年	2010年	2011年
人均文化消费	142.12	142.57	239.03	269.68	302.19	323.53	358.07	439.90	499.03
年度增长指数	100.00	100.32	113.79	112.82	112.05	107.06	110.68	122.85	113.44

图 2　2000 年以来河南城乡人均文化消费增长、增幅变化态势

注：左轴柱形为城乡人均文化消费（元）；右轴曲线为年度（年均）增长指数（上年 = 100）。标注年度增长 31 省域排序，2000 年起点不计。

同期，全国城乡人均文化消费年均增长 12. 11%，河南年均增幅略微低于全国增幅。河南城乡人均文化消费从全国城乡平均值的 66. 36% 降低至 66. 24%，人均绝对值在 31 个省域里排序由第 28 位提高到第 23 位。

2011 年，全国城乡人均文化消费增长 14. 81%，河南增长 13. 44%，较明显低于全国增幅，同时高于自身“十五”年均增长，也高于自身“十一五”年均增长，增长幅度排序处于 31 个省域里第 18 位。

二　河南城乡文化消费相关背景情况

2000 ~ 2011 年河南城乡文化消费比例变动态势见图 3。

1. 人均文化消费与人均产值的比例

2000 ~ 2011 年，河南城乡人均文化消费与人均产值的比例由 2. 61% 降低至 1. 74%，在 31 个省域里排序从第 18 位下降到第 19 位。“十五”以来，河南城乡此项比值下降 33. 23%，升降变化程度处于 31 个省域里第 15 位。

分阶段来看，河南城乡此项比值在“十五”期间降低 0. 50 个百分点；在“十一五”期间降低 0. 31 个百分点。文化消费需求增长与当地省域经济发展之间协调关系变化，在“十五”至“十一五”期间，延续保持较明显下降。其间，最高值为 2002 年 2. 73%，最低值为 2008 年 1. 65%。

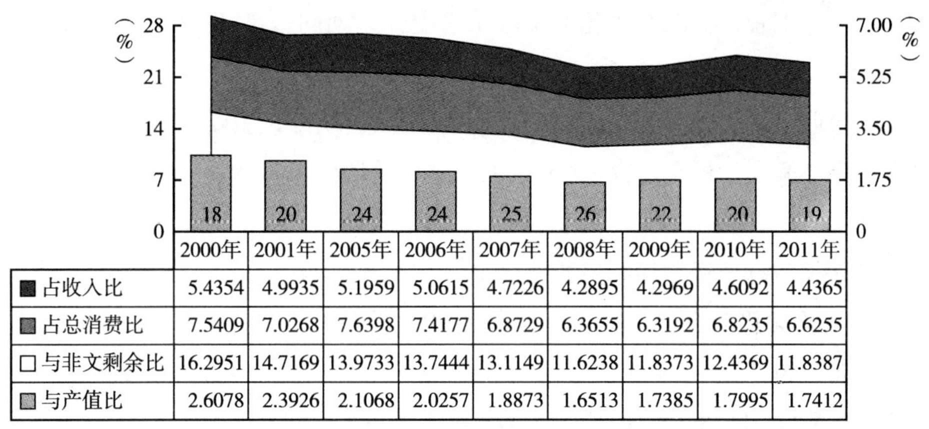

	2000年	2001年	2005年	2006年	2007年	2008年	2009年	2010年	2011年
■占收入比	5.4354	4.9935	5.1959	5.0615	4.7226	4.2895	4.2969	4.6092	4.4365
■占总消费比	7.5409	7.0268	7.6398	7.4177	6.8729	6.3655	6.3192	6.8235	6.6255
□与非文剩余比	16.2951	14.7169	13.9733	13.7444	13.1149	11.6238	11.8373	12.4369	11.8387
■与产值比	2.6078	2.3926	2.1068	2.0257	1.8873	1.6513	1.7385	1.7995	1.7412

图3　2000年以来河南城乡文化消费比例变动态势

注：左轴面积为城乡人均文化消费占收入比、占总消费比、与非文消费剩余（图例简称“非文剩余”）比（%），各项比值年度升降形成直观比例叠加；右轴柱形为城乡人均文化消费与产值比（%）。标注与产值比年度31省域排序，其余比值排序省略。

2011年，河南城乡此项比值降低0.06个百分点，降幅为3.24%，文化消费需求增长与经济发展的协调性比2010年略有下降。

2. 人均文化消费占人均收入的比重

2000~2011年，河南城乡人均文化消费占人均收入的比重由5.44%降低至4.44%，在31个省域里排序从第19位下降到第25位。“十五”以来，河南城乡此项比值下降18.38%，升降变化程度处于31个省域里第19位。

分阶段来看，河南城乡此项比值在“十五”期间降低0.24个百分点；在“十一五”期间降低0.59个百分点。当地居民文化消费需求增长与收入增加之间协调关系变化，在“十五”至“十一五”期间，延续保持较明显下降。其间，最高值为2003年5.65%，最低值为2008年4.29%。

2011年，河南城乡此项比值降低0.17个百分点，降幅为3.75%，文化消费需求增长与收入增加的协调性比2010年略有下降。

3. 人均文化消费占人均总消费的比重

2000~2011年，河南城乡人均文化消费占人均总消费的比重由7.54%降低至6.63%，在31个省域里排序从第13位下降到第20位。“十五”以来，河南城乡此项比值下降12.14%，升降变化程度处于31个省域里第19位。

分阶段来看，河南城乡此项比值在“十五”期间提高0.10个百分点；在“十一五”期间降低0.82个百分点。当地居民文化消费需求增长与总消费增加之间协调关系变化，在“十五”至“十一五”期间，由略微提升逆转为较明显下降。其间，最高值为2003年8.13%，最低值为2009年6.32%。

2011年，河南城乡此项比值降低0.20个百分点，降幅为2.90%，文化消费需求增长与总消费增加的协调性比2010年略有下降。

4. 人均文化消费与人均非文消费剩余的比例

2000~2011年，河南城乡人均文化消费与人均非文消费剩余的比例由16.30%降低至11.84%，在31个省域里排序从第26位下降到第27位。“十五”以来，河南城乡此项比值下降27.35%，升降变化程度处于31个省域里第16位。

分阶段来看，河南城乡此项比值在“十五”期间降低2.32个百分点；在“十一五”期间降低1.54个百分点。当地居民文化消费需求增长与“必需消费”之外“余钱”增多之间协调关系变化，在“十五”至“十一五”期间，延续保持明显下降。其间，最高值为2000年16.30%，最低值为2008年11.62%。

2011年，河南城乡此项比值降低0.60个百分点，降幅为4.81%，文化消费需求增长与“必需消费”之外“余钱”增多的协调性比2010年明显下降。

三 河南文化消费城乡、区域协调状况

1. 人均文化消费城乡比

2000~2011年河南人均文化消费城乡比变动态势见图4。

2000~2011年，河南人均文化消费城乡比由1.3004扩大至2.9811，在31个省域里排序从第15位下降到第24位。其间，最小城乡比为2000年1.3004，最大城乡比为2011年2.9811。“十五”以来，河南人均文化消费城乡比扩大129.24%，城乡比扩减变化状况处于31个省域里第23位。这意味着，河南属于文化消费城乡比扩减变化态势很严重的省域之一。

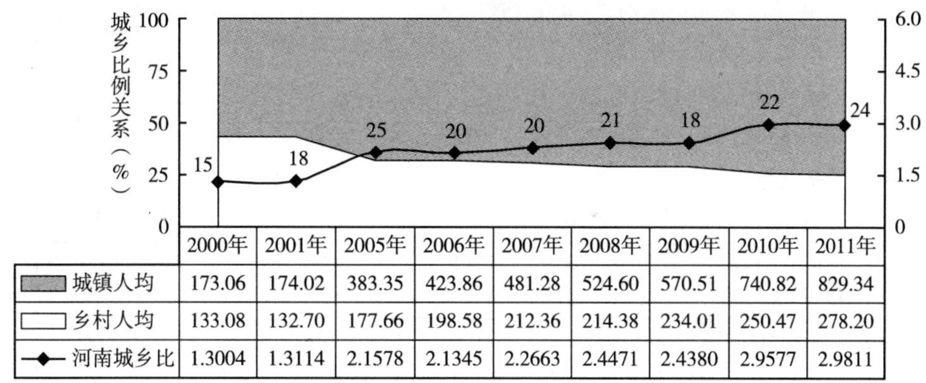

	2000年	2001年	2005年	2006年	2007年	2008年	2009年	2010年	2011年
城镇人均	173.06	174.02	383.35	423.86	481.28	524.60	570.51	740.82	829.34
乡村人均	133.08	132.70	177.66	198.58	212.36	214.38	234.01	250.47	278.20
河南城乡比	1.3004	1.3114	2.1578	2.1345	2.2663	2.4471	2.4380	2.9577	2.9811

图4　2000 年以来河南人均文化消费城乡比变动态势

注：左轴面积为城镇、乡村人均文化消费（元转换为%），城乡间年度升降形成直观比例关系；右轴曲线为人均文化消费城乡比（乡村 =1）。标注城乡比年度 31 省域排序。

同期，河南城镇人均文化消费从 173.06 元增长至 829.34 元，增加 656.28 元，总增长 379.22%，年均增长 15.31%。城镇人均值最高增长年度为 2002 年，增长率 76.39%；最低增长年度为 2003 年，负增长 3.20%。乡村人均文化消费从 133.08 元增长至 278.20 元，增加 145.12 元，总增长 109.05%，年均增长 6.93%。乡村人均值最高增长年度为 2003 年，增长率 20.55%；最低增长年度为 2001 年，负增长 0.29%。此间，河南城镇人均文化消费需求年均增长极显著高于乡村年均增长 8.38 个百分点，导致河南文化消费需求的城乡比严重扩大。

2011 年，河南城镇人均文化消费增长 11.95%，低于“十五”年均增长 5.29 个百分点，也低于“十一五”年均增长 2.13 个百分点；乡村人均文化消费增长 11.07%，高于“十五”年均增长 5.12 个百分点，也高于“十一五”年均增长 3.96 个百分点。此时，河南城镇人均值高于乡村，城镇年度增幅高于乡村增幅 0.88 个百分点，意味着城乡差距扩大。河南文化消费城乡比因此比 2010 年略有扩大 0.79%，城乡比排序处于 31 个省域里第 24 位。

2. 城乡人均文化消费地区差

2000 ~ 2011 年河南城乡文化消费与全国地区差变动态势见图 5。

2000 ~ 2011 年，河南城乡人均文化消费与全国城乡地区差由 1.3364 扩大

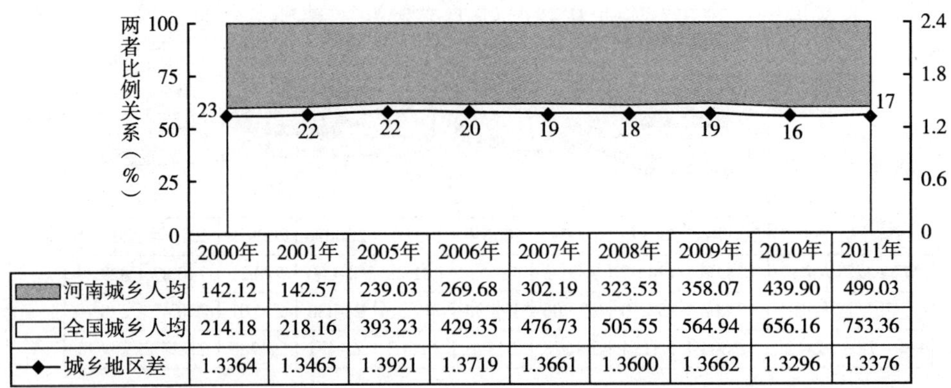

	2000年	2001年	2005年	2006年	2007年	2008年	2009年	2010年	2011年
河南城乡人均	142.12	142.57	239.03	269.68	302.19	323.53	358.07	439.90	499.03
全国城乡人均	214.18	218.16	393.23	429.35	476.73	505.55	564.94	656.16	753.36
城乡地区差	1.3364	1.3465	1.3921	1.3719	1.3661	1.3600	1.3662	1.3296	1.3376

图5　2000年以来河南城乡人均文化消费与全国地区差变动态势

注：左轴面积为城乡人均文化消费（元转换为%），当地与全国数值年度升降形成直观比例关系；右轴曲线为城乡人均文化消费地区差（无差距=1）。标注地区差年度31省域排序。

至1.3376，由于其他省域城乡文化消费与全国地区差扩大更为严重，河南城乡地区差在31个省域里排序从第23位上升到第17位。其间，最小地区差为2010年1.3296，最大地区差为2005年1.3921。“十五”以来，河南城乡人均文化消费地区差扩大0.09%，地区差扩减变化状况处于31个省域里第12位。这意味着，河南属于城乡文化消费地区差扩减变化态势较好的省域之一。

2000~2011年，河南城乡人均文化消费年均增幅略微低于全国增幅0.02个百分点，河南城乡文化消费需求与全国的地区差略有扩大。

2011年，河南城乡人均文化消费增长高于自身“十五”年均增长2.48个百分点，也高于自身“十一五”年均增长0.47个百分点，同时较明显低于全国增幅1.37个百分点。此时，河南城乡人均值低于全国城乡平均值，增长低于全国意味着地区差距扩大，与全国城乡地区差因此比2010年略有扩大0.60%，地区差排序处于31个省域里第17位。

四　河南城乡文化消费需求景气测评

综合以上分析：“十五”以来河南城乡文化消费总量年均增长略微低于全国增长，人均值年均增长也略微低于全国平均增长；“十一五”期间与产值

比、与非文消费剩余比升降变化状况好于“十五”期间，其余比例升降变化状况不及“十五”期间；“十五”以来城乡比严重扩大，同时地区差略有扩大。这些都集中体现在河南城乡文化消费需求景气指数的测评演算中。2000～2011 年河南城乡文化消费需求景气指数变动态势见图 6。

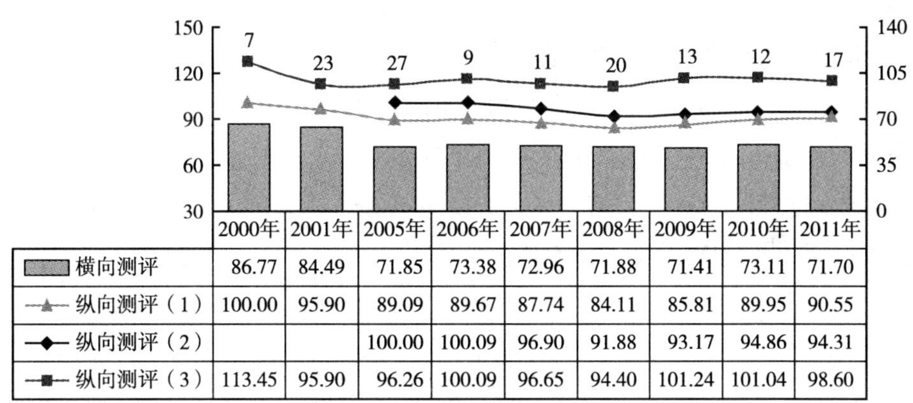

	2000年	2001年	2005年	2006年	2007年	2008年	2009年	2010年	2011年
横向测评	86.77	84.49	71.85	73.38	72.96	71.88	71.41	73.11	71.70
纵向测评（1）	100.00	95.90	89.09	89.67	87.74	84.11	85.81	89.95	90.55
纵向测评（2）			100.00	100.09	96.90	91.88	93.17	94.86	94.31
纵向测评（3）	113.45	95.90	96.26	100.09	96.65	94.40	101.24	101.04	98.60

图 6　2000 年以来河南城乡文化消费需求景气指数变动态势

注：左轴柱形为横向测评（城乡、地区无差异理想值 = 100）；左轴曲线为纵向测评（起点年基数值 = 100），（1）2000 年起点，（2）2005 年起点；右轴曲线为纵向测评（3）上年起点。标注逐年纵向测评全国排行位次，其余测评排行位次省略。

1. 各年度横向测评景气指数

在此项测评中，以全国城乡文化消费总量份额值、人均绝对值、各项比值为基准，并以城乡之间、地区之间实现无差距状态为“理想值”100 来衡量，2011 年河南城乡此项景气指数为 71.70，低于理想值 28.30，同时低于上一年 1.41。各年度对比，河南城乡此项景气指数在 31 个省域里排行，2000 年为第 23 位，2005 年下降为第 29 位，2010 年上升为第 25 位，2011 年比 2010 年下降 2 位。

2. “十五”以来纵向测评景气指数

在此项测评中，以“九五”末年 2000 年为起点基数值 100，2011 年河南城乡此项景气指数为 90.55，低于 2000 年起点基数 9.45，同时高于上一年 0.60。“十五”以来对比，河南城乡此项景气指数在 31 个省域里排行，2001 年为第 23 位，2005 年下降为第 28 位，2010 年上升为第 18 位，2011 年比 2010 年下降 1 位。

3. “十一五”以来纵向测评景气指数

以“十五”末年2005年为起点基数值100，2011年河南城乡此项景气指数为94.31，低于2005年起点基数5.69，同时低于上一年0.55。“十一五”以来对比，河南城乡此项景气指数在31个省域里排行，2006年为第9位，2010年下降为第12位，2011年比2010年上升4位。

4. 逐年度纵向测评景气指数

以上一年2010年为起点基数值100，2011年河南城乡此项景气指数为98.60，低于2010年起点基数1.40。逐年对比，河南城乡此项景气指数在31个省域里排行，2000年为第7位，2005年下降为第27位，2010年上升为第12位，2011年比2010年下降5位。

Henan: The Total Value and the Per Capita Growth were far below the National Average

Abstract: In 2011, Henan ranked the 23rd in the increase of the total cultural consumption of urban-rural areas and the 18th in the growth of per capita value. Ranking of the boom evaluation: Henan ranked the 27th in the lateral evaluation of the cultural consumption demand of urban-rural areas across the provinces; in its own vertical evaluation, Henan ranked the 19th, the 8th and the 17th during the period of 2000 -2011, 2005 -2011 and 2010 -2011 respectively.

Key Words: Henan's Urban-rural Areas; Cultural Consumption; Boom Evaluation

B.19 安徽：乡村增长偏低导致城乡年增幅降低

摘　要：

2011 年，安徽城乡文化消费总量增长处于第 27 位，人均值增长处于第 28 位。景气评价排行结果：安徽城乡在省域横向测评中，2011 年景气指数处于第 13 位；在自身纵向测评中，2000～2011 年景气指数处于第 12 位，2005～2011 年景气指数处于第 16 位，2010～2011 年景气指数处于第 27 位。

关键词：

安徽城乡　文化消费　景气评价

本文充分展示 2000～2011 年间安徽相关各方面的增长态势，全面分析检测安徽城乡文化消费需求状况。

一　安徽城乡文化消费需求增长状况

1. 文化消费总量份额值变化

2000～2011 年安徽城乡文化消费总量增长、份额变化态势见图 1。

2000～2011 年，安徽城乡文化消费总量从 98.99 亿元增长至 350.61 亿元，增加 251.62 亿元，总增长 254.19%，年均增长 12.18%，增长幅度排序处于 31 个省域里第 15 位。其中，“十五”期间总增长 75.70%，年均增长 11.93%；“十一五”期间总增长 88.97%，年均增长 13.57%。“十一五”年均增长幅度高于“十五”1.64 个百分点。总量最高增长年度为 2010 年，增长率 25.86%；最低增长年度为 2001 年，负增长 0.35%。

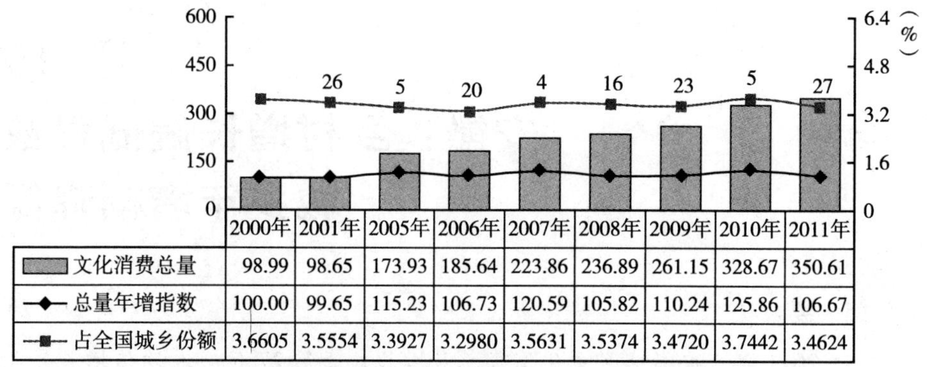

	2000年	2001年	2005年	2006年	2007年	2008年	2009年	2010年	2011年
文化消费总量	98.99	98.65	173.93	185.64	223.86	236.89	261.15	328.67	350.61
总量年增指数	100.00	99.65	115.23	106.73	120.59	105.82	110.24	125.86	106.67
占全国城乡份额	3.6605	3.5554	3.3927	3.2980	3.5631	3.5374	3.4720	3.7442	3.4624

图1　2000年以来安徽城乡文化消费总量增长、份额变化态势

注：左轴柱形为城乡文化消费总量（亿元）；左轴曲线为年度（年均）增长指数（上年=100），年增指数小于100为负增长；右轴曲线为占全国城乡份额（%）。标注年度份额增减31省域排序，2000年起点不计。

同期，全国城乡文化消费总量年均增长12.75%，安徽年均增幅略微低于全国城乡年均增幅0.57个百分点。安徽城乡文化消费总量占全国份额由3.66%降低为3.46%，下降幅度为5.41%，份额升降变化排序处于31个省域里第15位。

2011年，全国城乡文化消费总量增长15.36%，安徽城乡文化消费总量增长6.67%，极显著低于全国增幅8.69个百分点，占全国份额比2010年下降7.53%。同时，安徽总量增长低于自身“十五”年均增长5.26个百分点，也低于自身“十一五”年均增长6.90个百分点，增长幅度和占全国份额变化排序处于31个省域里第27位。

2. 文化消费人均绝对值增长

2000~2011年安徽城乡人均文化消费增长、增幅变化态势见图2。

2000~2011年，安徽城乡人均文化消费从158.10元增长至588.04元，增加429.94元，总增长271.94%，年均增长12.68%，增长幅度排序处于31个省域里第5位。其中，“十五”期间人均值总增长74.89%，年均增长11.83%；“十一五”期间人均值总增长96.68%，年均增长14.49%。“十一五”年均增长幅度高于“十五”2.66个百分点。人均值最高增长年度为2010年，增长率27.71%；最低增长年度为2001年，负增长1.07%。

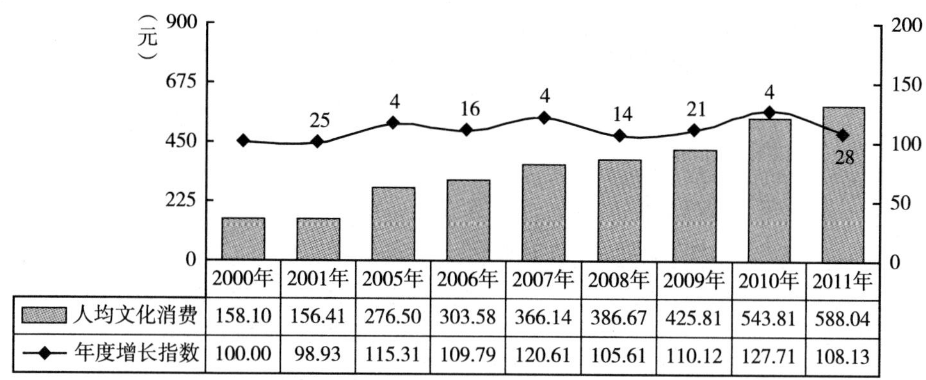

	2000年	2001年	2005年	2006年	2007年	2008年	2009年	2010年	2011年
人均文化消费	158.10	156.41	276.50	303.58	366.14	386.67	425.81	543.81	588.04
年度增长指数	100.00	98.93	115.31	109.79	120.61	105.61	110.12	127.71	108.13

图 2　2000 年以来安徽城乡人均文化消费增长、增幅变化态势

注：左轴柱形为城乡人均文化消费（元）；右轴曲线为年度（年均）增长指数（上年 = 100），年增指数小于 100 为负增长。标注年度增长 31 省域排序，2000 年起点不计。

同期，全国城乡人均文化消费年均增长 12.11%，安徽年均增幅略微高于全国增幅。安徽城乡人均文化消费从全国城乡平均值的 73.82% 提高至 78.05%，人均绝对值在 31 个省域里排序由第 23 位提高到第 16 位。

2011 年，全国城乡人均文化消费增长 14.81%，安徽增长 8.13%，极显著低于全国增幅，同时低于自身“十五”年均增长，也低于自身“十一五”年均增长，增长幅度排序处于 31 个省域里第 28 位。

二　安徽城乡文化消费相关背景情况

2000 ~ 2011 年安徽城乡文化消费比例变动态势见图 3。

1. 人均文化消费与人均产值的比例

2000 ~ 2011 年，安徽城乡人均文化消费与人均产值的比例由 3.31% 降低至 2.29%，由于其他省域此项比值降低更加明显，安徽在 31 个省域里排序从第 10 位上升到第 7 位。“十五”以来，安徽城乡此项比值下降 30.73%，升降变化程度处于 31 个省域里第 11 位。

分阶段来看，安徽城乡此项比值在“十五”期间降低 0.12 个百分点；在“十一五”期间降低 0.59 个百分点。文化消费需求增长与当地省域经济发展之间协调关系变化，在“十五”至“十一五”期间，由略微下降加重为更大幅度的较明显下降。其间，最高值为 2000 年 3.31%，最低值为 2011 年 2.29%。

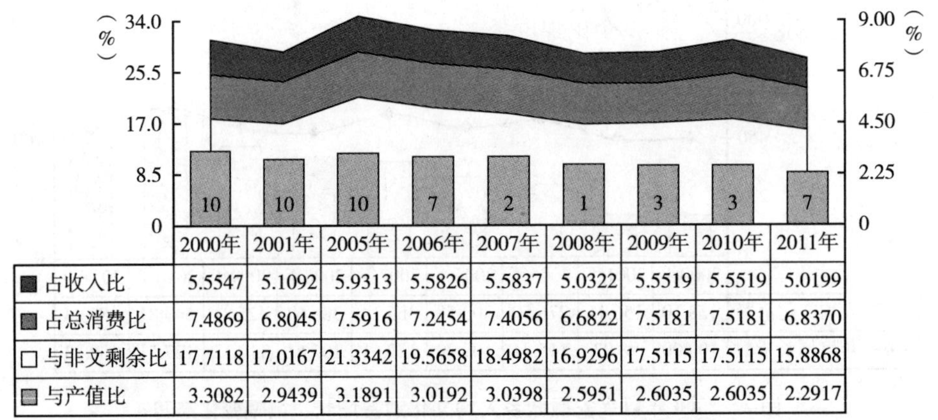

	2000年	2001年	2005年	2006年	2007年	2008年	2009年	2010年	2011年
占收入比	5.5547	5.1092	5.9313	5.5826	5.5837	5.0322	5.5519	5.5519	5.0199
占总消费比	7.4869	6.8045	7.5916	7.2454	7.4056	6.6822	7.5181	7.5181	6.8370
与非文剩余比	17.7118	17.0167	21.3342	19.5658	18.4982	16.9296	17.5115	17.5115	15.8868
与产值比	3.3082	2.9439	3.1891	3.0192	3.0398	2.5951	2.6035	2.6035	2.2917

图3　2000 年以来安徽城乡文化消费比例变动态势

注：左轴面积为城乡人均文化消费占收入比、占总消费比、与非文消费剩余（图例简称“非文剩余”）比（%），各项比值年度升降形成直观比例叠加；右轴柱形为城乡人均文化消费与产值比（%）。标注与产值比年度 31 省域排序，其余比值排序省略。

2011 年，安徽城乡此项比值降低 0.31 个百分点，降幅为 11.97%，文化消费需求增长与经济发展的协调性比 2010 年较明显下降。

2. 人均文化消费占人均收入的比重

2000～2011 年，安徽城乡人均文化消费占人均收入的比重由 5.55% 降低至 5.02%，由于其他省域此项比值降低更加明显，安徽在 31 个省域里排序从第 17 位上升到第 12 位。“十五”以来，安徽城乡此项比值下降 9.63%，升降变化程度处于 31 个省域里第 14 位。

分阶段来看，安徽城乡此项比值在“十五”期间提高 0.38 个百分点；在“十一五”期间降低 0.38 个百分点。当地居民文化消费需求增长与收入增加之间协调关系变化，在“十五”至“十一五”期间，由略微提升逆转为略微下降。其间，最高值为 2005 年 5.93%，最低值为 2011 年 5.02%。

2011 年，安徽城乡此项比值降低 0.53 个百分点，降幅为 9.58%，文化消费需求增长与收入增加的协调性比 2010 年明显下降。

3. 人均文化消费占人均总消费的比重

2000～2011 年，安徽城乡人均文化消费占人均总消费的比重由 7.49% 降低至 6.84%，在 31 个省域里排序保持在第 14 位。“十五”以来，安徽城乡此

项比值下降 8.68%，升降变化程度处于 31 个省域里第 17 位。

分阶段来看，安徽城乡此项比值在“十五”期间提高 0.10 个百分点；在“十一五”期间降低 0.07 个百分点。当地居民文化消费需求增长与总消费增加之间协调关系变化，在“十五”至“十一五”期间，由略微提升逆转为略微下降。其间，最高值为 2005 年 7.59%，最低值为 2009 年 6.68%。

2011 年，安徽城乡此项比值降低 0.68 个百分点，降幅为 9.06%，文化消费需求增长与总消费增加的协调性比 2010 年显著下降。

4. 人均文化消费与人均非文消费剩余的比例

2000～2011 年，安徽城乡人均文化消费与人均非文消费剩余的比例由 17.71% 降低至 15.89%，由于其他省域此项比值降低更加明显，安徽在 31 个省域里排序从第 22 位上升到第 11 位。“十五”以来，安徽城乡此项比值下降 10.30%，升降变化程度处于 31 个省域里第 7 位。

分阶段来看，安徽城乡此项比值在“十五”期间提高 3.62 个百分点；在“十一五”期间降低 3.82 个百分点。当地居民文化消费需求增长与“必需消费”之外“余钱”增多之间协调关系变化，在“十五”至“十一五”期间，由明显提升逆转为明显下降。其间，最高值为 2005 年 21.33%，最低值为 2011 年 15.89%。

2011 年，安徽城乡此项比值降低 1.62 个百分点，降幅为 9.28%，文化消费需求增长与“必需消费”之外“余钱”增多的协调性比 2010 年极显著下降。

三　安徽文化消费城乡、区域协调状况

1. 人均文化消费城乡比

2000～2011 年安徽人均文化消费城乡比变动态势见图 4。

2000～2011 年，安徽人均文化消费城乡比由 1.3202 扩大至 2.2712，由于其他省域文化消费城乡比扩大更为严重，安徽城乡比在 31 个省域里排序从第 17 位上升到第 11 位。其间，最小城乡比为 2006 年 1.1217，最大城乡比为 2011 年 2.2712。“十五”以来，安徽人均文化消费城乡比扩大 72.03%，城乡比扩减变化状况处于 31 个省域里第 17 位。这意味着，安徽属于文化消费城乡比扩减变化态势较严重的省域之一。

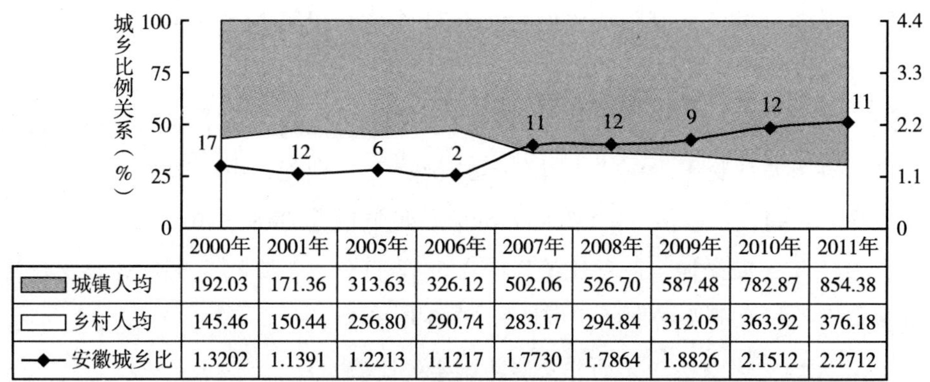

	2000年	2001年	2005年	2006年	2007年	2008年	2009年	2010年	2011年
城镇人均	192.03	171.36	313.63	326.12	502.06	526.70	587.48	782.87	854.38
乡村人均	145.46	150.44	256.80	290.74	283.17	294.84	312.05	363.92	376.18
安徽城乡比	1.3202	1.1391	1.2213	1.1217	1.7730	1.7864	1.8826	2.1512	2.2712

图4　2000 年以来安徽人均文化消费城乡比变动态势

注：左轴面积为城镇、乡村人均文化消费（元转换为%），城乡间年度升降形成直观比例关系；右轴曲线为人均文化消费城乡比（乡村 =1）。标注城乡比年度 31 省域排序。

同期，安徽城镇人均文化消费从 192. 03 元增长至 854. 38 元，增加 662. 35 元，总增长 344. 92%，年均增长 14. 53%。城镇人均值最高增长年度为 2007 年，增长率 53. 95%；最低增长年度为 2001 年，负增长 10. 76%。乡村人均文化消费从 145. 46 元增长至 376. 18 元，增加 230. 72 元，总增长 158. 61%，年均增长 9. 02%。乡村人均值最高增长年度为 2005 年，增长率 28. 43%；最低增长年度为 2007 年，负增长 2. 60%。此间，安徽城镇人均文化消费需求年均增长显著高于乡村年均增长 5. 51 个百分点，导致安徽文化消费需求的城乡比显著扩大。

2011 年，安徽城镇人均文化消费增长 9. 13%，低于“十五”年均增长 1. 17 个百分点，也低于“十一五”年均增长 10. 94 个百分点；乡村人均文化消费增长 3. 37%，低于“十五”年均增长 8. 67 个百分点，也低于“十一五”年均增长 3. 85 个百分点。此时，安徽城镇人均值高于乡村，城镇年度增幅高于乡村增幅 5. 77 个百分点，意味着城乡差距扩大。安徽文化消费城乡比因此比 2010 年较明显扩大 5. 58%，城乡比排序处于 31 个省域里第 11 位。

2. 城乡人均文化消费地区差

2000 ~2011 年安徽城乡文化消费与全国地区差变动态势见图 5。

2000 ~2011 年，安徽城乡人均文化消费与全国城乡地区差由 1. 2618 缩小

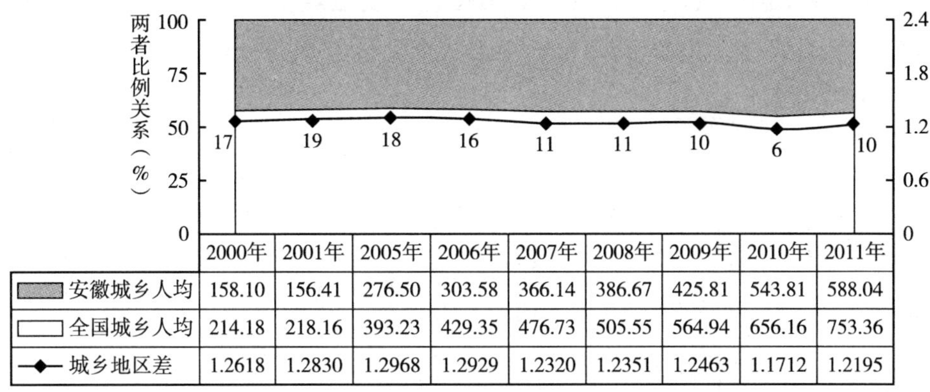

	2000年	2001年	2005年	2006年	2007年	2008年	2009年	2010年	2011年
安徽城乡人均	158.10	156.41	276.50	303.58	366.14	386.67	425.81	543.81	588.04
全国城乡人均	214.18	218.16	393.23	429.35	476.73	505.55	564.94	656.16	753.36
城乡地区差	1.2618	1.2830	1.2968	1.2929	1.2320	1.2351	1.2463	1.1712	1.2195

图 5　2000 年以来安徽城乡人均文化消费与全国地区差变动态势

注：左轴面积为城乡人均文化消费（元转换为%），当地与全国数值年度升降形成直观比例关系；右轴曲线为城乡人均文化消费地区差（无差距 =1）。标注地区差年度 31 省域排序。

至 1.2195，在 31 个省域里排序从第 17 位上升到第 10 位。其间，最小地区差为 2010 年 1.1712，最大地区差为 2002 年 1.3941。“十五”以来，安徽城乡人均文化消费地区差缩小 3.35%，地区差扩减变化状况处于 31 个省域里第 6 位。这意味着，安徽属于城乡文化消费地区差扩减变化态势良好的省域之一。

2000 ~ 2011 年，安徽城乡人均文化消费年均增幅略微高于全国增幅 0.57 个百分点，安徽城乡文化消费需求与全国的地区差较明显缩小。

2011 年，安徽城乡人均文化消费增长低于自身“十五”年均增长 3.70 个百分点，也低于自身“十一五”年均增长 6.35 个百分点，同时极显著低于全国增幅 6.68 个百分点。此时，安徽城乡人均值低于全国城乡平均值，增长低于全国意味着地区差距扩大，与全国城乡地区差因此比 2010 年明显扩大 4.12%，地区差排序处于 31 个省域里第 10 位。

四　安徽城乡文化消费需求景气测评

综合以上分析：“十五”以来安徽城乡文化消费总量年均增长略微低于全国增长，而人均值年均增长略微高于全国平均增长；“十一五”期间各项比例升降变化状况全面不及“十五”期间；“十五”以来城乡比显著扩大，同时地区差较明显缩小。这些都集中体现在安徽城乡文化消费需求景气指数的测评演算中。2000～2011 年安徽城乡文化消费需求景气指数变动态势见图 6。

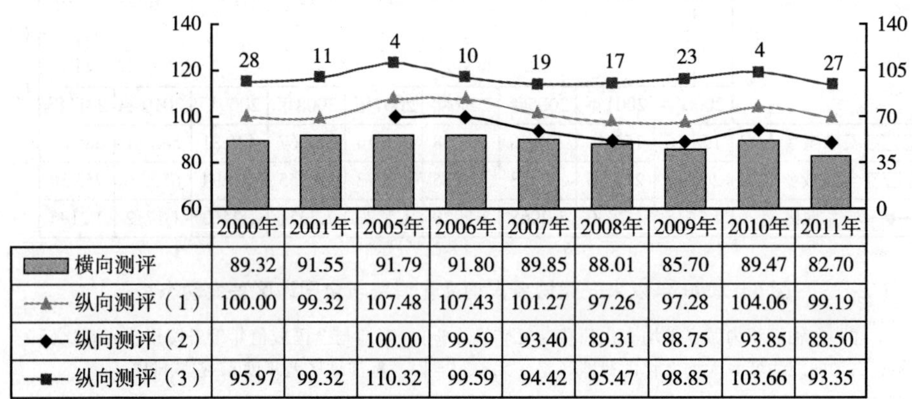

	2000年	2001年	2005年	2006年	2007年	2008年	2009年	2010年	2011年
横向测评	89.32	91.55	91.79	91.80	89.85	88.01	85.70	89.47	82.70
纵向测评（1）	100.00	99.32	107.48	107.43	101.27	97.26	97.28	104.06	99.19
纵向测评（2）			100.00	99.59	93.40	89.31	88.75	93.85	88.50
纵向测评（3）	95.97	99.32	110.32	99.59	94.42	95.47	98.85	103.66	93.35

图 6　2000 年以来安徽城乡文化消费需求景气指数变动态势

注：左轴柱形为横向测评（城乡、地区无差异理想值 = 100）；左轴曲线为纵向测评（起点年基数值 = 100），（1）2000 年起点，（2）2005 年起点；右轴曲线为纵向测评（3）上年起点。标注逐年纵向测评全国排行位次，其余测评排行位次省略。

1. 各年度横向测评景气指数

在此项测评中，以全国城乡文化消费总量份额值、人均绝对值、各项比值为基准，并以城乡之间、地区之间实现无差距状态为“理想值”100 来衡量，2011 年安徽城乡此项景气指数为 82.70，低于理想值 17.30，同时低于上一年 6.77。各年度对比，安徽城乡此项景气指数在 31 个省域里排行，2000 年为第 20 位，2005 年上升为第 10 位，2010 年上升为第 6 位，2011 年比 2010 年下降 7 位。

2. “十五”以来纵向测评景气指数

在此项测评中，以“九五”末年 2000 年为起点基数值 100，2011 年安徽城乡此项景气指数为 99.19，低于 2000 年起点基数 0.81，同时低于上一年 4.87。“十五”以来对比，安徽城乡此项景气指数在 31 个省域里排行，2001 年为第 11 位，2005 年与之持平，2010 年上升为第 8 位，2011 年比 2010 年下降 4 位。

3. “十一五”以来纵向测评景气指数

以“十五”末年2005年为起点基数值100，2011年安徽城乡此项景气指数为88.50，低于2005年起点基数11.50，同时低于上一年5.36。“十一五”以来对比，安徽城乡此项景气指数在31个省域里排行，2006年为第10位，2010年下降为第15位，2011年比2010年下降1位。

4. 逐年度纵向测评景气指数

以上一年2010年为起点基数值100，2011年安徽城乡此项景气指数为93.35，低于2010年起点基数6.65。逐年对比，安徽城乡此项景气指数在31个省域里排行，2000年为第28位，2005年上升为第4位，2010年与之持平，2011年比2010年下降23位。

Anhui: The Urban-Rural Annual Growth Declined Because of the Slight Low Rural Growth

Abstract: In 2011, Anhui ranked the 27th in the increase of the total cultural consumption of urban-rural areas and the 28th in the growth of per capita value. Ranking of the boom evaluation: Anhui ranked the 13th in the lateral evaluation of the cultural consumption demand of urban-rural areas across the provinces; in its own vertical evaluation, Anhui ranked the 12th, the 16th and the 27th during the period of 2000 –2011, 2005 –2011 and 2010 –2011 respectively.

Key Words: Anhui's Urban-rural Areas; Cultural Consumption; Boom Evaluation

B.20

湖北：2011 年文化消费人均值增长居第 3 位

摘　要：

2011 年，湖北城乡文化消费总量增长处于第 4 位，人均值增长处于第 3 位。景气评价排行结果：湖北城乡在省域横向测评中，2011 年景气指数处于第 22 位；在自身纵向测评中，2000 ~2011 年景气指数处于第 28 位，2005 ~2011 年景气指数处于第 24 位，2010 ~2011 年景气指数处于第 8 位。

关键词：

湖北城乡　文化消费　景气评价

本文充分展示 2000 ~2011 年间湖北相关各方面的增长态势，全面分析检测湖北城乡文化消费需求状况。

一　湖北城乡文化消费需求增长状况

1. 文化消费总量份额值变化

2000 ~2011 年湖北城乡文化消费总量增长、份额变化态势见图 1。

2000 ~2011 年，湖北城乡文化消费总量从 120.16 亿元增长至 325.61 亿元，增加 205.45 亿元，总增长 170.98%，年均增长 9.49%，增长幅度排序处于 31 个省域里第 27 位。其中，“十五”期间总增长 56.84%，年均增长 9.42%；“十一五”期间总增长 39.28%，年均增长 6.85%。“十一五”年均增长幅度低于“十五”2.57 个百分点。总量最高增长年度为 2002 年，增长率 28.99%；最低增长年度为 2008 年，负增长 8.96%。

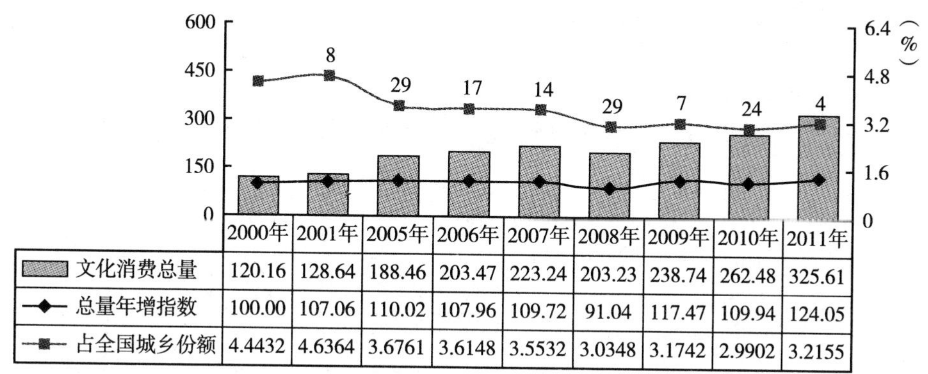

	2000年	2001年	2005年	2006年	2007年	2008年	2009年	2010年	2011年
文化消费总量	120.16	128.64	188.46	203.47	223.24	203.23	238.74	262.48	325.61
总量年增指数	100.00	107.06	110.02	107.96	109.72	91.04	117.47	109.94	124.05
占全国城乡份额	4.4432	4.6364	3.6761	3.6148	3.5532	3.0348	3.1742	2.9902	3.2155

图 1　2000 年以来湖北城乡文化消费总量增长、份额变化态势

注：左轴柱形为城乡文化消费总量（亿元）；左轴曲线为年度（年均）增长指数（上年 = 100），年增指数小于 100 为负增长；右轴曲线为占全国城乡份额（%）。标注年度份额增减 31 省域排序，2000 年起点不计。

同期，全国城乡文化消费总量年均增长 12.75%，湖北年均增幅明显低于全国城乡年均增幅 3.26 个百分点。湖北城乡文化消费总量占全国份额由 4.44%降低为 3.22%，下降幅度为 27.48%，份额升降变化排序处于 31 个省域里第 27 位。

2011 年，全国城乡文化消费总量增长 15.36%，湖北城乡文化消费总量增长 24.05%，极显著高于全国增幅 8.69 个百分点，占全国份额比 2010 年上升 7.54%。同时，湖北总量增长高于自身“十五”年均增长 14.63 个百分点，也高于自身“十一五”年均增长 17.20 个百分点，增长幅度和占全国份额变化排序处于 31 个省域里第 4 位。

2. 文化消费人均绝对值增长

2000 ~2011 年湖北城乡人均文化消费增长、增幅变化态势见图 2。

2000 ~2011 年，湖北城乡人均文化消费从 201.98 元增长至 567.00 元，增加 365.02 元，总增长 180.72%，年均增长 9.84%，增长幅度排序处于 31 个省域里第 23 位。其中，“十五”期间人均值总增长 59.14%，年均增长 9.74%；“十一五”期间人均值总增长 42.66%，年均增长 7.36%。“十一五”年均增长幅度低于“十五”2.38 个百分点。人均值最高增长年度为 2002 年，增长率 28.69%；最低增长年度为 2008 年，负增长 9.11%。

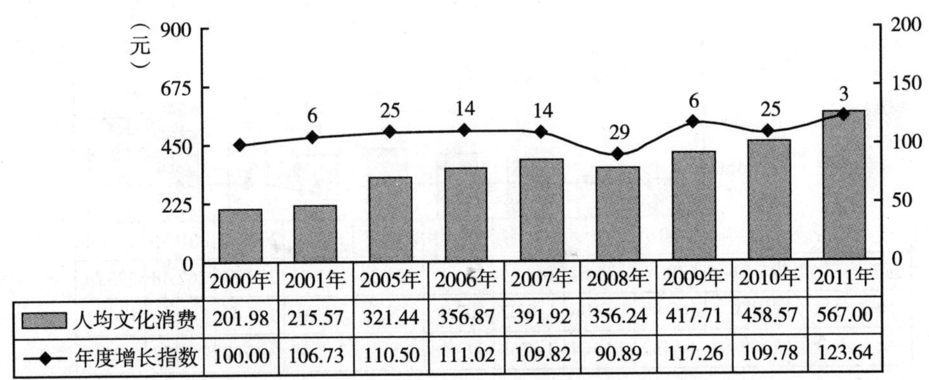

	2000年	2001年	2005年	2006年	2007年	2008年	2009年	2010年	2011年
人均文化消费	201.98	215.57	321.44	356.87	391.92	356.24	417.71	458.57	567.00
年度增长指数	100.00	106.73	110.50	111.02	109.82	90.89	117.26	109.78	123.64

图2　2000 年以来湖北城乡人均文化消费增长、增幅变化态势

注：左轴柱形为城乡人均文化消费（元）；右轴曲线为年度（年均）增长指数（上年 = 100），年增指数小于 100 为负增长。标注年度增长 31 省域排序，2000 年起点不计。

同期，全国城乡人均文化消费年均增长 12. 11%，湖北年均增幅明显低于全国增幅。湖北城乡人均文化消费从全国城乡平均值的 94. 30% 降低至 75. 26%，人均绝对值在 31 个省域里排序由第 11 位降低到第 18 位。

2011 年，全国城乡人均文化消费增长 14. 81%，湖北增长 23. 65%，极显著高于全国增幅，同时高于自身“十五”年均增长，也高于自身“十一五”年均增长，增长幅度排序处于 31 个省域里第 3 位。

二　湖北城乡文化消费相关背景情况

2000 ~ 2011 年湖北城乡文化消费比例变动态势见图 3。

1. 人均文化消费与人均产值的比例

2000 ~ 2011 年，湖北城乡人均文化消费与人均产值的比例由 3. 21% 降低至 1. 66%，在 31 个省域里排序从第 13 位下降到第 20 位。“十五”以来，湖北城乡此项比值下降 48. 34%，升降变化程度处于 31 个省域里第 25 位。

分阶段来看，湖北城乡此项比值在“十五”期间降低 0. 40 个百分点；在“十一五”期间降低 1. 17 个百分点。文化消费需求增长与当地省域经济发展之间协调关系变化，在“十五”至“十一五”期间，由略微下降加重为更大幅度的明显下降。其间，最高值为 2002 年 3. 73%，最低值为 2010 年 1. 64%。

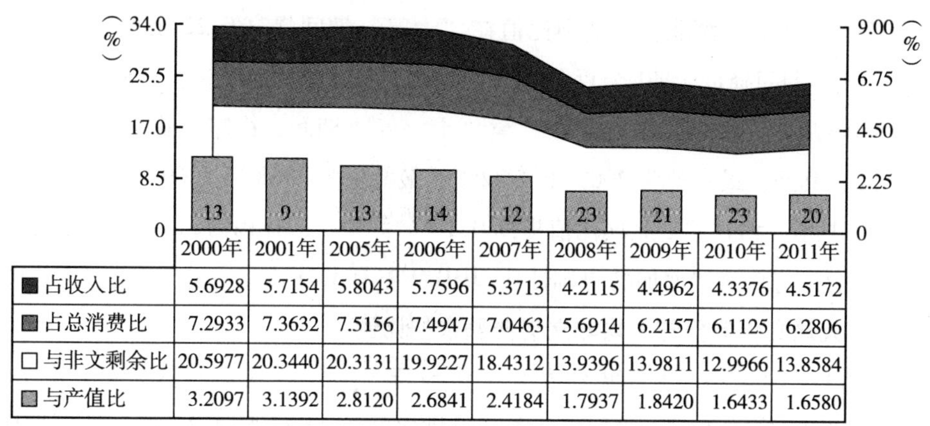

	2000年	2001年	2005年	2006年	2007年	2008年	2009年	2010年	2011年
■占收入比	5.6928	5.7154	5.8043	5.7596	5.3713	4.2115	4.4962	4.3376	4.5172
■占总消费比	7.2933	7.3632	7.5156	7.4947	7.0463	5.6914	6.2157	6.1125	6.2806
□与非文剩余比	20.5977	20.3440	20.3131	19.9227	18.4312	13.9396	13.9811	12.9966	13.8584
■与产值比	3.2097	3.1392	2.8120	2.6841	2.4184	1.7937	1.8420	1.6433	1.6580

图 3　2000 年以来湖北城乡文化消费比例变动态势

注：左轴面积为城乡人均文化消费占收入比、占总消费比、与非文消费剩余（图例简称“非文剩余”）比（%），各项比值年度升降形成直观比例叠加；右轴柱形为城乡人均文化消费与产值比（%）。标注与产值比年度 31 省域排序，其余比值排序省略。

2011 年，湖北城乡此项比值提高 0.0148 个百分点，升幅为 0.90%，文化消费需求增长与经济发展的协调性比 2010 年略有上升。

2. 人均文化消费占人均收入的比重

2000 ~2011 年，湖北城乡人均文化消费占人均收入的比重由 5.69% 降低至 4.52%，在 31 个省域里排序从第 14 位下降到第 24 位。“十五”以来，湖北城乡此项比值下降 20.65%，升降变化程度处于 31 个省域里第 22 位。

分阶段来看，湖北城乡此项比值在“十五”期间提高 0.11 个百分点；在“十一五”期间降低 1.47 个百分点。当地居民文化消费需求增长与收入增加之间协调关系变化，在“十五”至“十一五”期间，由略微提升逆转为明显下降。其间，最高值为 2002 年 6.56%，最低值为 2008 年 4.21%。

2011 年，湖北城乡此项比值提高 0.18 个百分点，升幅为 4.14%，文化消费需求增长与收入增加的协调性比 2010 年略有上升。

3. 人均文化消费占人均总消费的比重

2000 ~2011 年，湖北城乡人均文化消费占人均总消费的比重由 7.29% 降低至 6.28%，在 31 个省域里排序从第 17 位下降到第 24 位。“十五”以来，湖北城乡此项比值下降 13.88%，升降变化程度处于 31 个省域里第 22 位。

分阶段来看，湖北城乡此项比值在“十五”期间提高0.22个百分点；在“十一五”期间降低1.40个百分点。当地居民文化消费需求增长与总消费增加之间协调关系变化，在“十五”至“十一五”期间，由略微提升逆转为明显下降。其间，最高值为2002年8.32%，最低值为2008年5.69%。

2011年，湖北城乡此项比值提高0.17个百分点，升幅为2.75%，文化消费需求增长与总消费增加的协调性比2010年略有上升。

4. 人均文化消费与人均非文消费剩余的比例

2000~2011年，湖北城乡人均文化消费与人均非文消费剩余的比例由20.60%降低至13.86%，在31个省域里排序从第13位下降到第22位。“十五”以来，湖北城乡此项比值下降32.72%，升降变化程度处于31个省域里第21位。

分阶段来看，湖北城乡此项比值在“十五”期间降低0.28个百分点；在“十一五”期间降低7.32个百分点。当地居民文化消费需求增长与“必需消费”之外“余钱”增多之间协调关系变化，在“十五”至“十一五”期间，由略微下降加重为更大幅度的显著下降。其间，最高值为2002年23.64%，最低值为2010年13.00%。

2011年，湖北城乡此项比值提高0.86个百分点，升幅为6.63%，文化消费需求增长与“必需消费”之外“余钱”增多的协调性比2010年极显著提升。

三　湖北文化消费城乡、区域协调状况

1. 人均文化消费城乡比

2000~2011年湖北人均文化消费城乡比变动态势见图4。

2000~2011年，湖北人均文化消费城乡比由0.9041扩大至2.3366，在31个省域里排序从第5位下降到第12位。其间，最小城乡比为2000年0.9041，最大城乡比为2011年2.3366。“十五”以来，湖北人均文化消费城乡比扩大158.43%，城乡比扩减变化状况处于31个省域里第27位。这意味着，湖北属于文化消费城乡比扩减变化态势很严重的省域之一。

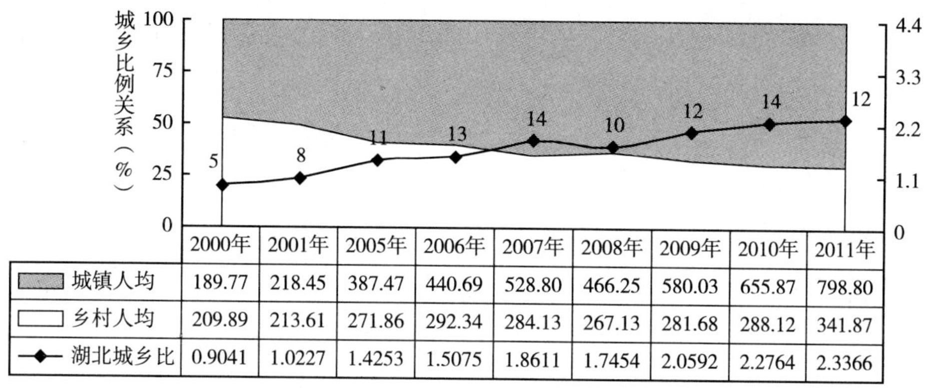

	2000年	2001年	2005年	2006年	2007年	2008年	2009年	2010年	2011年
城镇人均	189.77	218.45	387.47	440.69	528.80	466.25	580.03	655.87	798.80
乡村人均	209.89	213.61	271.86	292.34	284.13	267.13	281.68	288.12	341.87
湖北城乡比	0.9041	1.0227	1.4253	1.5075	1.8611	1.7454	2.0592	2.2764	2.3366

图 4　2000 年以来湖北人均文化消费城乡比变动态势

注：左轴面积为城镇、乡村人均文化消费（元转换为%），城乡间年度升降形成直观比例关系；右轴曲线为人均文化消费城乡比（乡村 =1），城乡比小于 1 为“城乡倒挂”，即城镇人均数值低于乡村。标注城乡比年度 31 省域排序。

同期，湖北城镇人均文化消费从 189. 77 元增长至 798. 80 元，增加 609. 03 元，总增长 320. 93%，年均增长 13. 96%。城镇人均值最高增长年度为 2002 年，增长率 56. 23%；最低增长年度为 2008 年，负增长 11. 83%。乡村人均文化消费从 209. 89 元增长至 341. 87 元，增加 131. 98 元，总增长 62. 88%，年均增长 4. 53%。乡村人均值最高增长年度为 2011 年，增长率 18. 66%；最低增长年度为 2008 年，负增长 5. 98%。此间，湖北城镇人均文化消费需求年均增长极显著高于乡村年均增长 9. 43 个百分点，导致湖北文化消费需求的城乡比极严重扩大。

2011 年，湖北城镇人均文化消费增长 21. 79%，高于“十五”年均增长 6. 45 个百分点，也高于“十一五”年均增长 10. 69 个百分点；乡村人均文化消费增长 18. 66%，高于“十五”年均增长 13. 35 个百分点，也高于“十一五”年均增长 17. 49 个百分点。此时，湖北城镇人均值高于乡村，城镇年度增幅高于乡村增幅 3. 13 个百分点，意味着城乡差距扩大。湖北文化消费城乡比因此比 2010 年略有扩大 2. 64%，城乡比排序处于 31 个省域里第 12 位。

2. 城乡人均文化消费地区差

2000 ~2011 年湖北城乡文化消费与全国地区差变动态势见图 5。

2000 ~2011 年，湖北城乡人均文化消费与全国城乡地区差由 1. 0570 扩

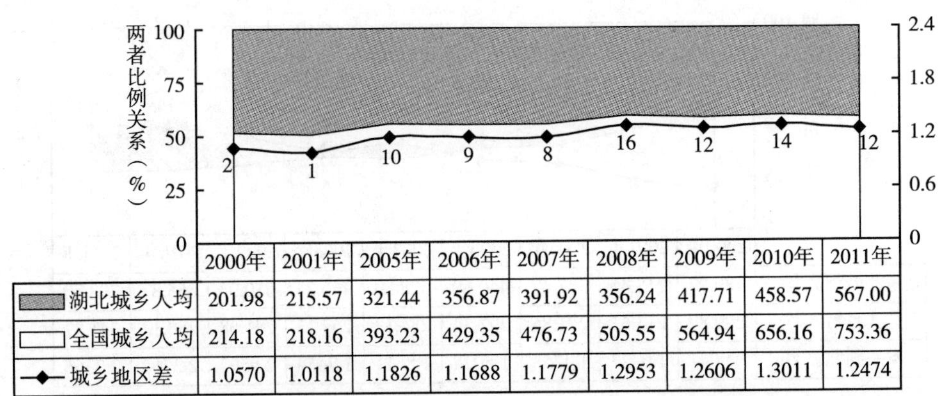

	2000年	2001年	2005年	2006年	2007年	2008年	2009年	2010年	2011年
湖北城乡人均	201.98	215.57	321.44	356.87	391.92	356.24	417.71	458.57	567.00
全国城乡人均	214.18	218.16	393.23	429.35	476.73	505.55	564.94	656.16	753.36
城乡地区差	1.0570	1.0118	1.1826	1.1688	1.1779	1.2953	1.2606	1.3011	1.2474

图 5　2000 年以来湖北城乡人均文化消费与全国地区差变动态势

注：左轴面积为城乡人均文化消费（元转换为%），当地与全国数值年度升降形成直观比例关系；右轴曲线为城乡人均文化消费地区差（无差距 =1）。标注地区差年度 31 省域排序。

大至 1.2474，在 31 个省域里排序从第 2 位下降到第 12 位。其间，最小地区差为 2001 年 1.0118，最大地区差为 2010 年 1.3011。“十五”以来，湖北城乡人均文化消费地区差扩大 18.02%，地区差扩减变化状况处于 31 个省域里第 26 位。这意味着，湖北属于城乡文化消费地区差扩减变化态势很严重的省域之一。

2000 ~2011 年，湖北城乡人均文化消费年均增幅明显低于全国增幅 2.28 个百分点，湖北城乡文化消费需求与全国的地区差极显著扩大。

2011 年，湖北城乡人均文化消费增长高于自身“十五”年均增长 13.91 个百分点，也高于自身“十一五”年均增长 16.28 个百分点，同时极显著高于全国增幅 8.83 个百分点。此时，湖北城乡人均值低于全国城乡平均值，增长高于全国意味着地区差距缩小，与全国城乡地区差因此比 2010 年明显缩小 4.13%，地区差排序处于 31 个省域里第 12 位。

四　湖北城乡文化消费需求景气测评

综合以上分析：“十五”以来湖北城乡文化消费总量年均增长明显低于全国增长，人均值年均增长也明显低于全国平均增长；“十一五”期间各项比例升降变化状况全面不及“十五”期间；“十五”以来城乡比极严重扩

大，同时地区差极显著扩大。这些都集中体现在湖北城乡文化消费需求景气指数的测评演算中。2000～2011 年湖北城乡文化消费需求景气指数变动态势见图 6。

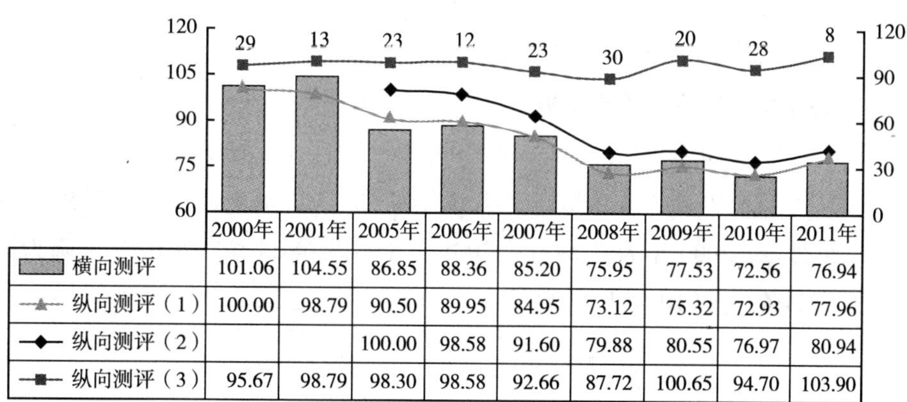

	2000年	2001年	2005年	2006年	2007年	2008年	2009年	2010年	2011年
横向测评	101.06	104.55	86.85	88.36	85.20	75.95	77.53	72.56	76.94
纵向测评（1）	100.00	98.79	90.50	89.95	84.95	73.12	75.32	72.93	77.96
纵向测评（2）			100.00	98.58	91.60	79.88	80.55	76.97	80.94
纵向测评（3）	95.67	98.79	98.30	98.58	92.66	87.72	100.65	94.70	103.90

图 6　2000 年以来湖北城乡文化消费需求景气指数变动态势

注：左轴柱形为横向测评（城乡、地区无差异理想值 =100）；左轴曲线为纵向测评（起点年基数值 =100），（1）2000 年起点，（2）2005 年起点；右轴曲线为纵向测评（3）上年起点。标注逐年纵向测评全国排行位次，其余测评排行位次省略。

1. 各年度横向测评景气指数

在此项测评中，以全国城乡文化消费总量份额值、人均绝对值、各项比值为基准，并以城乡之间、地区之间实现无差距状态为“理想值”100 来衡量，2011 年湖北城乡此项景气指数为 76.94，低于理想值 23.06，同时高于上一年 4.38。各年度对比，湖北城乡此项景气指数在 31 个省域里排行，2000 年为第 7 位，2005 年下降为第 18 位，2010 年下降为第 26 位，2011 年比 2010 年上升 4 位。

2. “十五”以来纵向测评景气指数

在此项测评中，以“九五”末年 2000 年为起点基数值 100，2011 年湖北城乡此项景气指数为 77.96，低于 2000 年起点基数 22.04，同时高于上一年 5.03。“十五”以来对比，湖北城乡此项景气指数在 31 个省域里排行，2001 年为第 13 位，2005 年下降为第 27 位，2010 年下降为第 30 位，2011 年比 2010 年上升 2 位。

3. “十一五”以来纵向测评景气指数

以“十五”末年2005年为起点基数值100，2011年湖北城乡此项景气指数为80.94，低于2005年起点基数19.06，同时高于上一年3.97。“十一五”以来对比，湖北城乡此项景气指数在31个省域里排行，2006年为第12位，2010年下降为第27位，2011年比2010年上升3位。

4. 逐年度纵向测评景气指数

以上一年2010年为起点基数值100，2011年湖北城乡此项景气指数为103.90，高于2010年起点基数3.90。逐年对比，湖北城乡此项景气指数在31个省域里排行，2000年为第29位，2005年上升为第23位，2010年下降为第28位，2011年比2010年上升20位。

Hubei: Ranked the Third in the Per Capita Value of Cultural Consumption in 2011

Abstract: In 2011, Hubei ranked the 4th in the increase of the total cultural consumption of urban-rural areas and the 3rd in the growth of per capita value. Ranking of the boom evaluation: Hubei ranked the 22nd in the lateral evaluation of the cultural consumption demand of urban-rural areas across the provinces; in its own vertical evaluation, Hubei ranked the 28th, the 24th and the 8th during the period of 2000 -2011, 2005 -2011 and 2010 -2011 respectively.

Key Words: Hubei's Urban-rural Areas; Cultural Consumption; Boom Evaluation

B.21
江西：连续三年稳步增长显现提升潜力

摘　要：

2011 年，江西城乡文化消费总量增长处于第 14 位，人均值增长处于第 12 位。景气评价排行结果：江西城乡在省域横向测评中，2011 年景气指数处于第 21 位；在自身纵向测评中，2000～2011 年景气指数处于第 26 位，2005～2011 年景气指数处于第 26 位，2010～2011 年景气指数处于第 16 位。

关键词：

江西城乡　文化消费　景气评价

本文充分展示 2000～2011 年间江西相关各方面的增长态势，全面分析检测江西城乡文化消费需求状况。

一　江西城乡文化消费需求增长状况

1. 文化消费总量份额值变化

2000～2011 年江西城乡文化消费总量增长、份额变化态势见图 1。

2000～2011 年，江西城乡文化消费总量从 72.90 亿元增长至 244.01 亿元，增加 171.11 亿元，总增长 234.72%，年均增长 11.61%，增长幅度排序处于 31 个省域里第 20 位。其中，“十五”期间总增长 91.82%，年均增长 13.91%；“十一五”期间总增长 49.59%，年均增长 8.39%。“十一五”年均增长幅度低于“十五”5.52 个百分点。总量最高增长年度为 2002 年，增长率 24.86%；最低增长年度为 2007 年，负增长 1.70%。

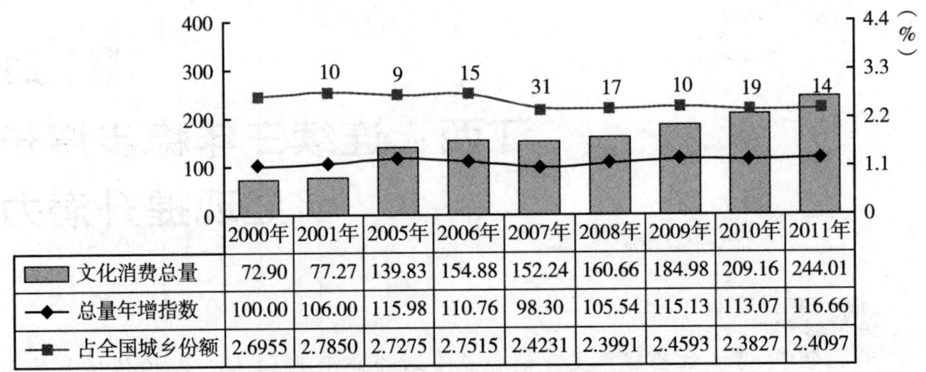

	2000年	2001年	2005年	2006年	2007年	2008年	2009年	2010年	2011年
文化消费总量	72.90	77.27	139.83	154.88	152.24	160.66	184.98	209.16	244.01
总量年增指数	100.00	106.00	115.98	110.76	98.30	105.54	115.13	113.07	116.66
占全国城乡份额	2.6955	2.7850	2.7275	2.7515	2.4231	2.3991	2.4593	2.3827	2.4097

图1　2000 年以来江西城乡文化消费总量增长、份额变化态势

注：左轴柱形为城乡文化消费总量（亿元）；左轴曲线为年度（年均）增长指数（上年 = 100），年增指数小于 100 为负增长；右轴曲线为占全国城乡份额（%）。标注年度份额增减 31 省域排序，2000 年起点不计。

同期，全国城乡文化消费总量年均增长 12.75%，江西年均增幅较明显低于全国城乡年均增幅 1.14 个百分点。江西城乡文化消费总量占全国份额由 2.70% 降低为 2.41%，下降幅度为 10.60%，份额升降变化排序处于 31 个省域里第 20 位。

2011 年，全国城乡文化消费总量增长 15.36%，江西城乡文化消费总量增长 16.66%，较明显高于全国增幅 1.30 个百分点，占全国份额比 2010 年上升 1.13%。同时，江西总量增长高于自身“十五”年均增长 2.75 个百分点，也高于自身“十一五”年均增长 8.27 个百分点，增长幅度和占全国份额变化排序处于 31 个省域里第 14 位。

2. 文化消费人均绝对值增长

2000 ~ 2011 年江西城乡人均文化消费增长、增幅变化态势见图 2。

2000 ~ 2011 年，江西城乡人均文化消费从 173.98 元增长至 545.23 元，增加 371.25 元，总增长 213.39%，年均增长 10.94%，增长幅度排序处于 31 个省域里第 21 位。其中，“十五”期间人均值总增长 87.02%，年均增长 13.34%；“十一五”期间人均值总增长 44.56%，年均增长 7.65%。“十一五”年均增长幅度低于“十五”5.69 个百分点。人均值最高增长年度为 2002 年，增长率 23.78%；最低增长年度为 2007 年，负增长 2.35%。

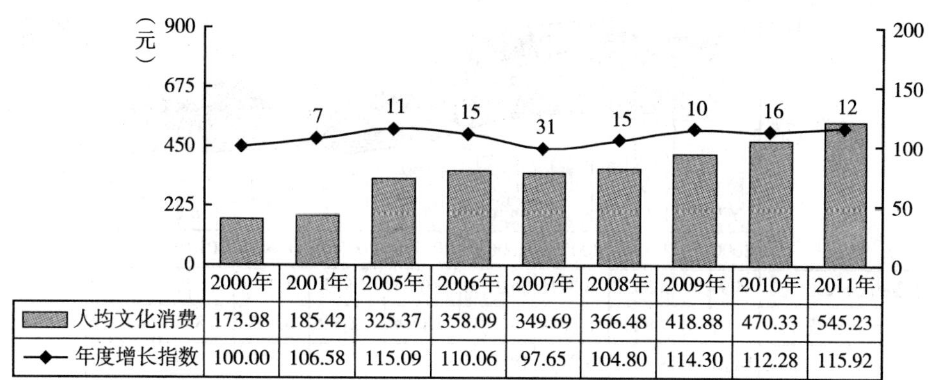

	2000年	2001年	2005年	2006年	2007年	2008年	2009年	2010年	2011年
人均文化消费	173.98	185.42	325.37	358.09	349.69	366.48	418.88	470.33	545.23
年度增长指数	100.00	106.58	115.09	110.06	97.65	104.80	114.30	112.28	115.92

图 2　2000 年以来江西城乡人均文化消费增长、增幅变化态势

注：左轴柱形为城乡人均文化消费（元）；右轴曲线为年度（年均）增长指数（上年 =100），年增指数小于 100 为负增长。标注年度增长 31 省域排序，2000 年起点不计。

同期，全国城乡人均文化消费年均增长 12.11%，江西年均增幅较明显低于全国增幅。江西城乡人均文化消费从全国城乡平均值的 81.23% 降低至 72.37%，人均绝对值在 31 个省域里排序保持在第 19 位。

2011 年，全国城乡人均文化消费增长 14.81%，江西增长 15.92%，较明显高于全国增幅，同时高于自身“十五”年均增长，也高于自身“十一五”年均增长，增长幅度排序处于 31 个省域里第 12 位。

二　江西城乡文化消费相关背景情况

2000~2011 年江西城乡文化消费比例变动态势见图 3。

1. 人均文化消费与人均产值的比例

2000~2011 年，江西城乡人均文化消费与人均产值的比例由 3.59% 降低至 2.09%，在 31 个省域里排序从第 7 位下降到第 9 位。“十五”以来，江西城乡此项比值下降 41.86%，升降变化程度处于 31 个省域里第 18 位。

分阶段来看，江西城乡此项比值在“十五”期间降低 0.14 个百分点；在“十一五”期间降低 1.23 个百分点。文化消费需求增长与当地省域经济发展之间协调关系变化，在“十五”至“十一五”期间，由略微下降加重为更大幅度的明显下降。其间，最高值为 2002 年 3.94%，最低值为 2011 年 2.09%。

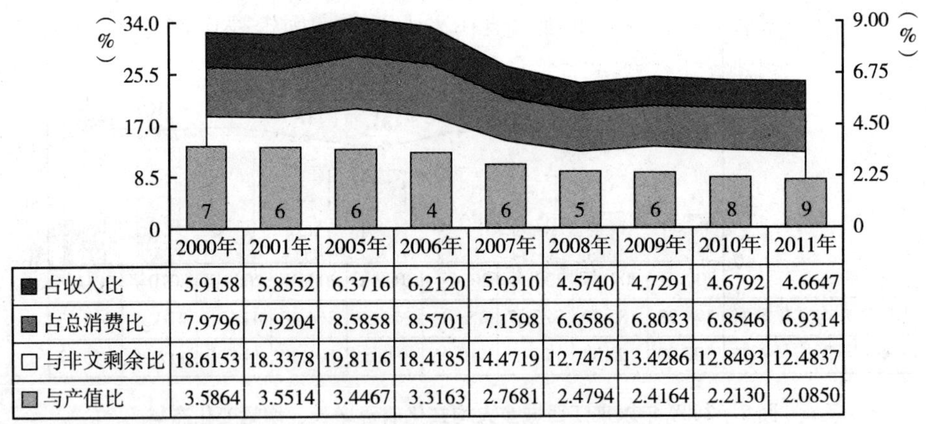

	2000年	2001年	2005年	2006年	2007年	2008年	2009年	2010年	2011年
■占收入比	5.9158	5.8552	6.3716	6.2120	5.0310	4.5740	4.7291	4.6792	4.6647
■占总消费比	7.9796	7.9204	8.5858	8.5701	7.1598	6.6586	6.8033	6.8546	6.9314
□与非文剩余比	18.6153	18.3378	19.8116	18.4185	14.4719	12.7475	13.4286	12.8493	12.4837
■与产值比	3.5864	3.5514	3.4467	3.3163	2.7681	2.4794	2.4164	2.2130	2.0850

图3　2000 年以来江西城乡文化消费比例变动态势

注：左轴面积为城乡人均文化消费占收入比、占总消费比、与非文消费剩余（图例简称“非文剩余”）比（%），各项比值年度升降形成直观比例叠加；右轴柱形为城乡人均文化消费与产值比（%）。标注与产值比年度 31 省域排序，其余比值排序省略。

2011 年，江西城乡此项比值降低 0.13 个百分点，降幅为 5.78%，文化消费需求增长与经济发展的协调性比 2010 年略有下降。

2. 人均文化消费占人均收入的比重

2000～2011 年，江西城乡人均文化消费占人均收入的比重由 5.92% 降低至 4.66%，在 31 个省域里排序从第 12 位下降到第 19 位。“十五”以来，江西城乡此项比值下降 21.15%，升降变化程度处于 31 个省域里第 23 位。

分阶段来看，江西城乡此项比值在“十五”期间提高 0.46 个百分点；在“十一五”期间降低 1.69 个百分点。当地居民文化消费需求增长与收入增加之间协调关系变化，在“十五”至“十一五”期间，由略微提升逆转为明显下降。其间，最高值为 2002 年 6.50%，最低值为 2008 年 4.57%。

2011 年，江西城乡此项比值降低 0.0144 个百分点，降幅为 0.31%，文化消费需求增长与收入增加的协调性比 2010 年略有下降。

3. 人均文化消费占人均总消费的比重

2000～2011 年，江西城乡人均文化消费占人均总消费的比重由 7.98% 降低至 6.93%，在 31 个省域里排序从第 9 位下降到第 12 位。“十五”以来，江西城乡此项比值下降 13.14%，升降变化程度处于 31 个省域里第 20 位。

分阶段来看，江西城乡此项比值在“十五”期间提高 0.61 个百分点；在“十一五”期间降低 1.73 个百分点。当地居民文化消费需求增长与总消费增加之间协调关系变化，在“十五”至“十一五”期间，由较明显提升逆转为明显下降。其间，最高值为 2002 年 8.75%，最低值为 2008 年 6.66%。

2011 年，江西城乡此项比值提高 0.08 个百分点，升幅为 1.12%，文化消费需求增长与总消费增加的协调性比 2010 年略有上升。

4. 人均文化消费与人均非文消费剩余的比例

2000～2011 年，江西城乡人均文化消费与人均非文消费剩余的比例由 18.62% 降低至 12.48%，在 31 个省域里排序从第 18 位下降到第 26 位。“十五”以来，江西城乡此项比值下降 32.94%，升降变化程度处于 31 个省域里第 22 位。

分阶段来看，江西城乡此项比值在“十五”期间提高 1.20 个百分点；在“十一五”期间降低 6.96 个百分点。当地居民文化消费需求增长与“必需消费”之外“余钱”增多之间协调关系变化，在“十五”至“十一五”期间，由较明显提升逆转为显著下降。其间，最高值为 2002 年 20.23%，最低值为 2011 年 12.48%。

2011 年，江西城乡此项比值降低 0.37 个百分点，降幅为 2.84%，文化消费需求增长与“必需消费”之外“余钱”增多的协调性比 2010 年较明显下降。

三　江西文化消费城乡、区域协调状况

1. 人均文化消费城乡比

2000～2011 年江西人均文化消费城乡比变动态势见图 4。

2000～2011 年，江西人均文化消费城乡比由 0.7947 扩大至 2.5630，在 31 个省域里排序从第 1 位下降到第 18 位。其间，最小城乡比为 2000 年 0.7947，最大城乡比为 2011 年 2.5630。“十五”以来，江西人均文化消费城乡比扩大 222.51%，城乡比扩减变化状况处于 31 个省域里第 29 位。这意味着，江西属于文化消费城乡比扩减变化态势极严重的省域之一。

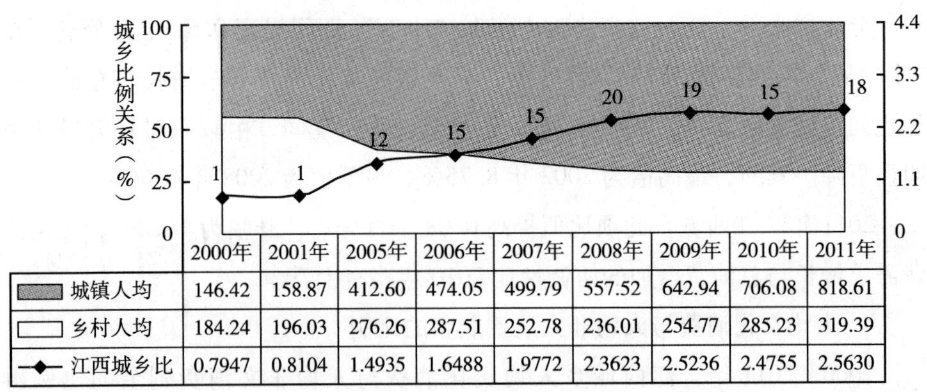

	2000年	2001年	2005年	2006年	2007年	2008年	2009年	2010年	2011年
城镇人均	146.42	158.87	412.60	474.05	499.79	557.52	642.94	706.08	818.61
乡村人均	184.24	196.03	276.26	287.51	252.78	236.01	254.77	285.23	319.39
江西城乡比	0.7947	0.8104	1.4935	1.6488	1.9772	2.3623	2.5236	2.4755	2.5630

图4　2000 年以来江西人均文化消费城乡比变动态势

注：左轴面积为城镇、乡村人均文化消费（元转换为%），城乡间年度升降形成直观比例关系；右轴曲线为人均文化消费城乡比（乡村 =1），城乡比小于 1 为“城乡倒挂”，即城镇人均数值低于乡村。标注城乡比年度 31 省域排序。

同期，江西城镇人均文化消费从 146. 42 元增长至 818. 61 元，增加 672. 19 元，总增长 459. 08%，年均增长 16. 94%。城镇人均值最高增长年度为 2002 年，增长率 64. 59%；最低增长年度为 2007 年，增长率 5. 43%。乡村人均文化消费从 184. 24 元增长至 319. 39 元，增加 135. 15 元，总增长 73. 36%，年均增长 5. 13%。乡村人均值最高增长年度为 2005 年，增长率 16. 43%；最低增长年度为 2007 年，负增长 12. 08%。此间，江西城镇人均文化消费需求年均增长极显著高于乡村年均增长 11. 81 个百分点，导致江西文化消费需求的城乡比极严重扩大。

2011 年，江西城镇人均文化消费增长 15. 94%，低于“十五”年均增长 7. 09 个百分点，但高于“十一五”年均增长 4. 59 个百分点；乡村人均文化消费增长 11. 98%，高于“十五”年均增长 3. 54 个百分点，也高于“十一五”年均增长 11. 34 个百分点。此时，江西城镇人均值高于乡村，城镇年度增幅高于乡村增幅 3. 96 个百分点，意味着城乡差距扩大。江西文化消费城乡比因此比 2010 年略有扩大 3. 54%，城乡比排序处于 31 个省域里第 18 位。

2. 城乡人均文化消费地区差

2000 ~2011 年江西城乡文化消费与全国地区差变动态势见图 5。

2000 ~2011 年，江西城乡人均文化消费与全国城乡地区差由 1. 1877 扩大

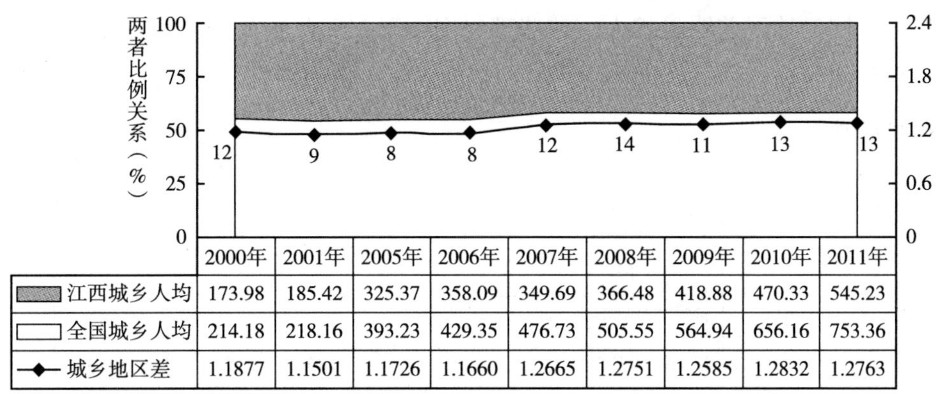

	2000年	2001年	2005年	2006年	2007年	2008年	2009年	2010年	2011年
江西城乡人均	173.98	185.42	325.37	358.09	349.69	366.48	418.88	470.33	545.23
全国城乡人均	214.18	218.16	393.23	429.35	476.73	505.55	564.94	656.16	753.36
城乡地区差	1.1877	1.1501	1.1726	1.1660	1.2665	1.2751	1.2585	1.2832	1.2763

图5　2000 年以来江西城乡人均文化消费与全国地区差变动态势

注：左轴面积为城乡人均文化消费（元转换为%），当地与全国数值年度升降形成直观比例关系；右轴曲线为城乡人均文化消费地区差（无差距=1）。标注地区差年度31省域排序。

至1.2763，在31个省域里排序从第12位下降到第13位。其间，最小地区差为2001年1.1501，最大地区差为2010年1.2832。“十五”以来，江西城乡人均文化消费地区差扩大7.46%，地区差扩减变化状况处于31个省域里第21位。这意味着，江西属于城乡文化消费地区差扩减变化态势较严重的省域之一。

2000~2011年，江西城乡人均文化消费年均增幅较明显低于全国增幅1.17个百分点，江西城乡文化消费需求与全国的地区差明显扩大。

2011年，江西城乡人均文化消费增长高于自身“十五”年均增长2.59个百分点，也高于自身“十一五”年均增长8.28个百分点，同时较明显高于全国增幅1.11个百分点。此时，江西城乡人均值低于全国城乡平均值，增长高于全国意味着地区差距缩小，与全国城乡地区差因此比2010年略有缩小0.54%，地区差排序处于31个省域里第13位。

四　江西城乡文化消费需求景气测评

综合以上分析：“十五”以来江西城乡文化消费总量年均增长较明显低于全国增长，人均值年均增长也较明显低于全国平均增长；“十一五”期间各项比例升降变化状况全面不及“十五”期间；“十五”以来城乡比极严重扩大，同时地区差明显扩大。这些都集中体现在江西城乡文化消费需求景气指数的测评演算中。2000～2011 年江西城乡文化消费需求景气指数变动态势见图 6。

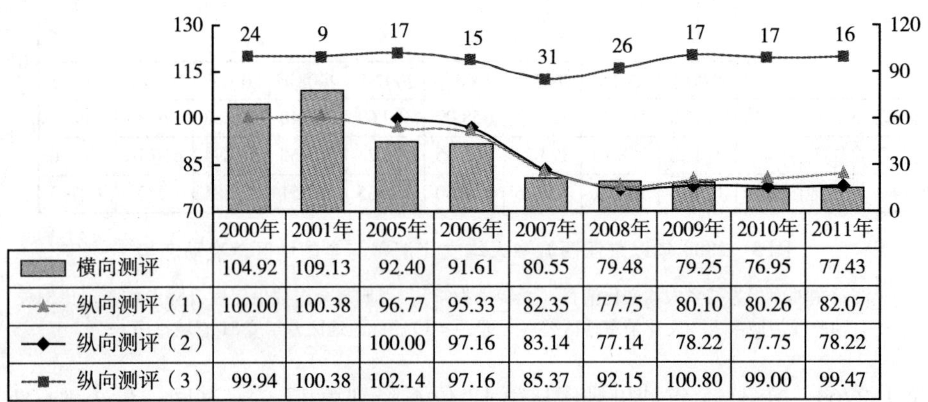

	2000年	2001年	2005年	2006年	2007年	2008年	2009年	2010年	2011年
横向测评	104.92	109.13	92.40	91.61	80.55	79.48	79.25	76.95	77.43
纵向测评（1）	100.00	100.38	96.77	95.33	82.35	77.75	80.10	80.26	82.07
纵向测评（2）			100.00	97.16	83.14	77.14	78.22	77.75	78.22
纵向测评（3）	99.94	100.38	102.14	97.16	85.37	92.15	100.80	99.00	99.47

图 6　2000 年以来江西城乡文化消费需求景气指数变动态势

注：左轴柱形为横向测评（城乡、地区无差异理想值 = 100）；左轴曲线为纵向测评（起点年基数值 = 100），（1）2000 年起点，（2）2005 年起点；右轴曲线为纵向测评（3）上年起点。标注逐年纵向测评全国排行位次，其余测评排行位次省略。

1. 各年度横向测评景气指数

在此项测评中，以全国城乡文化消费总量份额值、人均绝对值、各项比值为基准，并以城乡之间、地区之间实现无差距状态为“理想值”100 来衡量，2011 年江西城乡此项景气指数为 77.43，低于理想值 22.57，同时高于上一年 0.48。各年度对比，江西城乡此项景气指数在 31 个省域里排行，2000 年为第 6 位，2005 年下降为第 9 位，2010 年下降为第 20 位，2011 年比 2010 年下降 1 位。

2. “十五”以来纵向测评景气指数

在此项测评中，以“九五”末年 2000 年为起点基数值 100，2011 年江西城乡此项景气指数为 82.07，低于 2000 年起点基数 17.93，同时高于上一年 1.81。“十五”以来对比，江西城乡此项景气指数在 31 个省域里排行，2001 年为第 9 位，2005 年下降为第 23 位，2010 年下降为第 26 位，2011 年与 2010 年持平。

3. “十一五”以来纵向测评景气指数

以“十五”末年2005年为起点基数值100，2011年江西城乡此项景气指数为78.22，低于2005年起点基数21.78，同时高于上一年0.47。“十一五”以来对比，江西城乡此项景气指数在31个省域里排行，2006年为第15位，2010年下降为第26位，2011年与2010年持平。

4. 逐年度纵向测评景气指数

以上一年2010年为起点基数值100，2011年江西城乡此项景气指数为99.47，低于2010年起点基数0.53。逐年对比，江西城乡此项景气指数在31个省域里排行，2000年为第24位，2005年上升为第17位，2010年与之持平，2011年比2010年上升1位。

Jiangxi: The Steady Growth for Three Successive Years Indicating the Rising Potential

Abstract: In 2011, Jiangxi ranked the 14th in the increase of the total cultural consumption of urban-rural areas and the 12th in the growth of per capita value. Ranking of the boom evaluation: Jiangxi ranked the 21st in the lateral evaluation of the cultural consumption demand of urban-rural areas across the provinces; in its own vertical evaluation, Jiangxi ranked the 26th, the 26th and the 16th during the period of 2000 -2011, 2005 -2011 and 2010 -2011 respectively.

Key Words: Jiangxi's Urban-rural Areas; Cultural Consumption; Boom Evaluation

B.22

湖南：2011 年总量和人均增长远低于全国

摘 要：

2011 年，湖南城乡文化消费总量增长处于第 22 位，人均值增长处于第 22 位。景气评价排行结果：湖南城乡在省域横向测评中，2011 年景气指数处于第 17 位；在自身纵向测评中，2000 ~2011 年景气指数处于第 29 位，2005 ~2011 年景气指数处于第 31 位，2010 ~2011 年景气指数处于第 19 位。

关键词：

湖南城乡　文化消费　景气评价

本文充分展示 2000 ~2011 年间湖南相关各方面的增长态势，全面分析检测湖南城乡文化消费需求状况。

一　湖南城乡文化消费需求增长状况

1. 文化消费总量份额值变化

2000 ~2011 年湖南城乡文化消费总量增长、份额变化态势见图 1。

2000 ~2011 年，湖南城乡文化消费总量从 156. 66 亿元增长至 391. 67 亿元，增加 235. 01 亿元，总增长 150. 01%，年均增长 8. 69%，增长幅度排序处于 31 个省域里第 30 位。其中，“十五”期间总增长 71. 08%，年均增长 11. 34%；“十一五”期间总增长 29. 46%，年均增长 5. 30%。“十一五”年均增长幅度低于“十五”6. 04 个百分点。总量最高增长年度为 2002 年，增长率 24. 91%；最低增长年度为 2008 年，负增长 9. 35%。

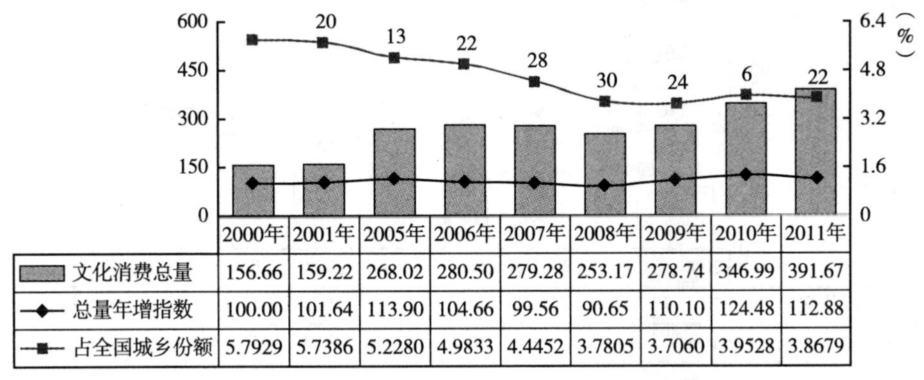

	2000年	2001年	2005年	2006年	2007年	2008年	2009年	2010年	2011年
文化消费总量	156.66	159.22	268.02	280.50	279.28	253.17	278.74	346.99	391.67
总量年增指数	100.00	101.64	113.90	104.66	99.56	90.65	110.10	124.48	112.88
占全国城乡份额	5.7929	5.7386	5.2280	4.9833	4.4452	3.7805	3.7060	3.9528	3.8679

图 1　2000 年以来湖南城乡文化消费总量增长、份额变化态势

注：左轴柱形为城乡文化消费总量（亿元）；左轴曲线为年度（年均）增长指数（上年 = 100），年增指数小于 100 为负增长；右轴曲线为占全国城乡份额（%）。标注年度份额增减 31 省域排序，2000 年起点不计。

同期，全国城乡文化消费总量年均增长 12.75%，湖南年均增幅显著低于全国城乡年均增幅 4.07 个百分点。湖南城乡文化消费总量占全国份额由 5.79% 降低为 3.87%，下降幅度为 33.23%，份额升降变化排序处于 31 个省域里第 30 位。

2011 年，全国城乡文化消费总量增长 15.36%，湖南城乡文化消费总量增长 12.88%，明显低于全国增幅 2.48 个百分点，占全国份额比 2010 年下降 2.15%。同时，湖南总量增长高于自身“十五”年均增长 1.54 个百分点，也高于自身“十一五”年均增长 7.58 个百分点，增长幅度和占全国份额变化排序处于 31 个省域里第 22 位。

2. 文化消费人均绝对值增长

2000 ~2011 年湖南城乡人均文化消费增长、增幅变化态势见图 2。

2000 ~2011 年，湖南城乡人均文化消费从 239.28 元增长至 594.99 元，增加 355.71 元，总增长 148.66%，年均增长 8.63%，增长幅度排序处于 31 个省域里第 27 位。其中，“十五”期间人均值总增长 72.00%，年均增长 11.46%；“十一五”期间人均值总增长 29.94%，年均增长 5.38%。“十一五”年均增长幅度低于“十五”6.08 个百分点。人均值最高增长年度为 2002 年，增长率 24.28%；最低增长年度为 2008 年，负增长 9.62%。

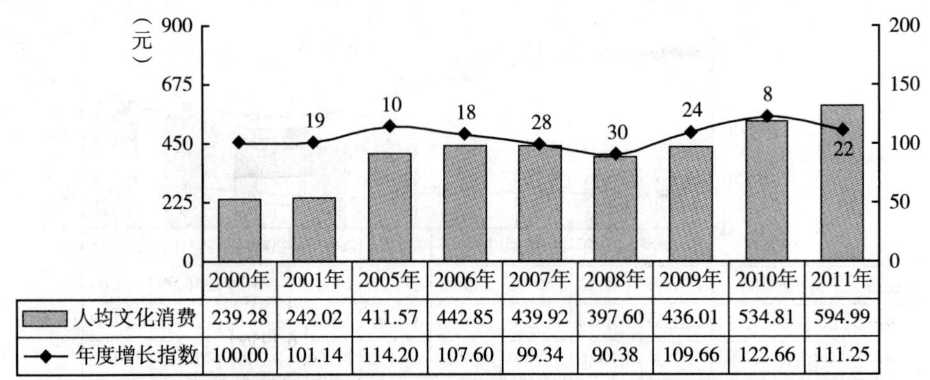

	2000年	2001年	2005年	2006年	2007年	2008年	2009年	2010年	2011年
人均文化消费	239.28	242.02	411.57	442.85	439.92	397.60	436.01	534.81	594.99
年度增长指数	100.00	101.14	114.20	107.60	99.34	90.38	109.66	122.66	111.25

图 2　2000 年以来湖南城乡人均文化消费增长、增幅变化态势

注：左轴柱形为城乡人均文化消费（元）；右轴曲线为年度（年均）增长指数（上年 = 100），年增指数小于 100 为负增长。标注年度增长 31 省域排序，2000 年起点不计。

同期，全国城乡人均文化消费年均增长 12.11%，湖南年均增幅明显低于全国增幅。湖南城乡人均文化消费从全国城乡平均值的 111.72% 降低至 78.98%，人均绝对值在 31 个省域里排序由第 9 位降低到第 14 位。

2011 年，全国城乡人均文化消费增长 14.81%，湖南增长 11.25%，明显低于全国增幅，同时低于自身“十五”年均增长，但高于自身“十一五”年均增长，增长幅度排序处于 31 个省域里第 22 位。

二　湖南城乡文化消费相关背景情况

2000 ~ 2011 年湖南城乡文化消费比例变动态势见图 3。

1. 人均文化消费与人均产值的比例

2000 ~ 2011 年，湖南城乡人均文化消费与人均产值的比例由 4.41% 降低至 1.99%，在 31 个省域里排序从第 2 位下降到第 14 位。“十五”以来，湖南城乡此项比值下降 54.85%，升降变化程度处于 31 个省域里第 30 位。

分阶段来看，湖南城乡此项比值在“十五”期间降低 0.46 个百分点；在“十一五”期间降低 1.78 个百分点。文化消费需求增长与当地省域经济发展之间协调关系变化，在“十五”至“十一五”期间，由略微下降加重为更大幅度的明显下降。其间，最高值为 2002 年 4.47%，最低值为 2011 年 1.99%。

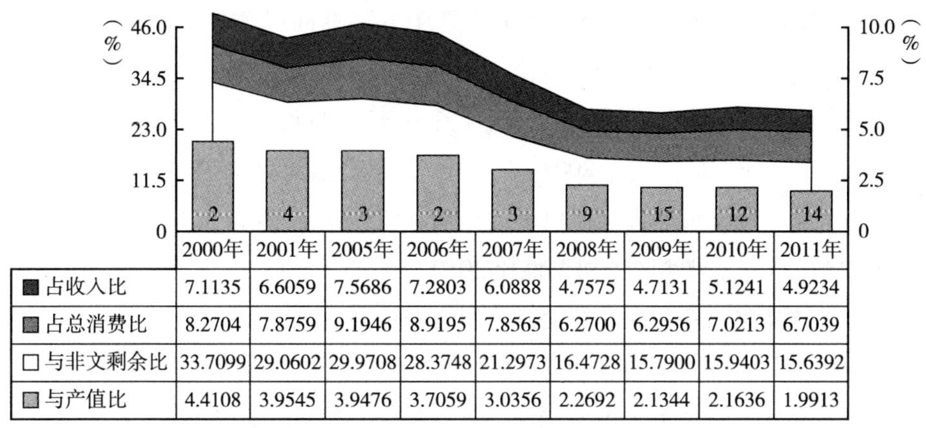

	2000年	2001年	2005年	2006年	2007年	2008年	2009年	2010年	2011年
■ 占收入比	7.1135	6.6059	7.5686	7.2803	6.0888	4.7575	4.7131	5.1241	4.9234
■ 占总消费比	8.2704	7.8759	9.1946	8.9195	7.8565	6.2700	6.2956	7.0213	6.7039
□ 与非文剩余比	33.7099	29.0602	29.9708	28.3748	21.2973	16.4728	15.7900	15.9403	15.6392
■ 与产值比	4.4108	3.9545	3.9476	3.7059	3.0356	2.2692	2.1344	2.1636	1.9913

图 3　2000 年以来湖南城乡文化消费比例变动态势

注：左轴面积为城乡人均文化消费占收入比、占总消费比、与非文消费剩余（图例简称“非文剩余”）比（%），各项比值年度升降形成直观比例叠加；右轴柱形为城乡人均文化消费与产值比（%）。标注与产值比年度 31 省域排序，其余比值排序省略。

2011 年，湖南城乡此项比值降低 0.17 个百分点，降幅为 7.96%，文化消费需求增长与经济发展的协调性比 2010 年略有下降。

2. 人均文化消费占人均收入的比重

2000～2011 年，湖南城乡人均文化消费占人均收入的比重由 7.11% 降低至 4.92%，在 31 个省域里排序从第 3 位下降到第 13 位。“十五”以来，湖南城乡此项比值下降 30.79%，升降变化程度处于 31 个省域里第 30 位。

分阶段来看，湖南城乡此项比值在“十五”期间提高 0.46 个百分点；在“十一五”期间降低 2.44 个百分点。当地居民文化消费需求增长与收入增加之间协调关系变化，在“十五”至“十一五”期间，由略微提升逆转为显著下降。其间，最高值为 2002 年 7.81%，最低值为 2009 年 4.71%。

2011 年，湖南城乡此项比值降低 0.20 个百分点，降幅为 3.92%，文化消费需求增长与收入增加的协调性比 2010 年较明显下降。

3. 人均文化消费占人均总消费的比重

2000～2011 年，湖南城乡人均文化消费占人均总消费的比重由 8.27% 降低至 6.70%，在 31 个省域里排序从第 5 位下降到第 17 位。“十五”以来，湖南城乡此项比值下降 18.94%，升降变化程度处于 31 个省域里第 25 位。

分阶段来看，湖南城乡此项比值在“十五”期间提高 0.92 个百分点；在“十一五”期间降低 2.17 个百分点。当地居民文化消费需求增长与总消费增加之间协调关系变化，在“十五”至“十一五”期间，由较明显提升逆转为显著下降。其间，最高值为 2003 年 9.55%，最低值为 2008 年 6.27%。

2011 年，湖南城乡此项比值降低 0.32 个百分点，降幅为 4.52%，文化消费需求增长与总消费增加的协调性比 2010 年较明显下降。

4. 人均文化消费与人均非文消费剩余的比例

2000~2011 年，湖南城乡人均文化消费与人均非文消费剩余的比例由 33.71% 降低至 15.64%，在 31 个省域里排序从第 1 位下降到第 14 位。“十五”以来，湖南城乡此项比值下降 53.61%，升降变化程度处于 31 个省域里第 30 位。

分阶段来看，湖南城乡此项比值在“十五”期间降低 3.74 个百分点；在“十一五”期间降低 14.03 个百分点。当地居民文化消费需求增长与“必需消费”之外“余钱”增多之间协调关系变化，在“十五”至“十一五”期间，由明显下降加重为更大幅度的极显著下降。其间，最高值为 2000 年 33.71%，最低值为 2011 年 15.64%。

2011 年，湖南城乡此项比值降低 0.30 个百分点，降幅为 1.89%，文化消费需求增长与“必需消费”之外“余钱”增多的协调性比 2010 年较明显下降。

三 湖南文化消费城乡、区域协调状况

1. 人均文化消费城乡比

2000~2011 年湖南人均文化消费城乡比变动态势见图 4。

2000~2011 年，湖南人均文化消费城乡比由 1.2600 扩大至 2.5943，在 31 个省域里排序从第 11 位下降到第 20 位。其间，最小城乡比为 2001 年 1.1067，最大城乡比为 2011 年 2.5943。“十五”以来，湖南人均文化消费城乡比扩大 105.89%，城乡比扩减变化状况处于 31 个省域里第 21 位。这意味着，湖南属于文化消费城乡比扩减变化态势很严重的省域之一。

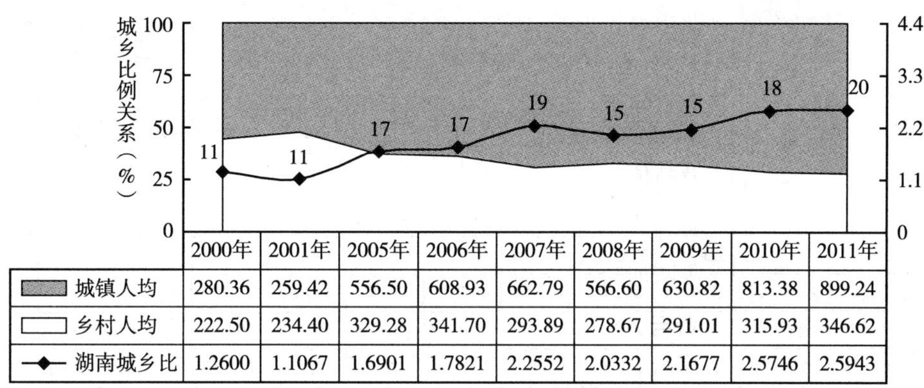

	2000年	2001年	2005年	2006年	2007年	2008年	2009年	2010年	2011年
城镇人均	280.36	259.42	556.50	608.93	662.79	566.60	630.82	813.38	899.24
乡村人均	222.50	234.40	329.28	341.70	293.89	278.67	291.01	315.93	346.62
湖南城乡比	1.2600	1.1067	1.6901	1.7821	2.2552	2.0332	2.1677	2.5746	2.5943

图 4　2000 年以来湖南人均文化消费城乡比变动态势

注：左轴面积为城镇、乡村人均文化消费（元转换为%），城乡间年度升降形成直观比例关系；右轴曲线为人均文化消费城乡比（乡村 =1）。标注城乡比年度 31 省域排序。

同期，湖南城镇人均文化消费从 280. 36 元增长至 899. 24 元，增加 618. 88 元，总增长 220. 74%，年均增长 11. 18%。城镇人均值最高增长年度为 2002 年，增长率 58. 99%；最低增长年度为 2008 年，负增长 14. 51%。乡村人均文化消费从 222. 50 元增长至 346. 62 元，增加 124. 12 元，总增长 55. 78%，年均增长 4. 11%。乡村人均值最高增长年度为 2005 年，增长率 17. 62%；最低增长年度为 2007 年，负增长 13. 99%。此间，湖南城镇人均文化消费需求年均增长极显著高于乡村年均增长 7. 06 个百分点，导致湖南文化消费需求的城乡比严重扩大。

2011 年，湖南城镇人均文化消费增长 10. 56%，低于“十五”年均增长 4. 14 个百分点，但高于“十一五”年均增长 2. 67 个百分点；乡村人均文化消费增长 9. 71%，高于“十五”年均增长 1. 56 个百分点，也高于“十一五”年均增长 10. 54 个百分点。此时，湖南城镇人均值高于乡村，城镇年度增幅高于乡村增幅 0. 84 个百分点，意味着城乡差距扩大。湖南文化消费城乡比因此比 2010 年略有扩大 0. 77%，城乡比排序处于 31 个省域里第 20 位。

2. 城乡人均文化消费地区差

2000 ~2011 年湖南城乡文化消费与全国地区差变动态势见图 5。

2000 ~2011 年，湖南城乡人均文化消费与全国城乡地区差由 1. 1172 扩大

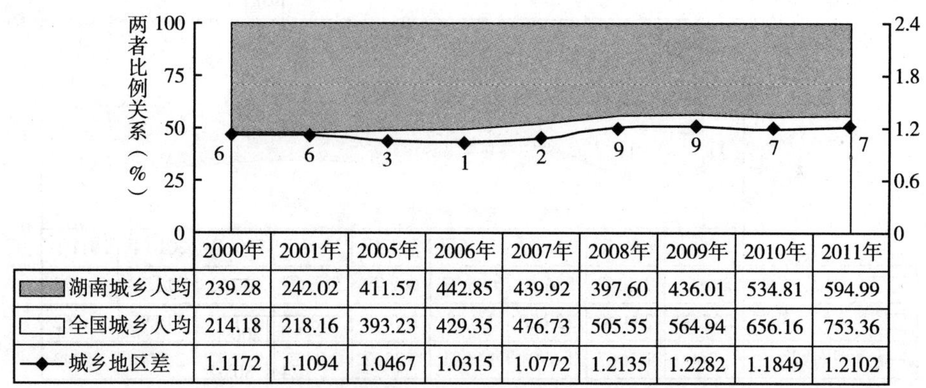

	2000年	2001年	2005年	2006年	2007年	2008年	2009年	2010年	2011年
湖南城乡人均	239.28	242.02	411.57	442.85	439.92	397.60	436.01	534.81	594.99
全国城乡人均	214.18	218.16	393.23	429.35	476.73	505.55	564.94	656.16	753.36
城乡地区差	1.1172	1.1094	1.0467	1.0315	1.0772	1.2135	1.2282	1.1849	1.2102

图5　2000年以来湖南城乡人均文化消费与全国地区差变动态势

注：左轴面积为城乡人均文化消费（元转换为%），当地与全国数值年度升降形成直观比例关系；右轴曲线为城乡人均文化消费地区差（无差距=1）。标注地区差年度31省域排序。

至1.2102，在31个省域里排序从第6位下降到第7位。其间，最小地区差为2004年1.0287，最大地区差为2009年1.2282。“十五”以来，湖南城乡人均文化消费地区差扩大8.33%，地区差扩减变化状况处于31个省域里第22位。这意味着，湖南属于城乡文化消费地区差扩减变化态势较严重的省域之一。

2000~2011年，湖南城乡人均文化消费年均增幅明显低于全国增幅3.48个百分点，湖南城乡文化消费需求与全国的地区差明显扩大。

2011年，湖南城乡人均文化消费增长低于自身“十五”年均增长0.20个百分点，但高于自身“十一五”年均增长5.87个百分点，同时明显低于全国增幅3.56个百分点。此时，湖南城乡人均值低于全国城乡平均值，增长低于全国意味着地区差距扩大，与全国城乡地区差因此比2010年较明显扩大2.13%，地区差排序处于31个省域里第7位。

四　湖南城乡文化消费需求景气测评

综合以上分析：“十五”以来湖南城乡文化消费总量年均增长显著低于全国增长，人均值年均增长也明显低于全国平均增长；“十一五”期间各项比例升降变化状况全面不及“十五”期间；“十五”以来城乡比严重扩大，同时地区差明显扩大。这些都集中体现在湖南城乡文化消费需求景气指数的

测评演算中。2000～2011 年湖南城乡文化消费需求景气指数变动态势见图 6。

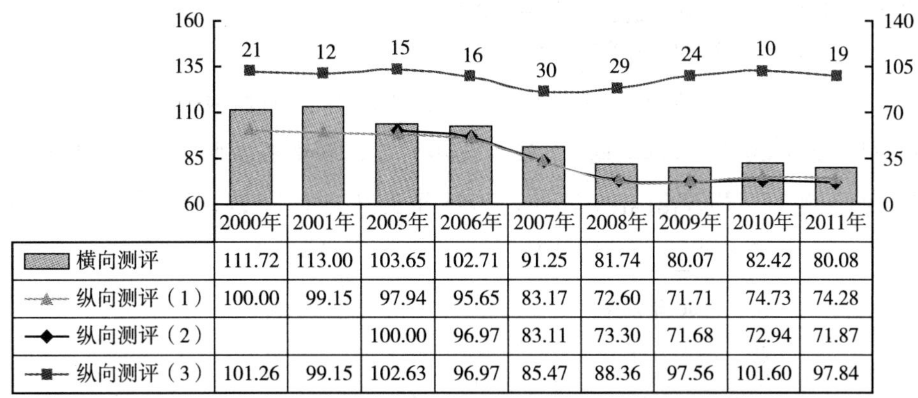

	2000年	2001年	2005年	2006年	2007年	2008年	2009年	2010年	2011年
横向测评	111.72	113.00	103.65	102.71	91.25	81.74	80.07	82.42	80.08
纵向测评（1）	100.00	99.15	97.94	95.65	83.17	72.60	71.71	74.73	74.28
纵向测评（2）			100.00	96.97	83.11	73.30	71.68	72.94	71.87
纵向测评（3）	101.26	99.15	102.63	96.97	85.47	88.36	97.56	101.60	97.84

图 6　2000 年以来湖南城乡文化消费需求景气指数变动态势

注：左轴柱形为横向测评（城乡、地区无差异理想值＝100）；左轴曲线为纵向测评（起点年基数值＝100），（1）2000 年起点，（2）2005 年起点；右轴曲线为纵向测评（3）上年起点。标注逐年纵向测评全国排行位次，其余测评排行位次省略。

1. 各年度横向测评景气指数

在此项测评中，以全国城乡文化消费总量份额值、人均绝对值、各项比值为基准，并以城乡之间、地区之间实现无差距状态为“理想值”100 来衡量，2011 年湖南城乡此项景气指数为 80.08，低于理想值 19.92，同时低于上一年 2.34。各年度对比，湖南城乡此项景气指数在 31 个省域里排行，2000 年为第 2 位，2005 年与之持平，2010 年下降为第 15 位，2011 年比 2010 年下降 2 位。

2. “十五”以来纵向测评景气指数

在此项测评中，以“九五”末年 2000 年为起点基数值 100，2011 年湖南城乡此项景气指数为 74.28，低于 2000 年起点基数 25.72，同时低于上一年 0.45。“十五”以来对比，湖南城乡此项景气指数在 31 个省域里排行，2001 年为第 12 位，2005 年下降为第 21 位，2010 年下降为第 29 位，2011 年与 2010 年持平。

3. “十一五”以来纵向测评景气指数

以“十五”末年 2005 年为起点基数值 100，2011 年湖南城乡此项景气指数为71.87，低于2005年起点基数28.13，同时低于上一年1.06。“十一五”以来对比，湖南城乡此项景气指数在31个省域里排行，2006年为第16位，2010年下降为第29位，2011年比2010年下降2位。

4. 逐年度纵向测评景气指数

以上一年2010年为起点基数值100，2011年湖南城乡此项景气指数为97.84，低于2010年起点基数2.16。逐年对比，湖南城乡此项景气指数在31个省域里排行，2000年为第21位，2005年上升为第15位，2010年上升为第10位，2011年比2010年下降9位。

Hunan: The Total Value and the Per Capita Growth was Far Below the National Average in 2011

Abstract: In 2011, Hunan ranked the 22nd in the increase of the total cultural consumption of urban-rural areas and the 22nd in the growth of per capita value. Ranking of the boom evaluation: Hunan ranked the 17th in the lateral evaluation of the cultural consumption demand of urban-rural areas across the provinces; in its own vertical evaluation, Hunan ranked the 29th, the 31st and the 19th during the period of 2000 -2011, 2005 -2011 and 2010 -2011 respectively.

Key Words: Hunan's Urban-rural Areas; Cultural Consumption; Boom Evaluation

西部地区

The West Regions

𝔹.23 内蒙古：2011年度城乡景气提升至第3位

摘　要：

2011年，内蒙古城乡文化消费总量增长处于第11位，人均值增长处于第9位。景气评价排行结果：内蒙古城乡在省域横向测评中，2011年景气指数处于第5位；在自身纵向测评中，2000~2011年景气指数处于第17位，2005~2011年景气指数处于第10位，2010~2011年景气指数处于第3位。

关键词：

内蒙古城乡　文化消费　景气评价

本文充分展示2000~2011年间内蒙古相关各方面的增长态势，全面分析检测内蒙古城乡文化消费需求状况。

一　内蒙古城乡文化消费需求增长状况

1. 文化消费总量份额值变化

2000~2011年内蒙古城乡文化消费总量增长、份额变化态势见图1。

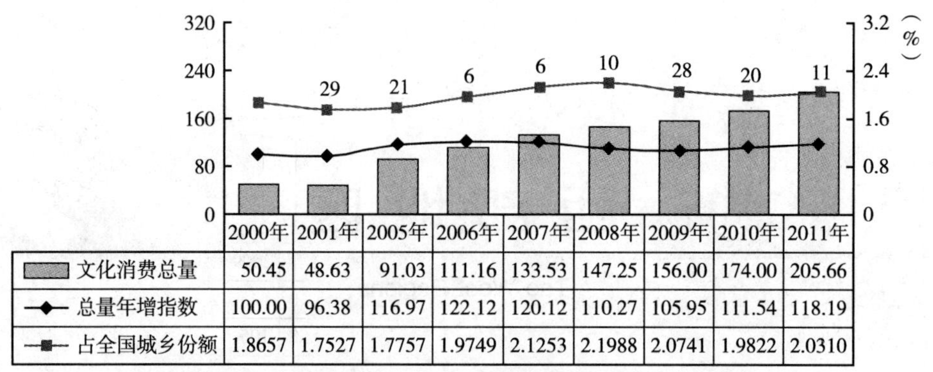

	2000年	2001年	2005年	2006年	2007年	2008年	2009年	2010年	2011年
文化消费总量	50.45	48.63	91.03	111.16	133.53	147.25	156.00	174.00	205.66
总量年增指数	100.00	96.38	116.97	122.12	120.12	110.27	105.95	111.54	118.19
占全国城乡份额	1.8657	1.7527	1.7757	1.9749	2.1253	2.1988	2.0741	1.9822	2.0310

图1　2000年以来内蒙古城乡文化消费总量增长、份额变化态势

注：左轴柱形为城乡文化消费总量（亿元）；左轴曲线为年度（年均）增长指数（上年=100），年增指数小于100为负增长；右轴曲线为占全国城乡份额（%）。标注年度份额增减31省域排序，2000年起点不计。

2000～2011年，内蒙古城乡文化消费总量从50.45亿元增长至205.66亿元，增加155.21亿元，总增长307.65%，年均增长13.63%，增长幅度排序处于31个省域里第9位。其中，“十五”期间总增长80.43%，年均增长12.53%；“十一五”期间总增长91.15%，年均增长13.83%。“十一五”年均增长幅度高于“十五”1.30个百分点。总量最高增长年度为2002年，增长率22.43%；最低增长年度为2001年，负增长3.62%。

同期，全国城乡文化消费总量年均增长12.75%，内蒙古年均增幅略微高于全国城乡年均增幅0.87个百分点。内蒙古城乡文化消费总量占全国份额由1.87%升高为2.03%，上升幅度为8.86%，份额升降变化排序处于31个省域里第9位。

2011年，全国城乡文化消费总量增长15.36%，内蒙古城乡文化消费总量增长18.19%，明显高于全国增幅2.84个百分点，占全国份额比2010年上升2.46%。同时，内蒙古总量增长高于自身“十五”年均增长5.66个百分点，也高于自身“十一五”年均增长4.36个百分点，增长幅度和占全国份额变化排序处于31个省域里第11位。

2. 文化消费人均绝对值增长

2000～2011年内蒙古城乡人均文化消费增长、增幅变化态势见图2。

2000～2011年，内蒙古城乡人均文化消费从213.16元增长至830.29

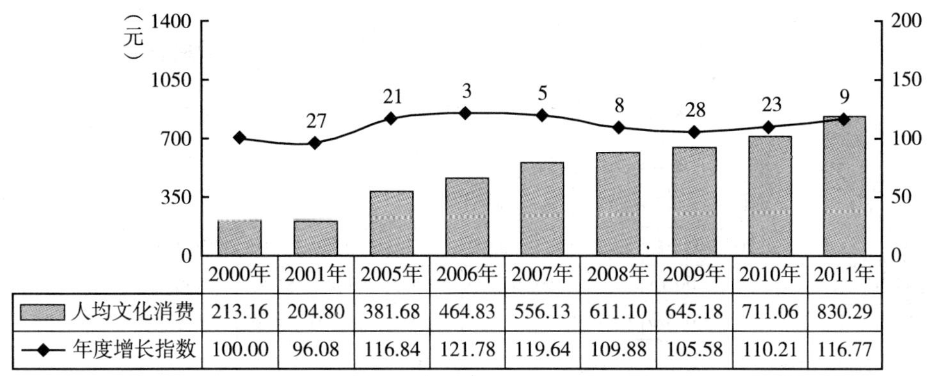

	2000年	2001年	2005年	2006年	2007年	2008年	2009年	2010年	2011年
人均文化消费	213.16	204.80	381.68	464.83	556.13	611.10	645.18	711.06	830.29
年度增长指数	100.00	96.08	116.84	121.78	119.64	109.88	105.58	110.21	116.77

图 2　2000 年以来内蒙古城乡人均文化消费增长、增幅变化态势

注：左轴柱形为城乡人均文化消费（元）；右轴曲线为年度（年均）增长指数（上年 = 100），年增指数小于 100 为负增长。标注年度增长 31 省域排序，2000 年起点不计。

元，增加 617.13 元，总增长 289.51%，年均增长 13.16%，增长幅度排序处于 31 个省域里第 3 位。其中，“十五”期间人均值总增长 79.06%，年均增长 12.36%；“十一五”期间人均值总增长 86.30%，年均增长 13.25%。“十一五”年均增长幅度高于“十五”0.89 个百分点。人均值最高增长年度为 2002 年，增长率 22.25%；最低增长年度为 2001 年，负增长 3.92%。

同期，全国城乡人均文化消费年均增长 12.11%，内蒙古年均增幅较明显高于全国增幅。内蒙古城乡人均文化消费从全国城乡平均值的 99.52% 提高至 110.21%，人均绝对值在 31 个省域里排序由第 10 位提高到第 8 位。

2011 年，全国城乡人均文化消费增长 14.81%，内蒙古增长 16.77%，较明显高于全国增幅，同时高于自身“十五”年均增长，也高于自身“十一五”年均增长，增长幅度排序处于 31 个省域里第 9 位。

二　内蒙古城乡文化消费相关背景情况

2000 ~ 2011 年内蒙古城乡文化消费比例变动态势见图 3。

1. 人均文化消费与人均产值的比例

2000 ~ 2011 年，内蒙古城乡人均文化消费与人均产值的比例由 3.28% 降

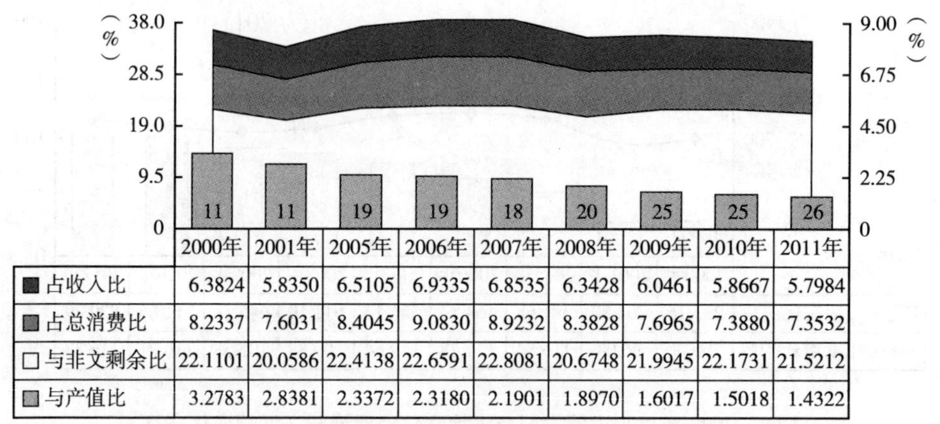

	2000年	2001年	2005年	2006年	2007年	2008年	2009年	2010年	2011年
占收入比	6.3824	5.8350	6.5105	6.9335	6.8535	6.3428	6.0461	5.8667	5.7984
占总消费比	8.2337	7.6031	8.4045	9.0830	8.9232	8.3828	7.6965	7.3880	7.3532
与非文剩余比	22.1101	20.0586	22.4138	22.6591	22.8081	20.6748	21.9945	22.1731	21.5212
与产值比	3.2783	2.8381	2.3372	2.3180	2.1901	1.8970	1.6017	1.5018	1.4322

图3　2000年以来内蒙古城乡文化消费比例变动态势

注：左轴面积为城乡人均文化消费占收入比、占总消费比、与非文消费剩余（图例简称“非文剩余”）比（%），各项比值年度升降形成直观比例叠加；右轴柱形为城乡人均文化消费与产值比（%）。标注与产值比年度31省域排序，其余比值排序省略。

低至1.43%，在31个省域里排序从第11位下降到第26位。“十五”以来，内蒙古城乡此项比值下降56.31%，升降变化程度处于31个省域里第31位。

分阶段来看，内蒙古城乡此项比值在“十五”期间降低0.94个百分点；在“十一五”期间降低0.84个百分点。文化消费需求增长与当地省域经济发展之间协调关系变化，在“十五”至“十一五”期间，延续保持较明显下降。其间，最高值为2000年3.28%，最低值为2011年1.43%。

2011年，内蒙古城乡此项比值降低0.07个百分点，降幅为4.64%，文化消费需求增长与经济发展的协调性比2010年略有下降。

2. 人均文化消费占人均收入的比重

2000～2011年，内蒙古城乡人均文化消费占人均收入的比重由6.38%降低至5.80%，由于其他省域此项比值降低更加明显，内蒙古在31个省域里排序从第7位上升到第6位。“十五”以来，内蒙古城乡此项比值下降9.15%，升降变化程度处于31个省域里第12位。

分阶段来看，内蒙古城乡此项比值在“十五”期间提高0.13个百分点；在“十一五”期间降低0.64个百分点。当地居民文化消费需求增长与收入增加之间协调关系变化，在“十五”至“十一五”期间，由略微提升逆转为较

明显下降。其间，最高值为 2006 年 6.93%，最低值为 2011 年 5.80%。

2011 年，内蒙古城乡此项比值降低 0.07 个百分点，降幅为 1.16%，文化消费需求增长与收入增加的协调性比 2010 年略有下降。

3. 人均文化消费占人均总消费的比重

2000～2011 年，内蒙古城乡人均文化消费占人均总消费的比重由 8.23% 降低至 7.35%，在 31 个省域里排序从第 6 位下降到第 8 位。“十五”以来，内蒙古城乡此项比值下降 10.69%，升降变化程度处于 31 个省域里第 18 位。

分阶段来看，内蒙古城乡此项比值在“十五”期间提高 0.17 个百分点；在“十一五”期间降低 1.02 个百分点。当地居民文化消费需求增长与总消费增加之间协调关系变化，在“十五”至“十一五”期间，由略微提升逆转为明显下降。其间，最高值为 2006 年 9.08%，最低值为 2011 年 7.35%。

2011 年，内蒙古城乡此项比值降低 0.03 个百分点，降幅为 0.47%，文化消费需求增长与总消费增加的协调性比 2010 年略有下降。

4. 人均文化消费与人均非文消费剩余的比例

2000～2011 年，内蒙古城乡人均文化消费与人均非文消费剩余的比例由 22.11% 降低至 21.52%，由于其他省域此项比值降低更加明显，内蒙古在 31 个省域里排序从第 11 位上升到第 3 位。“十五”以来，内蒙古城乡此项比值下降 2.66%，升降变化程度处于 31 个省域里第 3 位。

分阶段来看，内蒙古城乡此项比值在“十五”期间提高 0.30 个百分点；在“十一五”期间降低 0.24 个百分点。当地居民文化消费需求增长与“必需消费”之外“余钱”增多之间协调关系变化，在“十五”至“十一五”期间，由略微提升逆转为略微下降。其间，最高值为 2002 年 24.53%，最低值为 2001 年 20.06%。

2011 年，内蒙古城乡此项比值降低 0.65 个百分点，降幅为 2.94%，文化消费需求增长与“必需消费”之外“余钱”增多的协调性比 2010 年显著下降。

三　内蒙古文化消费城乡、区域协调状况

1. 人均文化消费城乡比

2000～2011 年内蒙古人均文化消费城乡比变动态势见图 4。

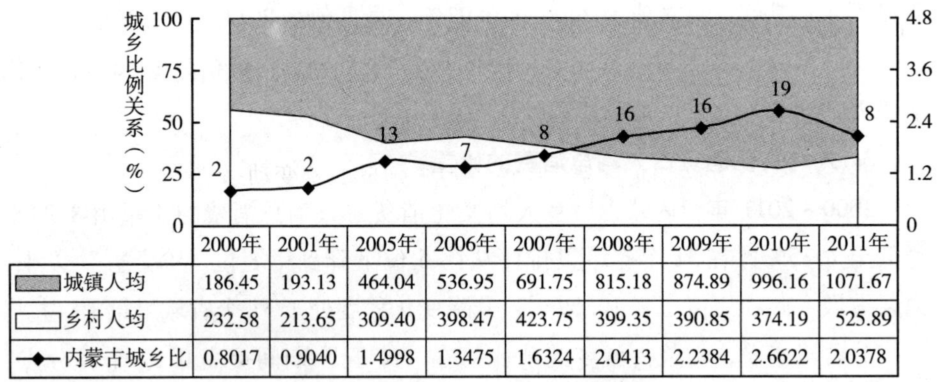

	2000年	2001年	2005年	2006年	2007年	2008年	2009年	2010年	2011年
城镇人均	186.45	193.13	464.04	536.95	691.75	815.18	874.89	996.16	1071.67
乡村人均	232.58	213.65	309.40	398.47	423.75	399.35	390.85	374.19	525.89
内蒙古城乡比	0.8017	0.9040	1.4998	1.3475	1.6324	2.0413	2.2384	2.6622	2.0378

图4　2000年以来内蒙古人均文化消费城乡比变动态势

注：左轴面积为城镇、乡村人均文化消费（元转换为%），城乡间年度升降形成直观比例关系；右轴曲线为人均文化消费城乡比（乡村=1），城乡比小于1为“城乡倒挂”，即城镇人均数值低于乡村。标注城乡比年度31省域排序。

2000~2011年，内蒙古人均文化消费城乡比由0.8017扩大至2.0378，在31个省域里排序从第2位下降到第8位。其间，最小城乡比为2000年0.8017，最大城乡比为2010年2.6622。“十五”以来，内蒙古人均文化消费城乡比扩大154.20%，城乡比扩减变化状况处于31个省域里第26位。这意味着，内蒙古属于文化消费城乡比扩减变化态势很严重的省域之一。

同期，内蒙古城镇人均文化消费从186.45元增长至1071.67元，增加885.22元，总增长474.78%，年均增长17.23%。城镇人均值最高增长年度为2002年，增长率43.28%；最低增长年度为2001年，增长率3.58%。乡村人均文化消费从232.58元增长至525.89元，增加293.31元，总增长126.11%，年均增长7.70%。乡村人均值最高增长年度为2011年，增长率40.54%；最低增长年度为2001年，负增长8.14%。此间，内蒙古城镇人均文化消费需求年均增长极显著高于乡村年均增长9.53个百分点，导致内蒙古文化消费需求的城乡比极严重扩大。

2011年，内蒙古城镇人均文化消费增长7.58%，低于“十五”年均增长12.42个百分点，也低于“十一五”年均增长8.93个百分点；乡村人均文化消费增长40.54%，高于“十五”年均增长34.67个百分点，也高于“十一五”年均增长36.67个百分点。此时，内蒙古城镇人均值高于乡村，城镇年度

增幅低于乡村增幅 32.96 个百分点，意味着城乡差距缩小。内蒙古文化消费城乡比因此比 2010 年迅速缩小 23.45%，城乡比排序处于 31 个省域里第 8 位。

2. 城乡人均文化消费地区差

2000 ~2011 年内蒙古城乡文化消费与全国地区差变动态势见图 5。

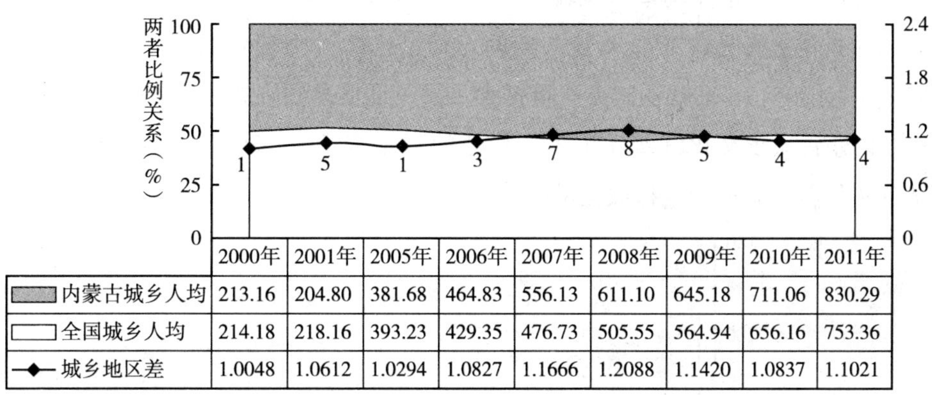

	2000年	2001年	2005年	2006年	2007年	2008年	2009年	2010年	2011年
内蒙古城乡人均	213.16	204.80	381.68	464.83	556.13	611.10	645.18	711.06	830.29
全国城乡人均	214.18	218.16	393.23	429.35	476.73	505.55	564.94	656.16	753.36
城乡地区差	1.0048	1.0612	1.0294	1.0827	1.1666	1.2088	1.1420	1.0837	1.1021

图 5　2000 年以来内蒙古城乡人均文化消费与全国地区差变动态势

注：左轴面积为城乡人均文化消费（元转换为%），当地与全国数值年度升降形成直观比例关系；右轴曲线为城乡人均文化消费地区差（无差距 =1）。标注地区差年度 31 省域排序。

2000 ~2011 年，内蒙古城乡人均文化消费与全国城乡地区差由 1.0048 扩大至 1.1021，在 31 个省域里排序从第 1 位下降到第 4 位。其间，最小地区差为 2000 年 1.0048，最大地区差为 2008 年 1.2088。“十五”以来，内蒙古城乡人均文化消费地区差扩大 9.69%，地区差扩减变化状况处于 31 个省域里第 24 位。这意味着，内蒙古属于城乡文化消费地区差扩减变化态势较严重的省域之一。

2000 ~2011 年，内蒙古城乡人均文化消费年均增幅较明显高于全国增幅 1.04 个百分点，内蒙古城乡文化消费需求与全国的地区差明显扩大。

2011 年，内蒙古城乡人均文化消费增长高于自身“十五”年均增长 4.41 个百分点，也高于自身“十一五”年均增长 3.52 个百分点，同时较明显高于全国增幅 1.95 个百分点。此时，内蒙古城乡人均值高于全国城乡平均值，增长高于全国意味着地区差距扩大，与全国城乡地区差因此比 2010 年较明显扩大 1.70%，地区差排序处于 31 个省域里第 4 位。

四　内蒙古城乡文化消费需求景气测评

综合以上分析："十五"以来内蒙古城乡文化消费总量年均增长略微高于全国增长，人均值年均增长也较明显高于全国平均增长；"十一五"期间与产值比升降变化状况好于"十五"期间，其余比例升降变化状况不及"十五"期间；"十五"以来城乡比极严重扩大，同时地区差明显扩大。这些都集中体现在内蒙古城乡文化消费需求景气指数的测评演算中。2000～2011 年内蒙古城乡文化消费需求景气指数变动态势见图 6。

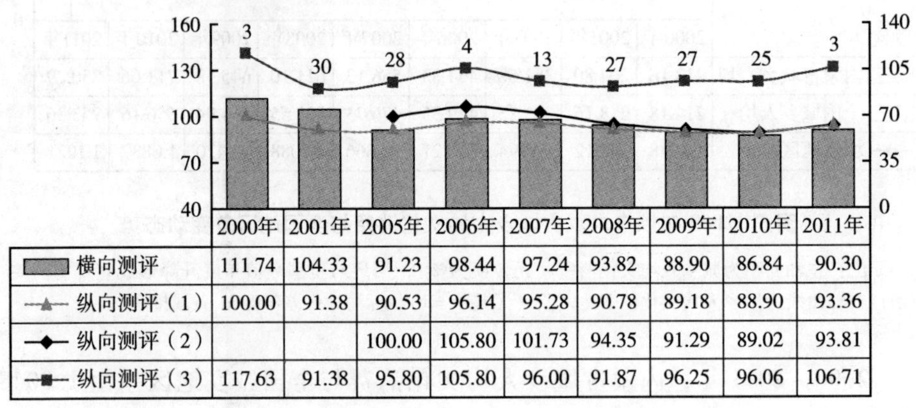

	2000年	2001年	2005年	2006年	2007年	2008年	2009年	2010年	2011年
横向测评	111.74	104.33	91.23	98.44	97.24	93.82	88.90	86.84	90.30
纵向测评（1）	100.00	91.38	90.53	96.14	95.28	90.78	89.18	88.90	93.36
纵向测评（2）			100.00	105.80	101.73	94.35	91.29	89.02	93.81
纵向测评（3）	117.63	91.38	95.80	105.80	96.00	91.87	96.25	96.06	106.71

图 6　2000 年以来内蒙古城乡文化消费需求景气指数变动态势

注：左轴柱形为横向测评（城乡、地区无差异理想值 =100）；左轴曲线为纵向测评（起点年基数值 =100），（1）2000 年起点，（2）2005 年起点；右轴曲线为纵向测评（3）上年起点。标注逐年纵向测评全国排行位次，其余测评排行位次省略。

1. 各年度横向测评景气指数

在此项测评中，以全国城乡文化消费总量份额值、人均绝对值、各项比值为基准，并以城乡之间、地区之间实现无差距状态为"理想值"100 来衡量，2011 年内蒙古城乡此项景气指数为 90.30，低于理想值 9.70，同时高于上一年 3.45。各年度对比，内蒙古城乡此项景气指数在 31 个省域里排行，2000 年为第 1 位，2005 年下降为第 11 位，2010 年上升为第 10 位，2011 年比 2010 年上升 5 位。

2. "十五"以来纵向测评景气指数

在此项测评中，以"九五"末年 2000 年为起点基数值 100，2011 年内蒙

古城乡此项景气指数为 93.36，低于 2000 年起点基数 6.64，同时高于上一年 4.46。“十五”以来对比，内蒙古城乡此项景气指数在 31 个省域里排行，2001 年为第 30 位，2005 年上升为第 26 位，2010 年上升为第 21 位，2011 年比 2010 年上升 4 位。

3.“十一五”以来纵向测评景气指数

以“十五”末年 2005 年为起点基数值 100，2011 年内蒙古城乡此项景气指数为 93.81，低于 2005 年起点基数 6.19，同时高于上一年 4.79。“十一五”以来对比，内蒙古城乡此项景气指数在 31 个省域里排行，2006 年为第 4 位，2010 年下降为第 18 位，2011 年比 2010 年上升 8 位。

4. 逐年度纵向测评景气指数

以上一年 2010 年为起点基数值 100，2011 年内蒙古城乡此项景气指数为 106.71，高于 2010 年起点基数 6.71。逐年对比，内蒙古城乡此项景气指数在 31 个省域里排行，2000 年为第 3 位，2005 年下降为第 28 位，2010 年上升为第 25 位，2011 年比 2010 年上升 22 位。

Inner Mongolia: The Urban-Rural Boom Ranking Upgraded to the Third in 2011

Abstract: In 2011, Inner Mongolia ranked the 11th in the increase of the total cultural consumption of urban-rural areas and the 9th in the growth of per capita value. Ranking of the boom evaluation: Inner Mongolia ranked the 5th in the lateral evaluation of the cultural consumption demand of urban-rural areas across the provinces; in its own vertical evaluation, Inner Mongolia ranked the 17th, the 10th and the 3rd during the period of 2000 - 2011, 2005 - 2011 and 2010 - 2011 respectively.

Key Words: Inner Mongolia's Urban-rural Areas; Cultural Consumption; Boom Evaluation

B.24

陕西：20 年以来城乡景气提升至第 3 位

摘　要：

2011 年，陕西城乡文化消费总量增长处于第 24 位，人均值增长处于第 19 位。景气评价排行结果：陕西城乡在省域横向测评中，2011 年景气指数处于第 4 位；在自身纵向测评中，2000 ~ 2011 年景气指数处于第 23 位，2005 ~ 2011 年景气指数处于第 20 位，2010 ~ 2011 年景气指数处于第 26 位。

关键词：

陕西城乡　文化消费　景气评价

陕西处于 1991 ~ 2011 年城乡景气提升第 3 位，详见本书排行报告，本文限于展示 2000 ~ 2011 年间陕西相关各方面的增长态势。

一　陕西城乡文化消费需求增长状况

1. 文化消费总量份额值变化

2000 ~ 2011 年陕西城乡文化消费总量增长、份额变化态势见图 1。

2000 ~ 2011 年，陕西城乡文化消费总量从 71. 69 亿元增长至 251. 63 亿元，增加 179. 94 亿元，总增长 251. 00%，年均增长 12. 09%，增长幅度排序处于 31 个省域里第 16 位。其中，“十五”期间总增长 69. 72%，年均增长 11. 16%；“十一五”期间总增长 83. 66%，年均增长 12. 93%。“十一五”年均增长幅度高于“十五”1. 77 个百分点。总量最高增长年度为 2002 年，增长率 28. 05%；最低增长年度为 2001 年，增长率 5. 93%。

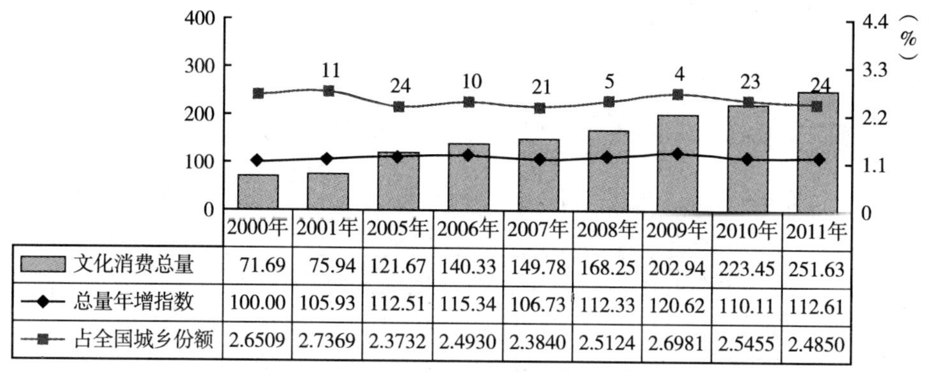

	2000年	2001年	2005年	2006年	2007年	2008年	2009年	2010年	2011年
文化消费总量	71.69	75.94	121.67	140.33	149.78	168.25	202.94	223.45	251.63
总量年增指数	100.00	105.93	112.51	115.34	106.73	112.33	120.62	110.11	112.61
占全国城乡份额	2.6509	2.7369	2.3732	2.4930	2.3840	2.5124	2.6981	2.5455	2.4850

图 1　2000 年以来陕西城乡文化消费总量增长、份额变化态势

注：左轴柱形为城乡文化消费总量（亿元）；左轴曲线为年度（年均）增长指数（上年 = 100）；右轴曲线为占全国城乡份额（%）。标注年度份额增减 31 省域排序，2000 年起点不计。

同期，全国城乡文化消费总量年均增长 12.75%，陕西年均增幅略微低于全国城乡年均增幅 0.66 个百分点。陕西城乡文化消费总量占全国份额由 2.65% 降低为 2.48%，下降幅度为 6.26%，份额升降变化排序处于 31 个省域里第 16 位。

2011 年，全国城乡文化消费总量增长 15.36%，陕西城乡文化消费总量增长 12.61%，明显低于全国增幅 2.75 个百分点，占全国份额比 2010 年下降 2.38%。同时，陕西总量增长高于自身“十五”年均增长 1.45 个百分点，但低于自身“十一五”年均增长 0.31 个百分点，增长幅度和占全国份额变化排序处于 31 个省域里第 24 位。

2. 文化消费人均绝对值增长

2000 ~2011 年陕西城乡人均文化消费增长、增幅变化态势见图 2。

2000 ~2011 年，陕西城乡人均文化消费从 197.43 元增长至 673.01 元，增加 475.58 元，总增长 240.89%，年均增长 11.79%，增长幅度排序处于 31 个省域里第 14 位。其中，“十五”期间人均值总增长 65.99%，年均增长 10.67%；“十一五”期间人均值总增长 81.64%，年均增长 12.68%。“十一五”年均增长幅度高于“十五”2.01 个百分点。人均值最高增长年度为 2002 年，增长率 27.52%；最低增长年度为 2001 年，增长率 5.33%。

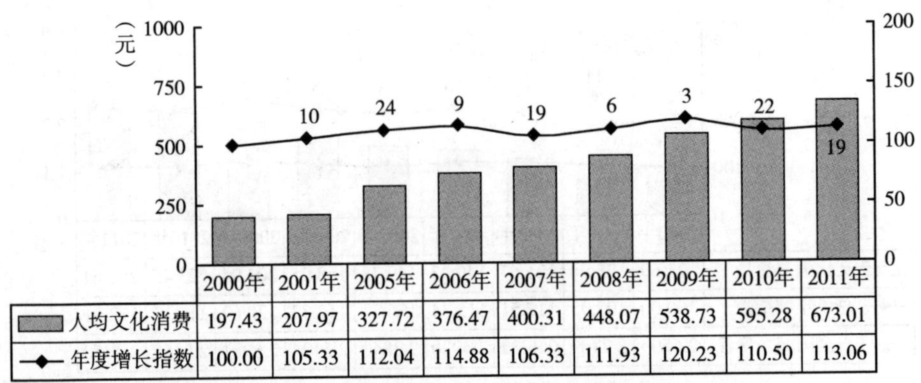

	2000年	2001年	2005年	2006年	2007年	2008年	2009年	2010年	2011年
人均文化消费	197.43	207.97	327.72	376.47	400.31	448.07	538.73	595.28	673.01
年度增长指数	100.00	105.33	112.04	114.88	106.33	111.93	120.23	110.50	113.06

图2　2000 年以来陕西城乡人均文化消费增长、增幅变化态势

注：左轴柱形为城乡人均文化消费（元）；右轴曲线为年度（年均）增长指数（上年 = 100）。标注年度增长 31 省域排序，2000 年起点不计。

同期，全国城乡人均文化消费年均增长 12.11%，陕西年均增幅略微低于全国增幅。陕西城乡人均文化消费从全国城乡平均值的 92.18% 降低至 89.33%，人均绝对值在 31 个省域里排序由第 14 位提高到第 12 位。

2011 年，全国城乡人均文化消费增长 14.81%，陕西增长 13.06%，较明显低于全国增幅，同时高于自身“十五”年均增长，也高于自身“十一五”年均增长，增长幅度排序处于 31 个省域里第 19 位。

二　陕西城乡文化消费相关背景情况

2000～2011 年陕西城乡文化消费比例变动态势见图 3。

1. 人均文化消费与人均产值的比例

2000～2011 年，陕西城乡人均文化消费与人均产值的比例由 3.97% 降低至 2.01%，在 31 个省域里排序从第 5 位下降到第 13 位。“十五”以来，陕西城乡此项比值下降 49.39%，升降变化程度处于 31 个省域里第 28 位。

分阶段来看，陕西城乡此项比值在“十五”期间降低 0.75 个百分点；在“十一五”期间降低 1.03 个百分点。文化消费需求增长与当地省域经济发展之间协调关系变化，在“十五”至“十一五”期间，由较明显下降加重为更大幅度的明显下降。其间，最高值为 2002 年 4.32%，最低值为 2011 年 2.01%。

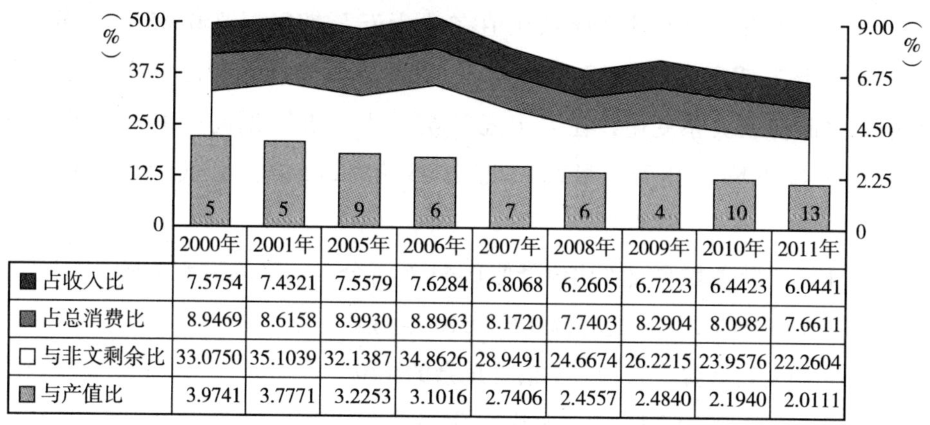

	2000年	2001年	2005年	2006年	2007年	2008年	2009年	2010年	2011年
■占收入比	7.5754	7.4321	7.5579	7.6284	6.8068	6.2605	6.7223	6.4423	6.0441
■占总消费比	8.9469	8.6158	8.9930	8.8963	8.1720	7.7403	8.2904	8.0982	7.6611
□与非文剩余比	33.0750	35.1039	32.1387	34.8626	28.9491	24.6674	26.2215	23.9576	22.2604
■与产值比	3.9741	3.7771	3.2253	3.1016	2.7406	2.4557	2.4840	2.1940	2.0111

图 3　2000 年以来陕西城乡文化消费比例变动态势

注：左轴面积为城乡人均文化消费占收入比、占总消费比、与非文消费剩余（图中简称“非文剩余”）比（%），各项比值年度升降形成直观比例叠加；右轴柱形为城乡人均文化消费与产值比（%）。标注与产值比年度 31 省域排序，其余比值排序省略。

2011 年，陕西城乡此项比值降低 0. 18 个百分点，降幅为 8. 33%，文化消费需求增长与经济发展的协调性比 2010 年略有下降。

2. 人均文化消费占人均收入的比重

2000 ~2011 年，陕西城乡人均文化消费占人均收入的比重由 7. 58% 降低至 6. 04%，在 31 个省域里排序从第 2 位下降到第 5 位。“十五”以来，陕西城乡此项比值下降 20. 22%，升降变化程度处于 31 个省域里第 21 位。

分阶段来看，陕西城乡此项比值在“十五”期间降低 0. 02 个百分点；在“十一五”期间降低 1. 12 个百分点。当地居民文化消费需求增长与收入增加之间协调关系变化，在“十五”至“十一五”期间，由略微下降加重为更大幅度的明显下降。其间，最高值为 2003 年 8. 31%，最低值为 2011 年 6. 04%。

2011 年，陕西城乡此项比值降低 0. 40 个百分点，降幅为 6. 18%，文化消费需求增长与收入增加的协调性比 2010 年较明显下降。

3. 人均文化消费占人均总消费的比重

2000 ~2011 年，陕西城乡人均文化消费占人均总消费的比重由 8. 95% 降低至 7. 66%，在 31 个省域里排序从第 2 位下降到第 5 位。“十五”以来，陕西城乡此项比值下降 14. 37%，升降变化程度处于 31 个省域里第 23 位。

分阶段来看，陕西城乡此项比值在“十五”期间提高 0.05 个百分点；在“十一五”期间降低 0.89 个百分点。当地居民文化消费需求增长与总消费增加之间协调关系变化，在“十五”至“十一五”期间，由略微提升逆转为较明显下降。其间，最高值为 2003 年 9.85%，最低值为 2011 年 7.66%。

2011 年，陕西城乡此项比值降低 0.44 个百分点，降幅为 5.40%，文化消费需求增长与总消费增加的协调性比 2010 年明显下降。

4. 人均文化消费与人均非文消费剩余的比例

2000～2011 年，陕西城乡人均文化消费与人均非文消费剩余的比例由 33.08% 降低至 22.26%，在 31 个省域里排序保持在第 2 位。“十五”以来，陕西城乡此项比值下降 32.70%，升降变化程度处于 31 个省域里第 20 位。

分阶段来看，陕西城乡此项比值在“十五”期间降低 0.94 个百分点；在“十一五”期间降低 8.18 个百分点。当地居民文化消费需求增长与“必需消费”之外“余钱”增多之间协调关系变化，在“十五”至“十一五”期间，由略微下降加重为更大幅度的极显著下降。其间，最高值为 2002 年 40.40%，最低值为 2011 年 22.26%。

2011 年，陕西城乡此项比值降低 1.70 个百分点，降幅为 7.08%，文化消费需求增长与“必需消费”之外“余钱”增多的协调性比 2010 年极显著下降。

三 陕西文化消费城乡、区域协调状况

1. 人均文化消费城乡比

2000～2011 年陕西人均文化消费城乡比变动态势见图 4。

2000～2011 年，陕西人均文化消费城乡比由 1.2721 扩大至 2.4272，在 31 个省域里排序保持在第 14 位。其间，最小城乡比为 2001 年 1.0443，最大城乡比为 2011 年 2.4272。“十五”以来，陕西人均文化消费城乡比扩大 90.80%，城乡比扩减变化状况处于 31 个省域里第 20 位。这意味着，陕西属于文化消费城乡比扩减变化态势较严重的省域之一。

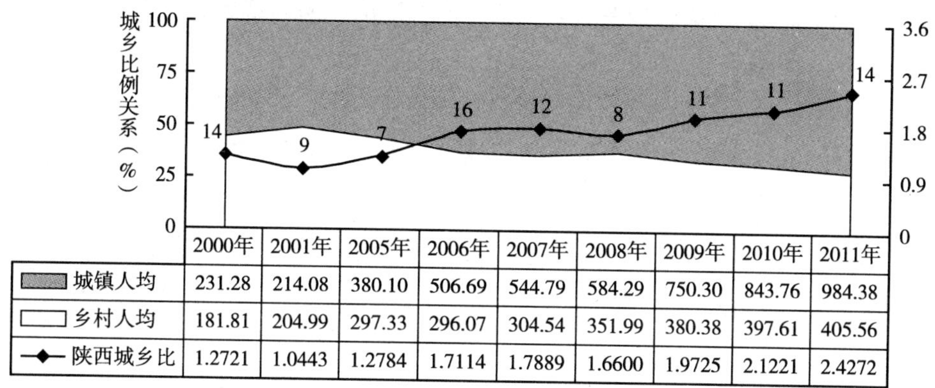

	2000年	2001年	2005年	2006年	2007年	2008年	2009年	2010年	2011年
城镇人均	231.28	214.08	380.10	506.69	544.79	584.29	750.30	843.76	984.38
乡村人均	181.81	204.99	297.33	296.07	304.54	351.99	380.38	397.61	405.56
陕西城乡比	1.2721	1.0443	1.2784	1.7114	1.7889	1.6600	1.9725	2.1221	2.4272

图 4　2000 年以来陕西人均文化消费城乡比变动态势

注：左轴面积为城镇、乡村人均文化消费（元转换为%），城乡间年度升降形成直观比例关系；右轴曲线为人均文化消费城乡比（乡村 = 1）。标注城乡比年度 31 省域排序。

同期，陕西城镇人均文化消费从 231.28 元增长至 984.38 元，增加 753.10 元，总增长 325.62%，年均增长 14.07%。城镇人均值最高增长年度为 2002 年，增长率 58.30%；最低增长年度为 2001 年，负增长 7.44%。乡村人均文化消费从 181.81 元增长至 405.56 元，增加 223.75 元，总增长 123.07%，年均增长 7.57%。乡村人均值最高增长年度为 2003 年，增长率 17.63%；最低增长年度为 2004 年，负增长 3.37%。此间，陕西城镇人均文化消费需求年均增长极显著高于乡村年均增长 6.51 个百分点，导致陕西文化消费需求的城乡比显著扩大。

2011 年，陕西城镇人均文化消费增长 16.67%，高于“十五”年均增长 6.22 个百分点，但低于“十一五”年均增长 0.62 个百分点；乡村人均文化消费增长 2.00%，低于“十五”年均增长 8.34 个百分点，也低于“十一五”年均增长 3.98 个百分点。此时，陕西城镇人均值高于乡村，城镇年度增幅高于乡村增幅 14.67 个百分点，意味着城乡差距扩大。陕西文化消费城乡比因此比 2010 年明显扩大 14.38%，城乡比排序处于 31 个省域里第 14 位。

2. 城乡人均文化消费地区差

2000 ~ 2011 年陕西城乡文化消费与全国地区差变动态势见图 5。

2000 ~ 2011 年，陕西城乡人均文化消费与全国城乡地区差由 1.0782 扩

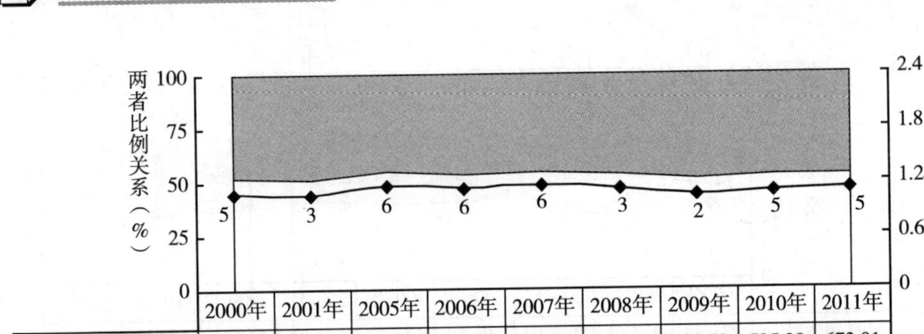

	2000年	2001年	2005年	2006年	2007年	2008年	2009年	2010年	2011年
陕西城乡人均	197.43	207.97	327.72	376.47	400.31	448.07	538.73	595.28	673.01
全国城乡人均	214.18	218.16	393.23	429.35	476.73	505.55	564.94	656.16	753.36
城乡地区差	1.0782	1.0467	1.1666	1.1232	1.1603	1.1137	1.0464	1.0928	1.1067

图5　2000年以来陕西城乡人均文化消费与全国地区差变动态势

注：左轴面积为城乡人均文化消费（元转换为%），当地与全国数值年度升降形成直观比例关系；右轴曲线为城乡人均文化消费地区差（无差距=1）。标注地区差年度31省域排序。

大至1.1067，在31个省域里排序保持在第5位。其间，最小地区差为2009年1.0464，最大地区差为2005年1.1666。“十五”以来，陕西城乡人均文化消费地区差扩大2.64%，地区差扩减变化状况处于31个省域里第15位。这意味着，陕西属于城乡文化消费地区差扩减变化态势不甚严重的省域之一。

2000~2011年，陕西城乡人均文化消费年均增幅略微低于全国增幅0.32个百分点，陕西城乡文化消费需求与全国的地区差较明显扩大。

2011年，陕西城乡人均文化消费增长高于自身“十五”年均增长2.39个百分点，也高于自身“十一五”年均增长0.38个百分点，同时较明显低于全国增幅1.76个百分点。此时，陕西城乡人均值低于全国城乡平均值，增长低于全国意味着地区差距扩大，与全国城乡地区差因此比2010年较明显扩大1.27%，地区差排序处于31个省域里第5位。

四　陕西城乡文化消费需求景气测评

综合以上分析：“十五”以来陕西城乡文化消费总量年均增长略微低于全国增长，人均值年均增长也略微低于全国平均增长；“十一五”期间各项比例升降变化状况全面不及“十五”期间；“十五”以来城乡比显著扩大，同时地

区差较明显扩大。这些都集中体现在陕西城乡文化消费需求景气指数的测评演算中。2000～2011 年陕西城乡文化消费需求景气指数变动态势见图 6。

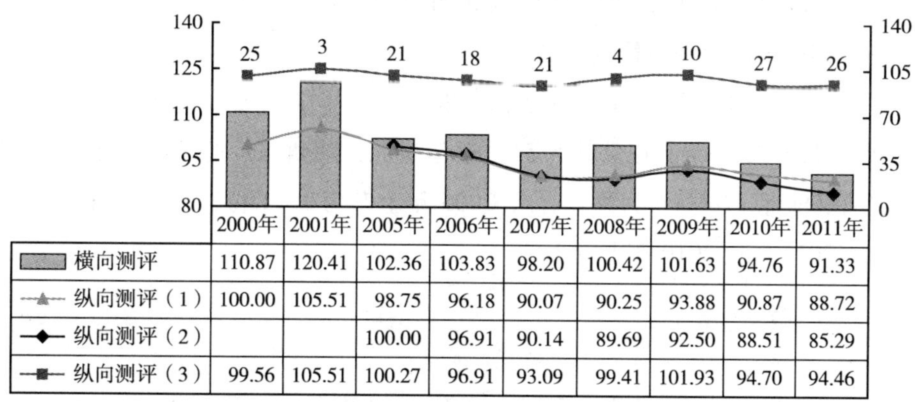

	2000年	2001年	2005年	2006年	2007年	2008年	2009年	2010年	2011年
横向测评	110.87	120.41	102.36	103.83	98.20	100.42	101.63	94.76	91.33
纵向测评（1）	100.00	105.51	98.75	96.18	90.07	90.25	93.88	90.87	88.72
纵向测评（2）			100.00	96.91	90.14	89.69	92.50	88.51	85.29
纵向测评（3）	99.56	105.51	100.27	96.91	93.09	99.41	101.93	94.70	94.46

图 6　2000 年以来陕西城乡文化消费需求景气指数变动态势

注：左轴柱形为横向测评（城乡、地区无差异理想值＝100）；左轴曲线为纵向测评（起点年基数值＝100），（1）2000 年起点，（2）2005 年起点；右轴曲线为纵向测评（3）上年起点。标注逐年纵向测评全国排行位次，其余测评排行位次省略。

1. 各年度横向测评景气指数

在此项测评中，以全国城乡文化消费总量份额值、人均绝对值、各项比值为基准，并以城乡之间、地区之间实现无差距状态为“理想值”100 来衡量，2011 年陕西城乡此项景气指数为 91.33，低于理想值 8.67，同时低于上一年 3.43。各年度对比，陕西城乡此项景气指数在 31 个省域里排行，2000 年为第 3 位，2005 年与之持平，2010 年下降为第 4 位，2011 年与 2010 年持平。

2. “十五”以来纵向测评景气指数

在此项测评中，以“九五”末年 2000 年为起点基数值 100，2011 年陕西城乡此项景气指数为 88.72，低于 2000 年起点基数 11.28，同时低于上一年 2.15。“十五”以来对比，陕西城乡此项景气指数在 31 个省域里排行，2001 年为第 3 位，2005 年下降为第 19 位，2010 年上升为第 17 位，2011 年比 2010 年下降 6 位。

3. “十一五”以来纵向测评景气指数

以“十五”末年 2005 年为起点基数值 100，2011 年陕西城乡此项景气指数为85.29，低于2005年起点基数14.71，同时低于上一年3.21。“十一五”以来对比，陕西城乡此项景气指数在31个省域里排行，2006年为第18位，2010年下降为第19位，2011年比2010年下降1位。

4. 逐年度纵向测评景气指数

以上一年2010年为起点基数值100，2011年陕西城乡此项景气指数为94.46，低于2010年起点基数5.54。逐年对比，陕西城乡此项景气指数在31个省域里排行，2000年为第25位，2005年上升为第21位，2010年下降为第27位，2011年比2010年上升1位。

Shaanxi：The Urban-Rural Boom Ranking Upgraded to the Third in the past 20 Years

Abstract：In 2011，Shaanxi ranked the 24th in the increase of the total cultural consumption of urban-rural areas and the 19th in the growth of per capita value. Ranking of the boom evaluation：Shaanxi ranked the 4th in the lateral evaluation of the cultural consumption demand of urban-rural areas across the provinces；in its own vertical evaluation，Shaanxi ranked the 23rd，the 20th and the 26th during the period of 2000 –2011，2005 –2011 and 2010 –2011 respectively.

Key Words：Shaanxi's Urban-rural Areas；Cultural Consumption；Boom Evaluation

B.25
宁夏：近期纵向测评景气提升逼近前三

摘　要：

2011 年，宁夏城乡文化消费总量增长处于第 9 位，人均值增长处于第 6 位。景气评价排行结果：宁夏城乡在省域横向测评中，2011 年景气指数处于第 15 位；在自身纵向测评中，2000 ~ 2011 年景气指数处于第 21 位，2005 ~ 2011 年景气指数处于第 4 位，2010 ~ 2011 年景气指数处于第 4 位。

关键词：

宁夏城乡　文化消费　景气评价

本文充分展示 2000 ~ 2011 年间宁夏相关各方面的增长态势，全面分析检测宁夏城乡文化消费需求状况。

一　宁夏城乡文化消费需求增长状况

1. 文化消费总量份额值变化

2000 ~ 2011 年宁夏城乡文化消费总量增长、份额变化态势见图 1。

2000 ~ 2011 年，宁夏城乡文化消费总量从 10.32 亿元增长至 37.58 亿元，增加 27.26 亿元，总增长 264.15%，年均增长 12.47%，增长幅度排序处于 31 个省域里第 14 位。其中，“十五”期间总增长 50.39%，年均增长 8.50%；“十一五”期间总增长 103.53%，年均增长 15.27%。“十一五”年均增长幅度高于“十五”6.77 个百分点。总量最高增长年度为 2002 年，增长率 26.04%；最低增长年度为 2001 年，负增长 8.00%。

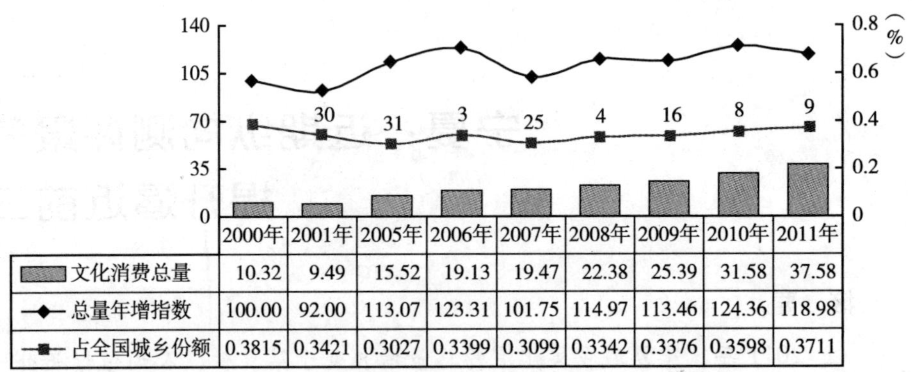

	2000年	2001年	2005年	2006年	2007年	2008年	2009年	2010年	2011年
文化消费总量	10.32	9.49	15.52	19.13	19.47	22.38	25.39	31.58	37.58
总量年增指数	100.00	92.00	113.07	123.31	101.75	114.97	113.46	124.36	118.98
占全国城乡份额	0.3815	0.3421	0.3027	0.3399	0.3099	0.3342	0.3376	0.3598	0.3711

图1　2000年以来宁夏城乡文化消费总量增长、份额变化态势

注：左轴柱形为城乡文化消费总量（亿元）；左轴曲线为年度（年均）增长指数（上年=100），年增指数小于100为负增长；右轴曲线为占全国城乡份额（%）。标注年度份额增减31省域排序，2000年起点不计。

同期，全国城乡文化消费总量年均增长12.75%，宁夏年均增幅略微低于全国城乡年均增幅0.28个百分点。宁夏城乡文化消费总量占全国份额由0.38%降低为0.37%，下降幅度为2.74%，份额升降变化排序处于31个省域里第14位。

2011年，全国城乡文化消费总量增长15.36%，宁夏城乡文化消费总量增长18.98%，明显高于全国增幅3.62个百分点，占全国份额比2010年上升3.14%。同时，宁夏总量增长高于自身“十五”年均增长10.48个百分点，也高于自身“十一五”年均增长3.71个百分点，增长幅度和占全国份额变化排序处于31个省域里第9位。

2. 文化消费人均绝对值增长

2000～2011年宁夏城乡人均文化消费增长、增幅变化态势见图2。

2000～2011年，宁夏城乡人均文化消费从188.11元增长至590.64元，增加402.53元，总增长213.99%，年均增长10.96%，增长幅度排序处于31个省域里第20位。其中，“十五”期间人均值总增长39.34%，年均增长6.86%；“十一五”期间人均值总增长91.56%，年均增长13.88%。“十一五”年均增长幅度高于“十五”7.02个百分点。人均值最高增长年度为2002年，增长率24.04%；最低增长年度为2001年，负增长9.65%。

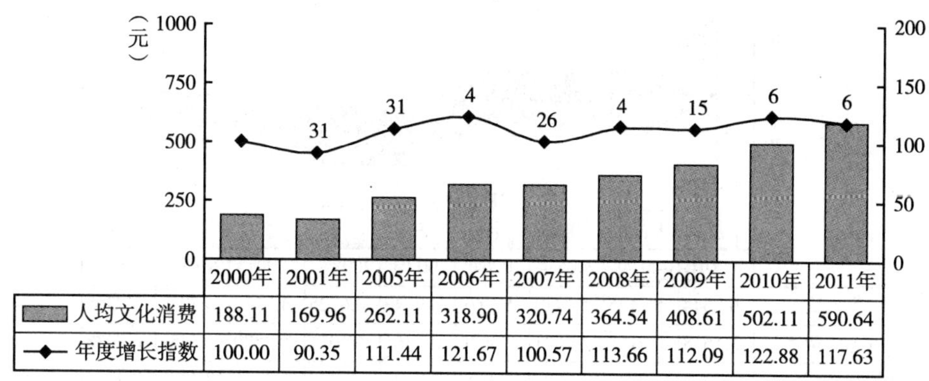

	2000年	2001年	2005年	2006年	2007年	2008年	2009年	2010年	2011年
人均文化消费	188.11	169.96	262.11	318.90	320.74	364.54	408.61	502.11	590.64
年度增长指数	100.00	90.35	111.44	121.67	100.57	113.66	112.09	122.88	117.63

图2　2000 年以来宁夏城乡人均文化消费增长、增幅变化态势

注：左轴柱形为城乡人均文化消费（元）；右轴曲线为年度（年均）增长指数（上年 = 100），年增指数小于 100 为负增长。标注年度增长 31 省域排序，2000 年起点不计。

同期，全国城乡人均文化消费年均增长 12.11%，宁夏年均增幅较明显低于全国增幅。宁夏城乡人均文化消费从全国城乡平均值的 87.83% 降低至 78.40%，人均绝对值在 31 个省域里排序保持在第 15 位。

2011 年，全国城乡人均文化消费增长 14.81%，宁夏增长 17.63%，明显高于全国增幅，同时高于自身"十五"年均增长，也高于自身"十一五"年均增长，增长幅度排序处于 31 个省域里第 6 位。

二　宁夏城乡文化消费相关背景情况

2000 ~ 2011 年宁夏城乡文化消费比例变动态势见图 3。

1. 人均文化消费与人均产值的比例

2000 ~ 2011 年，宁夏城乡人均文化消费与人均产值的比例由 3.50% 降低至 1.79%，在 31 个省域里排序从第 9 位下降到第 18 位。"十五"以来，宁夏城乡此项比值下降 48.92%，升降变化程度处于 31 个省域里第 27 位。

分阶段来看，宁夏城乡此项比值在"十五"期间降低 0.94 个百分点；在"十一五"期间降低 0.69 个百分点。文化消费需求增长与当地省域经济发展之间协调关系变化，在"十五"至"十一五"期间，由较明显下降减轻为较小幅度的较明显下降。其间，最高值为 2000 年 3.50%，最低值为 2011 年 1.79%。

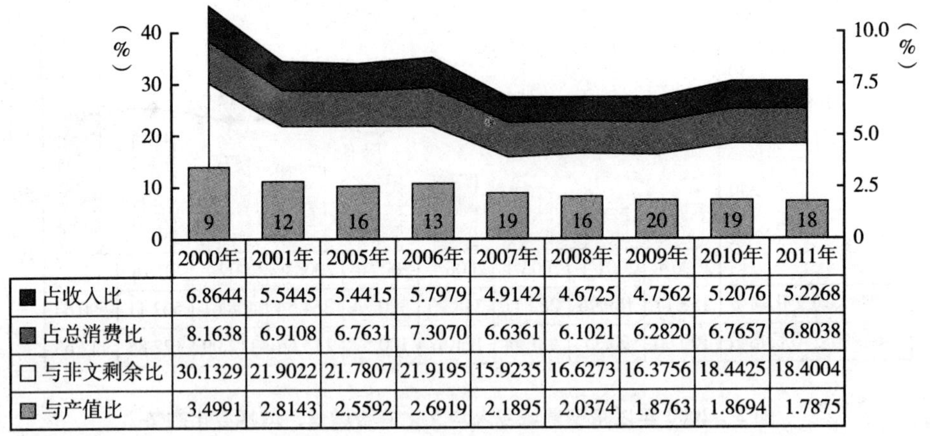

	2000年	2001年	2005年	2006年	2007年	2008年	2009年	2010年	2011年
■占收入比	6.8644	5.5445	5.4415	5.7979	4.9142	4.6725	4.7562	5.2076	5.2268
■占总消费比	8.1638	6.9108	6.7631	7.3070	6.6361	6.1021	6.2820	6.7657	6.8038
□与非文剩余比	30.1329	21.9022	21.7807	21.9195	15.9235	16.6273	16.3756	18.4425	18.4004
■与产值比	3.4991	2.8143	2.5592	2.6919	2.1895	2.0374	1.8763	1.8694	1.7875

图 3　2000 年以来宁夏城乡文化消费比例变动态势

注：左轴面积为城乡人均文化消费占收入比、占总消费比、与非文消费剩余（图例简称“非文剩余”）比（%），各项比值年度升降形成直观比例叠加；右轴柱形为城乡人均文化消费与产值比（%）。标注与产值比年度 31 省域排序，其余比值排序省略。

2011 年，宁夏城乡此项比值降低 0.08 个百分点，降幅为 4.38%，文化消费需求增长与经济发展的协调性比 2010 年略有下降。

2. 人均文化消费占人均收入的比重

2000 ~ 2011 年，宁夏城乡人均文化消费占人均收入的比重由 6.86% 降低至 5.23%，在 31 个省域里排序从第 5 位下降到第 8 位。“十五”以来，宁夏城乡此项比值下降 23.86%，升降变化程度处于 31 个省域里第 24 位。

分阶段来看，宁夏城乡此项比值在“十五”期间降低 1.42 个百分点；在“十一五”期间降低 0.23 个百分点。当地居民文化消费需求增长与收入增加之间协调关系变化，在“十五”至“十一五”期间，由明显下降减轻为较小幅度的略微下降。其间，最高值为 2000 年 6.86%，最低值为 2008 年 4.67%。

2011 年，宁夏城乡此项比值提高 0.02 个百分点，升幅为 0.37%，文化消费需求增长与收入增加的协调性比 2010 年略有上升。

3. 人均文化消费占人均总消费的比重

2000 ~ 2011 年，宁夏城乡人均文化消费占人均总消费的比重由 8.16% 降低至 6.80%，在 31 个省域里排序从第 8 位下降到第 16 位。“十五”以来，宁夏城乡此项比值下降 16.66%，升降变化程度处于 31 个省域里第 24 位。

分阶段来看，宁夏城乡此项比值在“十五”期间降低 1.40 个百分点；在“十一五”期间提高 0.0026 个百分点。当地居民文化消费需求增长与总消费增加之间协调关系变化，在“十五”至“十一五”期间，由明显下降逆转为略微提升。其间，最高值为 2000 年 8.16%，最低值为 2008 年 6.10%。

2011 年，宁夏城乡此项比值提高 0.04 个百分点，升幅为 0.56%，文化消费需求增长与总消费增加的协调性比 2010 年略有上升。

4. 人均文化消费与人均非文消费剩余的比例

2000～2011 年，宁夏城乡人均文化消费与人均非文消费剩余的比例由 30.13%降低至 18.40%，在 31 个省域里排序从第 3 位下降到第 5 位。“十五”以来，宁夏城乡此项比值下降 38.94%，升降变化程度处于 31 个省域里第 25 位。

分阶段来看，宁夏城乡此项比值在“十五”期间降低 8.35 个百分点；在“十一五”期间降低 3.34 个百分点。当地居民文化消费需求增长与“必需消费”之外“余钱”增多之间协调关系变化，在“十五”至“十一五”期间，由极显著下降减轻为较小幅度的明显下降。其间，最高值为 2000 年 30.13%，最低值为 2007 年 15.92%。

2011 年，宁夏城乡此项比值降低 0.04 个百分点，降幅为 0.23%，文化消费需求增长与“必需消费”之外“余钱”增多的协调性比 2010 年略有下降。

三　宁夏文化消费城乡、区域协调状况

1. 人均文化消费城乡比

2000～2011 年宁夏人均文化消费城乡比变动态势见图 4。

2000～2011 年，宁夏人均文化消费城乡比由 1.9334 扩大至 2.6960，由于其他省域文化消费城乡比扩大更为严重，宁夏城乡比在 31 个省域里排序从第 25 位上升到第 23 位。其间，最小城乡比为 2004 年 1.5492，最大城乡比为 2010 年 3.3259。“十五”以来，宁夏人均文化消费城乡比扩大 39.44%，城乡比扩减变化状况处于 31 个省域里第 11 位。这意味着，宁夏属于文化消费城乡比扩减变化态势不甚严重的省域之一。

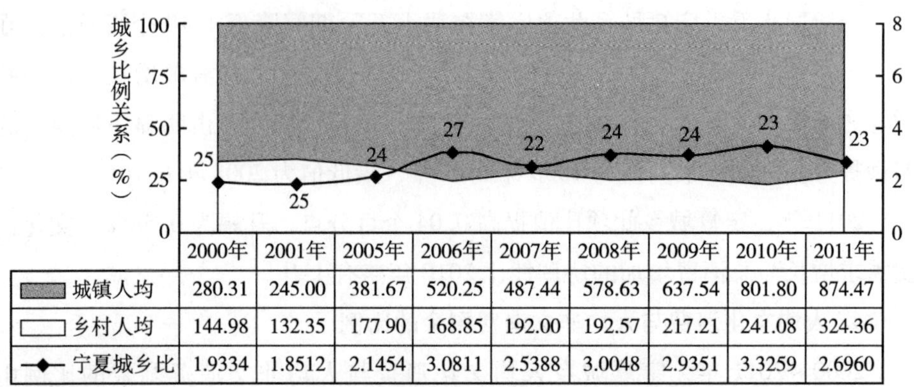

	2000年	2001年	2005年	2006年	2007年	2008年	2009年	2010年	2011年
城镇人均	280.31	245.00	381.67	520.25	487.44	578.63	637.54	801.80	874.47
乡村人均	144.98	132.35	177.90	168.85	192.00	192.57	217.21	241.08	324.36
宁夏城乡比	1.9334	1.8512	2.1454	3.0811	2.5388	3.0048	2.9351	3.3259	2.6960

图4　2000年以来宁夏人均文化消费城乡比变动态势

注：左轴面积为城镇、乡村人均文化消费（元转换为%），城乡间年度升降形成直观比例关系；右轴曲线为人均文化消费城乡比（乡村=1）。标注城乡比年度31省域排序。

同期，宁夏城镇人均文化消费从280.31元增长至874.47元，增加594.16元，总增长211.97%，年均增长10.90%。城镇人均值最高增长年度为2006年，增长率36.31%；最低增长年度为2001年，负增长12.60%。乡村人均文化消费从144.98元增长至324.36元，增加179.38元，总增长123.73%，年均增长7.60%。乡村人均值最高增长年度为2011年，增长率34.54%；最低增长年度为2005年，负增长18.04%。此间，宁夏城镇人均文化消费需求年均增长明显高于乡村年均增长3.30个百分点，导致宁夏文化消费需求的城乡比明显扩大。

2011年，宁夏城镇人均文化消费增长9.06%，高于“十五”年均增长2.70个百分点，但低于“十一五”年均增长6.94个百分点；乡村人均文化消费增长34.54%，高于“十五”年均增长30.37个百分点，也高于“十一五”年均增长28.28个百分点。此时，宁夏城镇人均值高于乡村，城镇年度增幅低于乡村增幅25.48个百分点，意味着城乡差距缩小。宁夏文化消费城乡比因此比2010年显著缩小18.94%，城乡比排序处于31个省域里第23位。

2. 城乡人均文化消费地区差

2000~2011年宁夏城乡文化消费与全国地区差变动态势见图5。

2000~2011年，宁夏城乡人均文化消费与全国城乡地区差由1.1217扩大

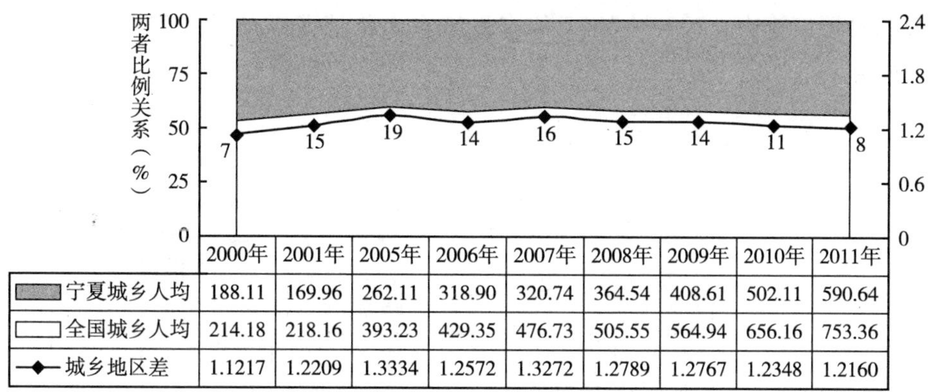

	2000年	2001年	2005年	2006年	2007年	2008年	2009年	2010年	2011年
宁夏城乡人均	188.11	169.96	262.11	318.90	320.74	364.54	408.61	502.11	590.64
全国城乡人均	214.18	218.16	393.23	429.35	476.73	505.55	564.94	656.16	753.36
城乡地区差	1.1217	1.2209	1.3334	1.2572	1.3272	1.2789	1.2767	1.2348	1.2160

图5　2000 年以来宁夏城乡人均文化消费与全国地区差变动态势

注：左轴面积为城乡人均文化消费（元转换为%），当地与全国数值年度升降形成直观比例关系；右轴曲线为城乡人均文化消费地区差（无差距 =1）。标注地区差年度 31 省域排序。

至 1.2160，在 31 个省域里排序从第 7 位下降到第 8 位。其间，最小地区差为 2000 年 1.1217，最大地区差为 2005 年 1.3334。“十五”以来，宁夏城乡人均文化消费地区差扩大 8.40%，地区差扩减变化状况处于 31 个省域里第 23 位。这意味着，宁夏属于城乡文化消费地区差扩减变化态势较严重的省域之一。

2000 ~2011 年，宁夏城乡人均文化消费年均增幅较明显低于全国增幅 1.15 个百分点，宁夏城乡文化消费需求与全国的地区差明显扩大。

2011 年，宁夏城乡人均文化消费增长高于自身“十五”年均增长 10.77 个百分点，也高于自身“十一五”年均增长 3.75 个百分点，同时明显高于全国增幅 2.82 个百分点。此时，宁夏城乡人均值低于全国城乡平均值，增长高于全国意味着地区差距缩小，与全国城乡地区差因此比 2010 年较明显缩小 1.52%，地区差排序处于 31 个省域里第 8 位。

四　宁夏城乡文化消费需求景气测评

综合以上分析：“十五”以来宁夏城乡文化消费总量年均增长略微低于全国增长，人均值年均增长也较明显低于全国平均增长；“十一五”期间各项比例升降变化状况全面好于“十五”期间；“十五”以来城乡比明显扩大，同时地区差明显扩大。这些都集中体现在宁夏城乡文化消费需求景气指数的测评演算中。2000 ~ 2011 年宁夏城乡文化消费需求景气指数变动态势见图 6。

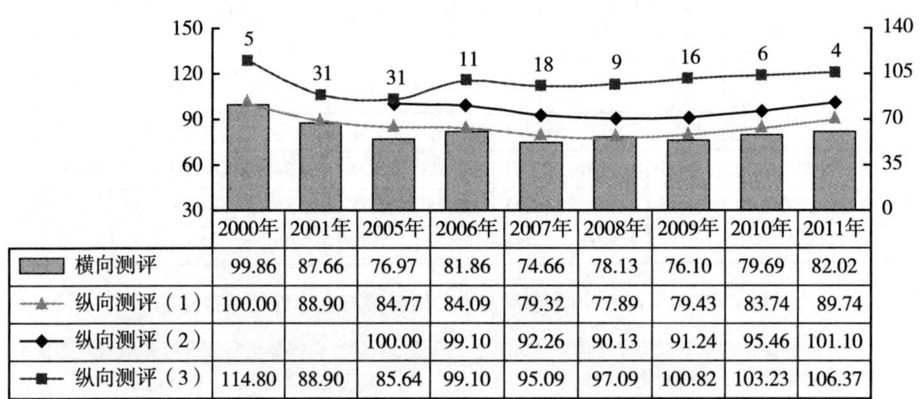

	2000年	2001年	2005年	2006年	2007年	2008年	2009年	2010年	2011年
横向测评	99.86	87.66	76.97	81.86	74.66	78.13	76.10	79.69	82.02
纵向测评（1）	100.00	88.90	84.77	84.09	79.32	77.89	79.43	83.74	89.74
纵向测评（2）			100.00	99.10	92.26	90.13	91.24	95.46	101.10
纵向测评（3）	114.80	88.90	85.64	99.10	95.09	97.09	100.82	103.23	106.37

图 6　2000 年以来宁夏城乡文化消费需求景气指数变动态势

注：左轴柱形为横向测评（城乡、地区无差异理想值 = 100）；左轴曲线为纵向测评（起点年基数值 = 100），（1）2000 年起点，（2）2005 年起点；右轴曲线为纵向测评（3）上年起点。标注逐年纵向测评全国排行位次，其余测评排行位次省略。

1. 各年度横向测评景气指数

在此项测评中，以全国城乡文化消费总量份额值、人均绝对值、各项比值为基准，并以城乡之间、地区之间实现无差距状态为“理想值”100 来衡量，2011 年宁夏城乡此项景气指数为 82.02，低于理想值 17.98，同时高于上一年 2.34。各年度对比，宁夏城乡此项景气指数在 31 个省域里排行，2000 年为第 9 位，2005 年下降为第 24 位，2010 年上升为第 17 位，2011 年比 2010 年上升 2 位。

2. “十五”以来纵向测评景气指数

在此项测评中，以“九五”末年 2000 年为起点基数值 100，2011 年宁夏城乡此项景气指数为 89.74，低于 2000 年起点基数 10.26，同时高于上一年 6.00。“十五”以来对比，宁夏城乡此项景气指数在 31 个省域里排行，2001 年为第 31 位，2005 年与之持平，2010 年上升为第 24 位，2011 年比 2010 年上升 3 位。

3. “十一五”以来纵向测评景气指数

以“十五”末年 2005 年为起点基数值 100，2011 年宁夏城乡此项景气指

数为101.10，高于2005年起点基数1.10，同时高于上一年5.64。“十一五”以来对比，宁夏城乡此项景气指数在31个省域里排行，2006年为第11位，2010年上升为第9位，2011年比2010年上升5位。

4. 逐年度纵向测评景气指数

以上一年2010年为起点基数值100，2011年宁夏城乡此项景气指数为106.37，高于2010年起点基数6.37。逐年对比，宁夏城乡此项景气指数在31个省域里排行，2000年为第5位，2005年下降为第31位，2010年上升为第6位，2011年比2010年上升2位。

Ningxia: The Vertical Boom Evaluation Went up Near the Top Three Recently

Abstract: In 2011, Ningxia ranked the 9th in the increase of the total cultural consumption of urban-rural areas and the 6th in the growth of per capita value. Ranking of the boom evaluation: Ningxia ranked the 15th in the lateral evaluation of the cultural consumption demand of urban-rural areas across the provinces; in its own vertical evaluation, Ningxia ranked the 21st, the 4th and the 4th during the period of 2000 -2011, 2005 -2011 and 2010 -2011 respectively.

Key Words: Ningxia's Urban-rural Areas; Cultural Consumption; Boom Evaluation

B.26

甘肃：年度纵横向测评位次皆靠近前列

摘　要：

2011 年，甘肃城乡文化消费总量增长处于第 17 位，人均值增长处于第 8 位。景气评价排行结果：甘肃城乡在省域横向测评中，2011 年景气指数处于第 7 位；在自身纵向测评中，2000 ~ 2011 年景气指数处于第 25 位，2005 ~ 2011 年景气指数处于第 30 位，2010 ~ 2011 年景气指数处于第 7 位。

关键词：

甘肃城乡　文化消费　景气评价

本文充分展示 2000 ~ 2011 年间甘肃相关各方面的增长态势，全面分析检测甘肃城乡文化消费需求状况。

一　甘肃城乡文化消费需求增长状况

1. 文化消费总量份额值变化

2000 ~ 2011 年甘肃城乡文化消费总量增长、份额变化态势见图 1。

2000 ~ 2011 年，甘肃城乡文化消费总量从 46.00 亿元增长至 112.78 亿元，增加 66.78 亿元，总增长 145.17%，年均增长 8.50%，增长幅度排序处于 31 个省域里第 31 位。其中，“十五”期间总增长 75.93%，年均增长 11.96%；“十一五”期间总增长 20.98%，年均增长 3.88%。“十一五”年均增长幅度低于“十五”8.08 个百分点。总量最高增长年度为 2002 年，增长率 22.66%；最低增长年度为 2006 年，负增长 1.00%。

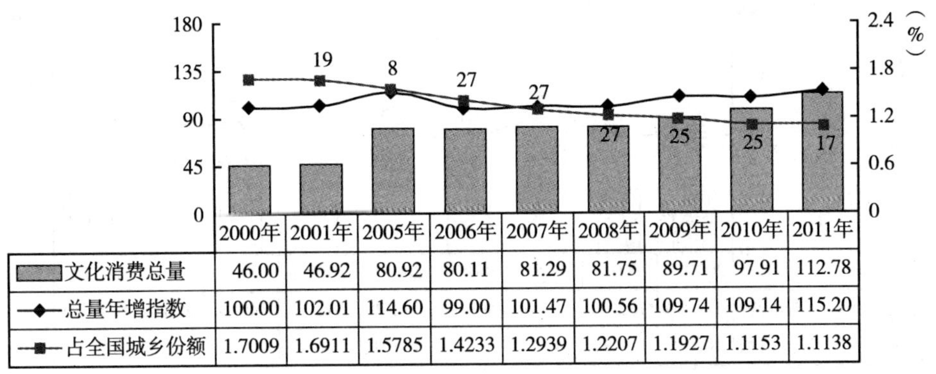

	2000年	2001年	2005年	2006年	2007年	2008年	2009年	2010年	2011年
文化消费总量	46.00	46.92	80.92	80.11	81.29	81.75	89.71	97.91	112.78
总量年增指数	100.00	102.01	114.60	99.00	101.47	100.56	109.74	109.14	115.20
占全国城乡份额	1.7009	1.6911	1.5785	1.4233	1.2939	1.2207	1.1927	1.1153	1.1138

图1　2000 年以来甘肃城乡文化消费总量增长、份额变化态势

注：左轴柱形为城乡文化消费总量（亿元）；左轴曲线为年度（年均）增长指数（上年 = 100），年增指数小于 100 为负增长；右轴曲线为占全国城乡份额（%）。标注年度份额增减 31 省域排序，2000 年起点不计。

同期，全国城乡文化消费总量年均增长 12.75%，甘肃年均增幅显著低于全国城乡年均增幅 4.25 个百分点。甘肃城乡文化消费总量占全国份额由 1.70% 降低为 1.11%，下降幅度为 34.52%，份额升降变化排序处于 31 个省域里第 31 位。

2011 年，全国城乡文化消费总量增长 15.36%，甘肃城乡文化消费总量增长 15.20%，略微低于全国增幅 0.16 个百分点，占全国份额比 2010 年下降 0.14%。同时，甘肃总量增长高于自身“十五”年均增长 3.23 个百分点，也高于自身“十一五”年均增长 11.31 个百分点，增长幅度和占全国份额变化排序处于 31 个省域里第 17 位。

2. 文化消费人均绝对值增长

2000～2011 年甘肃城乡人均文化消费增长、增幅变化态势见图 2。

2000～2011 年，甘肃城乡人均文化消费从 180.38 元增长至 440.20 元，增加 259.82 元，总增长 144.04%，年均增长 8.45%，增长幅度排序处于 31 个省域里第 30 位。其中，“十五”期间人均值总增长 72.12%，年均增长 11.47%；“十一五”期间人均值总增长 21.40%，年均增长 3.96%。“十一五”年均增长幅度低于“十五”7.51 个百分点。人均值最高增长年度为 2002 年，增长率 21.81%；最低增长年度为 2006 年，负增长 0.75%。

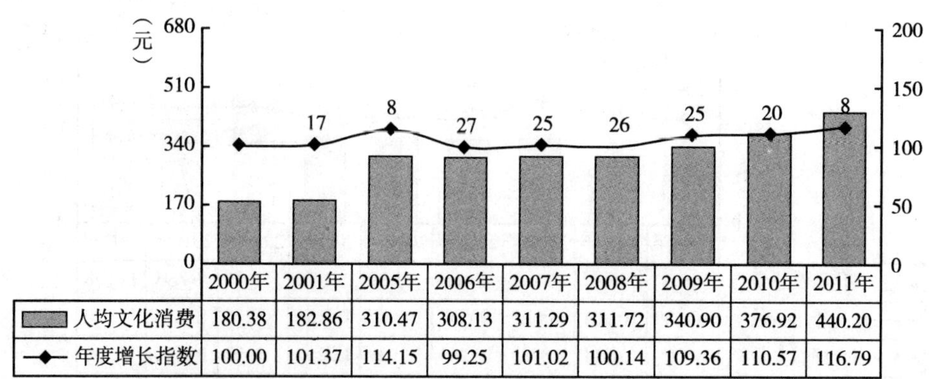

	2000年	2001年	2005年	2006年	2007年	2008年	2009年	2010年	2011年
人均文化消费	180.38	182.86	310.47	308.13	311.29	311.72	340.90	376.92	440.20
年度增长指数	100.00	101.37	114.15	99.25	101.02	100.14	109.36	110.57	116.79

图2　2000年以来甘肃城乡人均文化消费增长、增幅变化态势

注：左轴柱形为城乡人均文化消费（元）；右轴曲线为年度（年均）增长指数（上年＝100），年增指数小于100为负增长。标注年度增长31省域排序，2000年起点不计。

同期，全国城乡人均文化消费年均增长12.11%，甘肃年均增幅明显低于全国增幅。甘肃城乡人均文化消费从全国城乡平均值的84.22%降低至58.43%，人均绝对值在31个省域里排序由第18位降低到第26位。

2011年，全国城乡人均文化消费增长14.81%，甘肃增长16.79%，较明显高于全国增幅，同时高于自身“十五”年均增长，也高于自身“十一五”年均增长，增长幅度排序处于31个省域里第8位。

二　甘肃城乡文化消费相关背景情况

2000～2011年甘肃城乡文化消费比例变动态势见图3。

1. 人均文化消费与人均产值的比例

2000～2011年，甘肃城乡人均文化消费与人均产值的比例由4.37%降低至2.25%，在31个省域里排序从第3位下降到第8位。“十五”以来，甘肃城乡此项比值下降48.58%，升降变化程度处于31个省域里第26位。

分阶段来看，甘肃城乡此项比值在“十五”期间降低0.22个百分点；在“十一五”期间降低1.81个百分点。文化消费需求增长与当地省域经济发展之间协调关系变化，在“十五”至“十一五”期间，由略微下降加重为更大幅度的明显下降。其间，最高值为2002年4.67%，最低值为2011年2.25%。

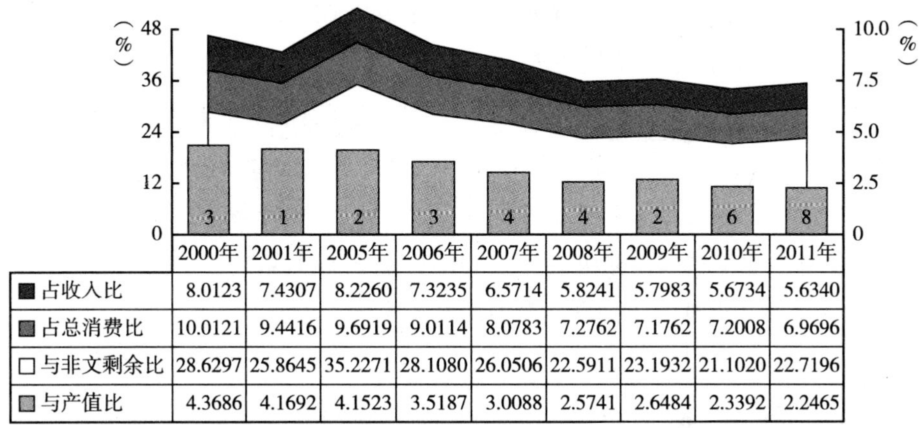

	2000年	2001年	2005年	2006年	2007年	2008年	2009年	2010年	2011年
■占收入比	8.0123	7.4307	8.2260	7.3235	6.5714	5.8241	5.7983	5.6734	5.6340
■占总消费比	10.0121	9.4416	9.6919	9.0114	8.0783	7.2762	7.1762	7.2008	6.9696
□与非文剩余比	28.6297	25.8645	35.2271	28.1080	26.0506	22.5911	23.1932	21.1020	22.7196
■与产值比	4.3686	4.1692	4.1523	3.5187	3.0088	2.5741	2.6484	2.3392	2.2465

图3　2000年以来甘肃城乡文化消费比例变动态势

注：左轴面积为城乡人均文化消费占收入比、占总消费比、与非文消费剩余（图例简称“非文剩余”）比（%），各项比值年度升降形成直观比例叠加；右轴柱形为城乡人均文化消费与产值比（%）。标注与产值比年度31省域排序，其余比值排序省略。

2011年，甘肃城乡此项比值降低0.09个百分点，降幅为3.97%，文化消费需求增长与经济发展的协调性比2010年略有下降。

2. 人均文化消费占人均收入的比重

2000~2011年，甘肃城乡人均文化消费占人均收入的比重由8.01%降低至5.63%，在31个省域里排序从第1位下降到第7位。“十五”以来，甘肃城乡此项比值下降29.68%，升降变化程度处于31个省域里第28位。

分阶段来看，甘肃城乡此项比值在“十五”期间提高0.21个百分点；在“十一五”期间降低2.55个百分点。当地居民文化消费需求增长与收入增加之间协调关系变化，在“十五”至“十一五”期间，由略微提升逆转为显著下降。其间，最高值为2005年8.23%，最低值为2011年5.63%。

2011年，甘肃城乡此项比值降低0.04个百分点，降幅为0.69%，文化消费需求增长与收入增加的协调性比2010年略有下降。

3. 人均文化消费占人均总消费的比重

2000~2011年，甘肃城乡人均文化消费占人均总消费的比重由10.01%降低至6.97%，在31个省域里排序从第1位下降到第11位。“十五”以来，甘肃城乡此项比值下降30.39%，升降变化程度处于31个省域里第31位。

分阶段来看，甘肃城乡此项比值在“十五”期间降低0.32个百分点；在“十一五”期间降低2.49个百分点。当地居民文化消费需求增长与总消费增加之间协调关系变化，在“十五”至“十一五”期间，由略微下降加重为更大幅度的显著下降。其间，最高值为2002年10.31%，最低值为2011年6.97%。

2011年，甘肃城乡此项比值降低0.23个百分点，降幅为3.21%，文化消费需求增长与总消费增加的协调性比2010年较明显下降。

4. 人均文化消费与人均非文消费剩余的比例

2000~2011年，甘肃城乡人均文化消费与人均非文消费剩余的比例由28.63%降低至22.72%，由于其他省域此项比值降低更加明显，甘肃在31个省域里排序从第4位上升到第1位。“十五”以来，甘肃城乡此项比值下降20.64%，升降变化程度处于31个省域里第11位。

分阶段来看，甘肃城乡此项比值在“十五”期间提高6.60个百分点；在“十一五”期间降低14.13个百分点。当地居民文化消费需求增长与“必需消费”之外“余钱”增多之间协调关系变化，在“十五”至“十一五”期间，由显著提升逆转为极显著下降。其间，最高值为2005年35.23%，最低值为2010年21.10%。

2011年，甘肃城乡此项比值提高1.62个百分点，升幅为7.67%，文化消费需求增长与“必需消费”之外“余钱”增多的协调性比2010年极显著提升。

三　甘肃文化消费城乡、区域协调状况

1. 人均文化消费城乡比

2000~2011年甘肃人均文化消费城乡比变动态势见图4。

2000~2011年，甘肃人均文化消费城乡比由2.0759扩大至2.4300，由于其他省域文化消费城乡比扩大更为严重，甘肃城乡比在31个省域里排序从第26位上升到第15位。其间，最小城乡比为2001年1.6479，最大城乡比为2010年2.7699。“十五”以来，甘肃人均文化消费城乡比扩大17.06%，城乡比扩减变化状况处于31个省域里第5位。这意味着，甘肃属于文化消费城乡比扩减变化态势较好的省域之一。

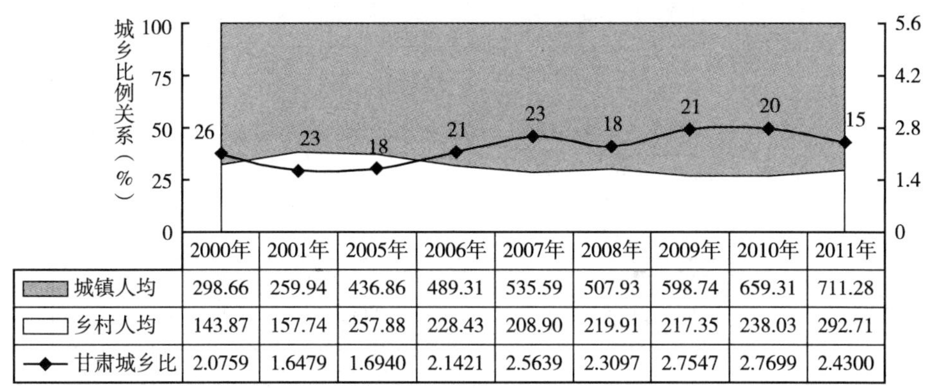

	2000年	2001年	2005年	2006年	2007年	2008年	2009年	2010年	2011年
城镇人均	298.66	259.94	436.86	489.31	535.59	507.93	598.74	659.31	711.28
乡村人均	143.87	157.74	257.88	228.43	208.90	219.91	217.35	238.03	292.71
甘肃城乡比	2.0759	1.6479	1.6940	2.1421	2.5639	2.3097	2.7547	2.7699	2.4300

图4　2000年以来甘肃人均文化消费城乡比变动态势

注：左轴面积为城镇、乡村人均文化消费（元转换为%），城乡间年度升降形成直观比例关系；右轴曲线为人均文化消费城乡比（乡村=1）。标注城乡比年度31省域排序。

同期，甘肃城镇人均文化消费从298.66元增长至711.28元，增加412.62元，总增长138.16%，年均增长8.21%。城镇人均值最高增长年度为2002年，增长率50.22%；最低增长年度为2003年，负增长13.41%。乡村人均文化消费从143.87元增长至292.71元，增加148.84元，总增长103.45%，年均增长6.67%。乡村人均值最高增长年度为2005年，增长率27.26%；最低增长年度为2006年，负增长11.42%。此间，甘肃城镇人均文化消费需求年均增长较明显高于乡村年均增长1.54个百分点，导致甘肃文化消费需求的城乡比略有扩大。

2011年，甘肃城镇人均文化消费增长7.88%，低于“十五”年均增长0.02个百分点，也低于“十一五”年均增长0.70个百分点；乡村人均文化消费增长22.97%，高于“十五”年均增长10.59个百分点，也高于“十一五”年均增长24.56个百分点。此时，甘肃城镇人均值高于乡村，城镇年度增幅低于乡村增幅15.09个百分点，意味着城乡差距缩小。甘肃文化消费城乡比因此比2010年明显缩小12.27%，城乡比排序处于31个省域里第15位。

2. 城乡人均文化消费地区差

2000~2011年甘肃城乡文化消费与全国地区差变动态势见图5。

2000~2011年，甘肃城乡人均文化消费与全国城乡地区差由1.1578扩大

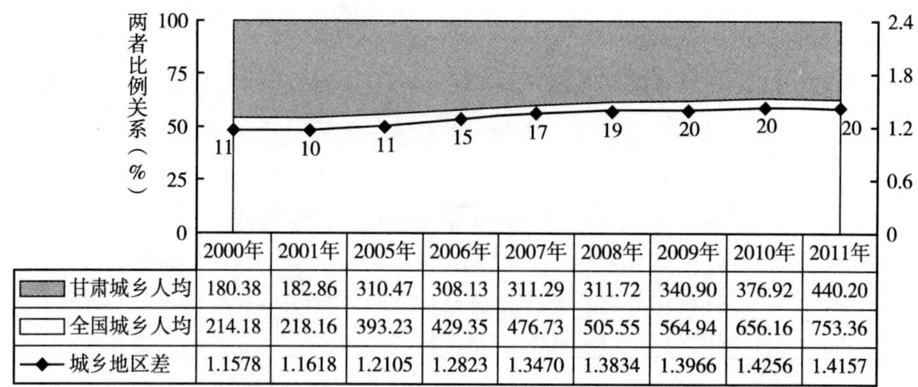

	2000年	2001年	2005年	2006年	2007年	2008年	2009年	2010年	2011年
甘肃城乡人均	180.38	182.86	310.47	308.13	311.29	311.72	340.90	376.92	440.20
全国城乡人均	214.18	218.16	393.23	429.35	476.73	505.55	564.94	656.16	753.36
城乡地区差	1.1578	1.1618	1.2105	1.2823	1.3470	1.3834	1.3966	1.4256	1.4157

图 5　2000 年以来甘肃城乡人均文化消费与全国地区差变动态势

注：左轴面积为城乡人均文化消费（元转换为%），当地与全国数值年度升降形成直观比例关系；右轴曲线为城乡人均文化消费地区差（无差距 =1）。标注地区差年度 31 省域排序。

至 1.4157，在 31 个省域里排序从第 11 位下降到第 20 位。其间，最小地区差为 2000 年 1.1578，最大地区差为 2010 年 1.4256。“十五”以来，甘肃城乡人均文化消费地区差扩大 22.27%，地区差扩减变化状况处于 31 个省域里第 29 位。这意味着，甘肃属于城乡文化消费地区差扩减变化态势很严重的省域之一。

2000 ~ 2011 年，甘肃城乡人均文化消费年均增幅明显低于全国增幅 3.66 个百分点，甘肃城乡文化消费需求与全国的地区差极显著扩大。

2011 年，甘肃城乡人均文化消费增长高于自身“十五”年均增长 5.32 个百分点，也高于自身“十一五”年均增长 12.83 个百分点，同时较明显高于全国增幅 1.97 个百分点。此时，甘肃城乡人均值低于全国城乡平均值，增长高于全国意味着地区差距缩小，与全国城乡地区差因此比 2010 年略有缩小 0.69%，地区差排序处于 31 个省域里第 20 位。

四　甘肃城乡文化消费需求景气测评

综合以上分析：“十五”以来甘肃城乡文化消费总量年均增长显著低于全国增长，人均值年均增长也明显低于全国平均增长；“十一五”期间各项比例

升降变化状况全面不及“十五”期间；“十五”以来城乡比略有扩大，同时地区差极显著扩大。这些都集中体现在甘肃城乡文化消费需求景气指数的测评演算中。2000～2011年甘肃城乡文化消费需求景气指数变动态势见图6。

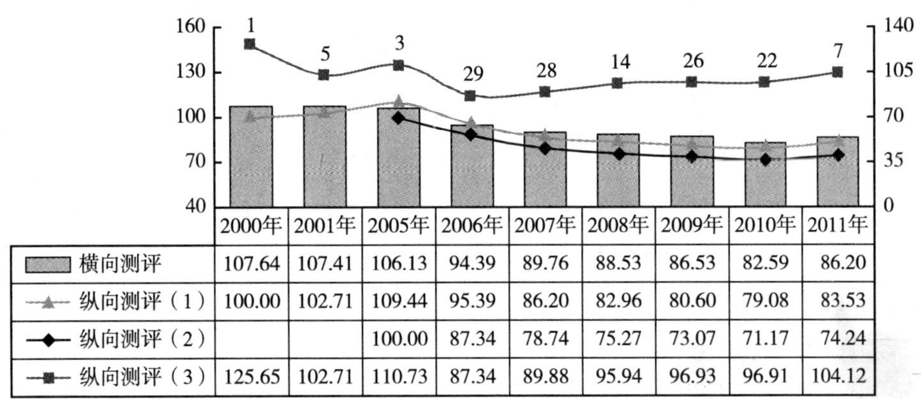

	2000年	2001年	2005年	2006年	2007年	2008年	2009年	2010年	2011年
横向测评	107.64	107.41	106.13	94.39	89.76	88.53	86.53	82.59	86.20
纵向测评（1）	100.00	102.71	109.44	95.39	86.20	82.96	80.60	79.08	83.53
纵向测评（2）			100.00	87.34	78.74	75.27	73.07	71.17	74.24
纵向测评（3）	125.65	102.71	110.73	87.34	89.88	95.94	96.93	96.91	104.12

图6　2000年以来甘肃城乡文化消费需求景气指数变动态势

注：左轴柱形为横向测评（城乡、地区无差异理想值=100）；左轴曲线为纵向测评（起点年基数值=100），（1）2000年起点，（2）2005年起点；右轴曲线为纵向测评（3）上年起点。标注逐年纵向测评全国排行位次，其余测评排行位次省略。

1. 各年度横向测评景气指数

在此项测评中，以全国城乡文化消费总量份额值、人均绝对值、各项比值为基准，并以城乡之间、地区之间实现无差距状态为“理想值”100来衡量，2011年甘肃城乡此项景气指数为86.20，低于理想值13.80，同时高于上一年3.60。各年度对比，甘肃城乡此项景气指数在31个省域里排行，2000年为第4位，2005年上升为第1位，2010年下降为第14位，2011年比2010年上升7位。

2. “十五”以来纵向测评景气指数

在此项测评中，以“九五”末年2000年为起点基数值100，2011年甘肃城乡此项景气指数为83.53，低于2000年起点基数16.47，同时高于上一年4.44。“十五”以来对比，甘肃城乡此项景气指数在31个省域里排行，2001年为第5位，2005年下降为第6位，2010年下降为第27位，2011年比2010年上升2位。

3. “十一五”以来纵向测评景气指数

以“十五”末年2005年为起点基数值100，2011年甘肃城乡此项景气指数为74.24，低于2005年起点基数25.76，同时高于上一年3.06。“十一五”以来对比，甘肃城乡此项景气指数在31个省域里排行，2006年为第29位，2010年下降为第30位，2011年与2010年持平。

4. 逐年度纵向测评景气指数

以上一年2010年为起点基数值100，2011年甘肃城乡此项景气指数为104.12，高于2010年起点基数4.12。逐年对比，甘肃城乡此项景气指数在31个省域里排行，2000年为第1位，2005年下降为第3位，2010年下降为第22位，2011年比2010年上升15位。

Gansu: The Ranking Went Close to the Forefront in the Annual Vertical-Lateral Evaluation

Abstract: In 2011, Gansu ranked the 17th in the increase of the total cultural consumption of urban-rural areas and the 8th in the growth of per capita value. Ranking of the boom evaluation: Gansu ranked the 7th in the lateral evaluation of the cultural consumption demand of urban-rural areas across the provinces; in its own vertical evaluation, Gansu ranked the 25th, the 30th and the 7th during the period of 2000 -2011, 2005 -2011 and 2010 -2011 respectively.

Key Words: Gansu's Urban-rural Areas; Cultural Consumption; Boom Evaluation

B.27
青海：1995 年以来 4 项纵向测评皆进前三

摘　要：

2011 年，青海城乡文化消费总量增长处于第 3 位，人均值增长处于第 4 位。景气评价排行结果：青海城乡在省域横向测评中，2011 年景气指数处于第 24 位；在自身纵向测评中，2000 ~2011 年景气指数处于第 3 位，2005 ~2011 年景气指数处于第 1 位，2010 ~2011 年景气指数处于第 1 位。

关键词：

青海城乡　文化消费　景气评价

青海同时处于 1995 ~2011 年城乡景气提升第 1 位，详见本书排行报告，本文限于展示 2000 ~2011 年间青海相关各方面的增长态势。

一　青海城乡文化消费需求增长状况

1. 文化消费总量份额值变化

2000 ~2011 年青海城乡文化消费总量增长、份额变化态势见图 1。

2000 ~2011 年，青海城乡文化消费总量从 5.87 亿元增长至 24.41 亿元，增加 18.54 亿元，总增长 315.84%，年均增长 13.83%，增长幅度排序处于 31 个省域里第 7 位。其中，“十五”期间总增长 119.94%，年均增长 17.07%；“十一五”期间总增长 51.87%，年均增长 8.72%。“十一五”年均增长幅度低于“十五”8.35 个百分点。总量最高增长年度为 2002 年，增长率45.93%；最低增长年度为 2008 年，负增长 1.40%。

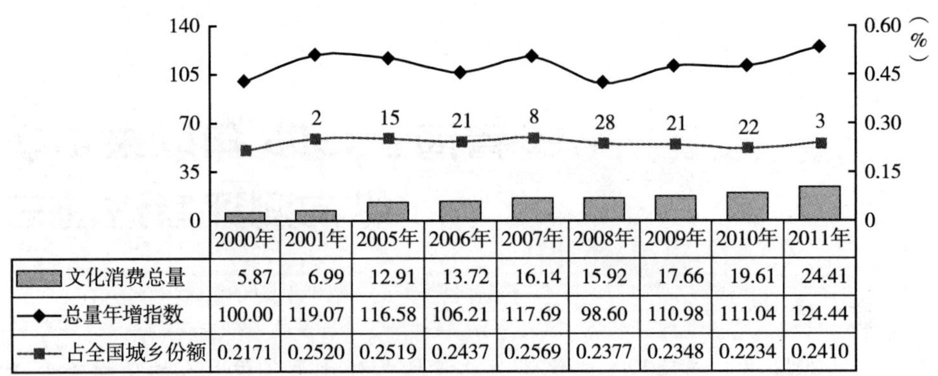

	2000年	2001年	2005年	2006年	2007年	2008年	2009年	2010年	2011年
文化消费总量	5.87	6.99	12.91	13.72	16.14	15.92	17.66	19.61	24.41
总量年增指数	100.00	119.07	116.58	106.21	117.69	98.60	110.98	111.04	124.44
占全国城乡份额	0.2171	0.2520	0.2519	0.2437	0.2569	0.2377	0.2348	0.2234	0.2410

图1　2000年以来青海城乡文化消费总量增长、份额变化态势

注：左轴柱形为城乡文化消费总量（亿元）；左轴曲线为年度（年均）增长指数（上年=100），年增指数小于100为负增长；右轴曲线为占全国城乡份额（%）。标注年度份额增减31省域排序，2000年起点不计。

同期，全国城乡文化消费总量年均增长12.75%，青海年均增幅较明显高于全国城乡年均增幅1.08个百分点。青海城乡文化消费总量占全国份额由0.22%升高为0.24%，上升幅度为11.01%，份额升降变化排序处于31个省域里第7位。

2011年，全国城乡文化消费总量增长15.36%，青海城乡文化消费总量增长24.44%，极显著高于全国增幅9.08个百分点，占全国份额比2010年上升7.88%。同时，青海总量增长高于自身“十五”年均增长7.37个百分点，也高于自身“十一五”年均增长15.73个百分点，增长幅度和占全国份额变化排序处于31个省域里第3位。

2. 文化消费人均绝对值增长

2000~2011年青海城乡人均文化消费增长、增幅变化态势见图2。

2000~2011年，青海城乡人均文化消费从114.34元增长至431.53元，增加317.19元，总增长277.41%，年均增长12.83%，增长幅度排序处于31个省域里第4位。其中，“十五”期间人均值总增长108.76%，年均增长15.86%；“十一五”期间人均值总增长46.72%，年均增长7.97%。“十一五”年均增长幅度低于“十五”7.89个百分点。人均值最高增长年度为2002年，增长率44.27%；最低增长年度为2008年，负增长1.94%。

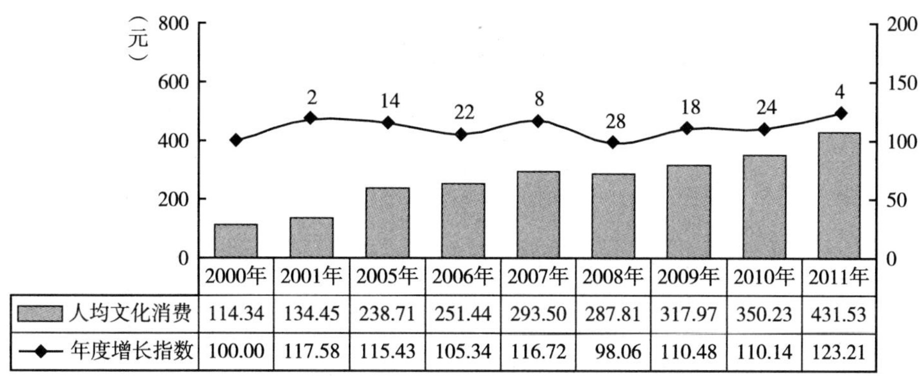

	2000年	2001年	2005年	2006年	2007年	2008年	2009年	2010年	2011年
人均文化消费	114.34	134.45	238.71	251.44	293.50	287.81	317.97	350.23	431.53
年度增长指数	100.00	117.58	115.43	105.34	116.72	98.06	110.48	110.14	123.21

图 2　2000 年以来青海城乡人均文化消费增长、增幅变化态势

注：左轴柱形为城乡人均文化消费（元）；右轴曲线为年度（年均）增长指数（上年 = 100），年增指数小于 100 为负增长。标注年度增长 31 省域排序，2000 年起点不计。

同期，全国城乡人均文化消费年均增长 12.11%，青海年均增幅略微高于全国增幅。青海城乡人均文化消费从全国城乡平均值的 53.39% 提高至 57.28%，人均绝对值在 31 个省域里排序由第 30 位提高为第 27 位。

2011 年，全国城乡人均文化消费增长 14.81%，青海增长 23.21%，极显著高于全国增幅，同时高于自身“十五”年均增长，也高于自身“十一五”年均增长，增长幅度排序处于 31 个省域里第 4 位。

二　青海城乡文化消费相关背景情况

2000 ~ 2011 年青海城乡文化消费比例变动态势见图 3。

1. 人均文化消费与人均产值的比例

2000 ~ 2011 年，青海城乡人均文化消费与人均产值的比例由 2.23% 降低至 1.46%，由于其他省域此项比值降低更加明显，青海在 31 个省域里排序从第 24 位上升到第 23 位。“十五”以来，青海城乡此项比值下降 34.32%，升降变化程度处于 31 个省域里第 16 位。

分阶段来看，青海城乡此项比值在“十五”期间提高 0.15 个百分点；在“十一五”期间降低 0.92 个百分点。文化消费需求增长与当地省域经济发展之间协调关系变化，在“十五”至“十一五”期间，由略微提升逆转为较明显下降。其间，最高值为 2002 年 2.99%，最低值为 2010 年 1.45%。

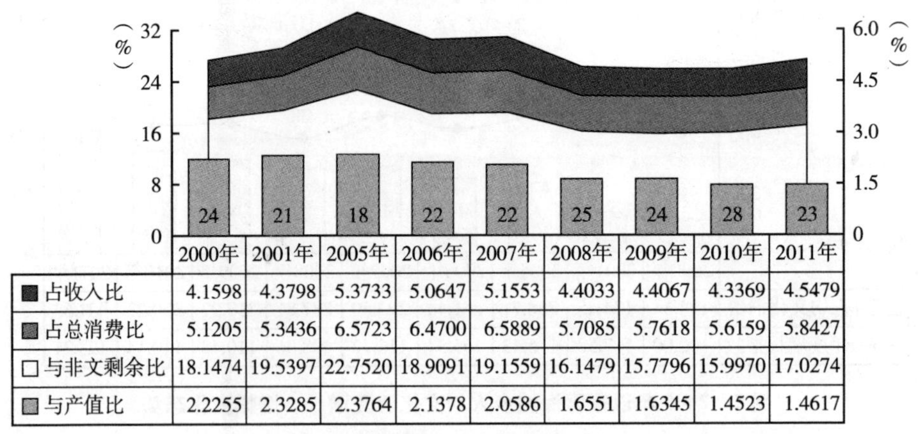

	2000年	2001年	2005年	2006年	2007年	2008年	2009年	2010年	2011年
■占收入比	4.1598	4.3798	5.3733	5.0647	5.1553	4.4033	4.4067	4.3369	4.5479
■占总消费比	5.1205	5.3436	6.5723	6.4700	6.5889	5.7085	5.7618	5.6159	5.8427
□与非文剩余比	18.1474	19.5397	22.7520	18.9091	19.1559	16.1479	15.7796	15.9970	17.0274
■与产值比	2.2255	2.3285	2.3764	2.1378	2.0586	1.6551	1.6345	1.4523	1.4617

图3　2000 年以来青海城乡文化消费比例变动态势

注：左轴面积为城乡人均文化消费占收入比、占总消费比、与非文消费剩余（图中简称“非文剩余”）比（%），各项比值年度升降形成直观比例叠加；右轴柱形为城乡人均文化消费与产值比（%）。标注与产值比年度 31 省域排序，其余比值排序省略。

2011 年，青海城乡此项比值提高 0. 0094 个百分点，升幅为 0. 65%，文化消费需求增长与经济发展的协调性比 2010 年略有上升。

2. 人均文化消费占人均收入的比重

2000～2011 年，青海城乡人均文化消费占人均收入的比重由 4. 16% 提高至 4. 55%，在 31 个省域里排序从第 29 位上升到第 23 位。“十五”以来，青海城乡此项比值上升 9. 33%，升降变化程度处于 31 个省域里第 4 位。

分阶段来看，青海城乡此项比值在“十五”期间提高 1. 21 个百分点；在“十一五”期间降低 1. 04 个百分点。当地居民文化消费需求增长与收入增加之间协调关系变化，在“十五”至“十一五”期间，由明显提升逆转为明显下降。其间，最高值为 2002 年 5. 89%，最低值为 2000 年 4. 16%。

2011 年，青海城乡此项比值提高 0. 21 个百分点，升幅为 4. 86%，文化消费需求增长与收入增加的协调性比 2010 年较明显上升。

3. 人均文化消费占人均总消费的比重

2000～2011 年，青海城乡人均文化消费占人均总消费的比重由 5. 12% 提高至 5. 84%，在 31 个省域里排序从第 30 位上升到第 28 位。“十五”以来，青海城乡此项比值上升 14. 10%，升降变化程度处于 31 个省域里第 5 位。

分阶段来看，青海城乡此项比值在“十五”期间提高 1.45 个百分点；在“十一五”期间降低 0.96 个百分点。当地居民文化消费需求增长与总消费增加之间协调关系变化，在“十五”至“十一五”期间，由明显提升逆转为较明显下降。其间，最高值为 2002 年 7.17%，最低值为 2000 年 5.12%。

2011 年，青海城乡此项比值提高 0.23 个百分点，升幅为 4.04%，文化消费需求增长与总消费增加的协调性比 2010 年较明显上升。

4. 人均文化消费与人均非文消费剩余的比例

2000～2011 年，青海城乡人均文化消费与人均非文消费剩余的比例由 18.15% 降低至 17.03%，由于其他省域此项比值降低更加明显，青海在 31 个省域里排序从第 20 位上升到第 8 位。“十五”以来，青海城乡此项比值下降 6.17%，升降变化程度处于 31 个省域里第 6 位。

分阶段来看，青海城乡此项比值在“十五”期间提高 4.60 个百分点；在“十一五”期间降低 6.76 个百分点。当地居民文化消费需求增长与“必需消费”之外“余钱”增多之间协调关系变化，在“十五”至“十一五”期间，由显著提升逆转为显著下降。其间，最高值为 2002 年 24.81%，最低值为 2009 年 15.78%。

2011 年，青海城乡此项比值提高 1.03 个百分点，升幅为 6.44%，文化消费需求增长与“必需消费”之外“余钱”增多的协调性比 2010 年极显著提升。

三　青海文化消费城乡、区域协调状况

1. 人均文化消费城乡比

2000～2011 年青海人均文化消费城乡比变动态势见图 4。

2000～2011 年，青海人均文化消费城乡比由 2.2880 扩大至 2.4099，由于其他省域文化消费城乡比扩大更为严重，青海城乡比在 31 个省域里排序从第 28 位上升到第 13 位。其间，最小城乡比为 2000 年 2.2880，最大城乡比为 2005 年 4.0405。“十五”以来，青海人均文化消费城乡比扩大 5.33%，城乡比扩减变化状况处于 31 个省域里第 3 位。这意味着，青海属于文化消费城乡比扩减变化态势较好的省域之一。

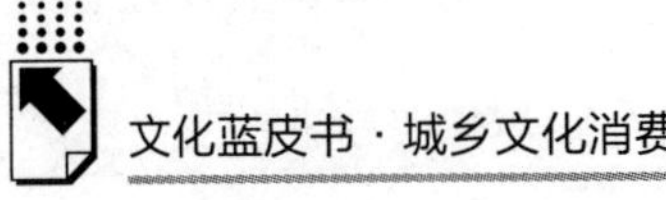

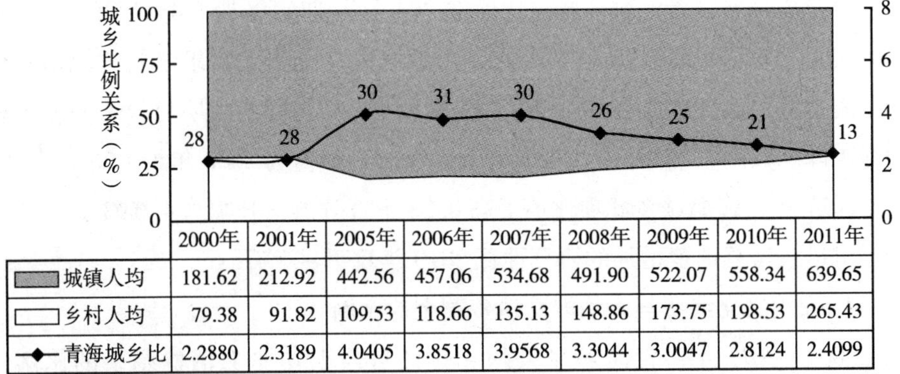

	2000年	2001年	2005年	2006年	2007年	2008年	2009年	2010年	2011年
城镇人均	181.62	212.92	442.56	457.06	534.68	491.90	522.07	558.34	639.65
乡村人均	79.38	91.82	109.53	118.66	135.13	148.86	173.75	198.53	265.43
青海城乡比	2.2880	2.3189	4.0405	3.8518	3.9568	3.3044	3.0047	2.8124	2.4099

图 4　2000 年以来青海人均文化消费城乡比变动态势

注：左轴面积为城镇、乡村人均文化消费（元转换为%），城乡间年度升降形成直观比例关系；右轴曲线为人均文化消费城乡比（乡村 =1）。标注城乡比年度 31 省域排序。

同期，青海城镇人均文化消费从 181.62 元增长至 639.65 元，增加 458.03 元，总增长 252.19%，年均增长 12.13%。城镇人均值最高增长年度为 2002 年，增长率 62.71%；最低增长年度为 2008 年，负增长 8.00%。乡村人均文化消费从 79.38 元增长至 265.43 元，增加 186.05 元，总增长 234.38%，年均增长 11.60%。乡村人均值最高增长年度为 2011 年，增长率 33.70%；最低增长年度为 2004 年，负增长 17.90%。此间，青海城镇人均文化消费需求年均增长略微高于乡村年均增长 0.53 个百分点，导致青海文化消费需求的城乡比略有扩大。

2011 年，青海城镇人均文化消费增长 14.56%，低于“十五”年均增长 4.94 个百分点，但高于“十一五”年均增长 9.81 个百分点；乡村人均文化消费增长 33.70%，高于“十五”年均增长 27.05 个百分点，也高于“十一五”年均增长 21.07 个百分点。此时，青海城镇人均值高于乡村，城镇年度增幅低于乡村增幅 19.14 个百分点，意味着城乡差距缩小。青海文化消费城乡比因此比 2010 年明显缩小 14.31%，城乡比排序处于 31 个省域里第 13 位。

2. 城乡人均文化消费地区差

2000 ~ 2011 年青海城乡文化消费与全国地区差变动态势见图 5。

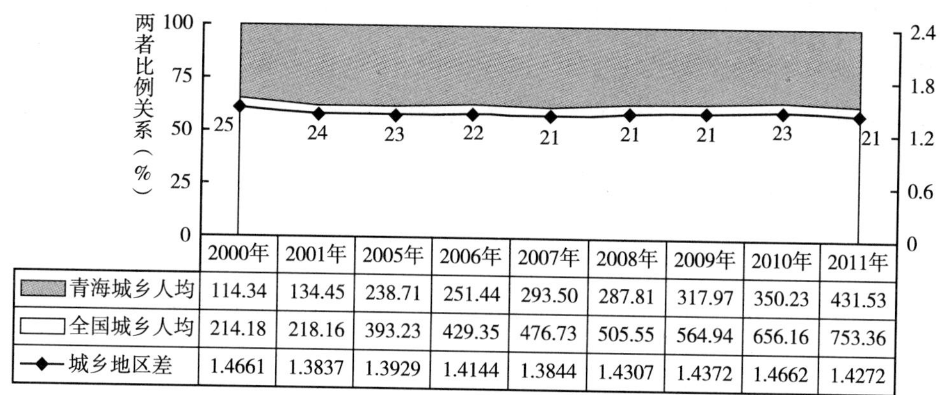

	2000年	2001年	2005年	2006年	2007年	2008年	2009年	2010年	2011年
青海城乡人均	114.34	134.45	238.71	251.44	293.50	287.81	317.97	350.23	431.53
全国城乡人均	214.18	218.16	393.23	429.35	476.73	505.55	564.94	656.16	753.36
城乡地区差	1.4661	1.3837	1.3929	1.4144	1.3844	1.4307	1.4372	1.4662	1.4272

图 5　2000 年以来青海城乡人均文化消费与全国地区差变动态势

注：左轴面积为城乡人均文化消费（元转换为%），当地与全国数值年度升降形成直观比例关系；右轴曲线为城乡人均文化消费地区差（无差距 = 1）。标注地区差年度 31 省域排序。

2000 ~ 2011 年，青海城乡人均文化消费与全国城乡地区差由 1.4661 缩小至 1.4272，在 31 个省域里排序从第 25 位上升到第 21 位。其间，最小地区差为 2003 年 1.3171，最大地区差为 2010 年 1.4662。“十五”以来，青海城乡人均文化消费地区差缩小 2.66%，地区差扩减变化状况处于 31 个省域里第 7 位。这意味着，青海属于城乡文化消费地区差扩减变化态势良好的省域之一。

2000 ~ 2011 年，青海城乡人均文化消费年均增幅略微高于全国增幅 0.72 个百分点，青海城乡文化消费需求与全国的地区差较明显缩小。

2011 年，青海城乡人均文化消费增长高于自身“十五”年均增长 7.35 个百分点，也高于自身“十一五”年均增长 15.24 个百分点，同时极显著高于全国增幅 8.40 个百分点。此时，青海城乡人均值低于全国城乡平均值，增长高于全国意味着地区差距缩小，与全国城乡地区差因此比 2010 年较明显缩小 2.66%，地区差排序处于 31 个省域里第 21 位。

四　青海城乡文化消费需求景气测评

综合以上分析：“十五”以来青海城乡文化消费总量年均增长较明显高于

全国增长，人均值年均增长也略微高于全国平均增长；“十一五”期间各项比例升降变化状况全面不及“十五”期间；“十五”以来城乡比略有扩大，同时地区差较明显缩小。这些都集中体现在青海城乡文化消费需求景气指数的测评演算中。2000～2011 年青海城乡文化消费需求景气指数变动态势见图 6。

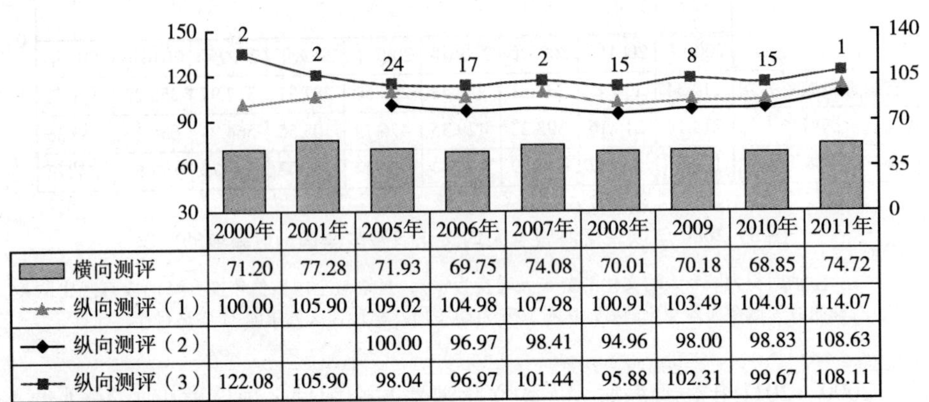

	2000年	2001年	2005年	2006年	2007年	2008年	2009	2010年	2011年
横向测评	71.20	77.28	71.93	69.75	74.08	70.01	70.18	68.85	74.72
纵向测评（1）	100.00	105.90	109.02	104.98	107.98	100.91	103.49	104.01	114.07
纵向测评（2）			100.00	96.97	98.41	94.96	98.00	98.83	108.63
纵向测评（3）	122.08	105.90	98.04	96.97	101.44	95.88	102.31	99.67	108.11

图 6　2000 年以来青海城乡文化消费需求景气指数变动态势

注：左轴柱形为横向测评（城乡、地区无差异理想值 = 100）；左轴曲线为纵向测评（起点年基数值 = 100），（1）2000 年起点，（2）2005 年起点；右轴曲线为纵向测评（3）上年起点。标注逐年纵向测评全国排行位次，其余测评排行位次省略。

1. 各年度横向测评景气指数

在此项测评中，以全国城乡文化消费总量份额值、人均绝对值、各项比值为基准，并以城乡之间、地区之间实现无差距状态为“理想值”100 来衡量，2011 年青海城乡此项景气指数为 74.72，低于理想值 25.28，同时高于上一年 5.87。各年度对比，青海城乡此项景气指数在 31 个省域里排行，2000 年为第 30 位，2005 年上升为第 28 位，2010 年下降为第 29 位，2011 年比 2010 年上升 5 位。

2. “十五”以来纵向测评景气指数

在此项测评中，以“九五”末年 2000 年为起点基数值 100，2011 年青海城乡此项景气指数为 114.07，高于 2000 年起点基数 14.07，同时高于上一年 10.06。“十五”以来对比，青海城乡此项景气指数在 31 个省域里排行，2001 年为第 2 位，2005 年下降为第 7 位，2010 年下降为第 9 位，2011 年比 2010 年

上升 6 位。

3. “十一五”以来纵向测评景气指数

以“十五”末年 2005 年为起点基数值 100，2011 年青海城乡此项景气指数为 108.63，高于 2005 年起点基数 8.63，同时高于上一年 9.80。“十一五”以来对比，青海城乡此项景气指数在 31 个省域里排行，2006 年为第 17 位，2010 年上升为第 6 位，2011 年比 2010 年上升 5 位。

4. 逐年度纵向测评景气指数

以上一年 2010 年为起点基数值 100，2011 年青海城乡此项景气指数为 108.11，高于 2010 年起点基数 8.11。逐年对比，青海城乡此项景气指数在 31 个省域里排行，2000 年为第 2 位，2005 年下降为第 24 位，2010 年上升为第 15 位，2011 年比 2010 年上升 14 位。

Qinghai: Ranked the Top Three in all the Four Vertical Assessments since 1995

Abstract: In 2011, Qinghai ranked the 3rd in the increase of the total cultural consumption of urban-rural areas and the 4th in the growth of per capita value. Ranking of the boom evaluation: Qinghai ranked the 24th in the lateral evaluation of the cultural consumption demand of urban-rural areas across the provinces; in its own vertical evaluation, Qinghai ranked the 3rd, the 1st and the 1st during the period of 2000 –2011, 2005 –2011 and 2010 –2011 respectively.

Key Words: Qinghai's Urban-rural Areas; Cultural Consumption; Boom Evaluation

B.28

新疆：2011 年度城乡景气提升至第 2 位

摘　要：

2011 年，新疆城乡文化消费总量增长处于第 13 位，人均值增长处于第 11 位。景气评价排行结果：新疆城乡在省域横向测评中，2011 年景气指数处于第 29 位；在自身纵向测评中，2000～2011 年景气指数处于第 22 位，2005～2011 年景气指数处于第 13 位，2010～2011 年景气指数处于第 2 位。

关键词：

新疆城乡　文化消费　景气评价

本文充分展示 2000～2011 年间新疆相关各方面的增长态势，全面分析检测新疆城乡文化消费需求状况。

一　新疆城乡文化消费需求增长状况

1. 文化消费总量份额值变化

2000～2011 年新疆城乡文化消费总量增长、份额变化态势见图 1。

2000～2011 年，新疆城乡文化消费总量从 29.04 亿元增长至 85.36 亿元，增加 56.32 亿元，总增长 193.94%，年均增长 10.30%，增长幅度排序处于 31 个省域里第 24 位。其中，“十五”期间总增长 40.68%，年均增长 7.06%；“十一五”期间总增长 77.83%，年均增长 12.20%。“十一五”年均增长幅度高于“十五”5.14 个百分点。总量最高增长年度为 2002 年，增长率 40.35%；最低增长年度为 2003 年，负增长 12.59%。

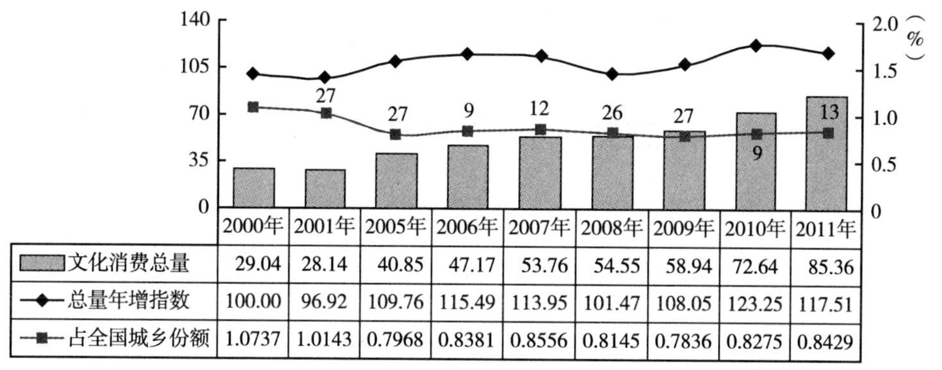

	2000年	2001年	2005年	2006年	2007年	2008年	2009年	2010年	2011年
文化消费总量	29.04	28.14	40.85	47.17	53.76	54.55	58.94	72.64	85.36
总量年增指数	100.00	96.92	109.76	115.49	113.95	101.47	108.05	123.25	117.51
占全国城乡份额	1.0737	1.0143	0.7968	0.8381	0.8556	0.8145	0.7836	0.8275	0.8429

图 1　2000 年以来新疆城乡文化消费总量增长、份额变化态势

注：左轴柱形为城乡文化消费总量（亿元）；左轴曲线为年度（年均）增长指数（上年 = 100），年增指数小于 100 为负增长；右轴曲线为占全国城乡份额（%）。标注年度份额增减 31 省域排序，2000 年起点不计。

同期，全国城乡文化消费总量年均增长 12.75%，新疆年均增幅明显低于全国城乡年均增幅 2.45 个百分点。新疆城乡文化消费总量占全国份额由 1.07% 降低为 0.84%，下降幅度为 21.50%，份额升降变化排序处于 31 个省域里第 24 位。

2011 年，全国城乡文化消费总量增长 15.36%，新疆城乡文化消费总量增长 17.51%，明显高于全国增幅 2.15 个百分点，占全国份额比 2010 年上升 1.87%。同时，新疆总量增长高于自身“十五”年均增长 10.44 个百分点，也高于自身“十一五”年均增长 5.31 个百分点，增长幅度和占全国份额变化排序处于 31 个省域里第 13 位。

2. 文化消费人均绝对值增长

2000 ~ 2011 年新疆城乡人均文化消费增长、增幅变化态势见图 2。

2000 ~ 2011 年，新疆城乡人均文化消费从 160.28 元增长至 388.53 元，增加 228.25 元，总增长 142.41%，年均增长 8.38%，增长幅度排序处于 31 个省域里第 31 位。其中，“十五”期间人均值总增长 28.29%，年均增长 5.11%；“十一五”期间人均值总增长 62.64%，年均增长 10.22%。“十一五”年均增长幅度高于“十五”5.11 个百分点。人均值最高增长年度为 2002 年，增长率 38.28%；最低增长年度为 2003 年，负增长 13.91%。

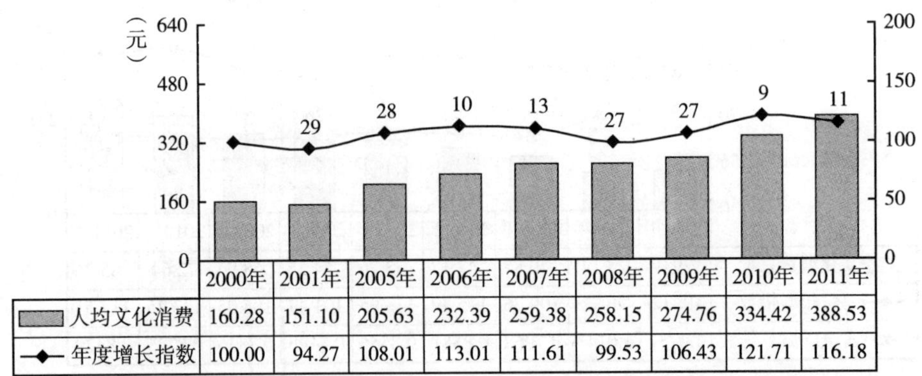

	2000年	2001年	2005年	2006年	2007年	2008年	2009年	2010年	2011年
人均文化消费	160.28	151.10	205.63	232.39	259.38	258.15	274.76	334.42	388.53
年度增长指数	100.00	94.27	108.01	113.01	111.61	99.53	106.43	121.71	116.18

图 2　2000 年以来新疆城乡人均文化消费增长、增幅变化态势

注：左轴柱形为城乡人均文化消费（元）；右轴曲线为年度（年均）增长指数（上年 = 100），年增指数小于 100 为负增长。标注年度增长 31 省域排序，2000 年起点不计。

同期，全国城乡人均文化消费年均增长 12.11%，新疆年均增幅明显低于全国增幅。新疆城乡人均文化消费从全国城乡平均值的 74.84% 降低至 51.57%，人均绝对值在 31 个省域里排序由第 22 位降低为第 30 位。

2011 年，全国城乡人均文化消费增长 14.81%，新疆增长 16.18%，较明显高于全国增幅，同时高于自身“十五”年均增长，也高于自身“十一五”年均增长，增长幅度排序处于 31 个省域里第 11 位。

二　新疆城乡文化消费相关背景情况

2000 ~ 2011 年新疆城乡文化消费比例变动态势见图 3。

1. 人均文化消费与人均产值的比例

2000 ~ 2011 年，新疆城乡人均文化消费与人均产值的比例由 2.17% 降低至 1.29%，在 31 个省域里排序从第 25 位下降到第 30 位。“十五”以来，新疆城乡此项比值下降 40.61%，升降变化程度处于 31 个省域里第 17 位。

分阶段来看，新疆城乡此项比值在“十五”期间降低 0.61 个百分点；在“十一五”期间降低 0.23 个百分点。文化消费需求增长与当地省域经济发展之间协调关系变化，在“十五”至“十一五”期间，由较明显下降减轻为较小幅度的略微下降。其间，最高值为 2002 年 2.47%，最低值为 2011 年 1.29%。

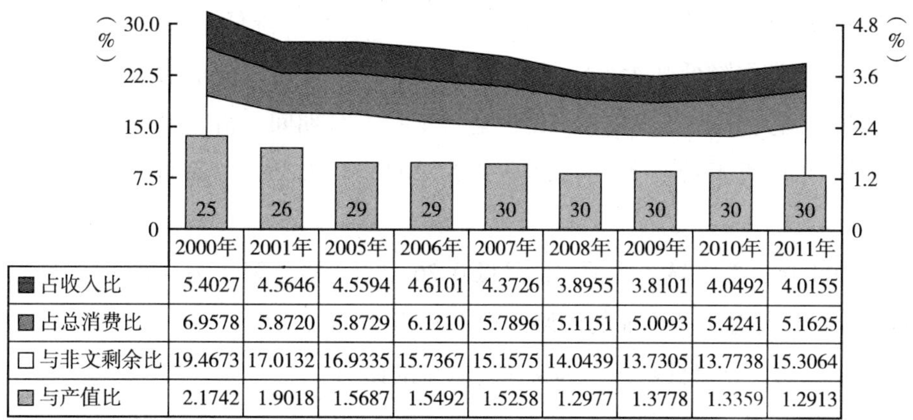

	2000年	2001年	2005年	2006年	2007年	2008年	2009年	2010年	2011年
■占收入比	5.4027	4.5646	4.5594	4.6101	4.3726	3.8955	3.8101	4.0492	4.0155
■占总消费比	6.9578	5.8720	5.8729	6.1210	5.7896	5.1151	5.0093	5.4241	5.1625
□与非文剩余比	19.4673	17.0132	16.9335	15.7367	15.1575	14.0439	13.7305	13.7738	15.3064
■与产值比	2.1742	1.9018	1.5687	1.5492	1.5258	1.2977	1.3778	1.3359	1.2913

图 3　2000 年以来新疆城乡文化消费比例变动态势

注：左轴面积为城乡人均文化消费占收入比、占总消费比、与非文消费剩余（图例简称“非文剩余”）比（%），各项比值年度升降形成直观比例叠加；右轴柱形为城乡人均文化消费与产值比（%）。标注与产值比年度 31 省域排序，其余比值排序省略。

2011 年，新疆城乡此项比值降低 0. 04 个百分点，降幅为 3. 33%，文化消费需求增长与经济发展的协调性比 2010 年略有下降。

2. 人均文化消费占人均收入的比重

2000 ~ 2011 年，新疆城乡人均文化消费占人均收入的比重由 5. 40% 降低至 4. 02%，在 31 个省域里排序从第 20 位下降到第 28 位。“十五”以来，新疆城乡此项比值下降 25. 68%，升降变化程度处于 31 个省域里第 25 位。

分阶段来看，新疆城乡此项比值在“十五”期间降低 0. 84 个百分点；在“十一五”期间降低 0. 51 个百分点。当地居民文化消费需求增长与收入增加之间协调关系变化，在“十五”至“十一五”期间，延续保持较明显下降。其间，最高值为 2002 年 5. 78%，最低值为 2009 年 3. 81%。

2011 年，新疆城乡此项比值降低 0. 03 个百分点，降幅为 0. 83%，文化消费需求增长与收入增加的协调性比 2010 年略有下降。

3. 人均文化消费占人均总消费的比重

2000 ~ 2011 年，新疆城乡人均文化消费占人均总消费的比重由 6. 96% 降低至 5. 16%，在 31 个省域里排序从第 22 位下降到第 29 位。“十五”以来，新疆城乡此项比值下降 25. 80%，升降变化程度处于 31 个省域里第 29 位。

分阶段来看，新疆城乡此项比值在“十五”期间降低1.08个百分点；在“十一五”期间降低0.45个百分点。当地居民文化消费需求增长与总消费增加之间协调关系变化，在“十五”至“十一五”期间，由明显下降减轻为较小幅度的略微下降。其间，最高值为2002年7.25%，最低值为2009年5.01%。

2011年，新疆城乡此项比值降低0.26个百分点，降幅为4.82%，文化消费需求增长与总消费增加的协调性比2010年较明显下降。

4. 人均文化消费与人均非文消费剩余的比例

2000~2011年，新疆城乡人均文化消费与人均非文消费剩余的比例由19.47%降低至15.31%，在31个省域里排序保持在第15位。“十五”以来，新疆城乡此项比值下降21.37%，升降变化程度处于31个省域里第12位。

分阶段来看，新疆城乡此项比值在“十五”期间降低2.53个百分点；在“十一五”期间降低3.16个百分点。当地居民文化消费需求增长与“必需消费”之外“余钱”增多之间协调关系变化，在“十五”至“十一五”期间，延续保持明显下降。其间，最高值为2002年22.16%，最低值为2009年13.73%。

2011年，新疆城乡此项比值提高1.53个百分点，升幅为11.13%，文化消费需求增长与“必需消费”之外“余钱”增多的协调性比2010年极显著提升。

三　新疆文化消费城乡、区域协调状况

1. 人均文化消费城乡比

2000~2011年新疆人均文化消费城乡比变动态势见图4。

2000~2011年，新疆人均文化消费城乡比由2.5299扩大至2.6457，由于其他省域文化消费城乡比扩大更为严重，新疆城乡比在31个省域里排序从第29位上升到第21位。其间，最小城乡比为2005年1.7895，最大城乡比为2002年3.7978。“十五”以来，新疆人均文化消费城乡比扩大4.57%，城乡比扩减变化状况处于31个省域里第2位。这意味着，新疆属于文化消费城乡比扩减变化态势较好的省域之一。

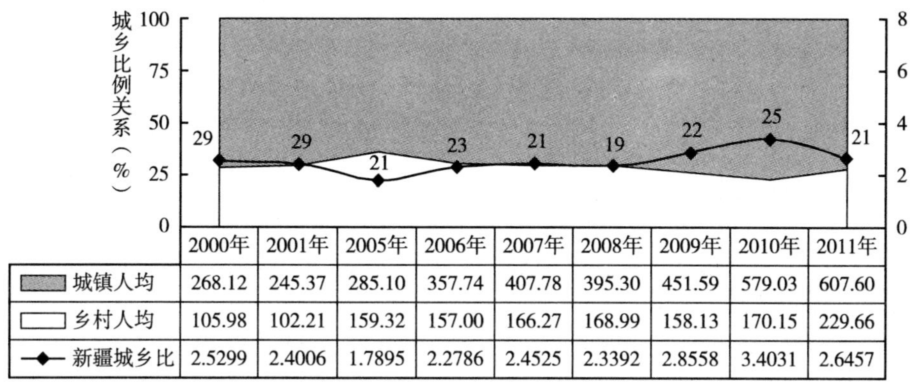

	2000年	2001年	2005年	2006年	2007年	2008年	2009年	2010年	2011年
城镇人均	268.12	245.37	285.10	357.74	407.78	395.30	451.59	579.03	607.60
乡村人均	105.98	102.21	159.32	157.00	166.27	168.99	158.13	170.15	229.66
新疆城乡比	2.5299	2.4006	1.7895	2.2786	2.4525	2.3392	2.8558	3.4031	2.6457

图 4　2000 年以来新疆人均文化消费城乡比变动态势

注：左轴面积为城镇、乡村人均文化消费（元转换为%），城乡间年度升降形成直观比例关系；右轴曲线为人均文化消费城乡比（乡村 =1）。标注城乡比年度 31 省域排序。

同期，新疆城镇人均文化消费从 268.12 元增长至 607.60 元，增加 339.48 元，总增长 126.61%，年均增长 7.72%。城镇人均值最高增长年度为 2002 年，增长率 63.83%；最低增长年度为 2003 年，负增长 24.96%。乡村人均文化消费从 105.98 元增长至 229.66 元，增加 123.68 元，总增长 116.70%，年均增长 7.28%。乡村人均值最高增长年度为 2011 年，增长率 34.98%；最低增长年度为 2009 年，负增长 6.43%。此间，新疆城镇人均文化消费需求年均增长略微高于乡村年均增长 0.44 个百分点，导致新疆文化消费需求的城乡比略有扩大。

2011 年，新疆城镇人均文化消费增长 4.93%，高于“十五”年均增长 3.70 个百分点，但低于“十一五”年均增长 10.29 个百分点；乡村人均文化消费增长 34.98%，高于“十五”年均增长 26.48 个百分点，也高于“十一五”年均增长 33.65 个百分点。此时，新疆城镇人均值高于乡村，城镇年度增幅低于乡村增幅 30.05 个百分点，意味着城乡差距缩小。新疆文化消费城乡比因此比 2010 年迅速缩小 22.26%，城乡比排序处于 31 个省域里第 21 位。

2. 城乡人均文化消费地区差

2000～2011 年新疆城乡文化消费与全国地区差变动态势见图 5。

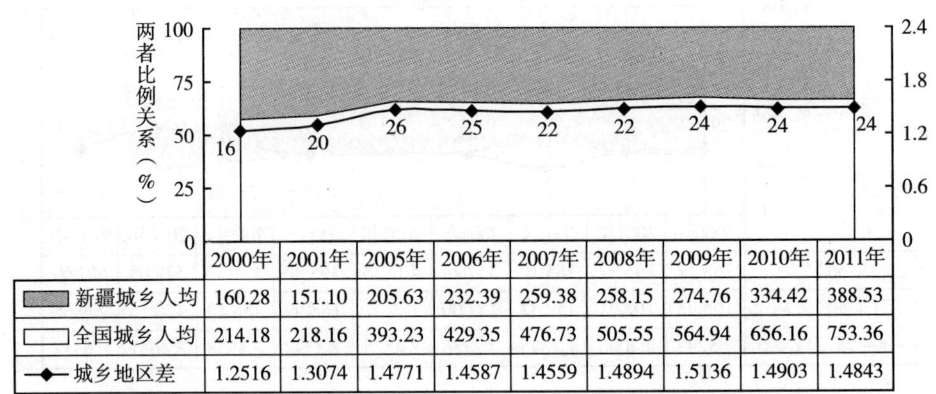

	2000年	2001年	2005年	2006年	2007年	2008年	2009年	2010年	2011年
新疆城乡人均	160.28	151.10	205.63	232.39	259.38	258.15	274.76	334.42	388.53
全国城乡人均	214.18	218.16	393.23	429.35	476.73	505.55	564.94	656.16	753.36
城乡地区差	1.2516	1.3074	1.4771	1.4587	1.4559	1.4894	1.5136	1.4903	1.4843

图5　2000 年以来新疆城乡人均文化消费与全国地区差变动态势

注：左轴面积为城乡人均文化消费（元转换为%），当地与全国数值年度升降形成直观比例关系；右轴曲线为城乡人均文化消费地区差（无差距=1）。标注地区差年度31省域排序。

2000~2011 年，新疆城乡人均文化消费与全国城乡地区差由 1.2516 扩大至 1.4843，在 31 个省域里排序从第 16 位下降到第 24 位。其间，最小地区差为 2000 年 1.2516，最大地区差为 2009 年 1.5136。“十五”以来，新疆城乡人均文化消费地区差扩大 18.59%，地区差扩减变化状况处于 31 个省域里第 28 位。这意味着，新疆属于城乡文化消费地区差扩减变化态势很严重的省域之一。

2000~2011 年，新疆城乡人均文化消费年均增幅明显低于全国增幅 3.73 个百分点，新疆城乡文化消费需求与全国的地区差极显著扩大。

2011 年，新疆城乡人均文化消费增长高于自身“十五”年均增长 11.07 个百分点，也高于自身“十一五”年均增长 5.96 个百分点，同时较明显高于全国增幅 1.37 个百分点。此时，新疆城乡人均值低于全国城乡平均值，增长高于全国意味着地区差距缩小，与全国城乡地区差因此比 2010 年略有缩小 0.41%，地区差排序处于 31 个省域里第 24 位。

四　新疆城乡文化消费需求景气测评

综合以上分析：“十五”以来新疆城乡文化消费总量年均增长明显低于全

国增长，人均值年均增长也明显低于全国平均增长；“十一五”期间与产值比、占收入比、占总消费比升降变化状况好于“十五”期间，其余比例升降变化状况不及“十五”期间；“十五”以来城乡比略有扩大，同时地区差极显著扩大。这些都集中体现在新疆城乡文化消费需求景气指数的测评演算中。2000～2011 年新疆城乡文化消费需求景气指数变动态势见图 6。

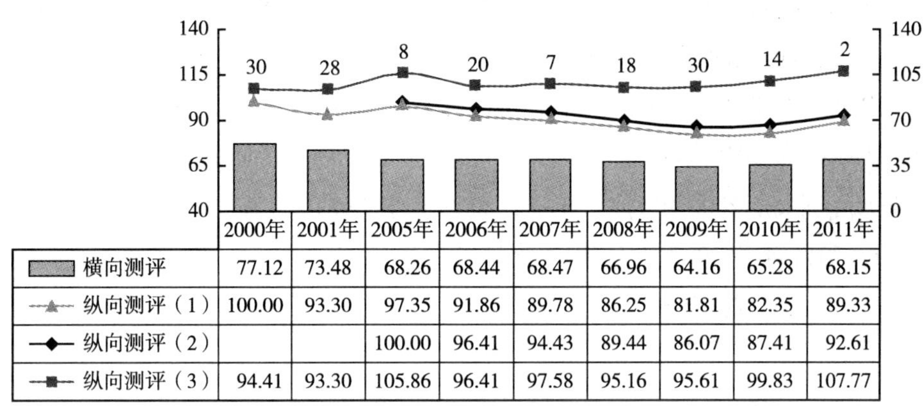

	2000年	2001年	2005年	2006年	2007年	2008年	2009年	2010年	2011年
横向测评	77.12	73.48	68.26	68.44	68.47	66.96	64.16	65.28	68.15
纵向测评（1）	100.00	93.30	97.35	91.86	89.78	86.25	81.81	82.35	89.33
纵向测评（2）			100.00	96.41	94.43	89.44	86.07	87.41	92.61
纵向测评（3）	94.41	93.30	105.86	96.41	97.58	95.16	95.61	99.83	107.77

图 6　2000 年以来新疆城乡文化消费需求景气指数变动态势

注：左轴柱形为横向测评（城乡、地区无差异理想值 = 100）；左轴曲线为纵向测评（起点年基数值 = 100），（1）2000 年起点，（2）2005 年起点；右轴曲线为纵向测评（3）上年起点。标注逐年纵向测评全国排行位次，其余测评排行位次省略。

1. 各年度横向测评景气指数

在此项测评中，以全国城乡文化消费总量份额值、人均绝对值、各项比值为基准，并以城乡之间、地区之间实现无差距状态为“理想值”100 来衡量，2011 年新疆城乡此项景气指数为 68.15，低于理想值 31.85，同时高于上一年 2.87。各年度对比，新疆城乡此项景气指数在 31 个省域里排行，2000 年为第 28 位，2005 年下降为第 30 位，2010 年与之持平，2011 年比 2010 年上升1 位。

2. “十五”以来纵向测评景气指数

在此项测评中，以“九五”末年 2000 年为起点基数值 100，2011 年新疆城乡此项景气指数为 89.33，低于 2000 年起点基数 10.67，同时高于上一年 6.98。“十五”以来对比，新疆城乡此项景气指数在 31 个省域里排行，2001 年为第 28 位，2005 年上升为第 22 位，2010 年下降为第 25 位，2011 年比

2010 年上升 3 位。

3. “十一五”以来纵向测评景气指数

以“十五”末年 2005 年为起点基数值 100，2011 年新疆城乡此项景气指数为 92.61，低于 2005 年起点基数 7.39，同时高于上一年 5.20。“十一五”以来对比，新疆城乡此项景气指数在 31 个省域里排行，2006 年为第 20 位，2010 年下降为第 21 位，2011 年比 2010 年上升 8 位。

4. 逐年度纵向测评景气指数

以上一年 2010 年为起点基数值 100，2011 年新疆城乡此项景气指数为 107.77，高于 2010 年起点基数 7.77。逐年对比，新疆城乡此项景气指数在 31 个省域里排行，2000 年为第 30 位，2005 年上升为第 8 位，2010 年下降为第 14 位，2011 年比 2010 年上升 12 位。

Xinjiang：Ranked the Second in 2011 Urban-Rural Boom Evaluation

Abstract：In 2011，Xinjiang ranked the 13th in the increase of the total cultural consumption of urban-rural areas and the 11th in the growth of per capita value. Ranking of the boom evaluation：Xinjiang ranked the 29th in the lateral evaluation of the cultural consumption demand of urban-rural areas across the provinces；in its own vertical evaluation，Xinjiang ranked the 22nd，the 13th and the 2nd during the period of 2000 –2011，2005 –2011 and 2010 –2011 respectively.

Key Words：Xinjiang's Urban-rural Areas；Cultural Consumption；Boom Evaluation

B.29

重庆：乡村急速高增长带来城乡比骤减

摘　要：

2011 年，重庆城乡文化消费总量增长处于第 12 位，人均值增长处于第 10 位。景气评价排行结果：重庆城乡在省域横向测评中，2011 年景气指数处于第 12 位；在自身纵向测评中，2000 ~2011 年景气指数处于第 18 位，2005 ~2011 年景气指数处于第 21 位，2010 ~2011 年景气指数处于第 5 位。

关键词：

重庆城乡　文化消费　景气评价

本文充分展示 2000 ~2011 年间重庆相关各方面的增长态势，全面分析检测重庆城乡文化消费需求状况。

一　重庆城乡文化消费需求增长状况

1. 文化消费总量份额值变化

2000 ~2011 年重庆城乡文化消费总量增长、份额变化态势见图 1。

2000 ~2011 年，重庆城乡文化消费总量从 61. 05 亿元增长至 203. 93 亿元，增加 142. 88 亿元，总增长 234. 04%，年均增长 11. 59%，增长幅度排序处于 31 个省域里第 21 位。其中，“十五”期间总增长 99. 51%，年均增长 14. 81%；“十一五”期间总增长 42. 40%，年均增长 7. 33%。“十一五”年均增长幅度低于“十五”7. 48 个百分点。总量最高增长年度为 2002 年，增长率 25. 65%；最低增长年度为 2006 年，负增长 9. 49%。

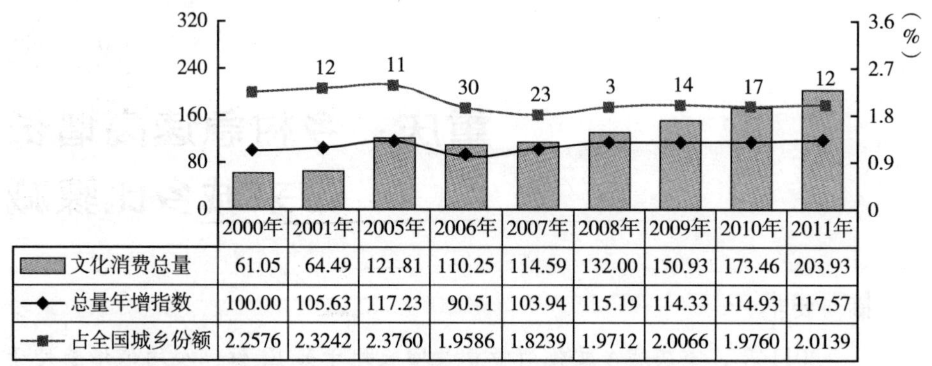

	2000年	2001年	2005年	2006年	2007年	2008年	2009年	2010年	2011年
文化消费总量	61.05	64.49	121.81	110.25	114.59	132.00	150.93	173.46	203.93
总量年增指数	100.00	105.63	117.23	90.51	103.94	115.19	114.33	114.93	117.57
占全国城乡份额	2.2576	2.3242	2.3760	1.9586	1.8239	1.9712	2.0066	1.9760	2.0139

图1　2000 年以来重庆城乡文化消费总量增长、份额变化态势

注：左轴柱形为城乡文化消费总量（亿元）；左轴曲线为年度（年均）增长指数（上年 = 100），年增指数小于 100 为负增长；右轴曲线为占全国城乡份额（%）。标注年度份额增减 31 省域排序，2000 年起点不计。

同期，全国城乡文化消费总量年均增长 12.75%，重庆年均增幅较明显低于全国城乡年均增幅 1.16 个百分点。重庆城乡文化消费总量占全国份额由 2.26%降低为 2.01%，下降幅度为 10.79%，份额升降变化排序处于 31 个省域里第 21 位。

2011 年，全国城乡文化消费总量增长 15.36%，重庆城乡文化消费总量增长 17.57%，明显高于全国增幅 2.21 个百分点，占全国份额比 2010 年上升 1.92%。同时，重庆总量增长高于自身“十五”年均增长 2.76 个百分点，也高于自身“十一五”年均增长 10.24 个百分点，增长幅度和占全国份额变化排序处于 31 个省域里第 12 位。

2. 文化消费人均绝对值增长

2000～2011 年重庆城乡人均文化消费增长、增幅变化态势见图 2。

2000～2011 年，重庆城乡人均文化消费从 198.00 元增长至 702.77 元，增加 504.77 元，总增长 254.93%，年均增长 12.21%，增长幅度排序处于 31 个省域里第 11 位。其中，“十五”期间人均值总增长 107.84%，年均增长 15.76%；“十一五”期间人均值总增长 46.77%，年均增长 7.98%。“十一五”年均增长幅度低于“十五”7.78 个百分点。人均值最高增长年度为 2002 年，增长率 25.34%；最低增长年度为 2006 年，负增长 4.42%。

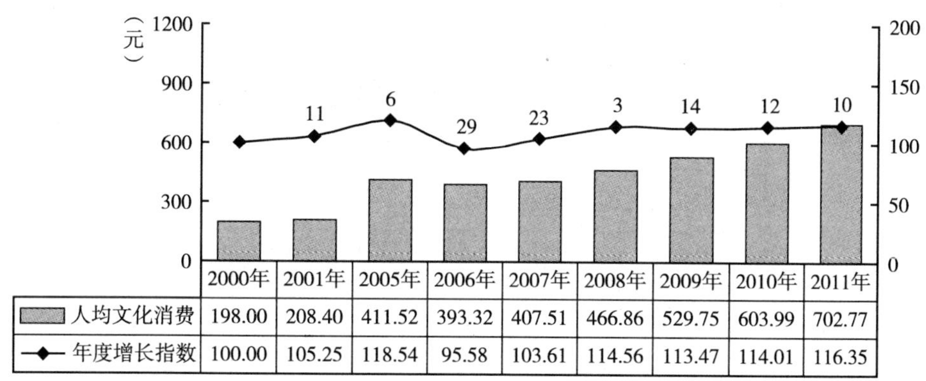

	2000年	2001年	2005年	2006年	2007年	2008年	2009年	2010年	2011年
人均文化消费	198.00	208.40	411.52	393.32	407.51	466.86	529.75	603.99	702.77
年度增长指数	100.00	105.25	118.54	95.58	103.61	114.56	113.47	114.01	116.35

图 2　2000 年以来重庆城乡人均文化消费增长、增幅变化态势

注：左轴柱形为城乡人均文化消费（元）；右轴曲线为年度（年均）增长指数（上年 = 100），年增指数小于 100 为负增长。标注年度增长 31 省域排序，2000 年起点不计。

同期，全国城乡人均文化消费年均增长 12.11%，重庆年均增幅略微高于全国增幅。重庆城乡人均文化消费从全国城乡平均值的 92.44% 提高至 93.28%，人均绝对值在 31 个省域里排序由第 13 位提高为第 10 位。

2011 年，全国城乡人均文化消费增长 14.81%，重庆增长 16.35%，较明显高于全国增幅，同时高于自身“十五”年均增长，也高于自身“十一五”年均增长，增长幅度排序处于 31 个省域里第 10 位。

二　重庆城乡文化消费相关背景情况

2000 ~2011 年重庆城乡文化消费比例变动态势见图 3。

1. 人均文化消费与人均产值的比例

2000 ~2011 年，重庆城乡人均文化消费与人均产值的比例由 3.53% 降低至 2.04%，在 31 个省域里排序从第 8 位下降到第 12 位。“十五”以来，重庆城乡此项比值下降 42.22%，升降变化程度处于 31 个省域里第 20 位。

分阶段来看，重庆城乡此项比值在“十五”期间提高 0.23 个百分点；在“十一五”期间降低 1.56 个百分点。文化消费需求增长与当地省域经济发展之间协调关系变化，在“十五”至“十一五”期间，由略微提升逆转为明显下降。其间，最高值为 2005 年 3.75%，最低值为 2011 年 2.04%。

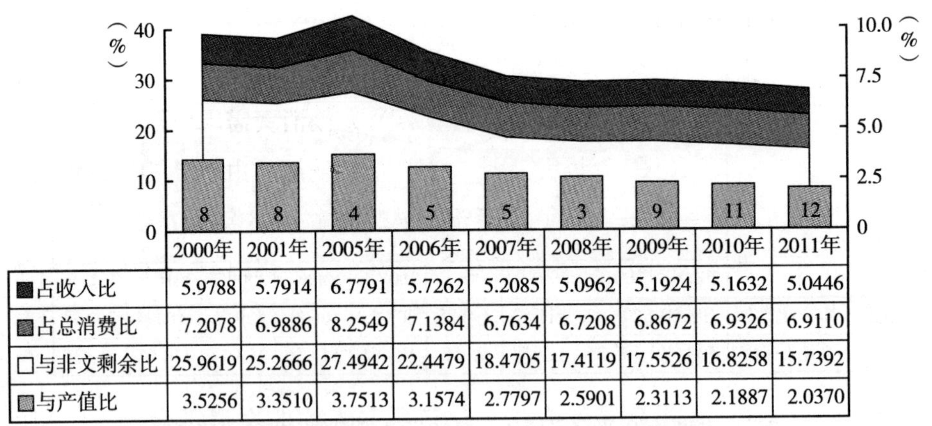

	2000年	2001年	2005年	2006年	2007年	2008年	2009年	2010年	2011年
■占收入比	5.9788	5.7914	6.7791	5.7262	5.2085	5.0962	5.1924	5.1632	5.0446
■占总消费比	7.2078	6.9886	8.2549	7.1384	6.7634	6.7208	6.8672	6.9326	6.9110
□与非文剩余比	25.9619	25.2666	27.4942	22.4479	18.4705	17.4119	17.5526	16.8258	15.7392
■与产值比	3.5256	3.3510	3.7513	3.1574	2.7797	2.5901	2.3113	2.1887	2.0370

图3　2000 年以来重庆城乡文化消费比例变动态势

注：左轴面积为城乡人均文化消费占收入比、占总消费比、与非文消费剩余（图例简称“非文剩余”）比（%），各项比值年度升降形成直观比例叠加；右轴柱形为城乡人均文化消费与产值比（%）。标注与产值比年度31省域排序，其余比值排序省略。

2011 年，重庆城乡此项比值降低 0.15 个百分点，降幅为 6.93%，文化消费需求增长与经济发展的协调性比 2010 年略有下降。

2. 人均文化消费占人均收入的比重

2000～2011 年，重庆城乡人均文化消费占人均收入的比重由 5.98% 降低至 5.04%，在 31 个省域里排序从第 10 位下降到第 11 位。“十五”以来，重庆城乡此项比值下降 15.63%，升降变化程度处于 31 个省域里第 17 位。

分阶段来看，重庆城乡此项比值在“十五”期间提高 0.80 个百分点；在“十一五”期间降低 1.62 个百分点。当地居民文化消费需求增长与收入增加之间协调关系变化，在“十五”至“十一五”期间，由较明显提升逆转为明显下降。其间，最高值为 2005 年 6.78%，最低值为 2011 年 5.04%。

2011 年，重庆城乡此项比值降低 0.12 个百分点，降幅为 2.30%，文化消费需求增长与收入增加的协调性比 2010 年略有下降。

3. 人均文化消费占人均总消费的比重

2000～2011 年，重庆城乡人均文化消费占人均总消费的比重由 7.21% 降低至 6.91%，由于其他省域此项比值降低更加明显，重庆在 31 个省域里排序从第 18 位上升到第 13 位。“十五”以来，重庆城乡此项比值下降 4.12%，升

降变化程度处于31个省域里第15位。

分阶段来看，重庆城乡此项比值在“十五”期间提高1.05个百分点；在“十一五”期间降低1.32个百分点。当地居民文化消费需求增长与总消费增加之间协调关系变化，在“十五”至“十一五”期间，由明显提升逆转为明显下降。其间，最高值为2005年8.25%，最低值为2008年6.72%。

2011年，重庆城乡此项比值降低0.02个百分点，降幅为0.31%，文化消费需求增长与总消费增加的协调性比2010年略有下降。

4. 人均文化消费与人均非文消费剩余的比例

2000~2011年，重庆城乡人均文化消费与人均非文消费剩余的比例由25.96%降低至15.74%，在31个省域里排序从第8位下降到第12位。“十五”以来，重庆城乡此项比值下降39.38%，升降变化程度处于31个省域里第26位。

分阶段来看，重庆城乡此项比值在“十五”期间提高1.53个百分点；在“十一五”期间降低10.67个百分点。当地居民文化消费需求增长与“必需消费”之外“余钱”增多之间协调关系变化，在“十五”至“十一五”期间，由较明显提升逆转为极显著下降。其间，最高值为2005年27.49%，最低值为2011年15.74%。

2011年，重庆城乡此项比值降低1.09个百分点，降幅为6.46%，文化消费需求增长与“必需消费”之外“余钱”增多的协调性比2010年极显著下降。

三　重庆文化消费城乡、区域协调状况

1. 人均文化消费城乡比

2000~2011年重庆人均文化消费城乡比变动态势见图4。

2000~2011年，重庆人均文化消费城乡比由1.8691扩大至3.0307，在31个省域里排序从第24位下降到第26位。其间，最小城乡比为2000年1.8691，最大城乡比为2010年3.9141。“十五”以来，重庆人均文化消费城乡比扩大62.15%，城乡比扩减变化状况处于31个省域里第15位。这意味着，重庆属于文化消费城乡比扩减变化态势较严重的省域之一。

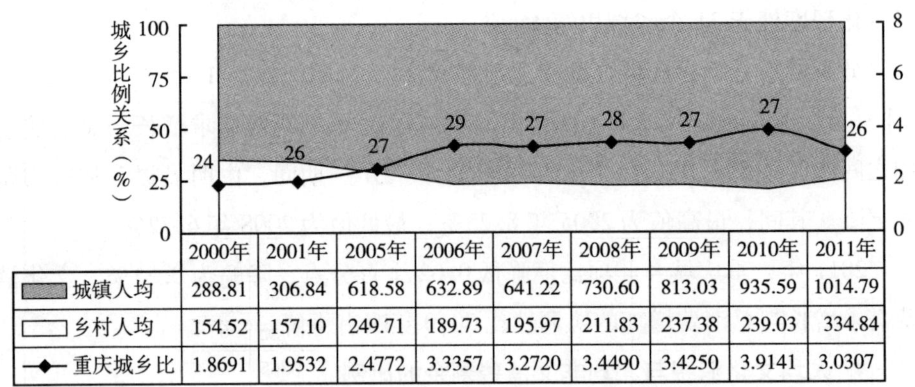

	2000年	2001年	2005年	2006年	2007年	2008年	2009年	2010年	2011年
城镇人均	288.81	306.84	618.58	632.89	641.22	730.60	813.03	935.59	1014.79
乡村人均	154.52	157.10	249.71	189.73	195.97	211.83	237.38	239.03	334.84
重庆城乡比	1.8691	1.9532	2.4772	3.3357	3.2720	3.4490	3.4250	3.9141	3.0307

图 4　2000 年以来重庆人均文化消费城乡比变动态势

注：左轴面积为城镇、乡村人均文化消费（元转换为%），城乡间年度升降形成直观比例关系；右轴曲线为人均文化消费城乡比（乡村 =1）。标注城乡比年度 31 省域排序。

同期，重庆城镇人均文化消费从 288. 81 元增长至 1014. 79 元，增加 725. 98 元，总增长 251. 37%，年均增长 12. 10%。城镇人均值最高增长年度为 2002 年，增长率 40. 83%；最低增长年度为 2007 年，增长率 1. 32%。乡村人均文化消费从 154. 52 元增长至 334. 84 元，增加 180. 32 元，总增长 116. 70%，年均增长 7. 28%。乡村人均值最高增长年度为 2011 年，增长率 40. 08%；最低增长年度为 2006 年，负增长 24. 02%。此间，重庆城镇人均文化消费需求年均增长显著高于乡村年均增长 4. 82 个百分点，导致重庆文化消费需求的城乡比显著扩大。

2011 年，重庆城镇人均文化消费增长 8. 47%，低于“十五”年均增长 7. 99 个百分点，也低于“十一五”年均增长 0. 16 个百分点；乡村人均文化消费增长 40. 08%，高于“十五”年均增长 30. 01 个百分点，也高于“十一五”年均增长 40. 95 个百分点。此时，重庆城镇人均值高于乡村，城镇年度增幅低于乡村增幅 31. 61 个百分点，意味着城乡差距缩小。重庆文化消费城乡比因此比 2010 年迅速缩小 22. 57%，城乡比排序处于 31 个省域里第 26 位。

2. 城乡人均文化消费地区差

2000 ~2011 年重庆城乡文化消费与全国地区差变动态势见图 5。

2000 ~2011 年，重庆城乡人均文化消费与全国城乡地区差由 1. 0756 缩小

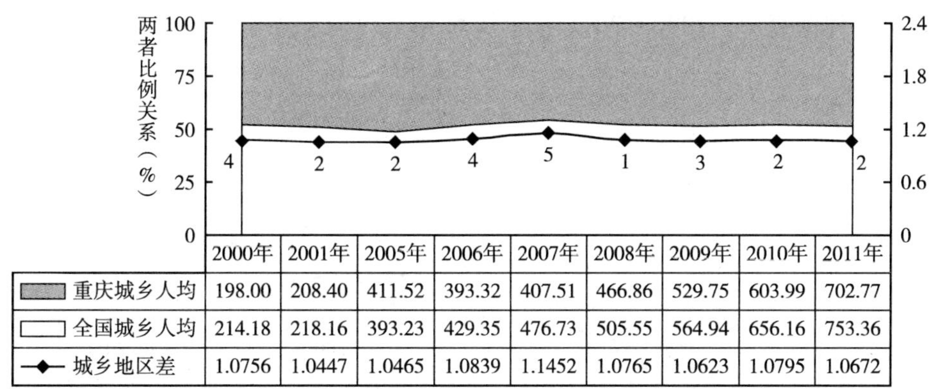

	2000年	2001年	2005年	2006年	2007年	2008年	2009年	2010年	2011年
重庆城乡人均	198.00	208.40	411.52	393.32	407.51	466.86	529.75	603.99	702.77
全国城乡人均	214.18	218.16	393.23	429.35	476.73	505.55	564.94	656.16	753.36
城乡地区差	1.0756	1.0447	1.0465	1.0839	1.1452	1.0765	1.0623	1.0795	1.0672

图 5　2000 年以来重庆城乡人均文化消费与全国地区差变动态势

注：左轴面积为城乡人均文化消费（元转换为%），当地与全国数值年度升降形成直观比例关系；右轴曲线为城乡人均文化消费地区差（无差距 =1）。标注地区差年度 31 省域排序。

至 1.0672，在 31 个省域里排序从第 4 位上升到第 2 位。其间，最小地区差为 2004 年 1.0106，最大地区差为 2007 年 1.1452。“十五”以来，重庆城乡人均文化消费地区差缩小 0.78%，地区差扩减变化状况处于 31 个省域里第 11 位。这意味着，重庆属于城乡文化消费地区差扩减变化态势良好的省域之一。

2000～2011 年，重庆城乡人均文化消费年均增幅略微高于全国增幅 0.09 个百分点，重庆城乡文化消费需求与全国的地区差略有缩小。

2011 年，重庆城乡人均文化消费增长高于自身“十五”年均增长 0.60 个百分点，也高于自身“十一五”年均增长 8.38 个百分点，同时较明显高于全国增幅 1.54 个百分点。此时，重庆城乡人均值低于全国城乡平均值，增长高于全国意味着地区差距缩小，与全国城乡地区差因此比 2010 年较明显缩小 1.14%，地区差排序处于 31 个省域里第 2 位。

四　重庆城乡文化消费需求景气测评

综合以上分析：“十五”以来重庆城乡文化消费总量年均增长较明显低于全国增长，人均值年均增长也略微高于全国平均增长；“十一五”期间各项比例升降变化状况全面不及“十五”期间；“十五”以来城乡比显著扩大，同时地区差略有缩小。这些都集中体现在重庆城乡文化消费需求景气指数的测评演算中。2000～2011 年重庆城乡文化消费需求景气指数变动态势见图 6。

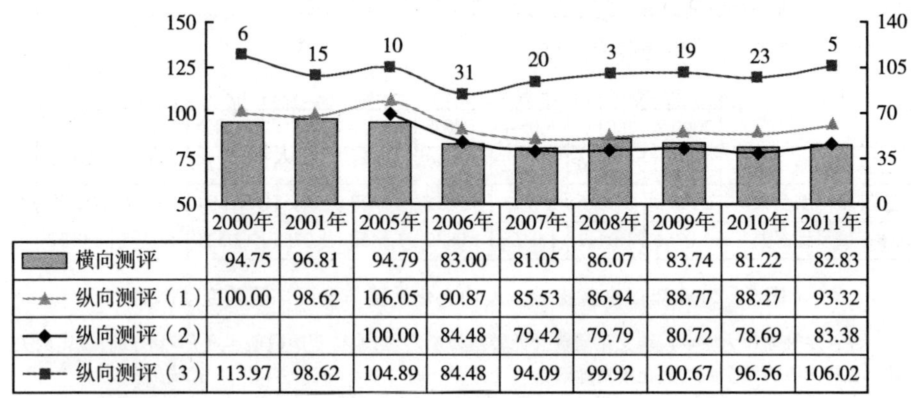

	2000年	2001年	2005年	2006年	2007年	2008年	2009年	2010年	2011年
横向测评	94.75	96.81	94.79	83.00	81.05	86.07	83.74	81.22	82.83
纵向测评（1）	100.00	98.62	106.05	90.87	85.53	86.94	88.77	88.27	93.32
纵向测评（2）			100.00	84.48	79.42	79.79	80.72	78.69	83.38
纵向测评（3）	113.97	98.62	104.89	84.48	94.09	99.92	100.67	96.56	106.02

图 6　2000 年以来重庆城乡文化消费需求景气指数变动态势

注：左轴柱形为横向测评（城乡、地区无差异理想值＝100）；左轴曲线为纵向测评（起点年基数值＝100），（1）2000 年起点，（2）2005 年起点；右轴曲线为纵向测评（3）上年起点。标注逐年纵向测评全国排行位次，其余测评排行位次省略。

1. 各年度横向测评景气指数

在此项测评中，以全国城乡文化消费总量份额值、人均绝对值、各项比值为基准，并以城乡之间、地区之间实现无差距状态为“理想值”100 来衡量，2011 年重庆城乡此项景气指数为 82.83，低于理想值 17.17，同时高于上一年 1.60。各年度对比，重庆城乡此项景气指数在 31 个省域里排行，2000 年为第 11 位，2005 年上升为第 6 位，2010 年下降为第 16 位，2011 年比 2010 年上升 4 位。

2. “十五”以来纵向测评景气指数

在此项测评中，以“九五”末年 2000 年为起点基数值 100，2011 年重庆城乡此项景气指数为 93.32，低于 2000 年起点基数 6.68，同时高于上一年 5.05。“十五”以来对比，重庆城乡此项景气指数在 31 个省域里排行，2001 年为第 15 位，2005 年上升为第 13 位，2010 年下降为第 22 位，2011 年比 2010 年上升 4 位。

3. “十一五”以来纵向测评景气指数

以“十五”末年 2005 年为起点基数值 100，2011 年重庆城乡此项景气指数为 83.38，低于 2005 年起点基数 16.62，同时高于上一年 4.69。“十一五”以来对比，重庆城乡此项景气指数在 31 个省域里排行，2006 年为第 31 位，2010 年上升为第 25 位，2011 年比 2010 年上升 4 位。

4. 逐年度纵向测评景气指数

以上一年 2010 年为起点基数值 100，2011 年重庆城乡此项景气指数为 106.02，高于 2010 年起点基数 6.02。逐年对比，重庆城乡此项景气指数在 31 个省域里排行，2000 年为第 6 位，2005 年下降为第 10 位，2010 年下降为第 23 位，2011 年比 2010 年上升 18 位。

Chongqing: The Urban-Rural Ratio Dropped Sharply Due to an Upsurge in the Rural Areas

Abstract: In 2011, Chongqing ranked the 12th in the increase of the total cultural consumption of urban-rural areas and the 10th in the growth of per capita value. Ranking of the boom evaluation: Chongqing ranked the 12th in the lateral evaluation of the cultural consumption demand of urban-rural areas across the provinces; in its own vertical evaluation, Chongqing ranked the 18th, the 21st and the 5th during the period of 2000 - 2011, 2005 - 2011 and 2010 - 2011 respectively.

Key Words: Chongqing's Urban-rural Areas; Cultural Consumption; Boom Evaluation

B.30

四川：十余年来乡村消费首现超高增长

摘　要：

2011 年，四川城乡文化消费总量增长处于第 21 位，人均值增长处于第 16 位。景气评价排行结果：四川城乡在省域横向测评中，2011 年景气指数处于第 23 位；在自身纵向测评中，2000 ~2011 年景气指数处于第 27 位，2005 ~2011 年景气指数处于第 25 位，2010 ~2011 年景气指数处于第 12 位。

关键词：

四川城乡　文化消费　景气评价

本文充分展示 2000 ~2011 年间四川相关各方面的增长态势，全面分析检测四川城乡文化消费需求状况。

一　四川城乡文化消费需求增长状况

1. 文化消费总量份额值变化

2000 ~2011 年四川城乡文化消费总量增长、份额变化态势见图 1。

2000 ~2011 年，四川城乡文化消费总量从 159.10 亿元增长至 406.99 亿元，增加 247.89 亿元，总增长 155.81%，年均增长 8.91%，增长幅度排序处于 31 个省域里第 28 位。其中，“十五”期间总增长 60.13%，年均增长 9.87%；“十一五”期间总增长 41.36%，年均增长 7.17%。“十一五”年均增长幅度低于“十五”2.70 个百分点。总量最高增长年度为 2009 年，增长率 21.82%；最低增长年度为 2006 年，负增长 4.39%。

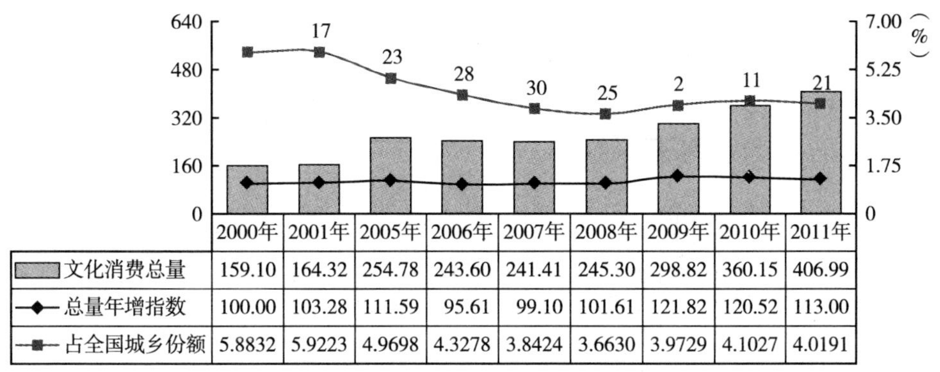

	2000年	2001年	2005年	2006年	2007年	2008年	2009年	2010年	2011年
文化消费总量	159.10	164.32	254.78	243.60	241.41	245.30	298.82	360.15	406.99
总量年增指数	100.00	103.28	111.59	95.61	99.10	101.61	121.82	120.52	113.00
占全国城乡份额	5.8832	5.9223	4.9698	4.3278	3.8424	3.6630	3.9729	4.1027	4.0191

图1　2000年以来四川城乡文化消费总量增长、份额变化态势

注：左轴柱形为城乡文化消费总量（亿元）；左轴曲线为年度（年均）增长指数（上年＝100），年增指数小于100为负增长；右轴曲线为占全国城乡份额（%）。标注年度份额增减31省域排序，2000年起点不计。

同期，全国城乡文化消费总量年均增长12.75%，四川年均增幅明显低于全国城乡年均增幅3.84个百分点。四川城乡文化消费总量占全国份额由5.88%降低为4.02%，下降幅度为31.69%，份额升降变化排序处于31个省域里第28位。

2011年，全国城乡文化消费总量增长15.36%，四川城乡文化消费总量增长13.00%，明显低于全国增幅2.36个百分点，占全国份额比2010年下降2.04%。同时，四川总量增长高于自身“十五”年均增长3.13个百分点，也高于自身“十一五”年均增长5.84个百分点，增长幅度和占全国份额变化排序处于31个省域里第21位。

2. 文化消费人均绝对值增长

2000～2011年四川城乡人均文化消费增长、增幅变化态势见图2。

2000～2011年，四川城乡人均文化消费从185.52元增长至505.73元，增加320.21元，总增长172.60%，年均增长9.55%，增长幅度排序处于31个省域里第25位。其中，“十五”期间人均值总增长62.17%，年均增长10.15%；“十一五”期间人均值总增长47.52%，年均增长8.09%。“十一五”年均增长幅度低于“十五”2.06个百分点。人均值最高增长年度为2009年，增长率21.38%；最低增长年度为2006年，负增长1.14%。

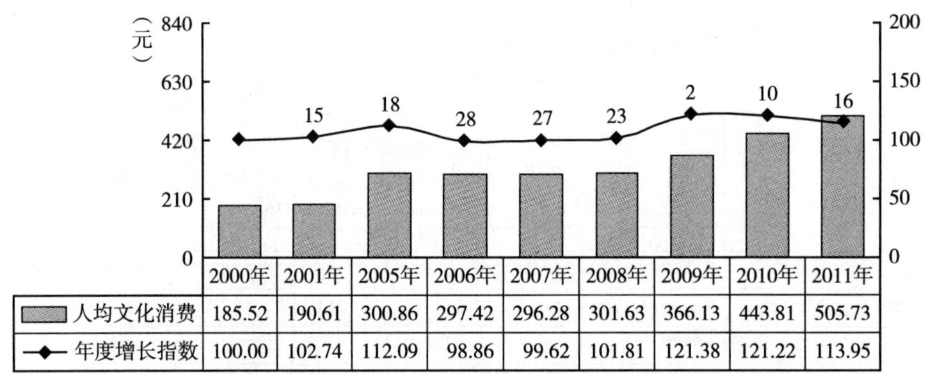

	2000年	2001年	2005年	2006年	2007年	2008年	2009年	2010年	2011年
人均文化消费	185.52	190.61	300.86	297.42	296.28	301.63	366.13	443.81	505.73
年度增长指数	100.00	102.74	112.09	98.86	99.62	101.81	121.38	121.22	113.95

图2　2000年以来四川城乡人均文化消费增长、增幅变化态势

注：左轴柱形为城乡人均文化消费（元）；右轴曲线为年度（年均）增长指数（上年=100），年增指数小于100为负增长。标注年度增长31省域排序，2000年起点不计。

同期，全国城乡人均文化消费年均增长12.11%，四川年均增幅明显低于全国增幅。四川城乡人均文化消费从全国城乡平均值的86.62%降低至67.13%，人均绝对值在31个省域里排序由第16位降低为第22位。

2011年，全国城乡人均文化消费增长14.81%，四川增长13.95%，略微低于全国增幅，同时高于自身“十五”年均增长，也高于自身“十一五”年均增长，增长幅度排序处于31个省域里第16位。

二　四川城乡文化消费相关背景情况

2000~2011年四川城乡文化消费比例变动态势见图3。

1. 人均文化消费与人均产值的比例

2000~2011年，四川城乡人均文化消费与人均产值的比例由3.74%降低至1.94%，在31个省域里排序从第6位下降到第16位。“十五”以来，四川城乡此项比值下降48.30%，升降变化程度处于31个省域里第24位。

分阶段来看，四川城乡此项比值在“十五”期间降低0.42个百分点；在“十一五”期间降低1.23个百分点。文化消费需求增长与当地省域经济发展之间协调关系变化，在“十五”至“十一五”期间，由略微下降加重为更大幅度的明显下降。其间，最高值为2002年3.88%，最低值为2011年1.94%。

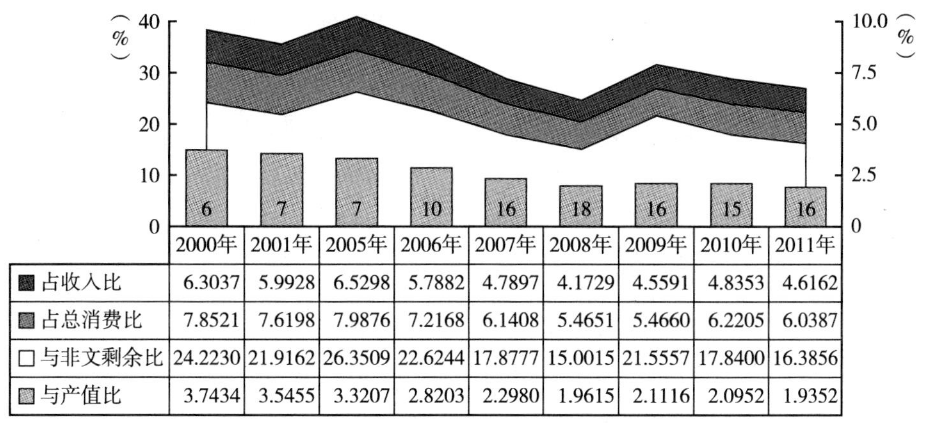

	2000年	2001年	2005年	2006年	2007年	2008年	2009年	2010年	2011年
■占收入比	6.3037	5.9928	6.5298	5.7882	4.7897	4.1729	4.5591	4.8353	4.6162
■占总消费比	7.8521	7.6198	7.9876	7.2168	6.1408	5.4651	5.4660	6.2205	6.0387
□与非文剩余比	24.2230	21.9162	26.3509	22.6244	17.8777	15.0015	21.5557	17.8400	16.3856
■与产值比	3.7434	3.5455	3.3207	2.8203	2.2980	1.9615	2.1116	2.0952	1.9352

图 3　2000 年以来四川城乡文化消费比例变动态势

注：左轴面积为城乡人均文化消费占收入比、占总消费比、与非文消费剩余（图例简称“非文剩余”）比（%），各项比值年度升降形成直观比例叠加；右轴柱形为城乡人均文化消费与产值比（%）。标注与产值比年度 31 省域排序，其余比值排序省略。

2011 年，四川城乡此项比值降低 0.16 个百分点，降幅为 7.64%，文化消费需求增长与经济发展的协调性比 2010 年略有下降。

2. 人均文化消费占人均收入的比重

2000～2011 年，四川城乡人均文化消费占人均收入的比重由 6.30% 降低至 4.62%，在 31 个省域里排序从第 8 位下降到第 22 位。“十五”以来，四川城乡此项比值下降 26.77%，升降变化程度处于 31 个省域里第 26 位。

分阶段来看，四川城乡此项比值在“十五”期间提高 0.23 个百分点；在“十一五”期间降低 1.69 个百分点。当地居民文化消费需求增长与收入增加之间协调关系变化，在“十五”至“十一五”期间，由略微提升逆转为明显下降。其间，最高值为 2003 年 6.91%，最低值为 2008 年 4.17%。

2011 年，四川城乡此项比值降低 0.22 个百分点，降幅为 4.53%，文化消费需求增长与收入增加的协调性比 2010 年较明显下降。

3. 人均文化消费占人均总消费的比重

2000～2011 年，四川城乡人均文化消费占人均总消费的比重由 7.85% 降低至 6.04%，在 31 个省域里排序从第 10 位下降到第 26 位。“十五”以来，四川城乡此项比值下降 23.09%，升降变化程度处于 31 个省域里第 28 位。

分阶段来看，四川城乡此项比值在“十五”期间提高 0. 14 个百分点；在“十一五”期间降低 1. 77 个百分点。当地居民文化消费需求增长与总消费增加之间协调关系变化，在“十五”至“十一五”期间，由略微提升逆转为明显下降。其间，最高值为 2003 年 8. 61%，最低值为 2008 年 5. 47%。

2011 年，四川城乡此项比值降低 0. 18 个百分点，降幅为 2. 92%，文化消费需求增长与总消费增加的协调性比 2010 年略有下降。

4. 人均文化消费与人均非文消费剩余的比例

2000 ~ 2011 年，四川城乡人均文化消费与人均非文消费剩余的比例由 24. 22% 降低至 16. 39%，在 31 个省域里排序从第 9 位下降到第 10 位。“十五”以来，四川城乡此项比值下降 32. 36%，升降变化程度处于 31 个省域里第 19 位。

分阶段来看，四川城乡此项比值在“十五”期间提高 2. 13 个百分点；在“十一五”期间降低 8. 51 个百分点。当地居民文化消费需求增长与“必需消费”之外“余钱”增多之间协调关系变化，在“十五”至“十一五”期间，由明显提升逆转为极显著下降。其间，最高值为 2005 年 26. 35%，最低值为 2008 年 15. 00%。

2011 年，四川城乡此项比值降低 1. 45 个百分点，降幅为 8. 15%，文化消费需求增长与“必需消费”之外“余钱”增多的协调性比 2010 年极显著下降。

三　四川文化消费城乡、区域协调状况

1. 人均文化消费城乡比

2000 ~ 2011 年四川人均文化消费城乡比变动态势见图 4。

2000 ~ 2011 年，四川人均文化消费城乡比由 1. 6249 扩大至 3. 0194，在 31 个省域里排序从第 22 位下降到第 25 位。其间，最小城乡比为 2001 年 1. 5569，最大城乡比为 2010 年 3. 6117。“十五”以来，四川人均文化消费城乡比扩大 85. 81%，城乡比扩减变化状况处于 31 个省域里第 19 位。这意味着，四川属于文化消费城乡比扩减变化态势较严重的省域之一。

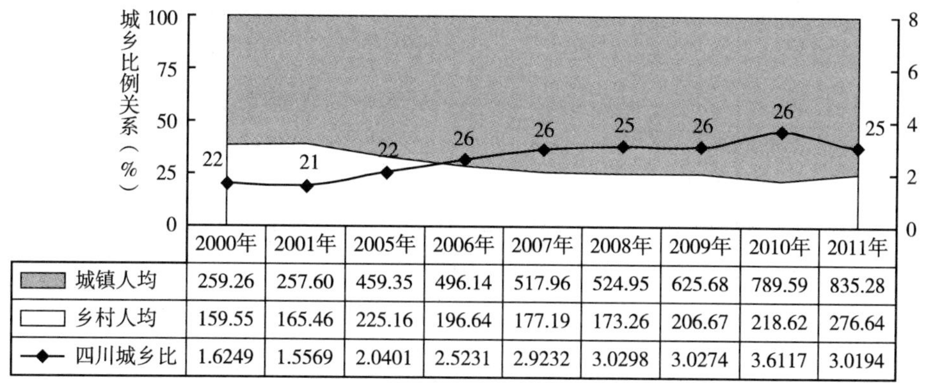

	2000年	2001年	2005年	2006年	2007年	2008年	2009年	2010年	2011年
城镇人均	259.26	257.60	459.35	496.14	517.96	524.95	625.68	789.59	835.28
乡村人均	159.55	165.46	225.16	196.64	177.19	173.26	206.67	218.62	276.64
四川城乡比	1.6249	1.5569	2.0401	2.5231	2.9232	3.0298	3.0274	3.6117	3.0194

图 4　2000 年以来四川人均文化消费城乡比变动态势

注：左轴面积为城镇、乡村人均文化消费（元转换为%），城乡间年度升降形成直观比例关系；右轴曲线为人均文化消费城乡比（乡村 = 1）。标注城乡比年度 31 省域排序。

同期，四川城镇人均文化消费从 259. 26 元增长至 835. 28 元，增加 576. 02 元，总增长 222. 18%，年均增长 11. 22%。城镇人均值最高增长年度为 2002 年，增长率 40. 78%；最低增长年度为 2001 年，负增长 0. 64%。乡村人均文化消费从 159. 55 元增长至 276. 64 元，增加 117. 09 元，总增长 73. 39%，年均增长 5. 13%。乡村人均值最高增长年度为 2011 年，增长率 26. 54%；最低增长年度为 2006 年，负增长 12. 67%。此间，四川城镇人均文化消费需求年均增长极显著高于乡村年均增长 6. 09 个百分点，导致四川文化消费需求的城乡比显著扩大。

2011 年，四川城镇人均文化消费增长 5. 79%，低于“十五”年均增长 6. 33 个百分点，也低于“十一五”年均增长 5. 66 个百分点；乡村人均文化消费增长 26. 54%，高于“十五”年均增长 19. 41 个百分点，也高于“十一五”年均增长 27. 13 个百分点。此时，四川城镇人均值高于乡村，城镇年度增幅低于乡村增幅 20. 75 个百分点，意味着城乡差距缩小。四川文化消费城乡比因此比 2010 年显著缩小 16. 40%，城乡比排序处于 31 个省域里第 25 位。

2. 城乡人均文化消费地区差

2000 ~2011 年四川城乡文化消费与全国地区差变动态势见图 5。

2000 ~2011 年，四川城乡人均文化消费与全国城乡地区差由 1. 1338 扩大

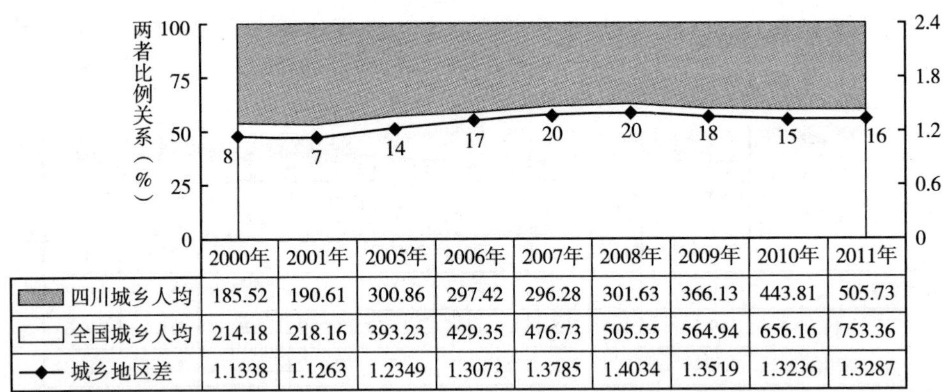

	2000年	2001年	2005年	2006年	2007年	2008年	2009年	2010年	2011年
四川城乡人均	185.52	190.61	300.86	297.42	296.28	301.63	366.13	443.81	505.73
全国城乡人均	214.18	218.16	393.23	429.35	476.73	505.55	564.94	656.16	753.36
城乡地区差	1.1338	1.1263	1.2349	1.3073	1.3785	1.4034	1.3519	1.3236	1.3287

图5　2000年以来四川城乡人均文化消费与全国地区差变动态势

注：左轴面积为城乡人均文化消费（元转换为%），当地与全国数值年度升降形成直观比例关系；右轴曲线为城乡人均文化消费地区差（无差距=1）。标注地区差年度31省域排序。

至1.3287，在31个省域里排序从第8位下降到第16位。其间，最小地区差为2001年1.1263，最大地区差为2008年1.4034。“十五”以来，四川城乡人均文化消费地区差扩大17.19%，地区差扩减变化状况处于31个省域里第25位。这意味着，四川属于城乡文化消费地区差扩减变化态势很严重的省域之一。

2000~2011年，四川城乡人均文化消费年均增幅明显低于全国增幅2.57个百分点，四川城乡文化消费需求与全国的地区差极显著扩大。

2011年，四川城乡人均文化消费增长高于自身“十五”年均增长3.80个百分点，也高于自身“十一五”年均增长5.87个百分点，同时略微低于全国增幅0.86个百分点。此时，四川城乡人均值低于全国城乡平均值，增长低于全国意味着地区差距扩大，与全国城乡地区差因此比2010年略有扩大0.38%，地区差排序处于31个省域里第16位。

四　四川城乡文化消费需求景气测评

综合以上分析：“十五”以来四川城乡文化消费总量年均增长明显低于全国增长，人均值年均增长也明显低于全国平均增长；“十一五”期间各项比例升降变化状况全面不及“十五”期间；“十五”以来城乡比显著扩大，同时地区差极显著扩大。这些都集中体现在四川城乡文化消费需求景气指数

的测评演算中。2000～2011 年四川城乡文化消费需求景气指数变动态势见图 6。

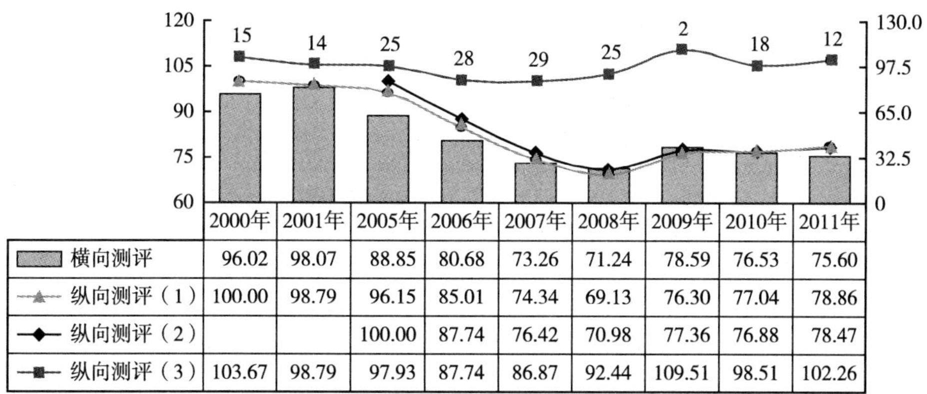

	2000年	2001年	2005年	2006年	2007年	2008年	2009年	2010年	2011年
横向测评	96.02	98.07	88.85	80.68	73.26	71.24	78.59	76.53	75.60
纵向测评（1）	100.00	98.79	96.15	85.01	74.34	69.13	76.30	77.04	78.86
纵向测评（2）			100.00	87.74	76.42	70.98	77.36	76.88	78.47
纵向测评（3）	103.67	98.79	97.93	87.74	86.87	92.44	109.51	98.51	102.26

图 6　2000 年以来四川城乡文化消费需求景气指数变动态势

注：左轴柱形为横向测评（城乡、地区无差异理想值＝100）；左轴曲线为纵向测评（起点年基数值＝100），（1）2000 年起点，（2）2005 年起点；右轴曲线为纵向测评（3）上年起点。标注逐年纵向测评全国排行位次，其余测评排行位次省略。

1. 各年度横向测评景气指数

在此项测评中，以全国城乡文化消费总量份额值、人均绝对值、各项比值为基准，并以城乡之间、地区之间实现无差距状态为“理想值”100 来衡量，2011 年四川城乡此项景气指数为 75.60，低于理想值 24.40，同时低于上一年 0.93。各年度对比，四川城乡此项景气指数在 31 个省域里排行，2000 年为第 10 位，2005 年下降为第 15 位，2010 年下降为第 21 位，2011 年比 2010 年下降 2 位。

2. “十五”以来纵向测评景气指数

在此项测评中，以“九五”末年 2000 年为起点基数值 100，2011 年四川城乡此项景气指数为 78.86，低于 2000 年起点基数 21.14，同时高于上一年 1.82。“十五”以来对比，四川城乡此项景气指数在 31 个省域里排行，2001 年为第 14 位，2005 年下降为第 24 位，2010 年下降为第 28 位，2011 年比 2010 年上升 1 位。

3. “十一五”以来纵向测评景气指数

以“十五”末年 2005 年为起点基数值 100，2011 年四川城乡此项景气指数为78.47，低于2005年起点基数21.53，同时高于上一年1.59。“十一五”以来对比，四川城乡此项景气指数在31个省域里排行，2006年为第28位，2010年与之持平，2011年比2010年上升3位。

4. 逐年度纵向测评景气指数

以上一年2010年为起点基数值100，2011年四川城乡此项景气指数为102.26，高于2010年起点基数2.26。逐年对比，四川城乡此项景气指数在31个省域里排行，2000年为第15位，2005年下降为第25位，2010年上升为第18位，2011年比2010年上升6位。

Sichuan: The First Upsurge in the Rural Cultural Consumption in the Past 10 Years

Abstract: In 2011, Sichuan ranked the 21st in the increase of the total cultural consumption of urban-rural areas and the 16th in the growth of per capita value. Ranking of the boom evaluation: Sichuan ranked the 23rd in the lateral evaluation of the cultural consumption demand of urban-rural areas across the provinces; in its own vertical evaluation, Sichuan ranked the 27th, the 25th and the 12th during the period of 2000 -2011, 2005 -2011 and 2010 -2011 respectively.

Key Words: Sichuan's Urban-rural Areas; Cultural Consumption; Boom Evaluation

B.31
贵州：乡村出现负增长拉低综合增幅

摘　要：

2011年，贵州城乡文化消费总量增长处于第28位，人均值增长处于第24位。景气评价排行结果：贵州城乡在省域横向测评中，2011年景气指数处于第26位；在自身纵向测评中，2000~2011年景气指数处于第24位，2005~2011年景气指数处于第27位，2010~2011年景气指数处于第28位。

关键词：

贵州城乡　文化消费　景气评价

本文充分展示2000~2011年间贵州相关各方面的增长态势，全面分析检测贵州城乡文化消费需求状况。

一　贵州城乡文化消费需求增长状况

1. 文化消费总量份额值变化

2000~2011年贵州城乡文化消费总量增长、份额变化态势见图1。

2000~2011年，贵州城乡文化消费总量从45.94亿元增长至138.92亿元，增加92.98亿元，总增长202.39%，年均增长10.58%，增长幅度排序处于31个省域里第22位。其中，“十五”期间总增长92.76%，年均增长14.03%；“十一五”期间总增长47.89%，年均增长8.14%。“十一五”年均增长幅度低于“十五”5.89个百分点。总量最高增长年度为2009年，增长率38.26%；最低增长年度为2008年，负增长10.54%。

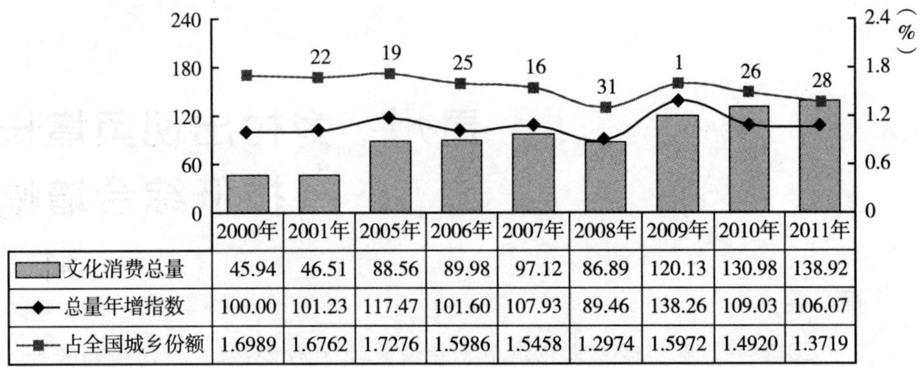

	2000年	2001年	2005年	2006年	2007年	2008年	2009年	2010年	2011年
文化消费总量	45.94	46.51	88.56	89.98	97.12	86.89	120.13	130.98	138.92
总量年增指数	100.00	101.23	117.47	101.60	107.93	89.46	138.26	109.03	106.07
占全国城乡份额	1.6989	1.6762	1.7276	1.5986	1.5458	1.2974	1.5972	1.4920	1.3719

图 1　2000 年以来贵州城乡文化消费总量增长、份额变化态势

注：左轴柱形为城乡文化消费总量（亿元）；左轴曲线为年度（年均）增长指数（上年 = 100），年增指数小于 100 为负增长；右轴曲线为占全国城乡份额（%）。标注年度份额增减 31 省域排序，2000 年起点不计。

同期，全国城乡文化消费总量年均增长 12.75%，贵州年均增幅明显低于全国城乡年均增幅 2.17 个百分点。贵州城乡文化消费总量占全国份额由 1.70% 降低为 1.37%，下降幅度为 19.25%，份额升降变化排序处于 31 个省域里第 22 位。

2011 年，全国城乡文化消费总量增长 15.36%，贵州城乡文化消费总量增长 6.07%，极显著低于全国增幅 9.29 个百分点，占全国份额比 2010 年下降 8.05%。同时，贵州总量增长低于自身“十五”年均增长 7.96 个百分点，也低于自身“十一五”年均增长 2.07 个百分点，增长幅度和占全国份额变化排序处于 31 个省域里第 28 位。

2. 文化消费人均绝对值增长

2000 ~ 2011 年贵州城乡人均文化消费增长、增幅变化态势见图 2。

2000 ~ 2011 年，贵州城乡人均文化消费从 123.08 元增长至 399.92 元，增加 276.84 元，总增长 224.93%，年均增长 11.31%，增长幅度排序处于 31 个省域里第 17 位。其中，“十五”期间人均值总增长 88.52%，年均增长 13.52%；“十一五”期间人均值总增长 55.14%，年均增长 9.18%。“十一五”年均增长幅度低于“十五”4.34 个百分点。人均值最高增长年度为 2009 年，增长率 37.61%；最低增长年度为 2008 年，负增长 10.96%。

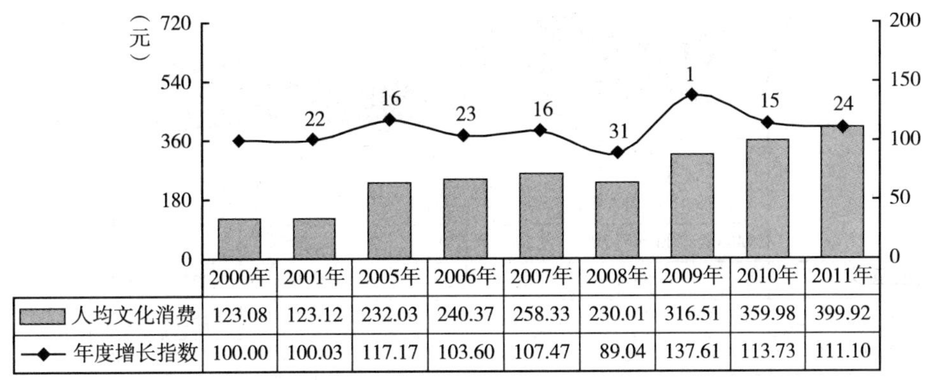

	2000年	2001年	2005年	2006年	2007年	2008年	2009年	2010年	2011年
人均文化消费	123.08	123.12	232.03	240.37	258.33	230.01	316.51	359.98	399.92
年度增长指数	100.00	100.03	117.17	103.60	107.47	89.04	137.61	113.73	111.10

图2　2000年以来贵州城乡人均文化消费增长、增幅变化态势

注：左轴柱形为城乡人均文化消费（元）；右轴曲线为年度（年均）增长指数（上年=100），年增指数小于100为负增长。标注年度增长31省域排序，2000年起点不计。

同期，全国城乡人均文化消费年均增长12.11%，贵州年均增幅略微低于全国增幅。贵州城乡人均文化消费从全国城乡平均值的57.46%降低至53.08%，人均绝对值在31个省域里排序保持在第29位。

2011年，全国城乡人均文化消费增长14.81%，贵州增长11.10%，明显低于全国增幅，同时低于自身“十五”年均增长，但高于自身“十一五”年均增长，增长幅度排序处于31个省域里第24位。

二　贵州城乡文化消费相关背景情况

2000~2011年贵州城乡文化消费比例变动态势见图3。

1. 人均文化消费与人均产值的比例

2000~2011年，贵州城乡人均文化消费与人均产值的比例由4.46%降低至2.44%，在31个省域里排序从第1位下降到第4位。“十五”以来，贵州城乡此项比值下降45.38%，升降变化程度处于31个省域里第23位。

分阶段来看，贵州城乡此项比值在“十五”期间提高0.13个百分点；在“十一五”期间降低1.85个百分点。文化消费需求增长与当地省域经济发展之间协调关系变化，在“十五”至“十一五”期间，由略微提升逆转为明显下降。其间，最高值为2003年4.89%，最低值为2011年2.44%。

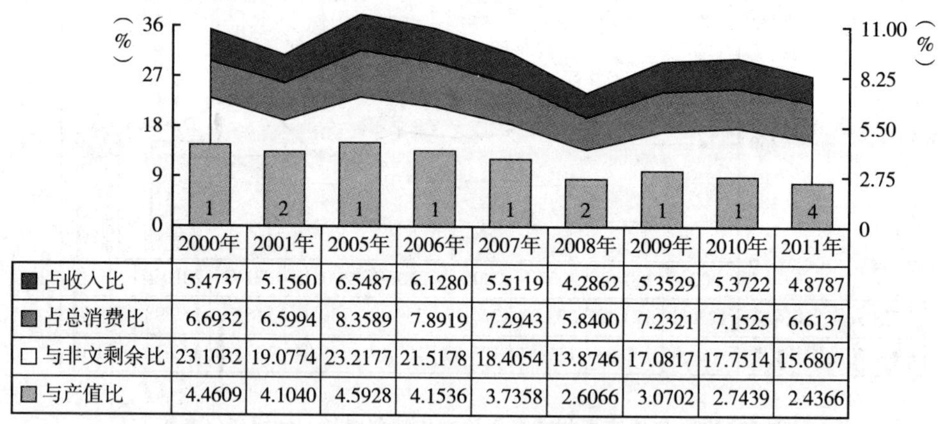

	2000年	2001年	2005年	2006年	2007年	2008年	2009年	2010年	2011年
■占收入比	5.4737	5.1560	6.5487	6.1280	5.5119	4.2862	5.3529	5.3722	4.8787
■占总消费比	6.6932	6.5994	8.3589	7.8919	7.2943	5.8400	7.2321	7.1525	6.6137
□与非文剩余比	23.1032	19.0774	23.2177	21.5178	18.4054	13.8746	17.0817	17.7514	15.6807
■与产值比	4.4609	4.1040	4.5928	4.1536	3.7358	2.6066	3.0702	2.7439	2.4366

图3　2000 年以来贵州城乡文化消费比例变动态势

注：左轴面积为城乡人均文化消费占收入比、占总消费比、与非文消费剩余（图例简称“非文剩余”）比（%），各项比值年度升降形成直观比例叠加；右轴柱形为城乡人均文化消费与产值比（%）。标注与产值比年度 31 省域排序，其余比值排序省略。

2011 年，贵州城乡此项比值降低 0.31 个百分点，降幅为 11.20%，文化消费需求增长与经济发展的协调性比 2010 年较明显下降。

2. 人均文化消费占人均收入的比重

2000～2011 年，贵州城乡人均文化消费占人均收入的比重由 5.47% 降低至 4.88%，由于其他省域此项比值降低更加明显，贵州在 31 个省域里排序从第 18 位上升到第 16 位。“十五”以来，贵州城乡此项比值下降 10.87%，升降变化程度处于 31 个省域里第 15 位。

分阶段来看，贵州城乡此项比值在“十五”期间提高 1.07 个百分点；在“十一五”期间降低 1.18 个百分点。当地居民文化消费需求增长与收入增加之间协调关系变化，在“十五”至“十一五”期间，由明显提升逆转为明显下降。其间，最高值为 2005 年 6.55%，最低值为 2008 年 4.29%。

2011 年，贵州城乡此项比值降低 0.49 个百分点，降幅为 9.19%，文化消费需求增长与收入增加的协调性比 2010 年明显下降。

3. 人均文化消费占人均总消费的比重

2000～2011 年，贵州城乡人均文化消费占人均总消费的比重由 6.69% 降低至 6.61%，由于其他省域此项比值降低更加明显，贵州在 31 个省域里排序

从第24位上升到第21位。“十五”以来，贵州城乡此项比值下降1.19%，升降变化程度处于31个省域里第13位。

分阶段来看，贵州城乡此项比值在“十五”期间提高1.67个百分点；在“十一五”期间降低1.21个百分点。当地居民文化消费需求增长与总消费增加之间协调关系变化，在“十五”至“十一五”期间，由明显提升逆转为明显下降。其间，最高值为2004年8.64%，最低值为2008年5.84%。

2011年，贵州城乡此项比值降低0.54个百分点，降幅为7.53%，文化消费需求增长与总消费增加的协调性比2010年明显下降。

4. 人均文化消费与人均非文消费剩余的比例

2000～2011年，贵州城乡人均文化消费与人均非文消费剩余的比例由23.10%降低至15.68%，在31个省域里排序从第10位下降到第13位。“十五”以来，贵州城乡此项比值下降32.13%，升降变化程度处于31个省域里第18位。

分阶段来看，贵州城乡此项比值在“十五”期间提高0.11个百分点；在“十一五”期间降低5.47个百分点。当地居民文化消费需求增长与“必需消费”之外“余钱”增多之间协调关系变化，在“十五”至“十一五”期间，由略微提升逆转为显著下降。其间，最高值为2005年23.22%，最低值为2008年13.87%。

2011年，贵州城乡此项比值降低2.07个百分点，降幅为11.66%，文化消费需求增长与“必需消费”之外“余钱”增多的协调性比2010年极显著下降。

三　贵州文化消费城乡、区域协调状况

1. 人均文化消费城乡比

2000～2011年贵州人均文化消费城乡比变动态势见图4。

2000～2011年，贵州人均文化消费城乡比由2.1379扩大至4.6116，在31个省域里排序从第27位下降到第30位。其间，最小城乡比为2001年2.0350，最大城乡比为2009年4.6884。“十五”以来，贵州人均文化消费城乡比扩大115.71%，城乡比扩减变化状况处于31个省域里第22位。这意味着，贵州属于文化消费城乡比扩减变化态势很严重的省域之一。

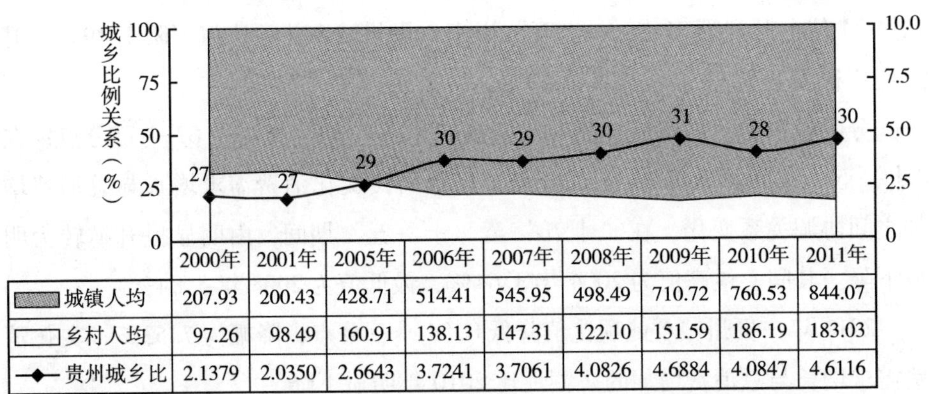

	2000年	2001年	2005年	2006年	2007年	2008年	2009年	2010年	2011年
城镇人均	207.93	200.43	428.71	514.41	545.95	498.49	710.72	760.53	844.07
乡村人均	97.26	98.49	160.91	138.13	147.31	122.10	151.59	186.19	183.03
贵州城乡比	2.1379	2.0350	2.6643	3.7241	3.7061	4.0826	4.6884	4.0847	4.6116

图4　2000年以来贵州人均文化消费城乡比变动态势

注：左轴面积为城镇、乡村人均文化消费（元转换为%），城乡间年度升降形成直观比例关系；右轴曲线为人均文化消费城乡比（乡村=1）。标注城乡比年度31省域排序。

同期，贵州城镇人均文化消费从207.93元增长至844.07元，增加636.14元，总增长305.94%，年均增长13.58%。城镇人均值最高增长年度为2002年，增长率51.71%；最低增长年度为2008年，负增长8.69%。乡村人均文化消费从97.26元增长至183.03元，增加85.77元，总增长88.19%，年均增长5.92%。乡村人均值最高增长年度为2009年，增长率24.15%；最低增长年度为2008年，负增长17.11%。此间，贵州城镇人均文化消费需求年均增长极显著高于乡村年均增长7.67个百分点，导致贵州文化消费需求的城乡比严重扩大。

2011年，贵州城镇人均文化消费增长10.98%，低于“十五”年均增长4.59个百分点，也低于“十一五”年均增长1.16个百分点；乡村人均文化消费负增长1.70%，低于“十五”年均增长12.29个百分点，也低于“十一五”年均增长4.66个百分点。此时，贵州城镇人均值高于乡村，城镇年度增幅高于乡村增幅12.68个百分点，意味着城乡差距扩大。贵州文化消费城乡比因此比2010年明显扩大12.90%，城乡比排序处于31个省域里第30位。

2. 城乡人均文化消费地区差

2000～2011年贵州城乡文化消费与全国地区差变动态势见图5。

2000～2011年，贵州城乡人均文化消费与全国城乡地区差由1.4254扩大

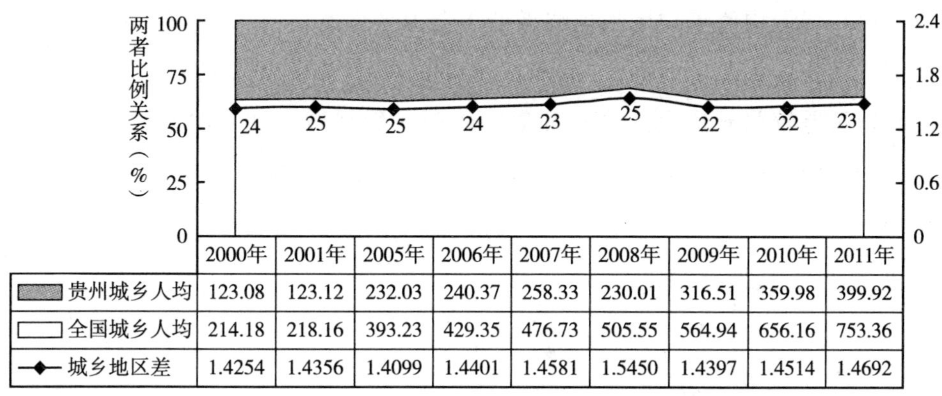

	2000年	2001年	2005年	2006年	2007年	2008年	2009年	2010年	2011年
贵州城乡人均	123.08	123.12	232.03	240.37	258.33	230.01	316.51	359.98	399.92
全国城乡人均	214.18	218.16	393.23	429.35	476.73	505.55	564.94	656.16	753.36
城乡地区差	1.4254	1.4356	1.4099	1.4401	1.4581	1.5450	1.4397	1.4514	1.4692

图 5　2000 年以来贵州城乡人均文化消费与全国地区差变动态势

注：左轴面积为城乡人均文化消费（元转换为%），当地与全国数值年度升降形成直观比例关系；右轴曲线为城乡人均文化消费地区差（无差距 =1）。标注地区差年度 31 省域排序。

至 1.4692，由于其他省域城乡文化消费与全国地区差扩大更为严重，贵州城乡地区差在 31 个省域里排序从第 24 位上升到第 23 位。其间，最小地区差为 2004 年 1.3952，最大地区差为 2008 年 1.5450。“十五”以来，贵州城乡人均文化消费地区差扩大 3.07%，地区差扩减变化状况处于 31 个省域里第 18 位。这意味着，贵州属于城乡文化消费地区差扩减变化态势不甚严重的省域之一。

2000～2011 年，贵州城乡人均文化消费年均增幅略微低于全国增幅 0.81 个百分点，贵州城乡文化消费需求与全国的地区差较明显扩大。

2011 年，贵州城乡人均文化消费增长低于自身“十五”年均增长 2.42 个百分点，但高于自身“十一五”年均增长 1.91 个百分点，同时明显低于全国增幅 3.72 个百分点。此时，贵州城乡人均值低于全国城乡平均值，增长低于全国意味着地区差距扩大，与全国城乡地区差因此比 2010 年较明显扩大 1.22%，地区差排序处于 31 个省域里第 23 位。

四　贵州城乡文化消费需求景气测评

综合以上分析：“十五”以来贵州城乡文化消费总量年均增长明显低于

全国增长，人均值年均增长也略微低于全国平均增长；“十一五”期间各项比例升降变化状况全面不及“十五”期间；“十五”以来城乡比严重扩大，同时地区差较明显扩大。这些都集中体现在贵州城乡文化消费需求景气指数的测评演算中。2000～2011 年贵州城乡文化消费需求景气指数变动态势见图 6。

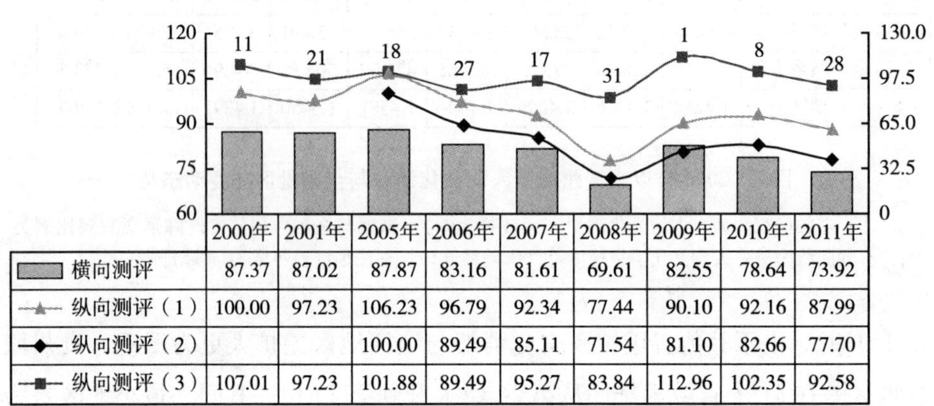

	2000年	2001年	2005年	2006年	2007年	2008年	2009年	2010年	2011年
横向测评	87.37	87.02	87.87	83.16	81.61	69.61	82.55	78.64	73.92
纵向测评（1）	100.00	97.23	106.23	96.79	92.34	77.44	90.10	92.16	87.99
纵向测评（2）			100.00	89.49	85.11	71.54	81.10	82.66	77.70
纵向测评（3）	107.01	97.23	101.88	89.49	95.27	83.84	112.96	102.35	92.58

图 6　2000 年以来贵州城乡文化消费需求景气指数变动态势

注：左轴柱形为横向测评（城乡、地区无差异理想值 = 100）；左轴曲线为纵向测评（起点年基数值 = 100），（1）2000 年起点，（2）2005 年起点；右轴曲线为纵向测评（3）上年起点。标注逐年纵向测评全国排行位次，其余测评排行位次省略。

1. 各年度横向测评景气指数

在此项测评中，以全国城乡文化消费总量份额值、人均绝对值、各项比值为基准，并以城乡之间、地区之间实现无差距状态为“理想值”100 来衡量，2011 年贵州城乡此项景气指数为 73.92，低于理想值 26.08，同时低于上一年 4.72。各年度对比，贵州城乡此项景气指数在 31 个省域里排行，2000 年为第 22 位，2005 年上升为第 16 位，2010 年下降为第 18 位，2011 年比 2010 年下降 8 位。

2. “十五”以来纵向测评景气指数

在此项测评中，以“九五”末年 2000 年为起点基数值 100，2011 年贵州城乡此项景气指数为 87.99，低于 2000 年起点基数 12.01，同时低于上一年 4.17。“十五”以来对比，贵州城乡此项景气指数在 31 个省域里排行，2001

年为第 21 位，2005 年上升为第 12 位，2010 年下降为第 16 位，2011 年比 2010 年下降 8 位。

3. “十一五”以来纵向测评景气指数

以“十五”末年 2005 年为起点基数值 100，2011 年贵州城乡此项景气指数为 77.70，低于 2005 年起点基数 22.30，同时低于上一年 4.96。“十一五”以来对比，贵州城乡此项景气指数在 31 个省域里排行，2006 年为第 27 位，2010 年上升为第 22 位，2011 年比 2010 年下降 5 位。

4. 逐年度纵向测评景气指数

以上一年 2010 年为起点基数值 100，2011 年贵州城乡此项景气指数为 92.58，低于 2010 年起点基数 7.42。逐年对比，贵州城乡此项景气指数在 31 个省域里排行，2000 年为第 11 位，2005 年下降为第 18 位，2010 年上升为第 8 位，2011 年比 2010 年下降 20 位。

Guizhou: The Rural Negative Growth Resulted in a Low Comprehensive Growth

Abstract: In 2011, Guizhou ranked the 28th in the increase of the total cultural consumption of urban-rural areas and the 24th in the growth of per capita value. Ranking of the boom evaluation: Guizhou ranked the 26th in the lateral evaluation of the cultural consumption demand of urban-rural areas across the provinces; in its own vertical evaluation, Guizhou ranked the 24th, the 27th and the 28th during the period of 2000 -2011, 2005 -2011 and 2010 -2011 respectively.

Key Words: Guizhou's Urban-rural Areas; Cultural Consumption; Boom Evaluation

B.32

广西：城乡共同高增长终破差距格局

摘　要：

2011 年，广西城乡文化消费总量增长处于第 10 位，人均值增长处于第 5 位。景气评价排行结果：广西城乡在省域横向测评中，2011 年景气指数处于第 25 位；在自身纵向测评中，2000 ~ 2011 年景气指数处于第 31 位，2005 ~ 2011 年景气指数处于第 29 位，2010 ~ 2011 年景气指数处于第 6 位。

关键词：

广西城乡　文化消费　景气评价

本文充分展示 2000 ~ 2011 年间广西相关各方面的增长态势，全面分析检测广西城乡文化消费需求状况。

一　广西城乡文化消费需求增长状况

1. 文化消费总量份额值变化

2000 ~ 2011 年广西城乡文化消费总量增长、份额变化态势见图 1。

2000 ~ 2011 年，广西城乡文化消费总量从 94. 84 亿元增长至 238. 99 亿元，增加 144. 15 亿元，总增长 151. 99%，年均增长 8. 77%，增长幅度排序处于 31 个省域里第 29 位。其中，“十五”期间总增长 54. 61%，年均增长 9. 11%；“十一五”期间总增长 37. 09%，年均增长 6. 51%。“十一五”年均增长幅度低于“十五”2. 60 个百分点。总量最高增长年度为 2002 年，增长率 20. 96%；最低增长年度为 2006 年，负增长 8. 84%。

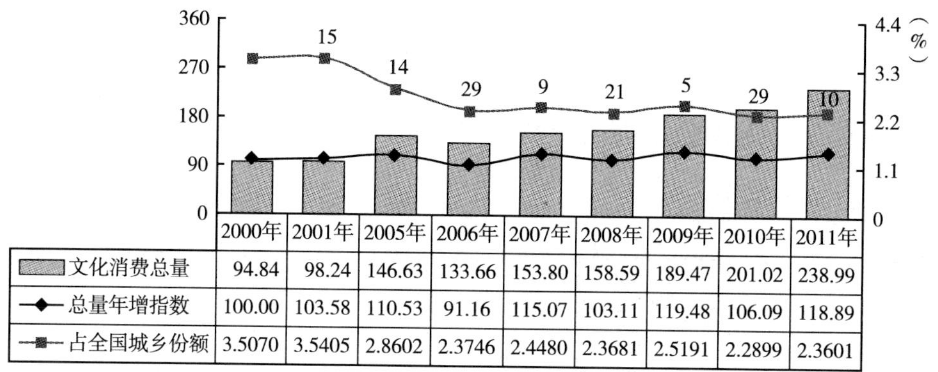

	2000年	2001年	2005年	2006年	2007年	2008年	2009年	2010年	2011年
文化消费总量	94.84	98.24	146.63	133.66	153.80	158.59	189.47	201.02	238.99
总量年增指数	100.00	103.58	110.53	91.16	115.07	103.11	119.48	106.09	118.89
占全国城乡份额	3.5070	3.5405	2.8602	2.3746	2.4480	2.3681	2.5191	2.2899	2.3601

图1　2000 年以来广西城乡文化消费总量增长、份额变化态势

注：左轴柱形为城乡文化消费总量（亿元）；左轴曲线为年度（年均）增长指数（上年 = 100），年增指数小于 100 为负增长；右轴曲线为占全国城乡份额（%）。标注年度份额增减 31 省域排序，2000 年起点不计。

同期，全国城乡文化消费总量年均增长 12.75%，广西年均增幅明显低于全国城乡年均增幅 3.98 个百分点。广西城乡文化消费总量占全国份额由 3.51% 降低为 2.36%，下降幅度为 32.70%，份额升降变化排序处于 31 个省域里第 29 位。

2011 年，全国城乡文化消费总量增长 15.36%，广西城乡文化消费总量增长 18.89%，明显高于全国增幅 3.53 个百分点，占全国份额比 2010 年上升 3.07%。同时，广西总量增长高于自身“十五”年均增长 9.78 个百分点，也高于自身“十一五”年均增长 12.38 个百分点，增长幅度和占全国份额变化排序处于 31 个省域里第 10 位。

2. 文化消费人均绝对值增长

2000 ~ 2011 年广西城乡人均文化消费增长、增幅变化态势见图 2。

2000 ~ 2011 年，广西城乡人均文化消费从 200.44 元增长至 516.46 元，增加 316.02 元，总增长 157.66%，年均增长 8.99%，增长幅度排序处于 31 个省域里第 26 位。其中，“十五”期间人均值总增长 53.22%，年均增长 8.91%；“十一五”期间人均值总增长 38.29%，年均增长 6.70%。“十一五”年均增长幅度低于“十五”2.21 个百分点。人均值最高增长年度为 2011 年，增长率 21.60%；最低增长年度为 2006 年，负增长 7.19%。

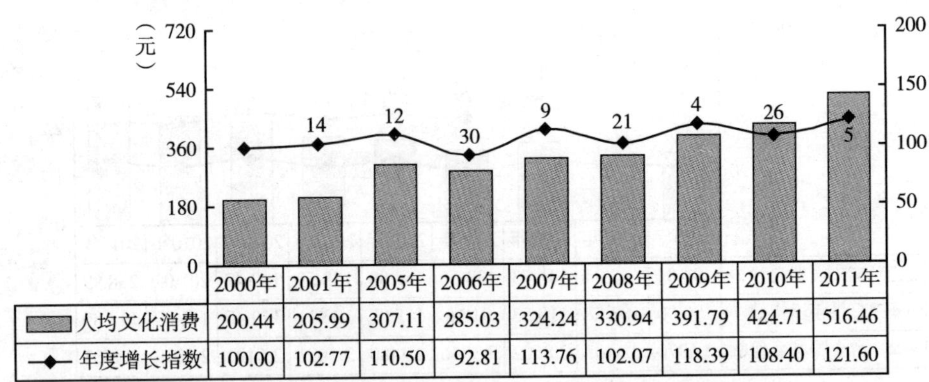

	2000年	2001年	2005年	2006年	2007年	2008年	2009年	2010年	2011年
人均文化消费	200.44	205.99	307.11	285.03	324.24	330.94	391.79	424.71	516.46
年度增长指数	100.00	102.77	110.50	92.81	113.76	102.07	118.39	108.40	121.60

图 2　2000 年以来广西城乡人均文化消费增长、增幅变化态势

注：左轴柱形为城乡人均文化消费（元）；右轴曲线为年度（年均）增长指数（上年 = 100），年增指数小于 100 为负增长。标注年度增长 31 省域排序，2000 年起点不计。

同期，全国城乡人均文化消费年均增长 12.11%，广西年均增幅明显低于全国增幅。广西城乡人均文化消费从全国城乡平均值的 93.59% 降低至 68.55%，人均绝对值在 31 个省域里排序由第 12 位降低为第 21 位。

2011 年，全国城乡人均文化消费增长 14.81%，广西增长 21.60%，极显著高于全国增幅，同时高于自身“十五”年均增长，也高于自身“十一五”年均增长，增长幅度排序处于 31 个省域里第 5 位。

二　广西城乡文化消费相关背景情况

2000 ~ 2011 年广西城乡文化消费比例变动态势见图 3。

1. 人均文化消费与人均产值的比例

2000 ~ 2011 年，广西城乡人均文化消费与人均产值的比例由 4.31% 降低至 2.04%，在 31 个省域里排序从第 4 位下降到第 11 位。“十五”以来，广西城乡此项比值下降 52.67%，升降变化程度处于 31 个省域里第 29 位。

分阶段来看，广西城乡此项比值在“十五”期间降低 0.81 个百分点；在“十一五”期间降低 1.39 个百分点。文化消费需求增长与当地省域经济发展之间协调关系变化，在“十五”至“十一五”期间，由较明显下降加重为更大幅度的明显下降。其间，最高值为 2002 年 4.45%，最低值为 2011 年 2.04%。

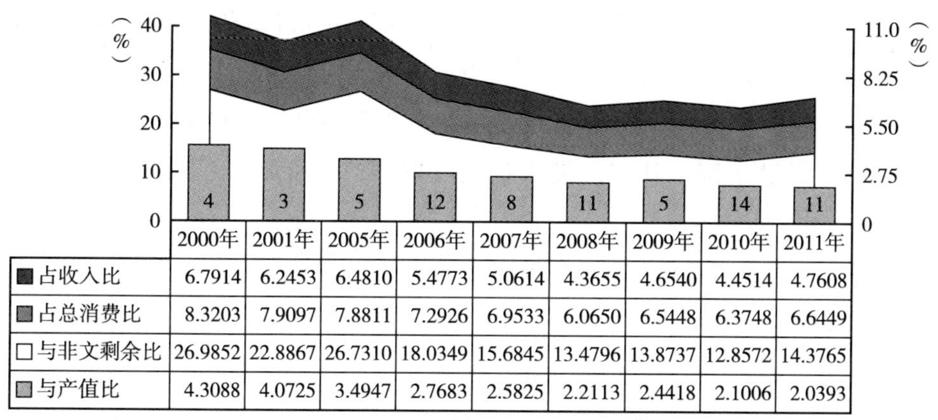

	2000年	2001年	2005年	2006年	2007年	2008年	2009年	2010年	2011年
■占收入比	6.7914	6.2453	6.4810	5.4773	5.0614	4.3655	4.6540	4.4514	4.7608
■占总消费比	8.3203	7.9097	7.8811	7.2926	6.9533	6.0650	6.5448	6.3748	6.6449
□与非文剩余比	26.9852	22.8867	26.7310	18.0349	15.6845	13.4796	13.8737	12.8572	14.3765
■与产值比	4.3088	4.0725	3.4947	2.7683	2.5825	2.2113	2.4418	2.1006	2.0393

图 3　2000 年以来广西城乡文化消费比例变动态势

注：左轴面积为城乡人均文化消费占收入比、占总消费比、与非文消费剩余（图例简称“非文剩余”）比（%），各项比值年度升降形成直观比例叠加；右轴柱形为城乡人均文化消费与产值比（%）。标注与产值比年度 31 省域排序，其余比值排序省略。

2011 年，广西城乡此项比值降低 0.06 个百分点，降幅为 2.92%，文化消费需求增长与经济发展的协调性比 2010 年略有下降。

2. 人均文化消费占人均收入的比重

2000～2011 年，广西城乡人均文化消费占人均收入的比重由 6.79% 降低至 4.76%，在 31 个省域里排序从第 6 位下降到第 18 位。“十五”以来，广西城乡此项比值下降 29.90%，升降变化程度处于 31 个省域里第 29 位。

分阶段来看，广西城乡此项比值在“十五”期间降低 0.31 个百分点；在“十一五”期间降低 2.03 个百分点。当地居民文化消费需求增长与收入增加之间协调关系变化，在“十五”至“十一五”期间，由略微下降加重为更大幅度的显著下降。其间，最高值为 2002 年 6.89%，最低值为 2008 年 4.37%。

2011 年，广西城乡此项比值提高 0.31 个百分点，升幅为 6.95%，文化消费需求增长与收入增加的协调性比 2010 年较明显上升。

3. 人均文化消费占人均总消费的比重

2000～2011 年，广西城乡人均文化消费占人均总消费的比重由 8.32% 降低至 6.64%，在 31 个省域里排序从第 4 位下降到第 19 位。“十五”以来，广西城乡此项比值下降 20.14%，升降变化程度处于 31 个省域里第 27 位。

分阶段来看，广西城乡此项比值在“十五”期间降低0.44个百分点；在“十一五”期间降低1.51个百分点。当地居民文化消费需求增长与总消费增加之间协调关系变化，在“十五”至“十一五”期间，由略微下降加重为更大幅度的明显下降。其间，最高值为2002年8.85%，最低值为2008年6.07%。

2011年，广西城乡此项比值提高0.27个百分点，升幅为4.24%，文化消费需求增长与总消费增加的协调性比2010年较明显上升。

4. 人均文化消费与人均非文消费剩余的比例

2000~2011年，广西城乡人均文化消费与人均非文消费剩余的比例由26.99%降低至14.38%，在31个省域里排序从第5位下降到第19位。“十五”以来，广西城乡此项比值下降46.72%，升降变化程度处于31个省域里第29位。

分阶段来看，广西城乡此项比值在“十五”期间降低0.25个百分点；在“十一五”期间降低13.88个百分点。当地居民文化消费需求增长与“必需消费”之外“余钱”增多之间协调关系变化，在“十五”至“十一五”期间，由略微下降加重为更大幅度的极显著下降。其间，最高值为2000年26.99%，最低值为2010年12.86%。

2011年，广西城乡此项比值提高1.52个百分点，升幅为11.82%，文化消费需求增长与“必需消费”之外“余钱”增多的协调性比2010年极显著提升。

三 广西文化消费城乡、区域协调状况

1. 人均文化消费城乡比

2000~2011年广西人均文化消费城乡比变动态势见图4。

2000~2011年，广西人均文化消费城乡比由1.2676扩大至4.3016，在31个省域里排序从第13位下降到第29位。其间，最小城乡比为2000年1.2676，最大城乡比为2010年4.3234。“十五”以来，广西人均文化消费城乡比扩大239.34%，城乡比扩减变化状况处于31个省域里第31位。这意味着，广西属于文化消费城乡比扩减变化态势极严重的省域之一。

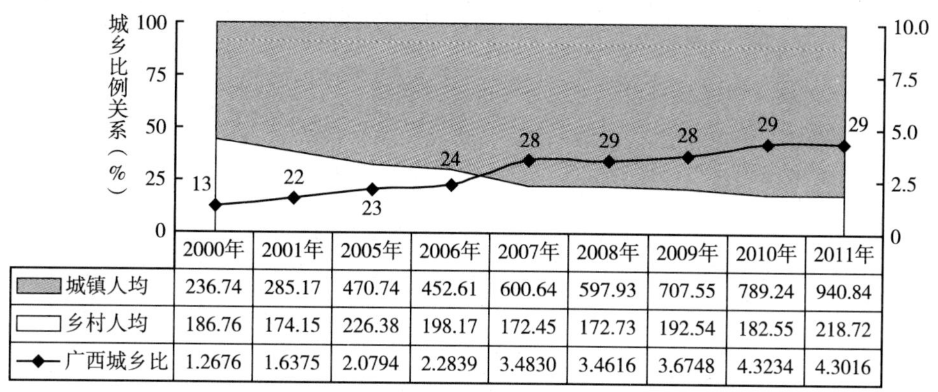

	2000年	2001年	2005年	2006年	2007年	2008年	2009年	2010年	2011年
城镇人均	236.74	285.17	470.74	452.61	600.64	597.93	707.55	789.24	940.84
乡村人均	186.76	174.15	226.38	198.17	172.45	172.73	192.54	182.55	218.72
广西城乡比	1.2676	1.6375	2.0794	2.2839	3.4830	3.4616	3.6748	4.3234	4.3016

图4　2000年以来广西人均文化消费城乡比变动态势

注：左轴面积为城镇、乡村人均文化消费（元转换为%），城乡间年度升降形成直观比例关系；右轴曲线为人均文化消费城乡比（乡村=1）。标注城乡比年度31省域排序。

同期，广西城镇人均文化消费从236.74元增长至940.84元，增加704.10元，总增长297.41%，年均增长13.36%。城镇人均值最高增长年度为2002年，增长率48.12%；最低增长年度为2003年，负增长15.78%。乡村人均文化消费从186.76元增长至218.72元，增加31.96元，总增长17.11%，年均增长1.45%。乡村人均值最高增长年度为2005年，增长率26.59%；最低增长年度为2007年，负增长12.98%。此间，广西城镇人均文化消费需求年均增长极显著高于乡村年均增长11.91个百分点，导致广西文化消费需求的城乡比极严重扩大。

2011年，广西城镇人均文化消费增长19.21%，高于“十五”年均增长4.47个百分点，也高于“十一五”年均增长8.32个百分点；乡村人均文化消费增长19.81%，高于“十五”年均增长15.89个百分点，也高于“十一五”年均增长24.03个百分点。此时，广西城镇人均值高于乡村，城镇年度增幅低于乡村增幅0.61个百分点，意味着城乡差距缩小。广西文化消费城乡比因此比2010年略有缩小0.51%，城乡比排序处于31个省域里第29位。

2. 城乡人均文化消费地区差

2000~2011年广西城乡文化消费与全国地区差变动态势见图5。

2000~2011年，广西城乡人均文化消费与全国城乡地区差由1.0641扩大

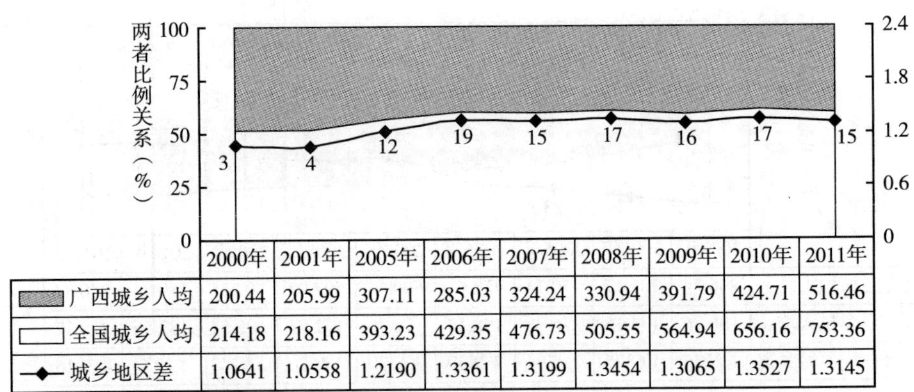

	2000年	2001年	2005年	2006年	2007年	2008年	2009年	2010年	2011年
广西城乡人均	200.44	205.99	307.11	285.03	324.24	330.94	391.79	424.71	516.46
全国城乡人均	214.18	218.16	393.23	429.35	476.73	505.55	564.94	656.16	753.36
城乡地区差	1.0641	1.0558	1.2190	1.3361	1.3199	1.3454	1.3065	1.3527	1.3145

图5　2000 年以来广西城乡人均文化消费与全国地区差变动态势

注：左轴面积为城乡人均文化消费（元转换为%），当地与全国数值年度升降形成直观比例关系；右轴曲线为城乡人均文化消费地区差（无差距 = 1）。标注地区差年度 31 省域排序。

至1.3145，在31 个省域里排序从第3 位下降到第15 位。其间，最小地区差为2001 年1.0558，最大地区差为2010 年1.3527。“十五”以来，广西城乡人均文化消费地区差扩大23.52%，地区差扩减变化状况处于31 个省域里第30 位。这意味着，广西属于城乡文化消费地区差扩减变化态势很严重的省域之一。

2000 ~ 2011 年，广西城乡人均文化消费年均增幅明显低于全国增幅3.13 个百分点，广西城乡文化消费需求与全国的地区差极显著扩大。

2011 年，广西城乡人均文化消费增长高于自身“十五”年均增长12.69 个百分点，也高于自身“十一五”年均增长14.90 个百分点，同时极显著高于全国增幅6.79 个百分点。此时，广西城乡人均值低于全国城乡平均值，增长高于全国意味着地区差距缩小，与全国城乡地区差因此比2010 年较明显缩小2.83%，地区差排序处于31 个省域里第15 位。

四　广西城乡文化消费需求景气测评

综合以上分析：“十五”以来广西城乡文化消费总量年均增长明显低于全国增长，人均值年均增长也明显低于全国平均增长；“十一五”期间各项比例升降变化状况全面不及“十五”期间；“十五”以来城乡比极严重扩大，同时地区差极显著扩大。这些都集中体现在广西城乡文化消费需求景气

指数的测评演算中。2000～2011 年广西城乡文化消费需求景气指数变动态势见图 6。

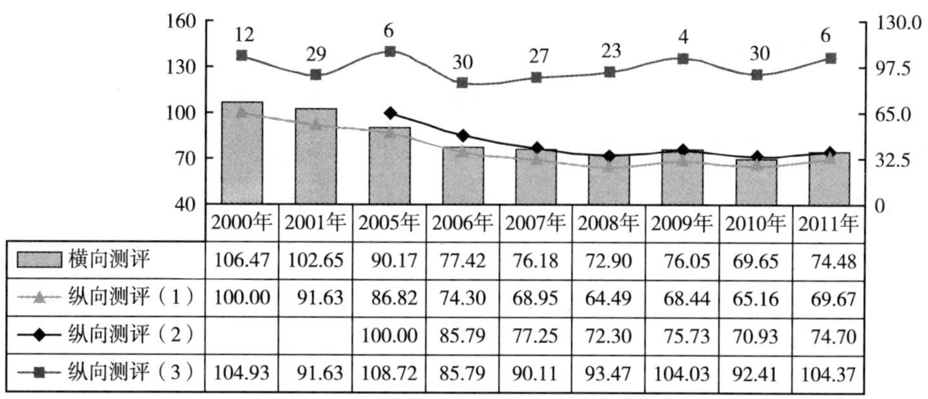

	2000年	2001年	2005年	2006年	2007年	2008年	2009年	2010年	2011年
横向测评	106.47	102.65	90.17	77.42	76.18	72.90	76.05	69.65	74.48
纵向测评（1）	100.00	91.63	86.82	74.30	68.95	64.49	68.44	65.16	69.67
纵向测评（2）			100.00	85.79	77.25	72.30	75.73	70.93	74.70
纵向测评（3）	104.93	91.63	108.72	85.79	90.11	93.47	104.03	92.41	104.37

图 6　2000 年以来广西城乡文化消费需求景气指数变动态势

注：左轴柱形为横向测评（城乡、地区无差异理想值 = 100）；左轴曲线为纵向测评（起点年基数值 = 100），（1）2000 年起点，（2）2005 年起点；右轴曲线为纵向测评（3）上年起点。标注逐年纵向测评全国排行位次，其余测评排行位次省略。

1. 各年度横向测评景气指数

在此项测评中，以全国城乡文化消费总量份额值、人均绝对值、各项比值为基准，并以城乡之间、地区之间实现无差距状态为“理想值”100 来衡量，2011 年广西城乡此项景气指数为 74.48，低于理想值 25.52，同时高于上一年 4.83。各年度对比，广西城乡此项景气指数在 31 个省域里排行，2000 年为第 5 位，2005 年下降为第 14 位，2010 年下降为第 27 位，2011 年比 2010 年上升 2 位。

2. “十五”以来纵向测评景气指数

在此项测评中，以“九五”末年 2000 年为起点基数值 100，2011 年广西城乡此项景气指数为 69.67，低于 2000 年起点基数 30.33，同时高于上一年 4.51。“十五”以来对比，广西城乡此项景气指数在 31 个省域里排行，2001 年为第 29 位，2005 年下降为第 30 位，2010 年下降为第 31 位，2011 年与 2010 年持平。

3. “十一五”以来纵向测评景气指数

以“十五”末年 2005 年为起点基数值 100，2011 年广西城乡此项景气指数为74.70，低于2005年起点基数25.30，同时高于上一年3.77。“十一五”以来对比，广西城乡此项景气指数在31个省域里排行，2006年为第30位，2010年下降为第31位，2011年比2010年上升2位。

4. 逐年度纵向测评景气指数

以上一年2010年为起点基数值100，2011年广西城乡此项景气指数为104.37，高于2010年起点基数4.37。逐年对比，广西城乡此项景气指数在31个省域里排行，2000年为第12位，2005年上升为第6位，2010年下降为第30位，2011年比2010年上升24位。

Guangxi: The Gap Eliminated by Means of the Urban-Rural Mutual High Growth

Abstract: In 2011, Guangxi ranked the 10th in the increase of the total cultural consumption of urban-rural areas and the 5th in the growth of per capita value. Ranking of the boom evaluation: Guangxi ranked the 25th in the lateral evaluation of the cultural consumption demand of urban-rural areas across the provinces; in its own vertical evaluation, Guangxi ranked the 31st, the 29th and the 6th during the period of 2000 –2011, 2005 –2011 and 2010 –2011 respectively.

Key Words: Guangxi's Urban-rural Areas; Cultural Consumption; Boom Evaluation

B.33
云南：2011 年文化消费人均值增长居首位

摘　要：

2011 年，云南城乡文化消费总量增长处于第 2 位，人均值增长处于第 1 位。景气评价排行结果：云南城乡在省域横向测评中，2011 年景气指数处于第 20 位；在自身纵向测评中，2000 ~2011 年景气指数处于第 16 位，2005 ~2011 年景气指数处于第 19 位，2010 ~2011 年景气指数处于第 10 位。

关键词：

云南城乡　文化消费　景气评价

本文充分展示 2000 ~2011 年间云南相关各方面的增长态势，对云南城乡文化消费需求状况展开全面分析测评。

一　云南城乡文化消费需求增长状况

1. 文化消费总量份额值变化

2000 ~2011 年云南城乡文化消费总量增长、份额变化态势见图 1。

2000 ~2011 年，云南城乡文化消费总量从 65.05 亿元增长至 218.88 亿元，增加 153.83 亿元，总增长 236.48%，年均增长 11.66%，增长幅度排序处于 31 个省域里第 19 位。其中，“十五”期间总增长 74.69%，年均增长 11.80%；“十一五”期间总增长 51.03%，年均增长 8.60%。“十一五”年均增长幅度低于“十五”3.20 个百分点。总量最高增长年度为 2002 年，增长率 38.83%；最低增长年度为 2001 年，负增长 8.42%。

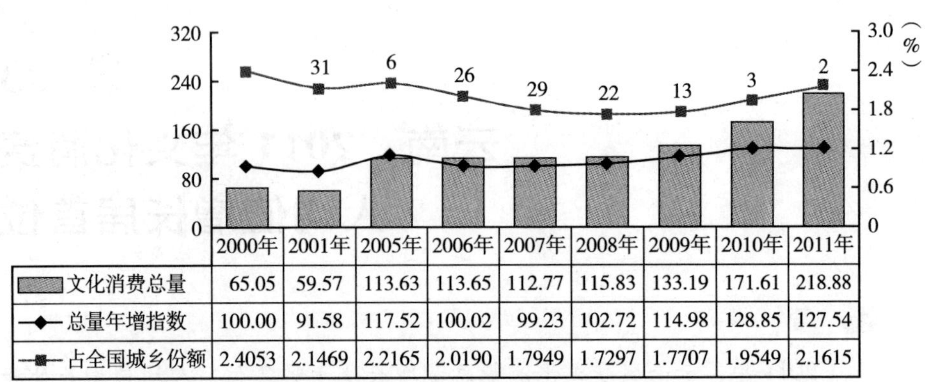

	2000年	2001年	2005年	2006年	2007年	2008年	2009年	2010年	2011年
文化消费总量	65.05	59.57	113.63	113.65	112.77	115.83	133.19	171.61	218.88
总量年增指数	100.00	91.58	117.52	100.02	99.23	102.72	114.98	128.85	127.54
占全国城乡份额	2.4053	2.1469	2.2165	2.0190	1.7949	1.7297	1.7707	1.9549	2.1615

图1　2000年以来云南城乡文化消费总量增长、份额变化态势

注：左轴柱形为城乡文化消费总量（亿元）；左轴曲线为年度（年均）增长指数（上年=100），年增指数小于100为负增长；右轴曲线为占全国城乡份额（%）。标注年度份额增减31省域排序，2000年起点不计。

同期，全国城乡文化消费总量年均增长12.75%，云南年均增幅较明显低于全国城乡年均增幅1.09个百分点。云南城乡文化消费总量占全国份额由2.41%降低为2.16%，下降幅度为10.13%，份额升降变化排序处于31个省域里第19位。

2011年，全国城乡文化消费总量增长15.36%，云南城乡文化消费总量增长27.54%，极显著高于全国增幅12.18个百分点，占全国份额比2010年上升10.57%。同时，云南总量增长高于自身“十五”年均增长15.74个百分点，也高于自身“十一五”年均增长18.95个百分点，增长幅度和占全国份额变化排序处于31个省域里第2位。

2. 文化消费人均绝对值增长

2000～2011年云南城乡人均文化消费增长、增幅变化态势见图2。

2000～2011年，云南城乡人均文化消费从154.27元增长至474.16元，增加319.89元，总增长207.36%，年均增长10.75%，增长幅度排序处于31个省域里第22位。其中，“十五”期间人均值总增长66.18%，年均增长10.69%；“十一五”期间人均值总增长45.96%，年均增长7.86%。“十一五”年均增长幅度低于“十五”2.83个百分点。人均值最高增长年度为2002年，增长率37.35%；最低增长年度为2001年，负增长9.44%。

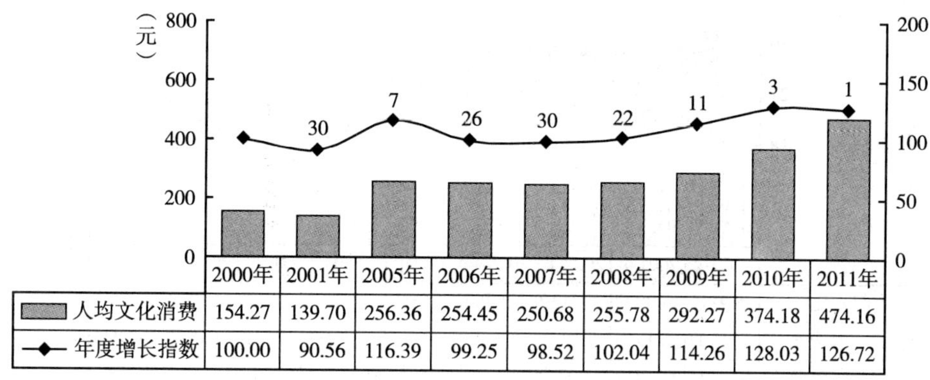

	2000年	2001年	2005年	2006年	2007年	2008年	2009年	2010年	2011年
人均文化消费	154.27	139.70	256.36	254.45	250.68	255.78	292.27	374.18	474.16
年度增长指数	100.00	90.56	116.39	99.25	98.52	102.04	114.26	128.03	126.72

图 2　2000 年以来云南城乡人均文化消费增长、增幅变化态势

注：左轴柱形为城乡人均文化消费（元）；右轴曲线为年度（年均）增长指数（上年 = 100），年增指数小于 100 为负增长。标注年度增长 31 省域排序，2000 年起点不计。

同期，全国城乡人均文化消费年均增长 12.11%，云南年均增幅较明显低于全国增幅。云南城乡人均文化消费从全国城乡平均值的 72.03% 降低至 62.94%，人均绝对值在 31 个省域里排序保持在第 25 位。

2011 年，全国城乡人均文化消费增长 14.81%，云南增长 26.72%，极显著高于全国增幅，同时高于自身“十五”年均增长，也高于自身“十一五”年均增长，增长幅度排序处于 31 个省域里第 1 位。

二　云南城乡文化消费相关背景情况

2000 ~ 2011 年云南城乡文化消费比例变动态势见图 3。

1. 人均文化消费与人均产值的比例

2000 ~ 2011 年，云南城乡人均文化消费与人均产值的比例由 3.23% 降低至 2.46%，由于其他省域此项比值降低更加明显，云南在 31 个省域里排序从第 12 位上升到第 3 位。“十五”以来，云南城乡此项比值下降 23.91%，升降变化程度处于 31 个省域里第 8 位。

分阶段来看，云南城乡此项比值在“十五”期间提高 0.04 个百分点；在“十一五”期间降低 0.90 个百分点。文化消费需求增长与当地省域经济发展之间协调关系变化，在“十五”至“十一五”期间，由略微提升逆转为较明显下降。其间，最高值为 2002 年 3.58%，最低值为 2008 年 2.03%。

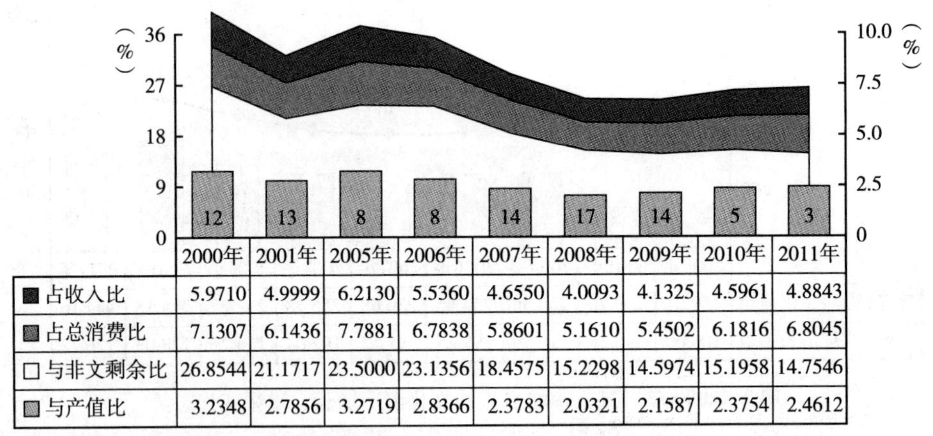

	2000年	2001年	2005年	2006年	2007年	2008年	2009年	2010年	2011年
■占收入比	5.9710	4.9999	6.2130	5.5360	4.6550	4.0093	4.1325	4.5961	4.8843
■占总消费比	7.1307	6.1436	7.7881	6.7838	5.8601	5.1610	5.4502	6.1816	6.8045
□与非文剩余比	26.8544	21.1717	23.5000	23.1356	18.4575	15.2298	14.5974	15.1958	14.7546
■与产值比	3.2348	2.7856	3.2719	2.8366	2.3783	2.0321	2.1587	2.3754	2.4612

图3　2000年以来云南城乡文化消费比例变动态势

注：左轴面积为城乡人均文化消费占收入比、占总消费比、与非文消费剩余（图中简称“非文剩余”）比（%），各项比值年度升降形成直观比例叠加；右轴柱形为城乡人均文化消费与产值比（%）。标注与产值比年度31省域排序，其余比值排序省略。

2011年，云南城乡此项比值提高0.09个百分点，升幅为3.61%，文化消费需求增长与经济发展的协调性比2010年略有上升。

2. 人均文化消费占人均收入的比重

2000~2011年，云南城乡人均文化消费占人均收入的比重由5.97%降低至4.88%，在31个省域里排序从第11位下降到第15位。“十五”以来，云南城乡此项比值下降18.20%，升降变化程度处于31个省域里第18位。

分阶段来看，云南城乡此项比值在“十五”期间提高0.24个百分点；在“十一五”期间降低1.62个百分点。当地居民文化消费需求增长与收入增加之间协调关系变化，在“十五”至“十一五”期间，由略微提升逆转为明显下降。其间，最高值为2002年6.35%，最低值为2008年4.01%。

2011年，云南城乡此项比值提高0.29个百分点，升幅为6.27%，文化消费需求增长与收入增加的协调性比2010年较明显上升。

3. 人均文化消费占人均总消费的比重

2000~2011年，云南城乡人均文化消费占人均总消费的比重由7.13%降低至6.80%，由于其他省域此项比值降低更加明显，云南在31个省域里排序从第19位上升到第15位。“十五”以来，云南城乡此项比值下降4.57%，升

降变化程度处于 31 个省域里第 16 位。

分阶段来看，云南城乡此项比值在“十五”期间提高 0.66 个百分点；在“十一五”期间降低 1.61 个百分点。当地居民文化消费需求增长与总消费增加之间协调关系变化，在“十五”至“十一五”期间，由较明显提升逆转为明显下降。其间，最高值为 2005 年 7.79%，最低值为 2008 年 5.16%。

2011 年，云南城乡此项比值提高 0.62 个百分点，升幅为 10.08%，文化消费需求增长与总消费增加的协调性比 2010 年显著上升。

4. 人均文化消费与人均非文消费剩余的比例

2000～2011 年，云南城乡人均文化消费与人均非文消费剩余的比例由 26.85%降低至 14.75%，在 31 个省域里排序从第 7 位下降到第 17 位。“十五”以来，云南城乡此项比值下降 45.06%，升降变化程度处于 31 个省域里第 28 位。

分阶段来看，云南城乡此项比值在“十五”期间降低 3.35 个百分点；在“十一五”期间降低 8.30 个百分点。当地居民文化消费需求增长与“必需消费”之外“余钱”增多之间协调关系变化，在“十五”至“十一五”期间，由明显下降加重为更大幅度的极显著下降。其间，最高值为 2000 年 26.85%，最低值为 2009 年 14.60%。

2011 年，云南城乡此项比值降低 0.44 个百分点，降幅为 2.90%，文化消费需求增长与“必需消费”之外“余钱”增多的协调性比 2010 年明显下降。

三　云南文化消费城乡、区域协调状况

1. 人均文化消费城乡比

2000～2011 年云南人均文化消费城乡比变动态势见图 4。

2000～2011 年，云南人均文化消费城乡比由 2.9885 扩大至 3.6853，由于其他省域文化消费城乡比扩大更为严重，云南城乡比在 31 个省域里排序从第 30 位上升到第 27 位。其间，最小城乡比为 2007 年 2.2221，最大城乡比为 2002 年 3.7200。“十五”以来，云南人均文化消费城乡比扩大 23.31%，城乡比扩减变化状况处于 31 个省域里第 6 位。这意味着，云南属于文化消费城乡比扩减变化态势较好的省域之一。

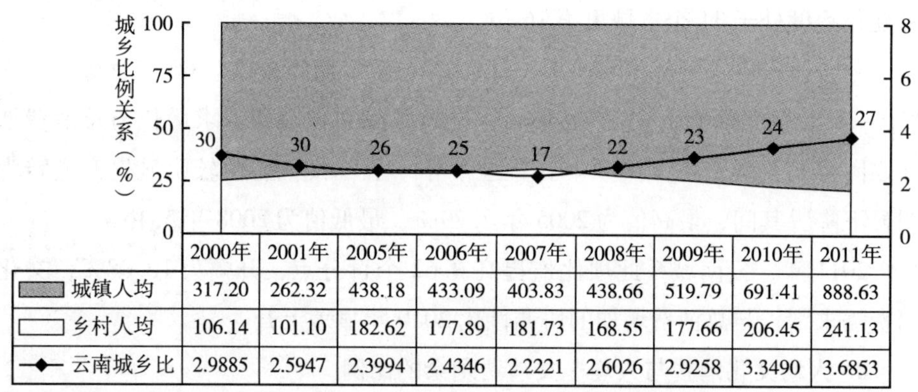

	2000年	2001年	2005年	2006年	2007年	2008年	2009年	2010年	2011年
城镇人均	317.20	262.32	438.18	433.09	403.83	438.66	519.79	691.41	888.63
乡村人均	106.14	101.10	182.62	177.89	181.73	168.55	177.66	206.45	241.13
云南城乡比	2.9885	2.5947	2.3994	2.4346	2.2221	2.6026	2.9258	3.3490	3.6853

图4　2000 年以来云南人均文化消费城乡比变动态势

注：左轴面积为城镇、乡村人均文化消费（元转换为%），城乡间年度升降形成直观比例关系；右轴曲线为人均文化消费城乡比（乡村 =1）。标注城乡比年度 31 省域排序。

同期，云南城镇人均文化消费从 317.20 元增长至 888.63 元，增加 571.43 元，总增长 180.15%，年均增长 9.82%。城镇人均值最高增长年度为 2002 年，增长率 61.67%；最低增长年度为 2001 年，负增长 17.30%。乡村人均文化消费从 106.14 元增长至 241.13 元，增加 134.99 元，总增长 127.18%，年均增长 7.75%。乡村人均值最高增长年度为 2005 年，增长率 27.53%；最低增长年度为 2008 年，负增长 7.25%。此间，云南城镇人均文化消费需求年均增长明显高于乡村年均增长 2.07 个百分点，导致云南文化消费需求的城乡比较明显扩大。

2011 年，云南城镇人均文化消费增长 28.52%，高于“十五”年均增长 21.85 个百分点，也高于“十一五”年均增长 18.97 个百分点；乡村人均文化消费增长 16.80%，高于“十五”年均增长 5.33 个百分点，也高于“十一五”年均增长 14.31 个百分点。此时，云南城镇人均值高于乡村，城镇年度增幅高于乡村增幅 11.73 个百分点，意味着城乡差距扩大。云南文化消费城乡比因此比 2010 年明显扩大 10.04%，城乡比排序处于 31 个省域里第 27 位。

2. 城乡人均文化消费地区差

2000 ~2011 年云南城乡文化消费与全国地区差变动态势见图 5。

2000 ~2011 年，云南城乡人均文化消费与全国城乡地区差由 1.2797 扩

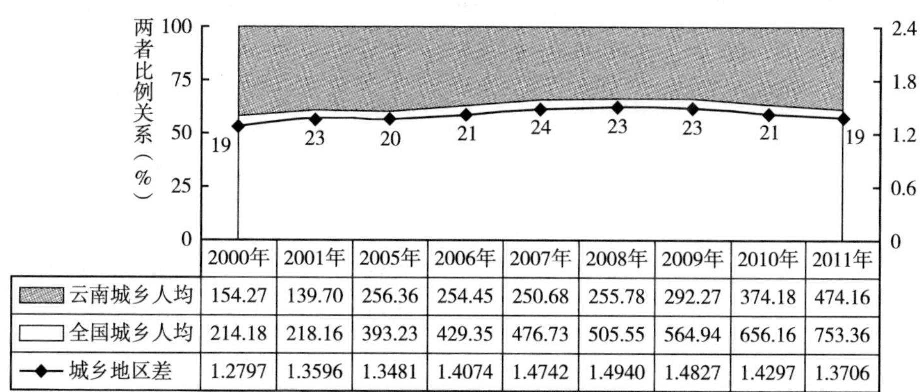

	2000年	2001年	2005年	2006年	2007年	2008年	2009年	2010年	2011年
云南城乡人均	154.27	139.70	256.36	254.45	250.68	255.78	292.27	374.18	474.16
全国城乡人均	214.18	218.16	393.23	429.35	476.73	505.55	564.94	656.16	753.36
城乡地区差	1.2797	1.3596	1.3481	1.4074	1.4742	1.4940	1.4827	1.4297	1.3706

图 5　2000 年以来云南城乡人均文化消费与全国地区差变动态势

注：左轴面积为城乡人均文化消费（元转换为%），当地与全国数值年度升降形成直观比例关系；右轴曲线为城乡人均文化消费地区差（无差距 = 1）。标注地区差年度 31 省域排序。

大至 1.3706，在 31 个省域里排序保持在第 19 位。其间，最小地区差为 2000 年 1.2797，最大地区差为 2008 年 1.4940。“十五”以来，云南城乡人均文化消费地区差扩大 7.10%，地区差扩减变化状况处于 31 个省域里第 20 位。这意味着，云南属于城乡文化消费地区差扩减变化态势较严重的省域之一。

2000～2011 年，云南城乡人均文化消费年均增幅较明显低于全国增幅 1.37 个百分点，云南城乡文化消费需求与全国的地区差明显扩大。

2011 年，云南城乡人均文化消费增长高于自身“十五”年均增长 16.03 个百分点，也高于自身“十一五”年均增长 18.86 个百分点，同时极显著高于全国增幅 11.90 个百分点。此时，云南城乡人均值低于全国城乡平均值，增长高于全国意味着地区差距缩小，与全国城乡地区差因此比 2010 年明显缩小 4.14%，地区差排序处于 31 个省域里第 19 位。

四　云南城乡文化消费需求景气测评

综合以上分析：“十五”以来云南城乡文化消费总量年均增长较明显低于全国增长，人均值年均增长也较明显低于全国平均增长；“十一五”期间各项比例升降变化状况全面不及“十五”期间；“十五”以来城乡比较明显扩大；同时地区差明显扩大。这些都集中体现在云南城乡文化消费需求景气指数的测评演算中。2000～2011 年云南城乡文化消费需求景气指数变动态势见图 6。

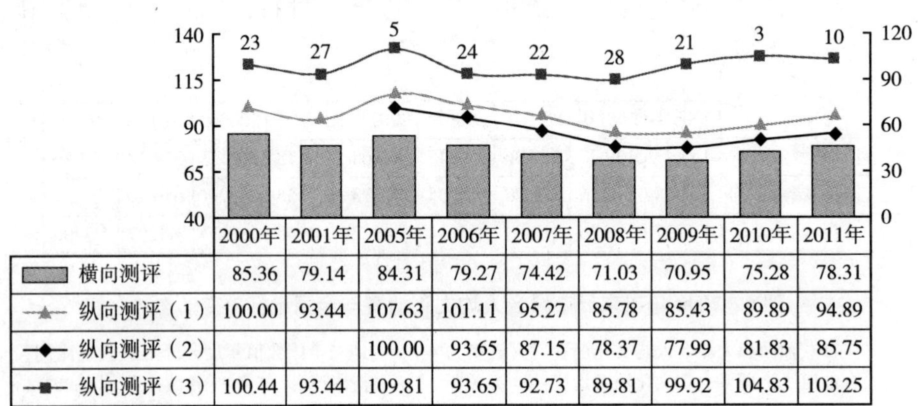

	2000年	2001年	2005年	2006年	2007年	2008年	2009年	2010年	2011年
横向测评	85.36	79.14	84.31	79.27	74.42	71.03	70.95	75.28	78.31
纵向测评（1）	100.00	93.44	107.63	101.11	95.27	85.78	85.43	89.89	94.89
纵向测评（2）			100.00	93.65	87.15	78.37	77.99	81.83	85.75
纵向测评（3）	100.44	93.44	109.81	93.65	92.73	89.81	99.92	104.83	103.25

图 6　2000 年以来云南城乡文化消费需求景气指数变动态势

注：左轴柱形为横向测评（城乡、地区无差异理想值 =100）；左轴曲线为纵向测评（起点年基数值 =100），（1）2000 年起点，（2）2005 年起点；右轴曲线为纵向测评（3）上年起点。标注逐年纵向测评全国排行位次，其余测评排行位次省略。

1. 各年度横向测评景气指数

在此项测评中，以全国城乡文化消费总量份额值、人均绝对值、各项比值为基准，并以城乡之间、地区之间实现无差距状态为“理想值”100 来衡量，2011 年云南城乡此项景气指数为 78.31，低于理想值 21.69，同时高于上一年 3.03。各年度对比，云南城乡此项景气指数在 31 个省域里排行，2000 年为第 25 位，2005 年上升为第 22 位，2010 年下降为第 23 位，2011 年比 2010 年上升 3 位。

2. “十五”以来纵向测评景气指数

在此项测评中，以“九五”末年 2000 年为起点基数值 100，2011 年云南城乡此项景气指数为 94.89，低于 2000 年起点基数 5.11，同时高于上一年 5.01。“十五”以来对比，云南城乡此项景气指数在 31 个省域里排行，2001 年为第 27 位，2005 年上升为第 9 位，2010 年下降为第 19 位，2011 年比 2010 年上升 3 位。

3. “十一五”以来纵向测评景气指数

以“十五”末年2005年为起点基数值100，2011年云南城乡此项景气指数为85.75，低于2005年起点基数14.25，同时高于上一年3.91。“十一五”以来对比，云南城乡此项景气指数在31个省域里排行，2006年为第24位，2010年上升为第23位，2011年比2010年上升4位。

4. 逐年度纵向测评景气指数

以上一年2010年为起点基数值100，2011年云南城乡此项景气指数为103.25，高于2010年起点基数3.25。逐年对比，云南城乡此项景气指数在31个省域里排行，2000年为第23位，2005年上升为第5位，2010年上升为第3位，2011年比2010年下降7位。

Yunnan: Ranked the First Place in Per Capita Value Growth of the Cultural Consumption in 2011

Abstract: In 2011, Yunnan ranked the 2nd in the increase of the total cultural consumption of urban-rural areas and the 1st in the growth of per capita value. Ranking of the boom evaluation: Yunnan ranked the 20th in the lateral evaluation of the cultural consumption demand of urban-rural areas across the provinces; in its own vertical evaluation, Yunnan ranked the 16th, the 19th and the 10th during the period of 2000 -2011, 2005 -2011 and 2010 -2011 respectively.

Key Words: Yunnan's Urban-rural Areas; Cultural Consumption; Boom Evaluation

B.34

西藏：乡村连年负增长景气位次下滑

摘　要：

2011年，西藏城乡文化消费总量增长处于第31位，人均值增长处于第31位。景气评价排行结果：西藏城乡在省域横向测评中，2011年景气指数处于第31位；在自身纵向测评中，2000～2011年景气指数处于第2位，2005～2011年景气指数处于第23位，2010～2011年景气指数处于第30位。

关键词：

西藏城乡　文化消费　景气评价

本文充分展示2000～2011年间西藏相关各方面的增长态势，全面分析检测西藏城乡文化消费需求状况。

一　西藏城乡文化消费需求增长状况

1. 文化消费总量份额值变化

2000～2011年西藏城乡文化消费总量增长、份额变化态势见图1。

2000～2011年，西藏城乡文化消费总量从1.01亿元增长至2.93亿元，增加1.92亿元，总增长190.10%，年均增长10.20%，增长幅度排序处于31个省域里第25位。其中，“十五”期间总增长134.44%，年均增长18.58%；“十一五”期间总增长30.74%，年均增长5.51%。“十一五”年均增长幅度低于“十五”13.07个百分点。总量最高增长年度为2001年，增长率43.73%；最低增长年度为2006年，负增长16.64%。

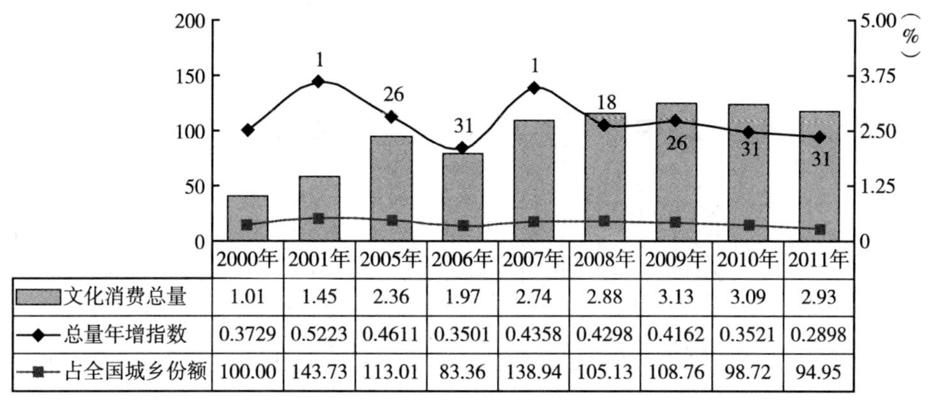

	2000年	2001年	2005年	2006年	2007年	2008年	2009年	2010年	2011年
文化消费总量	1.01	1.45	2.36	1.97	2.74	2.88	3.13	3.09	2.93
总量年增指数	0.3729	0.5223	0.4611	0.3501	0.4358	0.4298	0.4162	0.3521	0.2898
占全国城乡份额	100.00	143.73	113.01	83.36	138.94	105.13	108.76	98.72	94.95

图 1　2000 年以来西藏城乡文化消费总量增长、份额变化态势

注：左轴柱形为城乡文化消费总量（亿元）；左轴曲线为占全国城乡份额变化（‰，千分比）；右轴曲线为年度（年均）增长指数（上年 = 100），指数小于 100 为负增长。标注年度增长 31 省域排序，2000 年起点不计。

同期，全国城乡文化消费总量年均增长 12.75%，西藏年均增幅明显低于全国城乡年均增幅 2.55 个百分点。西藏城乡文化消费总量占全国份额由 0.37‰降低为 0.29‰，下降幅度为 22.28‰，份额升降变化排序处于 31 个省域里第 25 位。

2011 年，全国城乡文化消费总量增长 15.36%，西藏城乡文化消费总量负增长 5.05%，极显著低于全国增幅 20.40 个百分点，占全国份额比 2010 年下降 17.69%。同时，西藏总量增长低于自身“十五”年均增长 23.63 个百分点，也低于自身“十一五”年均增长 10.55 个百分点，增长幅度和占全国份额变化排序处于 31 个省域里第 31 位。

2. 文化消费人均绝对值增长

2000 ~ 2011 年西藏城乡人均文化消费增长、增幅变化态势见图 2。

2000 ~ 2011 年，西藏城乡人均文化消费从 39.23 元增长至 97.17 元，增加 57.94 元，总增长 147.69%，年均增长 8.59%，增长幅度排序处于 31 个省域里第 28 位。其中，“十五”期间人均值总增长 118.70%，年均增长 16.94%；“十一五”期间人均值总增长 21.95%，年均增长 4.05%。“十一五”年均增长幅度低于“十五”12.89 个百分点。人均值最高增长年度为 2001 年，增长率 41.80%；最低增长年度为 2006 年，负增长 17.68%。

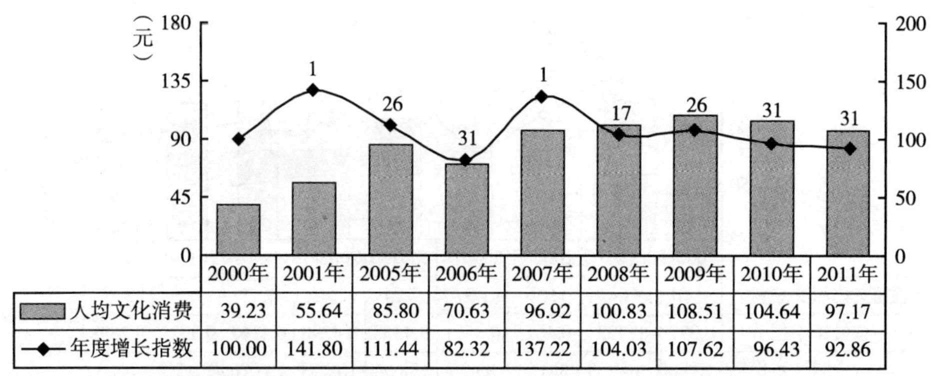

	2000年	2001年	2005年	2006年	2007年	2008年	2009年	2010年	2011年
人均文化消费	39.23	55.64	85.80	70.63	96.92	100.83	108.51	104.64	97.17
年度增长指数	100.00	141.80	111.44	82.32	137.22	104.03	107.62	96.43	92.86

图2　2000年以来西藏城乡人均文化消费增长、增幅变化态势

注：左轴柱形为城乡人均文化消费（元）；右轴曲线为年度（年均）增长指数（上年=100），年增指数小于100为负增长。标注年度增长31省域排序，2000年起点不计。

同期，全国城乡人均文化消费年均增长12.11%，西藏年均增幅明显低于全国增幅。西藏城乡人均文化消费从全国城乡平均值的18.32%降低至12.90%，人均绝对值在31个省域里排序保持在第31位。

2011年，全国城乡人均文化消费增长14.81%，西藏负增长7.14%，极显著低于全国增幅，同时低于自身“十五”年均增长，也低于自身“十一五”年均增长，增长幅度排序处于31个省域里第31位。

二　西藏城乡文化消费相关背景情况

2000~2011年西藏城乡文化消费比例变动态势见图3。

1. 人均文化消费与人均产值的比例

2000~2011年，西藏城乡人均文化消费与人均产值的比例由0.86%降低至0.48%，在31个省域里排序保持在第31位。“十五”以来，西藏城乡此项比值下降43.60%，升降变化程度处于31个省域里第21位。

分阶段来看，西藏城乡此项比值在“十五”期间提高0.08个百分点；在“十一五”期间降低0.34个百分点。文化消费需求增长与当地省域经济发展之间协调关系变化，在“十五”至“十一五”期间，由略微提升逆转为略微下降。其间，最高值为2001年1.05%，最低值为2011年0.48%。

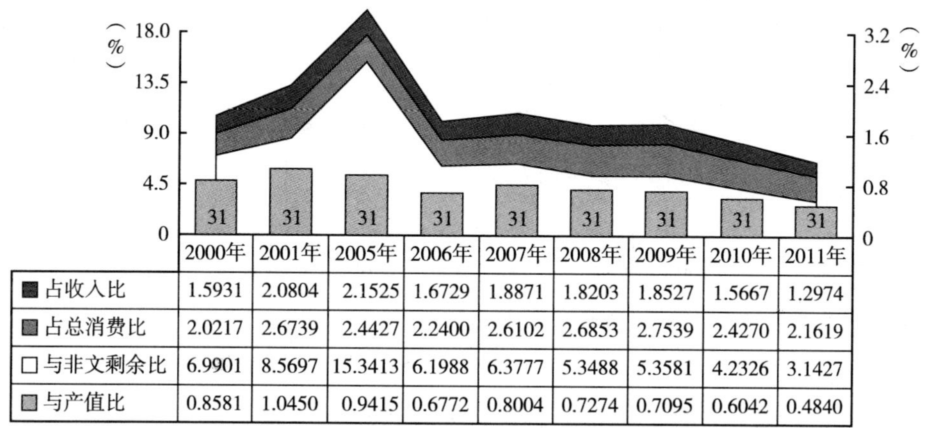

	2000年	2001年	2005年	2006年	2007年	2008年	2009年	2010年	2011年
■占收入比	1.5931	2.0804	2.1525	1.6729	1.8871	1.8203	1.8527	1.5667	1.2974
■占总消费比	2.0217	2.6739	2.4427	2.2400	2.6102	2.6853	2.7539	2.4270	2.1619
□与非文剩余比	6.9901	8.5697	15.3413	6.1988	6.3777	5.3488	5.3581	4.2326	3.1427
■与产值比	0.8581	1.0450	0.9415	0.6772	0.8004	0.7274	0.7095	0.6042	0.4840

图3　2000年以来西藏城乡文化消费比例变动态势

注：左轴面积为城乡人均文化消费占收入比、占总消费比、与非文消费剩余（图例简称“非文剩余”）比（%），各项比值年度升降形成直观比例叠加；右轴柱形为城乡人均文化消费与产值比（%）。标注与产值比年度31省域排序，其余比值排序省略。

2011年，西藏城乡此项比值降低0.12个百分点，降幅为19.90%，文化消费需求增长与经济发展的协调性比2010年略有下降。

2. 人均文化消费占人均收入的比重

2000～2011年，西藏城乡人均文化消费占人均收入的比重由1.59%降低至1.30%，在31个省域里排序保持在第31位。“十五”以来，西藏城乡此项比值下降18.56%，升降变化程度处于31个省域里第20位。

分阶段来看，西藏城乡此项比值在“十五”期间提高0.56个百分点；在“十一五”期间降低0.59个百分点。当地居民文化消费需求增长与收入增加之间协调关系变化，在“十五”至“十一五”期间，由较明显提升逆转为较明显下降。其间，最高值为2004年2.24%，最低值为2011年1.30%。

2011年，西藏城乡此项比值降低0.27个百分点，降幅为17.19%，文化消费需求增长与收入增加的协调性比2010年较明显下降。

3. 人均文化消费占人均总消费的比重

2000～2011年，西藏城乡人均文化消费占人均总消费的比重由2.02%提高至2.16%，在31个省域里排序保持在第31位。“十五”以来，西藏城乡此项比值上升6.94%，升降变化程度处于31个省域里第9位。

分阶段来看，西藏城乡此项比值在“十五”期间提高 0.42 个百分点；在“十一五”期间降低 0.02 个百分点。当地居民文化消费需求增长与总消费增加之间协调关系变化，在“十五”至“十一五”期间，由略微提升逆转为略微下降。其间，最高值为 2009 年 2.75%，最低值为 2000 年 2.02%。

2011 年，西藏城乡此项比值降低 0.27 个百分点，降幅为 10.93%，文化消费需求增长与总消费增加的协调性比 2010 年较明显下降。

4. 人均文化消费与人均非文消费剩余的比例

2000～2011 年，西藏城乡人均文化消费与人均非文消费剩余的比例由 6.99% 降低至 3.14%，在 31 个省域里排序保持在第 31 位。“十五”以来，西藏城乡此项比值下降 55.04%，升降变化程度处于 31 个省域里第 31 位。

分阶段来看，西藏城乡此项比值在“十五”期间提高 8.35 个百分点；在“十一五”期间降低 11.11 个百分点。当地居民文化消费需求增长与“必需消费”之外“余钱”增多之间协调关系变化，在“十五”至“十一五”期间，由极显著提升逆转为极显著下降。其间，最高值为 2005 年 15.34%，最低值为 2011 年 3.14%。

2011 年，西藏城乡此项比值降低 1.09 个百分点，降幅为 25.75%，文化消费需求增长与“必需消费”之外“余钱”增多的协调性比 2010 年极显著下降。

三　西藏文化消费城乡、区域协调状况

1. 人均文化消费城乡比

2000～2011 年西藏人均文化消费城乡比变动态势见图 4。

2000～2011 年，西藏人均文化消费城乡比由 14.6319 缩小至 7.0068，在 31 个省域里排序保持在第 31 位。其间，最小城乡比为 2006 年 1.3604，最大城乡比为 2001 年 21.0809。“十五”以来，西藏人均文化消费城乡比缩小 52.11%，城乡比扩减变化状况处于 31 个省域里第 1 位。这意味着，西藏属于文化消费城乡比扩减变化态势良好的省域之一。

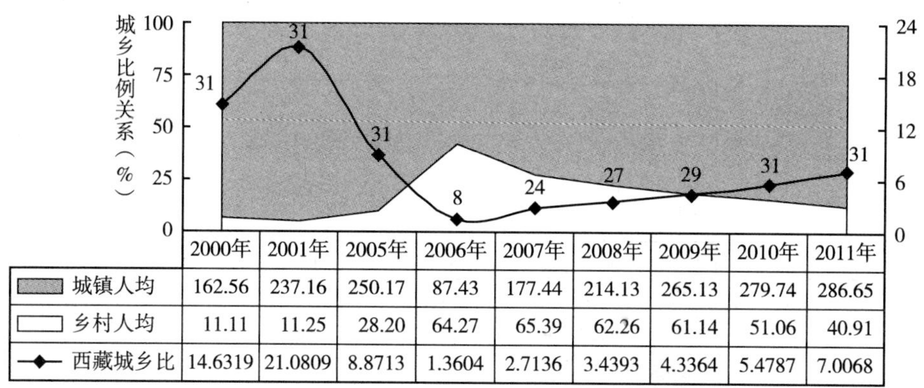

	2000年	2001年	2005年	2006年	2007年	2008年	2009年	2010年	2011年
城镇人均	162.56	237.16	250.17	87.43	177.44	214.13	265.13	279.74	286.65
乡村人均	11.11	11.25	28.20	64.27	65.39	62.26	61.14	51.06	40.91
西藏城乡比	14.6319	21.0809	8.8713	1.3604	2.7136	3.4393	4.3364	5.4787	7.0068

图4　2000年以来西藏人均文化消费城乡比变动态势

注：左轴面积为城镇、乡村人均文化消费（元转换为%），城乡间年度升降形成直观比例关系；右轴曲线为人均文化消费城乡比（乡村=1）。标注城乡比年度31省域排序。

同期，西藏城镇人均文化消费从162.56元增长至286.65元，增加124.09元，总增长76.33%，年均增长5.29%。城镇人均值最高增长年度为2007年，增长率102.95%；最低增长年度为2006年，负增长65.05%。乡村人均文化消费从11.11元增长至40.91元，增加29.80元，总增长268.23%，年均增长12.58%。乡村人均值最高增长年度为2002年，增长率152.98%；最低增长年度为2005年，负增长25.48%。此间，西藏城镇人均文化消费需求年均增长极显著低于乡村年均增长7.29个百分点，导致西藏文化消费需求的城乡比显著缩小。

2011年，西藏城镇人均文化消费增长2.47%，低于“十五”年均增长6.53个百分点，但高于“十一五”年均增长0.21个百分点；乡村人均文化消费负增长19.88%，低于“十五”年均增长40.36个百分点，也低于“十一五”年均增长32.49个百分点。此时，西藏城镇人均值高于乡村，城镇年度增幅高于乡村增幅22.35个百分点，意味着城乡差距扩大。西藏文化消费城乡比因此比2010年极严重扩大27.89%，城乡比排序处于31个省域里第31位。

2. 城乡人均文化消费地区差

2000~2011年西藏城乡文化消费与全国地区差变动态势见图5。

2000~2011年，西藏城乡人均文化消费与全国城乡地区差由1.8168扩

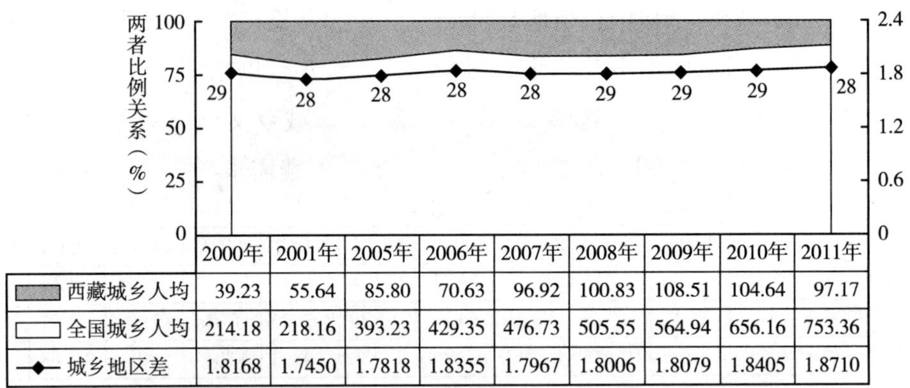

	2000年	2001年	2005年	2006年	2007年	2008年	2009年	2010年	2011年
西藏城乡人均	39.23	55.64	85.80	70.63	96.92	100.83	108.51	104.64	97.17
全国城乡人均	214.18	218.16	393.23	429.35	476.73	505.55	564.94	656.16	753.36
城乡地区差	1.8168	1.7450	1.7818	1.8355	1.7967	1.8006	1.8079	1.8405	1.8710

图5　2000年以来西藏城乡人均文化消费与全国地区差变动态势

注：左轴面积为城乡人均文化消费（元转换为%），当地与全国数值年度升降形成直观比例关系；右轴曲线为城乡人均文化消费地区差（无差距=1）。标注地区差年度31省域排序。

大至1.8710，由于其他省域城乡文化消费与全国地区差扩大更为严重，西藏城乡地区差在31个省域里排序从第29位上升到第28位。其间，最小地区差为2001年1.7450，最大地区差为2011年1.8710。“十五”以来，西藏城乡人均文化消费地区差扩大2.98%，地区差扩减变化状况处于31个省域里第17位。这意味着，西藏属于城乡文化消费地区差扩减变化态势不甚严重的省域之一。

2000~2011年，西藏城乡人均文化消费年均增幅明显低于全国增幅3.52个百分点，西藏城乡文化消费需求与全国的地区差较明显扩大。

2011年，西藏城乡人均文化消费增长低于自身“十五”年均增长24.08个百分点，也低于自身“十一五”年均增长11.19个百分点，同时极显著低于全国增幅21.95个百分点。此时，西藏城乡人均值低于全国城乡平均值，增长低于全国意味着地区差距扩大，与全国城乡地区差因此比2010年较明显扩大1.66%，地区差排序处于31个省域里第28位。

四　西藏城乡文化消费需求景气测评

综合以上分析：“十五”以来西藏城乡文化消费总量年均增长明显低于

全国增长，人均值年均增长也明显低于全国平均增长；“十一五”期间各项比例升降变化状况全面不及“十五”期间；“十五”以来城乡比显著缩小，同时地区差较明显扩大。这些都集中体现在西藏城乡文化消费需求景气指数的测评演算中。2000～2011年西藏城乡文化消费需求景气指数变动态势见图6。

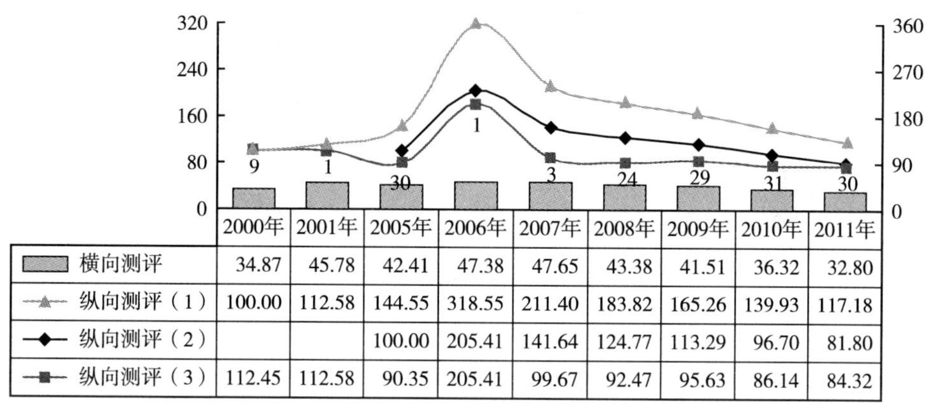

	2000年	2001年	2005年	2006年	2007年	2008年	2009年	2010年	2011年
横向测评	34.87	45.78	42.41	47.38	47.65	43.38	41.51	36.32	32.80
纵向测评（1）	100.00	112.58	144.55	318.55	211.40	183.82	165.26	139.93	117.18
纵向测评（2）			100.00	205.41	141.64	124.77	113.29	96.70	81.80
纵向测评（3）	112.45	112.58	90.35	205.41	99.67	92.47	95.63	86.14	84.32

图6　2000年以来西藏城乡文化消费需求景气指数变动态势

注：左轴柱形为横向测评（城乡、地区无差异理想值=100）；左轴曲线为纵向测评（起点年基数值=100），（1）2000年起点，（2）2005年起点；右轴曲线为纵向测评（3）上年起点。标注逐年纵向测评全国排行位次，其余测评排行位次省略。

1. 各年度横向测评景气指数

在此项测评中，以全国城乡文化消费总量份额值、人均绝对值、各项比值为基准，并以城乡之间、地区之间实现无差距状态为“理想值”100来衡量，2011年西藏城乡此项景气指数为32.80，低于理想值67.20，同时低于上一年3.52。各年度对比，西藏城乡此项景气指数在31个省域里排行，2000年为第31位，2005年与之持平，2010年与之持平，2011年与2010年持平。

2. “十五”以来纵向测评景气指数

在此项测评中，以“九五”末年2000年为起点基数值100，2011年西藏城乡此项景气指数为117.18，高于2000年起点基数17.18，同时低于上一年22.75。“十五”以来对比，西藏城乡此项景气指数在31个省域里排行，2001年为第1位，2005年与之持平，2010年与之持平，2011年比2010年下降1位。

3. “十一五”以来纵向测评景气指数

以“十五”末年2005年为起点基数值100，2011年西藏城乡此项景气指数为81.80，低于2005年起点基数18.20，同时低于上一年14.90。“十一五”以来对比，西藏城乡此项景气指数在31个省域里排行，2006年为第1位，2010年下降为第7位，2011年比2010年下降16位。

4. 逐年度纵向测评景气指数

以上一年2010年为起点基数值100，2011年西藏城乡此项景气指数为84.32，低于2010年起点基数15.68。逐年对比，西藏城乡此项景气指数在31个省域里排行，2000年为第9位，2005年下降为第30位，2010年下降为第31位，2011年比2010年上升1位。

Tibet: Boom Ranking Declined Owing to the Successive Rural Negative Growth

Abstract: In 2011, Tibet ranked the 31st in the increase of the total cultural consumption of urban-rural areas and the 31st in the growth of per capita value. Ranking of the boom evaluation: Tibet ranked the 31st in the lateral evaluation of the cultural consumption demand of urban-rural areas across the provinces; in its own vertical evaluation, Tibet ranked the 2nd, the 23rd and the 30th during the period of 2000 -2011, 2005 -2011 and 2010 -2011 respectively.

Key Words: Tibet's Urban-rural Areas; Cultural Consumption; Boom Evaluation

中国皮书网

发布皮书研创资讯，传播皮书精彩内容
引领皮书出版潮流，打造皮书服务平台

栏目设置：

- □ 资讯：皮书动态、皮书观点、皮书数据、 皮书报道、 皮书新书发布会、电子期刊
- □ 标准：皮书评价、皮书研究、皮书规范、皮书专家、编撰团队
- □ 服务：最新皮书、皮书书目、重点推荐、在线购书
- □ 链接：皮书数据库、皮书博客、皮书微博、出版社首页、在线书城
- □ 搜索：资讯、图书、研究动态
- □ 互动：皮书论坛

www.pishu.cn

中国皮书网依托皮书系列“权威、前沿、原创”的优质内容资源，通过文字、图片、音频、视频等多种元素，在皮书研创者、使用者之间搭建了一个成果展示、资源共享的互动平台。

自2005年12月正式上线以来，中国皮书网的IP访问量、PV浏览量与日俱增，受到海内外研究者、公务人员、商务人士以及专业读者的广泛关注。

2008年10月，中国皮书网获得“最具商业价值网站”称号。

2011年全国新闻出版网站年会上，中国皮书网被授予“2011最具商业价值网站”荣誉称号。

权威报告 热点资讯 海量资源

当代中国与世界发展的高端智库平台

皮书数据库 www.pishu.com.cn

皮书数据库是专业的人文社会科学综合学术资源总库，以大型连续性图书——皮书系列为基础，整合国内外相关资讯构建而成。包含七大子库，涵盖两百多个主题，囊括了近十几年间中国与世界经济社会发展报告，覆盖经济、社会、政治、文化、教育、国际问题等多个领域。

皮书数据库以篇章为基本单位，方便用户对皮书内容的阅读需求。用户可进行全文检索，也可对文献题目、内容提要、作者名称、作者单位、关键字等基本信息进行检索，还可对检索到的篇章再作二次筛选，进行在线阅读或下载阅读。智能多维度导航，可使用户根据自己熟知的分类标准进行分类导航筛选，使查找和检索更高效、便捷。

权威的研究报告，独特的调研数据，前沿的热点资讯，皮书数据库已发展成为国内最具影响力的关于中国与世界现实问题研究的成果库和资讯库。

皮书俱乐部会员服务指南

1. 谁能成为皮书俱乐部会员？

- 皮书作者自动成为皮书俱乐部会员；
- 购买皮书产品（纸质图书、电子书、皮书数据库充值卡）的个人用户。

2. 会员可享受的增值服务：

- 免费获赠该纸质图书的电子书；
- 免费获赠皮书数据库100元充值卡；
- 免费定期获赠皮书电子期刊；
- 优先参与各类皮书学术活动；
- 优先享受皮书产品的最新优惠。

社会科学文献出版社 SOCIAL SCIENCES ACADEMIC PRESS (CHINA) 皮书系列
卡号：5507290947653490
密码：

（本卡为图书内容的一部分，不购书刮卡，视为盗书）

3. 如何享受皮书俱乐部会员服务？

（1）如何免费获得整本电子书？

购买纸质图书后，将购书信息特别是书后附赠的卡号和密码通过邮件形式发送到pishu@188.com，我们将验证您的信息，通过验证并成功注册后即可获得该本皮书的电子书。

（2）如何获赠皮书数据库100元充值卡？

第1步：刮开附赠卡的密码涂层（左下）；

第2步：登录皮书数据库网站（www.pishu.com.cn），注册成为皮书数据库用户，注册时请提供您的真实信息，以便您获得皮书俱乐部会员服务；

第3步：注册成功后登录，点击进入“会员中心”；

第4步：点击“在线充值”，输入正确的卡号和密码即可使用。

皮书俱乐部会员可享受社会科学文献出版社其他相关免费增值服务

您有任何疑问，均可拨打服务电话：010-59367227 QQ:1924151860

欢迎登录社会科学文献出版社官网(www.ssap.com.cn)和中国皮书网（www.pishu.cn）了解更多信息

“皮书”起源于十七、十八世纪的英国，主要指官方或社会组织正式发表的重要文件或报告，多以“白皮书”命名。在中国，“皮书”这一概念被社会广泛接受，并被成功运作、发展成为一种全新的出版形态，则源于中国社会科学院社会科学文献出版社。

皮书是对中国与世界发展状况和热点问题进行年度监测，以专家和学术的视角，针对某一领域或区域现状与发展态势展开分析和预测，具备权威性、前沿性、原创性、实证性、时效性等特点的连续性公开出版物，由一系列权威研究报告组成。皮书系列是社会科学文献出版社编辑出版的蓝皮书、绿皮书、黄皮书等的统称。

皮书系列的作者以中国社会科学院、著名高校、地方社会科学院的研究人员为主，多为国内一流研究机构的权威专家学者，他们的看法和观点代表了学界对中国与世界的现实和未来最高水平的解读与分析。

自 20 世纪 90 年代末推出以经济蓝皮书为开端的皮书系列以来，至今已出版皮书近 800 部，内容涵盖经济、社会、政法、文化传媒、行业、地方发展、国际形势等领域。皮书系列已成为社会科学文献出版社的著名图书品牌和中国社会科学院的知名学术品牌。

皮书系列在数字出版和国际出版方面成就斐然。皮书数据库被评为“2008~2009 年度数字出版知名品牌”；经济蓝皮书、社会蓝皮书等十几种皮书每年还由国外知名学术出版机构出版英文版、俄文版、韩文版和日文版，面向全球发行。

2011 年，皮书系列正式列入“十二五”国家重点出版规划项目；2012 年，部分重点皮书列入中国社会科学院承担的国家哲学社会科学创新工程项目；一年一度的皮书年会升格由中国社会科学院主办。

法律声明